ちくま学芸文庫

反対尋問

フランシス・ウェルマン
梅田昌志郎 訳

筑摩書房

法律家になる意志を明らかにした息子たちロードリックと
アレンに愛情をこめてこの本を贈る

「反対尋問――弁護士に要求されるあらゆる技能のうち、最も稀で、最も役に立ち、そして最もむずかしいもの……この技能は、つねに、真実を調べるうえで一番確かな方法であり、宣誓以上の保証になると考えられている。」

――コックス

第四版への序文

この版は――決定版であると私ははっきり言えると思うのだが――長編論文を二編加えて、従来の版よりはるかに内容が豊富になった。これまでは、筆者自身の教訓や経験に限られていたと言っていいから、今マックス・D・ストゥアの執筆した一章を加えることができてたいへん嬉しい。この章の中で、彼は、反対尋問家としての四十年にわたる経験にもとづき、彼のいわゆる〝大きくはないとしても潜在している危険〟のいくつかを指摘してくれた。ニューヨーク法曹界では、ストゥア氏以上に技術的な立場から裁判をみちびく方法を知っている者は、一人もいないのである。もう一人、一時ニューヨーク南部地方の合衆国地方検事をしていた有名な法廷弁護士エモリー・R・バックナーも、反対尋問家として成功するにはどうしたらよいか、簡潔な説得力ある一章を寄せてくださった。独自の考えが述べられている。

このほか、裁判対策に関するかぎりニューヨーク法曹界の指導的人物として今を時めく法廷弁護士諸兄の経験から選びぬいた最新の事例を、著者の友人たちの好意によってたくさん付け加えることができた。これらの実例中には、グローリア・ヴァンダービルト夫人の監護権回復訴訟も含まれている。彼女の伯母ハリー・ペイン・ホイットニー夫人の別荘にくらしていた一人娘の監護権を取り戻そうとしたあの裁判であり、ハーバート・C・スミスがよく勝訴した実例である。

思わず胸をおどらせるようなドラマはまだほかにもある。ウェストチェスター法曹界の指導者の一人リー・パースンズ・デイヴィスが、名門ラインランダー家の提訴した息子と黒人妻との婚姻取消訴訟でみせたすばらしい法廷技術である。

ヘンリー・W・タフトは、今さらうんぬんするまでもなくニューヨーク法曹界の大立者の一人であるが、遺言訴訟の鑑定人にたいして発せられる仮定的質問を打破する一番よい方法について、目のさめるような実例を寄せてくれた。この訴訟では、証人は遺言者の精神状態について仮定的質問の中の仮想の事実以外は何も知らなかったのだが、この仮定的質問は、その遺言書が、自分の財産をどう処分しようとしているのか自分でわからない人間の作成したものではない、という鑑定意見を引き出すのが狙いだったのである。

ロイド・ポール・ストライカーは、地方法曹界で急速に頭角をあらわしつつある人物だが、やはりきわめて魅力的な実例を寄せてくれた。ほんとうは相手側の主張の方に理があったのだが、相手側が間違った助言にしたがって練達の反対尋問者にまずい返答をしたため、ひどい負け方をしたという実例である。

ジョージ・W・ホワイトサイドも同じくすぐれた弁護士で、ニューヨークの一流の弁護士事務所で裁判のための助言者をしているが、外見からはあらゆる点で正常としかみえない精神異常の証人を、どんなふうに扱ったらよいか、すばらしい実例を提供してくれた。

チャールズ・H・タトルとジョージ・Z・メダリーは、ともにニューヨーク南部地方の合衆国地方検事をしたことがあって、在職中羨むべき名声を得た人たちだが、全能ともいうべきこの反対尋問という武器を、この技術の達人たちが手にすれば、どんなことが可能になるか、きわめてためになる実例をいくつも寄せてくれたのである。

ジョゼフ・H・チョート二世も、自分の法廷活動についての、短いがためになる原稿を寄せてくれた。

このような数々の原稿のほか、著者自身の補足もあって、この改訂増補版をよしと考えるわけである。

なお、アメリカ法曹界の敬愛する指導者ジョン・W・デイヴィスの序言にどうかご注目いただきたい。

第三版への序文

私は出版者からの手紙に力づけられてこの第三版を出すことにした。その手紙は、初版発行後二十年になるが、本書のテーマへの関心は米国でも英国でも衰えをみせないから、新版をすすめるというものだった。

初版の書評者たちは、著者が十分な法廷経験の持ち主らしいのに、自分の扱った事例を少しも書いていないという点に注意を促していた。しかし、事実としては、とくに私以外の人たちの反対尋問であるとおことわりしていないものは、すべて私自身の取り扱った事例から引いているのである。

第二版は、コールリッジ卿が〝今世紀の最も偉大な弁護士〟と呼んだ前英国高等法院長官サー・チャールズ・ラッセルや、古今を通じて英国最大の反対尋問家の一人サー・ジェイムズ・スカーレット（アビンガー卿）、サージャント・バランタイン、ロバート・エメット、ジェレマイア・メイスン、サミュエル・ウォレン、アメリカの生んだ最も偉大な陪審法廷弁護士ルーファス・チョート、ウィリアム・フラートン、チャールズ・オコーナー、ベンジャミン・F・バトラー、ジョン・K・ポーター、そして近年の全法廷弁護士のアイドルたるジョゼフ・H・チョートといった著名な法廷弁護士たちの反対尋問から抜粋して、大いに内容を充実させた。

この第三版では、現在業績をあげている幾多の実務家たちの技術を、実例として入れることにした。名前をあげると、晩年には法廷実務にたずさわる弁護士たちの間で指導者と目されたジョン・B・スタンチフィールド、生涯を大きな裁判に費やしたデランシー・ニコル、おそらく現在アメリカ法曹界で重要な陪審裁判を最も数多く手がけているマックス・D・ストゥア、その学識ばかりでなく裁判での道徳的勇気となにものをも恐れない雄弁によってわれわれ法廷実務家の指導者の列に伍するマーティン・W・リトルトン、建築法規の改正や通商貿易にたいする共同謀議行為の摘発という無私で無報酬の公的活動のために弁護士仲間でユニークな地位を占めているサミュエル・アンターマイヤー、地方検察庁で輝かしい業績を残し、その間に開発した反対尋問の技術を、弁護士の実務の中で活用しているウィリアム・ランド、そして最後にはなったが、私の共同経営者である有名なハーバート・C・スミスである。

本書の重要な一特質は、取り上げた事件・事例がすべて実際のものであり、その多くがこれまで一般弁護士たちには知られていないものだ、といってよいことである。

この新版を準備するため、私は多大の興味をもって必要な調査にあたってきたが、読者の方々も本書をよく読まれて私に劣らず興味をもたれるよう祈っている。

ニューヨークにて
一九二二年七月一日

序文

この本を弁護士諸君へおくるにあたり、私はこの主題について格別すぐれた知識があるなどと夜郎自大ぶるつもりはない。ただ、実地の経験から拾い集められるかぎりを収録しただけのことである。また、この主題を何らかの科学的な、精密な、あるいは徹底した方法で論じようとしたわけでもないのであって、ただ反対尋問の技術について提案をしてみたかっただけなのである。それは二十五年間の法廷実務の結果として得たものであり、この間私は当地域社会のあらゆる階層から約一万五千人の証人を尋問し、かつ反対尋問してきたのである。

もしここに書かれてあることが、私より後輩の同業者にたいしていくらかでも啓発するところがあり、あるいはまた一般の人々にたいして何らかの興味やおもしろさをそそるところがあれば、夏季休暇を費やして、このきわめてむずかしい主題にかかわる私の経験からいくつかの要点を読み物の形でまとめてみたことも、十分理由のある苦労であったことになろう。

メイン州バー・ハーバーにて
一九〇三年九月一日

序言

おそらく私はウェルマンの『反対尋問』[*1]をいち早く読んだ一人だったろう。三十年以上も前に、この本がはじめて世に出たとき、父が私の手に押しこんだのだったが（じつは父自身が誰にもひけをとらぬ反対尋問家だった）、当時父は息子をひとかどの弁護士にしたがっていたのである。父が私の身のふりかたに並々ならぬ関心をもっていたのは当然であり、この本をよく読めばおもしろいうえにとても役に立つと請けあってくれた。そのとき私は興味をもってこの本を読み、以来くりかえし読んでいるのである。たとえ読んだ結果私にもたらされた進歩というものが、父の望んでいたより小さいとしても、それは父の責任でも著者の責任でも全くないのである。依然私はこの二人に負うところがある。この本には知恵と娯《たの》しみがいっぱい詰まっているし、新版が続々と出、どんどん重版されるのは、弁護士ばかりか法律を知らぬ素人の間にも高い評価を得ている何よりの証拠である。この決定版も大いに喜び迎えられることだろう。

反対尋問が、弁護士に必要なあらゆる技術の中でも、最もむずかしいものの一つであることは、疑問の余地がないし、また最も大切なものの一つでもある。法廷に通じている者ならば、だれでも、この技術の運用に長じているというほとんどただそれだけの理由で勝訴した事例を見てきたはずで、また悲しいことだが、不器用な、軽率な、あるいは自信過剰の反対尋問のせいで、完敗した事例も見てきたはずである。有益な反対尋問と有害なそれとを、どこに線を引いて分けるかは、ただ経験しか教えてくれない。反対尋問をしていて危険地帯に踏みこんださい、そのまま進んでよい場合、退かなくてはならぬ場合、また一か八か勝負に出てもよい場合を、教えてくれるあの第六感というものは、経験だけが与えてくれるのだ。ウェルマン氏が指摘するように、あらゆる場合にあてはまる定則などというものはないのである。もしあるとすれば、同氏が〝油脈に当たったら、掘るのを止めよ。大勢の人間がよってたかって掘り抜き、底までからからにしてしまうから〟というジョシュ・ビリングズの言葉を裏書きとして引用しているのがそれだろう。

しかし、どんな技術でも、習うより慣れよと言うことは、教訓や実例の価値を否定することではない。こうした教訓や実例を、ウェルマン氏はきわめて味よく料理してみせてくれている。新米弁護士も古参弁護士も、この本を読むことによって等しく得るところがあるだろう。そしてまた、これから証人になる人も、役立つことをたくさん学べよう。ウェルマン氏はニューヨーク法曹界の同僚たちからの大いなる声望を担って語っているのだから。

ジョン・W・デイヴィス

目次

原注は（ ）で、訳注は*とともに番号を示し、巻末にまとめた――訳者

反対尋問

第Ⅰ部

反対尋問の原理

第1章　序論

〃訴訟の成り行きというものが、弁論しだいできまるようなことはめったになく、また影響をうけることすらも稀である。とはいえ、現実の訴訟で、その結果が弁護士の反対尋問の技術に大きく左右されないものは、一つとしてないのである。〃

これは英国の最も偉大な弁護士の一人が、さまざまな事件を手がけたその長い法廷生活を閉じるに当たって到達した結論である。七十年ほど前に書かれた文章であるが、この当時は、公開の裁判での弁論というものの、まさに最盛期に当たっていた。かつては〃大弁論〃と広く世間にもてはやされたものが、法廷で聞かれることがほとんどなくなった現在こそ、この言葉はいよいよ真実である。弁護活動の最近のやり方は、法廷弁論術や雄弁家を育成しようとする熱意に水をかけるものだ。この傾向はもう長年つづいている。立派な国語を話す人間が、この職業で出世するだろうことは、どんな時代でも変わりはなかろうが、〃獅子吼《ししく》〃をならわしとするタイプの古風な雄弁家は、昔ほどの人気がすでにない。今日の陪審員にとっても、弁論の技術は――ブルーアム卿の弁論などは〃めらめら炎《も》え上がる法律文書〟であるとよくいわれたものだが――大向こうを唸らせる文学的な努力として今なおお受けはするものの、人々を納得させるための論議、あるいは今日の用語でいえば〝総括弁論〟としては、ほとんど役に立たなくなっている。

今日の陪審員、とくに大都会でのそれは、実務にたずさわるビジネスマンで成り立っているから、自分で物を考えることに慣れているし、人生経験も積んでおり、価値判断をはっきりつけることができるのであり、法廷弁論がほとんどつねに狙っているその情念とか偏見とかによって動かされることはないのである。今日では、陪審員は立証段階に最も知的関心を傾けようとするのがまずふつうであって、真実にたいする鋭い嗅覚をもっている。とはいえ、陪審員がもはや人間的ではなくなっているとか、あるいはまた何かの事件で、自分の情念にひきずられてとはいわず偏見にみちびかれて、大きく踏み迷うことがない、などと言っているわけではない。にもかかわらず、大多数の裁判において、今日の陪審員、とくに都会の陪審員は――訴訟事件の大多数は大都会で審理される――陪審制度が望みうる最も楽天家的な代表選手として、模範的な事実審判者たらんとしているようである。

私は、多くの弁護士たちが、依然として陪審裁判を冷笑していることを知ってはいる。だが、このような人たちは、陪審裁判で負けたり不満だったりする人たちを除けば、まず例外なく法廷での実務経験をほとんど持っていないといっていい。彼らはまた、弁護士の間で次第に増大しているあの階層、つまり法廷実務は放棄して、会社法律顧問とでも呼ばれうるようなものになることで、二〇世紀までは法律家の夢想もしなかったほどの財産を築いている階層に属してもいよう。彼らは職業として法律を学びはしたが、並々ならぬ商才に恵まれており、チャンスをつかんで、その法律知識、とくに団体法の知識を、大企業や企業の合同・設立・再建に活かし、こうして法律というものを一つのビジネスとして用いるようになった連中である。

これらの人々にとっては、本書のようなものはまず何の興味もあるまい。第2章以下の提案や経験を、私がとくに読んでいただきたいと思っているのは、法曹関係のあらゆる仕事の中でも最も骨の折れる法廷での審理という仕事に、偶然であれ意図してそうなったのであれ、現在たずさわっている人たちなのである。

しばしば言われることだが、現在の一流弁護士の多くは――私は今とくにニューヨーク市について話しているのだが――訴訟の性質が変わってきているために法廷実務から遠のきつつある。ある地方では、大きな商事事件になると法廷の判決を待つことがめったにない、というほどにまで変わってきているのだ。米国の財界人たちは、面倒事が起こると示談にするか、損金帳消しにしたがる。山積した事件をかかえた裁判日程にしたがって審理開始まで三年間ただじっと順番を待っていなくてはならない訴訟に持ち込むよりは、そのほうがいいというわけである。しかもなお、マンハッタン地区だけで、同じ種類の訴訟一種につき年間優に一万件が審理・処理されているのだ。

この渋滞は、裁判官の数が少なすぎること、あるいは彼らが無能で怠け者であることによるのではなく、私の思うに、弁護士として登録されさえすれば、だれでも最上級の裁判所で仕事ができるという、米国のあらゆる裁判所で適用されている現行制度の欠陥によるものである。米国では法廷弁護士《バリスター》と事務弁護士《ソリシター》の区別を認めていないから、だれでも法廷弁護士をやってみるかと思うと事務弁護士をやってみたりするのだ。たびたび法廷に出入りしてみさえすれば、すぐわかることである。ニューヨーク地区弁護士一万人以上が、法廷に出る特権をもっているものだから、各自の依頼人の事件を裁判にもちこみ、いきおい大多数の事件が粗略に扱われることになり、多くの貴重な時間が無駄に費やされるわけである。

　法廷での事件の取り扱い方は、特殊技術なのであって、その技術は法律を学んだからといってもそれだけで身につくものではなく、年間わずか一回とかあるいは十二回程度の法廷経験を積んだとしてさえ、それでもう一人前の法廷弁護士になれる、などということはけっしてありえないのである。私などは、弁護士の資格があるのだからちゃんとやってくれるだろうと思いこむ人たちの多い依頼人にたいしては、自分では何も言わないことにしている。ただ裁判所を弁護して、裁判日程が混んでいるため、重要な商事訴訟が押しのけられる結果になっているのは困ったことです、と話してやるだけである。

　法廷経験を積んだ者なら、事実関係を調べ資料をととのえるのに、学問はあるが経験のない弁護士のつかう時間の四分の一以上は必要としないものなのだ。審理の始まる前に、準備はすべてととのえてしまい、もう細部までよくわかっているはずである。適用される法律条項や事実関係の争点は、はっきりと定められて、裁判官と陪審員にたいし、簡潔な言葉で提示される。このようにして、法律と証拠の諸問題に関する間違った決定の多くを回避するわけなのだ。決定の誤りのために、じつに多くの評決が控訴段階でくつがえされているのである。たんにその裁判をより短い期間で終了させるばかりでなく、控訴の可能性が全くないか、たとえ控訴されても、上級裁判所が支持してくれ、破棄差し戻しになってまたしても別の裁判官と陪審員が同じ労をくりかえすといった時間の浪費をせずにすむような、公正な評決をひき出そうとするものなのである。

　こうした事実は、年を追ってしだいによく理解されるようになってきてはいる。米国の地方裁判所では、法廷の実務に主要な時間をあてている法廷弁護士の集団が、すでに出来上がっており、これは増大の一途をたどっている。

　数は少ないが、依頼人の顧問弁護士が代理人として依頼にやってきたとき以外は、依頼人と直接に交渉することを拒《こと》わる弁護士もあらわれている。こんなわけで、われわれも、英国の法廷が長い間認めてきたやり方、つまり迅速かつ知的な訴訟を可能とする道は、法廷実務を比較的少数の熟練法廷弁護士にのみ限定することを慣行にしてゆくほかにはない、とわかってきはじめている。

　医者の世界では、一般医と専門医の区別がもう確立されているし、一般にも広く受け入れられている。今日、大手術をする場合、メスさばきに慣れた外科医を呼ぶ代わりに、かかりつけの内科医の手にわが身を委ねようと考える者があるだろうか？　そのかかりつけの内科医もかつては外科をやったことがあるかもしれないし、何年も前には病院研修をやったにはちがいないのである。しかし、外科の領域に立ち入ることがあまりにも稀だったために、メスを執ることを尻ごみするのだ。ほかに代わる者がいない場合は別だが。弁護士だって同じような区別が必要である。かかりつけの顧問弁護士も、昔は一人前に訴訟を扱ったかもしれないが、現在は全く実務から離れており、したがって黒白を争う仕事では〝訓練されて〟いないのだ。

弁護の技術には、熟練への早道も王道もない。経験である。ただ経験だけといってよかろう、成功をもたらすものは。どんな職業にも魔法の杖で触れられたような天才的な人たちが少数はいるものだが、私が話しているのは彼らのことではなくて、平均的な才能と弁護という職業にたいする適性のある並の人たちのことであり、こういう人たちの場合、弁護士という職業は、経験を競い合うレースであるといってよい。熟練した弁護士は、年齢や経験で遅れている連中を振り返ることができる。そしてその差というものは手がけてきた事件数の差にほかならず、これからもしょっちゅう法廷に出ることをやめなければ、けっして追いつかれることはない、と思って安心するのである。いつの日か一般の人々もこのことを認めるようになるだろう。しかし、現在のところ、一般の訴訟の当事者は、法廷で〝わが家にいるように〟ふるまえる訴訟代理人、弁論を聞かせる陪審員たちとも他の依頼事件を通じてもう何度か顔見知りの間柄であるような訴訟代理人に、訴訟を委ねる有利さを、どのくらいわかっているだろうか？　また一般のビジネスマンも、自分の事件を審理することになっている裁判官の、考え方とか証拠の見方のくせ——心性傾向——をよく知っている弁護士を頼むことが、どれほど自分に有利であるか、ほとんど全くわかってはいないのである。それは、米国の裁判官が審理の進め方に公正さを欠くからではない。裁判官だって人間にはちがいなく、しばしば非常に人間臭い人間なのであって、したがって担当判事を知っている法廷弁護士は、未経験の弁護士にはわからないような有利なスタートを切れるのである。経験というものはまた、陪審員を選ぶさいにもどれほど大きく物をいうかわからないほどである——これは弁護の〝芸術〟の一つなのである！　これらはしかし、われわれが今かかわっている主題、つまり陪審員を選んだ後の実際の裁判審理における弁護士の技術から、かけ離れてはいないとしても、数えられる多くの同様な利点の、ほんのいくつかにすぎないのだ。

一般の人たちが、よい法廷弁護士というのは、いわば幾世代にもわたる証人たちから生み出されたものであると認識したとき、そして依頼人たちが法廷実務の経験のないか、ほとんどない、いわゆる〝事務所弁護士《オフィス・ロイヤー》〟に訴訟をまかせることの危険を十分に認識したとき、顧問弁護士の助言を受けるかどうかは別として、訴訟事実の要領書そのものは、どうしても法廷実務の専門家にまかせる、ということになるだろう。現行制度の大きな欠点の一つはこれでたちまち一掃されるはずだ。裁判日程はどんどん消化され、争点は整理されて時間の無駄なく審理を終えるだろうし、現在は法廷の外で不利を承知のうえ解決しているかまたは全く放棄している商事事件も、ふたたび法廷へもちこまれて、法曹界も財界もともに満足がいくまで争われることになるだろう。審理のやり方はもっと巧《うま》くなるだろう――だからこそ反対尋問の技術をもっと徹底的に理解することが大事なのだ。

第2章　反対尋問の態度・作法

どんな事実問題の審理にも、反対尋問は必要不可欠であるが、それをわかっていただくためには、反対尋問とはいったいいかなる性質のものであるかを、簡単に述べておかなくてはならない。どんな事件でも、黒白をつけようと争う二つの側《サイド》がなければ訴訟にまで持ちこまれることはない。もし一方の側の証人が他方の側の証人の陳述を否定するか、または条件つきで承認するとしたら、真実を述べているのはどちらということになるか？　必ずしもどちら側かが偽証しているというわけではない——法廷での偽証というものは、一般に信じられているよりも、はるかに意図的なものは少ないのである。ただどちらかの側が悪意なしに間違いをおかしているのだ——というのも、証言そのものが、人々のふつう考えるよりもはるかに信用のおけないものである、という一面をもっているからである。とすれば、どちら側の意見が、偏見によって歪められたり、あるいは無知のために物が見えなくなったりしているのか？　どちら側が正しく観察する能力あるいは機会をもっていたのか？　そしてわれわれは、両方の当事者の間に立って判断を下す公平な陪審員たちに、どんなふうに語りかけ、どんなふうに解明してみせたらよいのか？　もちろん、反対尋問という手段によってである。

もし、あらゆる証人が〝真実を語り、真実の一切を語り、真実以外のなにものをも語りません〟という宣誓の精神ばかりか、文字どおりこの言葉をすすんで守りぬく誠実さと知性とをもっていれば、そしてまたどちら側の弁護士もみんな誠実さと知性に、必要な経験をも兼ね備えており、証人同様、真実の一切を、真実のみを、解明するよう誓いを立てさせられれば、もちろん反対尋問などの機会はないし、反対尋問家などという職業もなくなることだろう。しかし、今日までのところ、虚偽と真実を見分け、誇張された陳述をその真の姿に戻す方法として、反対尋問に代わる手段は見つかっていないのである。

この制度は国というものが生まれたときからすでにあったものだ。ソクラテスが、アテネの青年たちを腐敗させたというかどで死刑を求刑されたとき、自分を守るために行なった告訴人メレートスへの反対尋問のことを、プラトンは書きのこしているが、これは反対尋問技術の一傑作として引用できるものである。

反対尋問は、弁護士の多岐にわたる職責のなかでも最もむずかしい分野と一般に考えられている。この技術に成功するのは、かつてだれかも言ったように、天からこの才能をさずかった幸せ者であることが多い。偉大な弁護士でも惨めな失敗をすることがよくあるのだ。一方、弁護士として、他の点では凡庸とみられる者たちが、驚異的な成功を収めることがあるのだから。しかし、自ら体験を積み重ね、競争し合うことが、やはり、有能な法廷弁護士の不可欠の前提条件であるこの技術に熟達するいちばん確実な方法である。

そのためには、たいへん高度な才智、論理的に物を考える習慣、知覚の鋭敏さ、無限の忍耐と自制力、他人の心を直観的に読みとり、顔から性格を判断し、動機を理解する能力、力強く正確な行動力、当面する問題そのものの細部にまでわたる知識、細心の注意、そしてとりわけ、尋問中の証人の弱点を見抜く直観が要求される。

まったく百人百様の証人を、百態の条件下で、取り扱わねばならないのである。人間のモラルや情念や知性がありとあらゆる綾錦《あやにしき》を織り上げているわけである。訴訟代理人と証人との精神的決闘なのである。

証人を反対尋問するさいに取るべき方法を論ずるにあたっては、自分が法廷にいて、相手側が喚問した証人への主尋問を終えた時点に、今いるのだと想像してみよう。まず考えてみなくてはならないのは、当然次のようなことだろう。すなわち、この証人は、何かわれわれに不利なことを証言したのではないか？　彼の証言はわれわれの側の立場を傷つけたのではないか？　彼は陪審員にたいしわれわれに不利な印象を与えはしなかったか？　彼を反対尋問するのは必要なことか？　であろう。

しかし、証人を立ち去らせる前に、何かわれわれに有利な新事実を聞き出せるかもしれないという可能性は考慮しておくべきである。もしその証人が正直で率直そうだと思えば、すかさず、単刀直入に質問して新事実を聞き出すことができる。しかし、その証人の真実解明を助けようという熱意を疑うべき何らかの理由がある場合には、もっとよく注意して事を進める必要があるだろうし、また証人がその気になれば話せることがたくさんあるのだと陪審員に思わせるように持っていったあとで、退出させる必要があろう。こうすれば、陪審員は、もし証人が話したとすれば、われわれの側に有利なことだったろうと推論するはずである。

だが、仮にその証人がわれわれに不利な事実を証言したとしよう。すると彼の証言の力を殺しておくことが必要となる。そうしないと陪審員の評決は全く望みなしだ。ではどうやって始めたらいいか？　どうやってこの証人が善意の間違いをおかしたと言えばいいか？　それとも偽証したと言えばいいのか？　このどっちを選ぶかで、反対尋問の仕方は、当然全くちがってくるだろう。証言を疑うことと証人を疑うこととはちがうのである。これははっきり区別しなければならない。熟練の尋問家にとっては、偽証は主として直観でわかるものである。人によっては、故意に偽証している人間は眼を見ればわかるとか、声の調子でわかるとか、また顔の表情でわかるとか、あるいはまたそれら全体からわかるものだ、と言ったりするが、正確にこれと言うことは大変むずかしい。ただ不断の習練が法廷弁護士に的確な判断をさせるようになるものだ、としか言えない。熟練の反対尋問家は、相手側から尋問されている重要な証人から、めったに眼を離すことがない。その証人の顔、とくに口、両手のあらゆる動き、発言するさいの態度、挙措動作の全体、そのすべてが証人の全貌を的確に評価するための手がかりとなるのだ。

次に、われわれがすでにこの特定の証人について正しく判断できたものと仮定しよう。そしてこの証人が、さっき証言した出来事を正直に述べようとしているところだとする。だが彼は、無知か迂闊さなどのために、重大な誤りをおかしているのであって、われわれとしてはその誤りを陪審員に悟らせなければならないのである。さて、われわれはどうしたらいいのだろう? ここでわれわれは反対尋問の態度・作法という最初の重要な問題に当面したのだ。

ある一連の事実をすすんで証言した証人というものは、たとえうっかり真実を曲げてしまったとしても、弁護士の言い方しだいでその証言を喜んで改めたり間違いを認めたりしようとするものだ、などと考えるのはばかげている。人々は、ふつう、自分の事実を観察する機会がどんなに乏しいかなどふりかえってみたこともなく、また自分の観察力というものがどんなに脆弱であるか疑ってみることもめったにないものだ。証人として喚問されると、人々は知っていると自分では思っていることを話す準備をととのえて法廷へやってくるから、自分の話に攻撃をかけられると、まるで自分が正直でないと言われたように、はなから腹を立ててしまうのである。

もし反対尋問者が、最初に証人に向かう態度で、これは私の正直さを信じていないぞと証人に疑わせてしまうと、もうその証人は証人席で背を固くし、すぐに挑戦的な気分になるだろう。反対に、弁護士の態度が礼儀正しく物やわらかであれば、どんな証人でもみんなもっている反対尋問者への恐怖心というものを、間もなく解いて、自分ではわからぬうちに自分の証言についての問答を公平な気持ちでやっている、ということになってしまうものである。もし反対尋問者が頭のいい人間なら、すぐに証言の弱点を明らかにできるだろう。陪審員の同情はつねに証人の側にあるから、証人にたいして礼を失するようなことがあると、たちまち陪審員は憤慨する。もし君が証人の間違いを明らかにできるならば、陪審員も喜んで間違いを認めるだろうが、偽証罪をおかしていると信じさせるには時間をかけなくてはならない。ああ、毎日の法廷活動でなんとこの点が見落とされている場合の多いことか！　自分の側に不利な証言をする者はすべて故意に偽証していると思っているかのように行動する弁護士たちが、じつにひきもきらないのである。こういう連中が反対尋問で得るものはほとんどないとしても驚くにあたらないのだ！　大声を張り上げ、威嚇するやり方で、証人の思考を混乱させることはよくある。それは事実だ。しかし、こういうやり方では陪審員に証人を疑わせることは到底できないのである。反対に、自分が攻撃しているその証人への同情を呼び起こす結果となるのであって、見るからに自己満足した様子で腰を下ろして終わるこの種の〝精力的な反対尋問〟というやつが、自分の側には不利な意見に傾いてはいても、なお公平に事に当たろうとしている陪審員の少なくとも一人の心を、閉ざさせてしまうのに大いに役立つだけで、主尋問では見すごされていた相手側に有利な重要事実に光を当てることになるかもしれぬとは、ほとんど気がつかないのだ。

レバディ・ジョンスンについてこんな話がある。彼はかつてある裁判で、仲間の弁護士の一人を、記憶力が弱いとからかったところ、即座に言い返された。〝そうですよ、ジョンスンさん。だが、憶えておいていただきたいもんですな、ライオンではあるまいし、私は吼えること以上にしなくてはならんことがあるんだとね。〟

私が聞いたかぎりでは、こういう獅子吼の方法で成功した弁護士はただ一人ベンジャミン・F・バトラーだけである。彼の場合は、慇懃さなど問題外であって、人間味でさえそうだった。〝彼のやり方だと証人は隠し立ても言葉を濁すこともほとんど出来なかった〟と言い伝えられている。ただバトラーはすばらしく個性の強烈な人間であって、攻撃的であるという以上に喧嘩好きだったが、しかし目がさめるような生き生きとした人物でもあったから、証人たちは彼をこわがった。バトラーは大衆に人気があって、彼の扱う事件にはいつも最初から〝取り巻き連〟が大挙して法廷につめかけ、彼が証人から一点かせぐたびに、待ってましたとばかり喝采したのである。そのため証人はますますひどくまごついて、バトラーは決定的に有利となる、というふうだった。また、バトラーが今日ではもう当たり前のことながら遠慮というものを軽蔑していたことも忘れてはならない。あるとき例の独特の流儀で反対尋問していると、判事が口をさし挟み、その証人がハーバード大学の教授であることを彼に思い出させた。するとバトラーは答えたものだ、〝知っていますとも、裁判官。この間もその一人を絞首刑にしてやりましたよ。〟[1]

一方、その技術と心の優しさでアメリカの弁護士中第一流の地位を占めるルーファス・チョートについては、次のようなことが言われている。証人の反対尋問にさいし〝彼は証人を攻撃して証人側と対立するようなことはけっしてしたことがなく、穏やかな丁重な態度で尋問するため、証人の構えた気持ちを弛《ゆる》めてしまう。彼は証人を退席させるまでに、確実に証言の弱点あるいは偏向を——もしあればだが——暴露してしまうのだった。そしてそれに与えられるべき信用を奪い取ったのである。(2)（チョートの語録の一つに〝弁護士の休暇とは証人への質問とその答えとの間のわずかな時間だけである〟というのがある。）ジューダ・P・ベンジャミンは、〝両大陸に隠れもなき弁護士〟といわれたが、いつも眼で反対尋問をしたものだ。〝どんな証人もベンジャミンの黒い射抜くような眼をみれば、嘘をつき通せなかった。〟

英国の弁護士の中では、アビンガー卿サー・ジェイムズ・スカーレットが、反対尋問家として、今までイギリス法曹界では彼ほど傑出した人間は出現したことがないとまで言われた。彼は〝いかにも紳士らしく、ゆったりとした上品な態度と、クリスチャンらしい優雅さと情愛とで、仕事を進め、何とかして欺そうとする証人や疑いの目を集中させた方が好都合だと判断した証人の証言を、めちゃめちゃにするまで追及の手をはなさなかった。〟

こんなサー・ジェイムズほど経験を積んだ弁護士でさえ、しかし、ときには法廷で自制力を失い、つまらぬ結果に終わることもあるのだ。

流行歌の著作権侵害に関して、音楽出版社どうしが争った事件で、有名な俳優兼音楽家のトム・クックが一方の側の鑑定人として喚問されたときの話である。この男にたいする反対尋問で、学識ゆたかな紳士たるサー・ジェイムズ・スカーレットは、やや軽はずみに次のような質問をした。

「あなたは、この二つのメロディは同じものだが、しかしやはり違っているとおっしゃる。さて、どういう意味なのでしょうか？」

クックは即座に答えた。「私が申したのは、この二つの楽譜の音は相似しているが、アクセントが違っている、一方は普通の四分の二拍子だが、他方は八分の六拍子になっている、したがって音のアクセントの置き方が違っている、ということです」

サー・ジェイムズ「音楽でアクセントというとどんなことなのでしょう？」

クック「私の契約条件《タームズ》*1は四半期で九ギニーです」（笑）

サー・ジェイムズ（かなりいらだって）「ここではあなたの契約条件のことなど気になさらないでいただきたい。私はお尋ねしているのです、音楽でアクセントというのはどんなことなのですか？　それは見えるものですか？」

クック「いいえ、見えません、サー・ジェイムズ」

サー・ジェイムズ「では、感じることはできますか？」

クック「音楽家ならばできますよ」（大笑）

サー・ジェイムズ（大いに立腹して）「さあ、どうか、じらすのはやめてください。裁判官や陪審員は音楽のことを何も知らないのが当然なのですから、あなたがアクセントとおっしゃるものの意味を説明してください」

クック「音楽でいうアクセントとは、あなたがもっとよく分かってもらおうとしてある言葉の上に力点を置くのと同じように、ある特定の音の上に置く力点です。こんなふうに、例えば〝あなたはロバだ〟と私が言うとします、〝ロバ〟にアクセントを置いて。しかし、〝あなたはロバだ〟と言いますと、アクセントはあなたです、サー・ジェイムズ」*2

この当意即妙の答えには全法廷が爆笑し、判事席までまきこまれてしまった。

良き弁護士は良き俳優でなければならないのである。どんなに細心の反対尋問家でも、大きな打撃となるような答えを自ら引き出してしまうことがめずらしくはない。そのときこそ自制心が大きく物をいうのだ。その答えでどんなに打撃を受けたか顔色に出すようでは、その一点だけで敗訴するかもしれない。こんなふうな答え方をされて見事につまずく反対尋問家はよくある。彼は絶句し、たぶん赤面し、その返答に十分効果を発揮させてしまってから、やっと平静さを取り戻すのだが、もうその証人を操ることはできなくなっているのが通例である。本当に経験を積んだ弁護士なら、こんな答え方をされても、びっくりしたりまごついたりする様子を見せず、当たり前という顔で、完全に効果を失わせてしまうだろう。まるで何事もなかったかのように次の質問へ移るか、でなければまるで〝誰がそんなことをちょっとの間でも信じると思ってるんです？〟と言うかのように、不信の微笑を証人に投げかけるものである。

この点についてはルーファス・チョートの逸話がある。〝相手側のある証人が、べつに強調するわけでもなく一つの重要な事実を述べ始めたのだが、これは上手くやられると依頼人には大打撃になりそうだと見てとった彼は、我慢してその証人に最後まで言わせ、それからまるでその陳述の中に自分にとって非常に価値のあることを発見したかのように、正確に書きとめたいからもう一度念を入れてくりかえしてほしいと頼んだものだ。そして注意深く反対尋問を避け、また陪審への弁論でもこの部分には一切言及を避けたのである。相手側の訴訟代理人は、自分の弁論でこの部分にやってくると、チョート氏がその中に有利な——どんなふうに有利なのかはわからないが、とにかく有利な何事かを発見したという観念を強く植えこまれてしまったために、チョート氏はあの証言を自分に有利と取られたらしいが、私としては当方を支持するものだと思う、とコメントするだけで足れりとしたのである。(3)〟

陪審の注意を裁判の進行に釘づけにするものは、人間だれもが持つ勝負愛好心である。同じ訴訟代理人でも、人好きのする者、腹蔵のない話し方をする者、真っ正直に真実を追求しているとみえる者、自分に不利な証言をする人間たちにも丁寧な者、たぶん役にも立たないだろうが害もまたなさそうな証言にたいしてきりもなく異議・抗議を申し立て、裁判の進行を遅らせるようなことを避ける者、自分の場というものをよく心得ていて、あらゆる機会にフェア・プレイの精神を示しつつ尋問を終えて着席する者——自分の側に有利な雰囲気をつくりあげ、陪審が評決を出すうえに無意識ながら強力な影響を与えるのは、こういう連中である。たとえ、証言の重みには勝てず、評決は負けと出るにしても、結局はそうなるだろうと覚悟していたところよりは、ずっとよいものでおさまるだろう。

一方、長々とちっとも要領を得ない反対尋問で裁判官や陪審員をあきあきさせる者、何かといえばすぐ腹を立てて証人に歯をむき出す者、不機嫌な気がかりそうな顔をしている者、単調で耳を逆なでするような突き刺すような声を出す者、身なりがだらしなく薄汚い感じの者、きたない手をつかって証人や訴訟代理人をはめようとし、何が何でも勝訴することを狙っているようにみえる者――こんな弁護士は、間もなく自分や自分の依頼人に不利な偏見を陪審に抱かせ、せっかく手に入れた宣誓証言も一顧もされないという結果に終わってしまう。

証言というものは、全く一方通行であるようにみえることが多い。現実には全然そうではない場合にである。これについては、反対尋問者の頭の働かせ方ひとつで、なすべきことは多い。放置しておけば自分に不利となるだろうたくさんの証言を、曖昧にしてしまうような雰囲気をつくり上げることだって出来るのであって、これはよくあることなのだ。弁論の段階へ進む過程で〝訴訟を指揮する能力〟といわれるものに属する事柄であって、この力のあるなしが結果を大きく左右する。

弁舌のさわやかさは、弁論にだけではなく、証人への反対尋問でも発揮されなければならない。〝尋問する態度《マナー》のなかに尋問事項《マター》がある〟のだ。といっても、聞き手の注意を自分へと自分のする質問へとに二分させる、つまり陪審の注意を自分の論点からそらせて自分自身の態度や話しぶりの特徴のほうへ集中させてしまうような、あのよくお目にかかる大仰な態度を、私は弁護しようというのではない。ヘンリー・クレイがその最も見事な弁論の一つで雄弁をふるったとき、少し耳が遠くて聞きとれる位置へは近づけなかった男が、〝言葉は一言も聞こえなかった。だが、彼は身ぶりをしなかったよ！〟と叫んだように。反対尋問者は、声の抑揚や顔の表情で、陪審員の心証をかなり左右できるものであり、そうしなければ完全に見過ごされるだろうような点を、充分に認識させることが可能となるのだ。

〝かつて、『レフェリー』誌の編集者として名誉毀損で訴えられたサムソンという証人を反対尋問したさい、ラッセルはある質問に証人が答えなかったので、「あなたは私の質問が聞こえなかったのですか？」と低声《こごえ》でいった。「聞こえましたよ」とサムソンはいった。「では、質問の意味はわかったのですね？」とラッセルはさらに低い声で尋ねた。「わかりましたよ」とサムソンはいった。「それでは」とラッセルは、あらんかぎり高い声をはりあげたものである。まるで自分の席から跳び出し、証人の咽喉《のど》につかみかかろうとするかのようだった。「なぜあなたは質問に答えなかった？　陪審員に、答えなかった理由を説明しなさい」全法廷が息をのんだ。サムソンは圧倒され、二度とふたたび立ち直れなかった。〟(4)

自分もはっきりと話し、証人にもそうさせることだ。ごくふつうの頭の持ち主が理解できるように、くっきりと要点を示すことだ。聞き手たる陪審員の興味をつねにひきつけてはなさぬことだ。証人に質問をぶつけていても、語りかけているのは陪審員の心であることを忘れぬことだ。声を、論じている主題に応じていろいろと調節することだ。ルーファス・チョートの声には、証人をつかみ、ゆさぶり、全法廷をしんと静まりかえらせるような効果があったものだ。証人尋問において彼は豊かな声量を存分に活用し、いろいろに変化させたり、たっぷりと共鳴音を響かせたのである。彼が尋問する声の調子と、彼につづいて尋問する相手側訴訟代理人のそれとは、きわだって違っていた。

〝チョート氏の陪審員への働きかけは、最終弁論に立つずっと前から始まるのだった。まず陪審員たちの面前に席をとって彼らの眼に見入る。自分に好都合なようにすぐ近くの席をとろうと工夫するのだ。できれば陪審席正面の仕切り棒すれすれにテーブルを寄せ、彼らとの間隔はわずかに狭い通路ひとつということにしてしまう。その席にじっと考えふけっている様子で坐っており、ときに騒ぎや混乱が起こっても、厳粛な態度を崩すことがない。つねに陪審員と裁判官、あるいは証人へ軽い会釈を送る。自分への好意を失わせるおそれのあることはけっしてせず、好意を得られるなら、たとえささやかなことでも必ずする。相手側の訴訟代理人が何か上手いことを言ったときには優しく微笑みかける。陪審員の誰かが笑い声をあげたり質問をしたりすれば、陪審席へ共感の微笑を投げる。恋する男が愛するご婦人を口説くときのような魅惑的なまなざしをたえず陪審席へ送って彼らの心を射とめようとする。落ちつきはらった態度で、この場はすべて自分が采配をふるっているのだと見せようとする。実際出廷した最初の瞬間から、自分をとりまくあらゆる人間の心に、はかりしれないゆさぶりをかけ、思うように動かそうとするのだ。陪審にたいする彼の態度は、友人のそれ、すなわち退屈な取り調べの間じゅう何とか助けてやろうと気づかう友人のそれであり、けっして訴訟実戦のエキスパート、すなわちひたすら勝つことばかりにかまけ、陪審員たちをそのための道具としか考えないエキスパートのそれではない。〟(5)

故ジョン・B・スタンチフィールドは、自分の担当した事件の裁判で接触した誰にたいしても、心温かく丁寧な態度で通した人だが、この態度が彼の成功の秘密の一つだった。その死の直前、彼はワシントンでの経験を私に話してくれた。ワシントン法曹界の指導的人物数人から一緒にやってくれと頼まれたリッグズ銀行頭取の弁護の話だった。スタンチフィールド氏は、ワシントンに着くとすぐ、その事件の弁護団の会議に呼び出されたのだが、すると彼が弁護人に選出されたこと、したがってこの裁判の責任を一手に引き受けてもらわなくてはならぬことを言い渡された。しかしまた、次のような警告も受けた。すなわち、この銀行の役員への反感が非常に強く、また担当することになる判事の偏見があまりにもひどいため、成功の望みは絶無に近い。ただスタンチフィールド氏が担当判事の感情をうんと逆なでして陪審にその偏見をあばいてみせ、陪審の共感を喚起するだけでなく、控訴でひっくりかえるような誤った決定をさせる方向へもっていくことだけが唯一の可能性だと。この地方ではだれひとり引き受けたがらぬ仕事を押しつけようとニューヨークから呼ばれたことは明白だった。そこですぐさま彼は、ふだんの自分のやり方から離れること、つまりワシントンの弁護士たちが敷いた路線で裁判活動をすることは、拒否したのである。彼は自分のやり方でならば努力してもみるが、そうでなければ一切手を引かせてもらうといったのである。

この裁判全体をとおして、スタンチフィールド氏の法廷態度は、きわめて礼儀正しく、相手を丁重に取り扱った。一週間たつと、争点は、合理的疑いというただ一点に実際問題としてしぼられていた。被告は〝あらゆる合理的疑いを超えて〟有罪であったか？——そうでなければ無罪放免されるべきだった。スタンチフィールド氏は、実際上、陪審にたいする弁論をすべてこの問題にしぼった。彼は判例を引用し、この問題に関する複雑な法理をまさに微に入り細を穿って説明した。これが非常に効き目があって、裁判官が陪審員へ説示するさい、ニューヨークから来たこの礼儀正しい紳士の陪審にたいする法理説明の明確さを讃《ほ》め、スタンチフィールドの説明には付け加えまた削除できるものは何ひとつ考えつかぬ、と述べて結んだのである。評決の結果は無罪放免だった。陪審が評決を出したとき、この判事はスタンチフィールド氏を私室へ招き入れ、そして言ったものだ、「スタンチフィールドさん、あなたがニューヨークから呼ばれて私の前に立つことになったと聞いたとき、私はあなたが拒否せずに当市へやってこられるだろうということも、裁判中どんな態度を取るべきかあなたに与えられる指針についても、だいたい承知はしていましたよ。ただ私はこの一言だけをあなたに進呈したいのですよ——あの評決は紳士にとっては当然のものです。」

経験を積み重ねることでこの技術の第一課——最悪条件の下でも証人にたいする態度を自制すること——を会得したならば、次に重要となるのは反対尋問で尋問すべき事項に注意を向けることだ。証人にたいする態度によってある程度武装を解除させること、少なくとも構えた警戒心を捨てさせることができ、その間に微妙な、探りを入れる質問をして、証人が自分でもはっきりしないようなことについて記憶や意識をくまなく捜索しよう、という段階になる。しかし、証人を破綻させたければ、反対尋問の内容事項が問題となる。それ以外に可能な道はないのだ。

どんな方式で攻撃を始めたらよいか？　法廷で毎回お目にかかっているような、あんな致命的にまずいやり方を採用して、証人がすでに主尋問で述べた話をくりかえさせ、そのうち違ったことをしゃべりだすかもしれず、また同じ話を繰り返しても陪審への効果は倍にはならないだろう、などと愚かな期待をもって反対尋問に入るべきか？　それとも、主尋問の証言内容は、ただそちらの弱点を指摘するために言及の必要がある場合はのぞき、むしろ慎重に回避すべきなのか？　どのやり方をとるにせよ、証人にたいし静かな厳しさ、絶対の公正さをもって当たろうではないか。そうしていかなる誤解も混乱も生み出せぬような単純な言葉で質問を組み立てようではないか。今、自分が陪審席にいると想像してみよう。そうすれば陪審員の立場から証言を考えることができるだろう。われわれは傍聴人から〝頭のいい〟反対尋問家という評判を得たくてやっているわけではなく、かえって自分の依頼人と、依頼人から委ねられたこの仕事を勝訴させようということを考えているのだ。また、はっきりときまった狙いもなく無鉄砲に質問をぶつけることも避けようではないか。下手な鉄砲も数撃ちゃ当たるということはないのであって、いっそ全然質問しないほうがましなくらいだ。証人を破綻させるどころか、かえって持ち上げてしまう結果になりやすいものである。

主尋問の間じゅう——憶えておられようが——われわれは架空のこの証人のあらゆる動作・表情を見まもっていたのである。さあわれわれは反対尋問の口火の切り方がわかっただろうか？　証人の陳述に弱点を発見しただろうか？　もしそうだとすれば、さっそく核心へ直行しよう。核心は、証人の訴訟当事者ないし係争物にたいする関係を、陪審員たちに明らかにすべきである、ということかもしれない。これは彼の証言がなぜ相手側に有利となるように手心が加えられているかの一つの理由として示しておくためである。証人はこの訴訟の結果に直接利害関係をもっているかもしれないし、また何らかの間接的な利益を得るかもしれないのである。あるいはまた、優しく当たれば、さらけ出させられるような何らかの他の動機をもっているかもしれないのだ。たぶんこの証人は、仲間意識から証言しているだけであろうが、これは公正な証言という点では致命的によくないことであって、そのことに証人自身は気づいていないことが多いのである。また、証人が訴訟代理人のうまい質問に助けられて大変なめらかに証言した事実を、正確・確実に知っているようではあるが、じつは見聞きした機会が乏しいのだという場合を、陪審が知りさえすれば、証言の効果を弱めることになる、というのが核心であるかもしれない。他方、証人が証言事実を観察する機会は十分にあったのだが、それを正確に観察する知性をもっていなかったという場合もあるだろう。同一事件を二人の人間が目撃したが、それぞれ全く違う印象を受けたということもあるだろうし、その各々が証人席に呼び出されて、それぞれの印象を事実として進んで証言することもあろう。明らかに、この同一事件についての二人の説明が、どちらも真実である、などということはありえない。ではどちらの印象が間違っていたのか？　どちらがよりよい観察の機会に恵まれていたのか？　どちらがより鋭い知覚能力をもっていたのか？　これらのすべてを反対尋問の事項と呼ぶのが至当なのである。

観察の機会があったということ、また正確に観察する知力があったということと、見聞きしたことを長期にわたって正確に憶えていられるということ、またそれ以上にむずかしいことだろうが、それをちゃんとわかるように表現できることとは、別なのである。多くの証人が一つの事件を部分的に見たり聞いたりしただけなのであって、後になると、自分で見たものと他人から聞いたものが、頭の中で混じり合ったり、表現の仕方に混乱が起こったりするものである。証人になると誰でも誇張しがちなものなのだ。誓って事実だといっても拡大したり縮小したりするのである。

証人のタイプで毎日のようにお目にかかるのは、何年か前に事件を目撃し、気がついてみたら証人として出廷することになっていた、という連中で、これが最もふつうなのである。彼はすぐさま昔の印象を憶い出そうとし、自分を尋問することになっている弁護士と話し合っているうちに、だんだんと自分の話に尾ひれをつけて膨ませていく。それは自分でそうしたり、あるいは誘導されたりしてやるわけだが、やがてそれが自分の記憶であると信じこむようになり、とうとうこれを事実として法廷で証言するに至るのだ。「知りません」という答えを口にすれば、無知なやつだと思われやしないかと恐れる人たちが多いようである。気持ちのうえでは全く正直なのだが、結果としては、自分の話を想像で補う傾向がある。また、自分の話のどこかの部分で、事実を自分の信念とか推論でもって膨らませようとし、失敗する人も、稀ではあるがいないわけではない。この問題は「証言の偽り」についての章で詳しく論ずることにする。

こういったことをすべて考慮すれば、証人それぞれに、それぞれぴったりした一連の質問が、すぐに思い浮かぶはずである。その通りに質問していけば、真実から見かけをひきはがし、誇張をとりはらってありのままの姿を露わにできるはずである。さらに、陪審員にその偽りをわからせるだけではなく、なぜ、またどこから、その偽りが生まれたかを、そのとき認識させなくてはならない、ということも考えておくべきだ。総括弁論のときまでほっておいて、そのときに陪審の注意を引こうとするよりも、反対尋問でやるほうがもっと新鮮だし、またもっと長続きする効果をおさめられる。

経験のある尋問者なら、二、三簡単な質問をすれば、もうどんな方針で追及すればよいか、わかってしまうのがふつうである。その現場を心に思い描いてみるがいい。証人の情報源を仔細に追及するのだ。そして彼の間違いがどんなふうにして生じたのか、また誤った印象をなぜ持ってしまったのか、自分の結論をひき出してみるのだ。証人の誠実さを自分が信じており、彼にたいして公平でありたいと願っていることをはっきりと示し、証人が率直に話していいのだ、と思うように何とか持っていくこと。そうなれば、彼の証言に影響を及ぼす欠点とか弱点を発見した場合には、それを陪審員に露呈させるよう持っていくことは容易である。彼の間違いは、直接的な質問よりはむしろ推測をぶつけてみることでひき出すべき場合が多い。証人はだれでも自己矛盾を恐れるからである。もし証人が、質問と自分の陳述の間に関連性があるなと気づけば、最初の話と後で述べたこととの間の矛盾を指摘される前に、想像力をつかってつじつま合わせをするだろう。証人の話したことの効果を失わせるためには、後で別のもっと真実に近い話が聞けますよ、この証人が隠していることをあばいてみせます、ということを陪審員にすぐわからせるような質問を彼にぶつけてみるのが得策であることが多い。些細な矛盾をあげつらうのは避けることだ。これは未経験者にはざらにみられる愚である。〝陪審員は、証人に少しばかり自制を失わせたり、記憶の自信をぐらつかせたりしたからといって、たいしたこととは見ない〟という名言がある。おしゃべりな証人には話しつづけさせよ。そうすれば、きっと自分でどうにも脱け出せぬところへはまりこんでしまうものだ。証人のなかには、全く証言しすぎという人もあるものだが、かえってうんと誇張させ、陪審員の常識に反する程度へまで誘導してやればいいのである。どんな条件下でも証人の言葉を曲げて取るようなことをしてはいけない。これほど陪審員に致命的な悪影響を与えることは弁護士にとってないといっていいくらいのものだ。

もし偶然に、本当に有利な答えをもらえたときは、それはほっておいて、平静に何か他の質問へ移ることだ。未経験の尋問者なら、それを総括弁論用にとっておく代わりに、この不利益な事実の承認を傍聴人に印象づけようと思って、同じ質問をくりかえすのが、まず十人が十人であるといってよいだろう。その結果は、証人に答えを訂正させるとか何らかの修正をさせることとなり、せっかくの幸運を無に帰してしまうだろう。こういう尋問者は実際、人間性というものがよくわかっていないのであり、反対尋問中に成功したとばかり得意な顔をみせれば、証人にすっかり警戒心をもたせてしまい、今後は一切こちら側に有利になるような発言はしないだろう、とは思い到らないのだ。

デイヴィッド・グレアムは、思慮深い反対尋問家として成功した人だが、あるとき、たぶん冗談としてだろうが、言ったことがある。「弁護士というものは、まず第一に、どんな答えが得られるかわかっているのでなければ、また第二に、どんな答えだろうと心配はないというのでなければ、けっして反対尋問すべきではない」と。これは、たいていの判決はどちらの側が反対尋問でより大きな失敗をするかにかかっているものだ、といわれる弁護士の基本理念に与《くみ》するものだろう。たしかに、どんな弁護士でも合理的にみて返答に確信が持てないならば、きわどい質問をすべきではないのだ。

最近、マサチューセッツの法廷で遺言訴訟が行なわれ、ニューイングランド法曹界の指導者と目される一人がこれを担当したのだが、遺言の立会人の一人はこの遺言書を作成した弁護士事務所の速記者だった。彼女は、同州の法律で許されているとおり、自分の意見を証言したのである。遺言作成者は自分の遺言に署名したとき完全に正気でしたと。この証人は、見たところは子供っぽくて初心《うぶ》であり、とても裁判官や陪審員たちにその証言を重視させることはできまいと思われた。

しかし、ほっておくにしかず、という有益な金言を忘れた相手側の訴訟代理人は、証人が法律事務所で働いていることから考えて、たぶん精神異常者というものを今までに見たことがないか、あるいは正常と異常とをはっきりと対照的に観察する機会がなかったものと結論し、次のような質問で勝負をかけた。

問「あなたは正気じゃないといわれるような人を、今までに見たことがおありですか？」

証人は一瞬黙ったのち、くすくす笑い出し、そして答えた。

答「あると思いますわ——あたくし、最近の二年間は精神病院で付添看護師をしておりましたの！」

サージャント・バランタイン氏は、その著書『経験』の中で、殺人罪で服役したある囚人の裁判例を引用している。それによると、かつて有名だったある英国の法廷弁護士は、自分の判断では反対だったのだが、事務弁護士の主張に負けて反対尋問である質問をし、その答えのために有罪を判決されてしまったという。その答えを受け取ったとたん、彼はその質問をしろとすすめた事務弁護士をふりかえって言ったそうである。一語一語に力を入れて、「帰れ。咽喉《のど》をかっ切れ。地獄で依頼人に会ったら、どうかお許しくださいと頼むんだな」

弁護士たるものは、有利な答えを期待する質問を用意しているなら、証人がその問いにうまく答えてくれる気分になるまで、いつだってそれを保留しておくべきなのである。ときには、証人から明らかに言い返されるように、わざと隙だらけに質問を組むことだってある。もし証人がこの餌にひっかかって尋問者を笑いものにしてくれたら、すかさず重要な質問をぶつけるのである。証人が尋問者に勝ったと思って気持ちが昂《たか》ぶり得意になっている間に、重要な質問を、まるで何でもない質問にすぎないかのように持ち出すのだ。証人はそれと気づかぬうちに本音をはいてしまうだろう。

ときにはまた、評決の行方を定めるような質問を、証人が証人席から立ち上がって自分の席へ半分戻りかけるまで保留しておくことも有効である。そのときふいに、まるで何か小さなことを忘れていたかのように呼び戻すのである——そしてまたしても証言しなくてはならないのかといらだっているさなかに、急いで欲しい答えを手に入れてしまうのだ。

証人を粉砕できるようなものでないかぎりは、けっして証人に答えたり言い返したりしないことも安全策である。カランは、なにかかにか冗談を言って証人から落ち着きを失わせようとたくらむことを常套手段とし、落ち着きを回復させまいと気を配った。

「判事さま、判事さま」と小作人のある証人が、カランの反対尋問で精神的拷問にたえきれず、大声に言ったものだ。「あっしは向こうの小さい旦那には答えられんです。あっしをひどいドルドラムにしてるもんで」

「ドルドラム？　カラン氏のことかね？　証人がドルドラムというのは何のことかね？」とエイヴォンミア卿は叫んだ。

「ああ、判事さま、それはそういわれる人間にはごくありふれた愚痴なので。ただ、心臓をやられて頭がごちゃごちゃになることをいうだけなので」

ある有名な英国の法廷弁護士は、あるとき、成り上がり者のユダヤ人宝石商を金貸し事件で反対尋問したさい、まず、眠そうな陰気な眼差しで彼を頭から足の先まで眺めやり、さて言葉をひっぱるようにしてのろのろと始めたものである。「で、モーゼルワインさん、あなたは何ものですか？」

「しぇんし（紳士）です」と宝石商は力をこめて答えた。

「そうでしょう、そうでしょう」とホルカーは、憂鬱そうにあくびをかみしめながら叫んだ。

「でも、紳士である前は何でしたか？」

一八七八年、英国で行なわれたジョン・ラスキンにたいする名誉毀損事件の裁判で、画家のホイッスラーが法務長官の反対尋問に答えた次のようなくだりは有名であって、今だにこの道を志す者への警告である。

ラスキンはグロヴナー画廊が開いたある名作美術展の記事を書いたのだが、ホイッスラーの〝夜景〟の二点もかなり傑《すぐ》れたものとして出品されており、これについて〝芸術家（ホイッスラー）の思い上がり〟と中傷誹謗したわけである。とくに問題となった個所は、結びの一節であった。すなわち〝私は今までロンドンっ子の高慢についてはずいぶん見聞したが、とさかをおっ立てた奴が公衆の面前で絵具を一瓶ぶん投げつけ、それで二百ギニー頂戴しようとは、まさか思ってもみなかったことである。〟

ホイッスラーはこの裁判で完全に我が意を得、法務長官もとうてい敵ではなかったというが、その問いの一つにたいする有名な返答は歴史にのこる語り草だ。

「話していただけますかな」とサー・ジョン・ホルカーが尋ねた、「あの夜景画を描きあげるのにどのくらいかかりました？」

「二日ですよ」とホイッスラーは答えた。

「では二日間の労働に二百ギニーを要求なさるのですな？」

「いや、私は一生をかけた蓄積にたいして、それを要求しているわけです」

裁判は長びいて、当時英国をわかせる話題だったが、陪審の出した評決は、原告ホイッスラーに、ほんのわずかながら分ありとした。しかしラスキンはこの評決を大変深刻に受け取り、〝ホイッスラー裁判の結果はもはや何の選択も私に残してはいない〟といってオクスフォード大学の美術教授の職を辞した。これにはしかし面白い後日談がある。この後ホイッスラーの夜景画の何枚かが高値を呼んでラスキンの批評が無効となり、この裁判で提出された〝青と銀の夜景〟は結局、国立美術募集基金に買い上げられて国の所有となり、今もナショナル・ギャラリーに展示されている。*1

証人が真実の全貌を告白することをしぶっていると思えた場合には、引き出してやる答えが意外であって陪審にはとても信じられないと思えるような問いをしてみるのも、ときにはいい。最近のある事件がこのことを分かりやすく示してくれると思う。大きな倉庫が商品もろともに全焼し、それにかけた保険金を請求する訴訟だったが、保険会社は、火災発生当時在庫していた商品がどのくらいあったかを示す在庫簿を発見できなかったのだ。火災の目撃者の一人が、たまたま原告の簿記係であって、主尋問では、火災のことは細大もらさず証言したが、帳簿については一語もなかった。私は反対尋問を次の数点にしぼった。

「あなたは事務所に鉄製金庫をおき、その中に経理関係の帳簿を保管していた、と思いますが?」「そうです」——「金庫は燃えてしまったのですか?」「いいえ、まさか」——

「火事の後金庫を開けたときあなたはそこにいましたか?」「ええ」――「ではその在庫品帳簿を私に手渡してはいただけないでしょうか。そうすれば火事のときどれだけ在庫があったかを正確に陪審員にお見せできますから。あなたはなくしたとおっしゃるのだが」(これがこの事件の核心であって、陪審員はつづく答えに不意を突かれた)「私は帳簿を保管していませんでした」――「何ですって、在庫品帳簿を保管していなかった? なくしたのではない、とおっしゃるんですか?」「金庫の中にはありませんでした」――「帳簿の正しい保管場所は金庫ではなかったのですか?」「いいえ、金庫です」――「ではいったい、帳簿がそこになかったとは、どういうことです?」「火事の前夜、まちがって持ち出されたんです、きっと」陪審員の中にはすぐさま、重要な在庫品帳簿はすべて隠匿されていると推論し、保険会社に不利益な意見を持つ他の陪審員たちの意見に同意することを拒否した者もあった。

平均的な人間というものは、大方の想像するよりもはるかに頭がいいのである。証人への反対尋問は議論の形にしてみてもよく、同じ筋の推論を総括弁論まで保留しておくよりも、陪審員たちへの効果がずっと大きい場合だってめずらしくはない。陪審員は、その論点をまるで自分が発見したかのように、自分で考え始め、それだけますます執拗にその論点にくらいついてくるのだ。あの有名なティルトン=ビーチャー事件で行なわれたヘンリー・ウォード・ビーチャーへの反対尋問中、フラートン判事は、ビーチャー氏が告訴されたティルトン夫人との情交関係を否認したのち、ビーチャー氏の説教からの一節を読み上げた。もし人が大きな罪を犯した場合、その罪を暴露することが他の人々を不幸にするならば、この人は告白をしても義とはされない。それはただ自分の良心の痛みから逃れるためにすぎない、というものだった。フラートン判事はそれから真っ直ぐにビーチャー氏の眼に見入って言った、「あなたは今もこれを健全な教えと考えますか?」ビーチャー氏は答えた、「そう考えます」と。この問答から陪審員たちの引き出した推論は、この事件のこの点をめぐる微妙な議論となっていたであろう。

相手側証人の証言の効果は、愉快な軽口の言い合いで台なしにできることもある。こうした言い合いで証人をついには陪審の前で笑いものにしてしまい、証人が前に述べた不利な証言を、笑い声のなかで雲散霧消させてしまうのである。メトロポリタン市街鉄道の一事件で、私はある証人をかなりしつこく反対尋問でいじめたことがあるのだが、ついに証人はきっと背筋を伸ばして生意気にも言ったものだ、「私はなにもあなたに、私と遊んで、と頼みにここへ来たわけじゃない。私をアンナ・ヘルドと思いちがいしてるんじゃないですか?[1]」私は静かに応じた、「アンナ・ヘルドのことを考えていたのではありませんよ。あなたがアナニア(嘘つき)になろうとしてるんじゃないかと想像していたんです!」証人はすっかり腹を立てたが、陪審員たちは笑ってくれ、おかげでこのときまで私は実際には何もこの証人から聞き出せずにいたのだが、腰を下ろすことができた。

この種のささやかな勝利は、しかし、いつも一方的に手にしうるとはけっしてかぎらないのだ。訴訟代理人の方から先に仕掛けると、頭のいい証人なら、ぎゃふんといわせるようなカウンターパンチを返してよこし、陪審員や傍聴人に大受けすることがよくある。英国のウースター州巡回裁判所で、馬の健康鑑定を含む事件が審理されたさい、ある牧師が証人として呼ばれていたが、彼はこの取引行為をごちゃごちゃとわけのわからないものにするだけだった。相手側の訴訟代理人というのは、大声で怒鳴りちらすタイプの男だったが、反対尋問で真相をつかもうといろいろやってみた後、だしぬけに言ったものである。「あなたはいったい馬と牛のちがいが分かってるんですかね？」「私は自分の無知を認めますよ」とその牧師は答えた、「馬と牛とか、あるいは雄牛《ブル》とがき大将《ブリイ》の区別とか、よく分からんのでして――ただ雄牛《ブル》というのは、人の話では角があるそうで、がき大将《ブリイ》には（といってこの訴訟代理人へうやうやしく頭を下げ）、私にとって幸いにも、角は生えていませんな。」(2) この点については、カーライル・ハリス事件における某博士の反対尋問の章を参照していただきたい。同章にこの方法でのめざましい成功例を詳述しておいた。

見たところは無知なようでも生まれつき頭がいい、といったタイプの証人はいるものである。こんな証人に恥をかかせてやろうという誘惑に屈した未熟な反対尋問者が、結果としては反対に大恥をかいてしまった非常におもしろい事例が、いくつも、最近わが国の裁判所で起こっている。

ある火災保険会社が、一商人から、キャビアの在庫品の被災額支払いを求められた事件であるが、この商人は、自分自身のために主要証人となり、あからさまな偽証にはならぬよう気を配りながらだが、自分の取り扱い商品の価格と品質をできるだけつりあげようとしていたのである。彼は、焼けた倉庫にあったキャビアは、チョウザメのキャビアでも最高級で値段も最高の銘柄〝ラシャン・アストラカン・ベルーガ〟がほとんどだったと証言した。反対尋問者は、証人の偽証だけでなく無知をも陪審にみせつけてやるチャンスだと考えた。

問「あの倉庫にあったというあなたのキャビアは、みんなホワイトフィッシュ・キャビアとして知られる、本物のキャビアですらない低級品だった、というのが事実ではありませんか?」

答「いやいや、とんでもない」

問「どうしてそうじゃなかったとわかります? あなたはホワイトフィッシュ・キャビアがどこから獲れるのか知ってるんですか?」

答「そりゃ知ってますよ」

問（陪審の眼に、証人の無知で、自分の商売の知識すらないことをみせつけてやる、とばかり、勝ちほこって）「では、どこから獲れるんです?」

答（ちょっと横目で見て）「ああ、もちろんホワイトフィッシュからですよ!」

やはり最近の例だが、イタリア人のある請負人が車庫の石塀を建てた代金を請求する訴訟を起こした。申し立てによると、その塀はあらゆる点で良心的な仕事だという。しかし被告は、お粗末な建て方で石造の正しい基準に合ってはいないと主張する。この被告の主張を支持して、反対尋問者は、原告に雇われているイタリア人の石工たちが、職人として腕が悪く、この仕事に必要な知識をほとんどもっていないことを示そうとした。

問「ドメニコは腕の立つ石工でしたか？」

答「ああ、そうです。とっても、上手の、職人ね」

問「ではジュゼッピは腕のいい職人でしたか？」

答「もっと、上手ね」

問「ジョヴァンニはどうです？」

答「三人の中で、いちばん上手ね」

問（早口につづけて）「それではあなた、職人はみんな腕のいい者ばかりと言っているわけでしょう？」

答「いや――いや――弁護士さんたちと同じことよ――上手な人あるし――だめな人あるよ」

『今日の陪審裁判』の著者J・W・ドノヴァンは、チャールズ・スペンサーが手がけたある裁判についてのブルックリン・イーグルの説明を引用している。ある兵士が、南北戦争後、友人に貸した千八百ドルの返済を求めた裁判であって、相手側の訴訟代理人は故エドウィン・ジェイムズだった。

被告側訴訟代理人ジェイムズ氏の原告にたいする反対尋問――
問「あなたは彼に千八百ドルを貸したのですね？」
答「貸しました」
問「いつですか？」
答「一八六六年です」
問「あなたはその金をどこで手に入れました？」
答「儲けたんですよ」（弱々しく）
問「いつ、儲けました？」
答「戦争中でした」（弱々しく）
問「戦争中のあなたのお仕事は？」
答（おとなしく）「戦闘です」
このときまでは、ずいぶん疑わしい点があると思われていたのだが、陪審の気持ちはこれではっきりとこの兵士の側へ傾いてしまったのである。スペンサー大佐は、それを感じ取ったから、出来るだけ急いで立証を切り上げ、陪審への総括弁論で、この兵士が「われわれの自由を守り、国を救うために、命を賭して戦った」ことなどを語って、評決を勝ち取った。
同じ日に、ジェイムズ氏は、この裁判をふりかえってスペンサー大佐に論評をのべた。
「あなたのなさったあの戦争の話、あれを引き出したのが私の反対尋問の失敗でしたよ。

でなければ、あなたは彼の戦歴のことを何も知らなかったでしょうからねえ。」「ああ」とスペンサーは言った、「あなたの過ちは、私の依頼人が南軍の兵士だったことを見抜けなかったところにありますな。でなければ、あなたは自分で評決を全くひっくりかえせたはずなんだ」

訴訟の核心が、二人の人間しかその場に居合わせなかった折の会話を、正確に再現できるかどうか、にかかっていることが多い。そして両者はこの裁判で対立関係にある、というのがふつうである。この種の事例では、両者の証言はどちらも、証人自身の口から矛盾を引き出せる見込みの絶無という場合が多く、したがって腕利きの反対尋問家なら、主証人の証言を無視して、もっぱら傍系的なことについてその証人の誠実さを攻撃し、できればそれで証人を破綻させてやろうとのみかまかけるものだ。

この方法を多用し、巧みなること、マックス・D・ストゥアの右に出る者は、東部法曹界にはいない。彼が手がける事件は、ほとんどすべてこういう反対尋問で実益を上げるのだが、上述したようなやり方——すなわち、ひたすら、全く傍系の、当面の問題とは何の関係もない事柄について証人の人格を攻撃するというやり方——を用いて証人を完膚なきまでやっつけた実例としては、人民対フランク・J・ガードナー事件ほどめざましいものは他に見出せまい。

ガードナーは贈賄未遂で起訴されたのである。起訴状には、オルバニーからニューヨークへの列車の中で、当時ニューヨーク州の上院議員であったフーゴー・フェルカーへ、当時州議会へ上程中の競馬反対法案に反対投票させようと、三千ドルを差し出した、とあった。上院議員フェルカーは、訴追側の主証人として出廷した。彼は、簡単に、ある日自分とガードナーとがオルバニーからニューヨークへ向かう同じ列車に乗り合わせ、ガードナーも同じ上院議員だった関係で自分を知っているから、自分が秘書と一緒にいた席へやってき、ガードナーの特別専用室へ招かれ、したがって自分は入ったこと。ガードナーが扉を閉め、二人きりになったこと。そこでガードナーが、ヒューズ知事が通過成立を急いでいるこの法案を否決するに足るだけの反対票を集めるために、〝駆り集め〟資金を預かっているのだ、と打ち明けたことを証言した。

そして、ガードナーは、もう多数の上院議員がそれぞれの金額を受け取っており、法案を否決できる票数はそろっているのだが、ブルックリンの連中を何人か手に入れたいと思うので接触してはくれまいかと言った、と証言した。それからその場でガードナーは三千ドルを差し出したのだが、証人はもちろん撥ねつけた、というのである。

フェルカーはその後病に倒れ、手術を受けねばならなかったが、法案が票決される当日、病軀を上院へ運び込んでもらって賛成投票をし、法案を通過させたのである。この投票のせいでフェルカーはすっかり政界のヒーローになり、次の秋には連邦議会の議員に選出されて、この証言を行なったときは連邦議会の一員だったのである。

この裁判は、訴追側が当時のニューヨーク市長ゲイナーを倒そうと、運動をうまく組織していたから、広く関心をひいたのである。この証言が直接に狙ったのは、市長その人よりも市長の下で収入役をしていたチャールズ・H・ハイドであり、ハイドが多数の州議員への贈賄を目的とする資金を収集・供給したと主張したのである。

フェルカー上院議員は、申し立てられているこの贈賄未遂をめぐる状況を、きわめて具体的に語ったのであって、つけ入るすきは全くなかった。彼は非常に注意深く自分とガードナーの二人だけが他の何者にも会話を聞かれぬ場所にいたと言っているわけで、そうなると彼の証言に反論できるのは彼のほかにはいないのだ。おまけに、彼はあの決定的な投票のせいですっかり有名になり、連邦議会に選出されてヒューズ知事からはこの数十年ニューヨークの生んだ最もすぐれた最も価値ある立法者と讃えられまでしていたのだから、当然彼の発言は、訴追された証人のそれよりも信用されたのだ。

地方検事が、他の上院議員たちにも当被告人から金銭を差し出されたことを証言してもらうため召喚する手筈になっていると法廷に確約し、またガードナーが同法案の上程中オルバニーに一つづきの部屋を借りていて、そこで同法案に関するロビー活動に専従していたことを立証すると申し出たことを考えても、これはうなずけるだろう。

以下反対尋問の詳細については、ストゥア氏自身の言葉に聞くのがいちばんよかろう。

私はまず、証言をしているこの時点までのフェルカー氏の閲歴——もちろんこれは大筋だけれども、これをたどってみたのである。彼はドイツで生まれ、十四歳ごろに米国へ来て〝中学《ジムネジウム》〟に上がったから、ドイツ語に堪能だった。両親はブルックリンに住みついて、自分もつねにブルックリンに居住していた。選挙の投票もブルックリンでやった。第二部の弁護士資格（予備資格）を認められた。教育を受けたのは夜学によってだった。大学へ行ったことはないのである。弁護士の資格を得るには、リージェント（大学評議員）の試験に通らなければならなかったが、彼はこの夜学で得た知識でリージェント試験にパスできたのだ。

彼は合格点を取り、試験はよく出来た。彼が英語以外に学んだ語学といえばドイツ語だけだった。ドイツ語は堪能だったから、ドイツ語の試験はじつに易しかったのだ。リージェント試験にパスしたときたしかにドイツ語の試験を受けたと彼は言ったが、それがどこで受けたのだったか思い出せなかった。どんな建物だったか、あるいはどこにあって、何階だったか知らなかったのである。試験官の名前も思い出せず、彼の記憶するかぎりでは、その部屋に見知った人はだれもいなかった。そのリージェント試験を受けたのはマンハッタンでだったか、ブルックリンでだったかも、思い出せなかった。また、その合格証明書がどんな手段で交付されたかも思い出せなかった。自分と同じ名前の人間は知らないし、そんな人間がいるなどとも聞いたことはない、ということだった。

質問によって、彼の試験答案が、オルバニーに綴り込み《ファイル》してあるはずの場所から紛失していることが明らかになったが、そのことについて彼に尋ねてみると、彼には紛失の理由に全く心当たりがなく、説明できるはずのないことが確かめられた。彼は確かに答案の紛失には無関係だった。また彼ははっきりと、自分で試験を受けたのであって、だれかを雇って代わりに受けさせたのではないと言った。リージェントの合格証明書を交付されたさい、受領書に署名したかどうかは憶えていなかった。合格証明書の綴り込み《ファイル》にあった受領書を見せられると、彼は〝フーゴー・フェルカー〟とあるその文字は、自分の筆蹟ではないと言った。合格証明書の配達された宛先は、マンハッタン区のヘンリー街二一五番地だが、彼はそこに住んでいたことは一度もなく、自分の合格証明書がなぜその住所に配達されねばならなかったか、理由が思い当たらなかった。またパスした試験科目を正確には憶えていなかったが、たぶん英語とドイツ語、それに算数、読解、作文、単語の書き取りだったと思う、と言った。フランス語の試験は受けなかったとはっきり言った。彼はフランス語を学んだことが全くない、フランス語の読み方も訳し方も話し方も全然知らない、というのだ。リージェントの事務局の綴り込みカードに、〝フーゴー・フェルカー〟はフランス語試験に百点満点で合格したと書いてあるのを見せると、彼はそれを説明できなかった。そのときのフランス語の試験用紙を見せると、そこにある問題を一つとして答えられなかったろうことを自認した。また対数と高等代数の試験は九十五点以上でパスしていたが、対数も高等代数も一度も習ったことがないと認めた。どうしてリージェント事務局が、パスしない科目にこんな高い点をくれるという恐るべき過ちをおかしたのか、彼には説明できなかった。

　フェルカーの過去を調査した結果、以下の事実が明らかとなった。すなわち、フェルカーはむかし若い学生を一人雇っていたことがある。ひどく貧しい学生で、ヘンリー街二一五番地に住んでニューヨーク市立大学に行き、当時クラスで首席だった。その年彼がこの市立大学を欠席したのはわずか数日だったが、それがちょうど〝フーゴー・フェルカー〟のリージェント試験受験日だったというわけである。リージェント合格証明書の受領書に〝フーゴー・フェルカー〟とあるのはこの青年の筆蹟だった。フェルカーが証言していたまさにそのとき、この青年は刑務所で服役中の身であり、そして召喚状で法廷へ出ていたのだ。彼は他人に代わって公務員試験を受けてやったことを特別期治安裁判所で認めていたのだったが、フェルカーは、この青年を知っているかどうかと尋ねられて、記憶にない、と証言したものの、青年が起立を求められると記憶がよみがえって、知っていると認めた。それからは、すっかり忘れていたヘンリー街二一五番地をめぐる事柄が何もかもよみがえってきて、リージェント試験に合格できるよう勉強を教えてもらおうとこの青年を雇ったこと、またその期間中じっさいにこの青年と何日かそこで一緒にくらしたこと、さらにまた合格証明書が青年の住所宛てに送付されたのはそのためだったことを思い出したのである。フーゴー・フェルカーが受験したとき、同じこの弁護士資格試験を受験した連中の答案が、全部オルバニーの然るべき場所に現存しているのに、フーゴー・フェルカーの答案だけがないという事実の説明は、彼には出来なかった。たとえ彼がヘンリー街二一五番地でこの青年から勉強を教わったとしても、フランス語とか対数はかつて一度も習ったことがないと自認しているのだ。高等代数学についてはまあこれほどはっきりとは自認していないのだが。彼は高等代数学が何をするものかも、対数が数学の一分野であるのか、鉱物学と何か関係があるものなのかも、全然知らなかったのだ。

彼は、街路への撒水に関する一法案を州議会に出したある男から、二千五百ドルを受け取った事実や、この男に大きな利害関係のあるその法案に賛成投票し、そのおかげでこの男が後日街路への撒水契約を取ったという事実を認めた。その小切手を受け取ったことの説明としてフェルカーが言ったのは、選挙運動の資金として贈られた、である。いかにもこの男はフェルカーの立候補地区たるブルックリンには住んでいないし、またそれ以前に会ったことがあるかどうかはっきりした記憶がない、ということは本当だったが、しかし、州議員の間では慣わしであるとはいえ、選挙運動の資金を、それがどこから出たものか調べもせずに受け取ったのだ。彼の銀行預金残高が一時は二万ドルを超えていたこと、しかもそれがちょうど競馬法案の上程されていた時期とほぼ重なることは事実である。どんな依頼人たちからその金を受け取ったか彼には説明できなかった。彼には弁護士として一件でも公判を手がけた記憶もなく、依頼された件では二五〇ドル以上の報酬をもらったことはないと言っているくせに、弁護士の実務で得た金だと言い張ったのである。

フェルカーは、証人席を去るとき、自分の証言に関するかぎり、完全に破滅していたのだ。彼が反対尋問を受けている間じゅう、陪審は彼の答えのほとんどに笑い声をあびせた。彼の狼狽は非常なものだったから、寒い季節だったのにだらだらと汗を流し、私は彼が証人席にいる間自分のハンカチを二枚貸してやった。

彼は、証言当時、連邦議会議員だったし、その任期は半分以上も残っていたのに、この反対尋問が終わって退廷して以来、その姿を見た者も噂を聞いた者もいないのである。この反対尋問を通じて、私は例の車中の会話については全く何ひとつ尋ねなかった。実際問題として、私は陪審員たちも列車で何か会話があったことなど思い出しはしなかったろうと考えているのだ。ガードナーは陪審員たちが退廷して二十分とはたたぬうちに釈放された。

このニューヨークでも大商人と目されるヘンリー・E・ラザラスは、数年前、公務員にたいする贈賄とサボタージュ法違反の容疑で、連邦大陪審から起訴されたが、この裁判の陪審員たちは三十分間熟考のすえ無罪放免とした。ちょうど戦争のまっ最中で、ラザラス氏はゴム引き上着《ラバー・コート》の製造では大手業者だったから、政府と契約して何十万着も製造していた。政府はこの仕事をうまく遂行させるために監督官を大勢雇ったが、この監督官連中が、戦時下の熱気と昂奮にあおられて、ちょいちょい行き過ぎをやったわけである。その結果のひとつがラザラスの訴追となった。

ラザラスの容疑にたいする主証人は、ニューヨーク市配給部補給係将校事務所付の監視官チャールズ・L・フラーだった。フラーは、ラザラスが金をくれて監督官としての職務の遂行に手心を加えるよう要求し、また欠陥製品を製造することでサボタージュ法違反をやっている事実を見逃させようとした、と証言した。

マーティン・W・リトルトンが、被告人側の主任弁護人であったが、彼はラザラス氏の人格の高さや政府のための良心的な仕事ぶりに心服していた。またフラーの人となりや経歴にも通じていた。主尋問で、陳述を終えたフラーは、まず、政府に雇われたときのことを質問された。この弁護人は、フラーがある願書に前歴を記入し、署名し、かつそれを誓約するよう要求されたことを、知っていたのである。

証人の署名したこの願書の原本を入手するため、政府の文書保管所《ファイルズ》へ使いが出されていたが、ちょうど弁護人が次のような質問を始めようとしていたときに、その使いは原本をもって入廷した。

問「あなたはこういう願書に署名しましたか？」

答「しました」

問「署名のうえ、誓約をしましたか？」

答「いや、誓約はしませんでした」

問「この余白の下のところに署名してあるあなたの氏名をお見せしましょう。あなたはこれに署名しましたか？」

答「ええ」

問「それにたいして誓約しているのではありませんか？」

答「忘れてしまいました」
問「その上に印章があるでしょう?」
答「それも忘れてしまいました」
問「この願書は、一九一八年五月二十四日に、チャールズ・ロレンス・フラーによって署名されているようですよ」
答「その日付で私が誓約しているのなら、たしかにそのとおりでしょう」
問「一九一八年の五月に、あなたがこの願書に署名し、そして誓約したことを憶えているのですね?」
答「そうです、私はそれに誓約したにちがいありません」
問「そのことを憶えているのですね?」
答「それを見せてくれませんか、そうすればたぶん記憶がはっきりするでしょう」(原本が証人に手渡される)
問「その署名を見てください。思い出しませんか?」
答「これは私の署名です」
問「おわかりになりましたね。一九一八年の五月に、これに署名し、誓約したことを憶えていますか?」
答「えーと、日付はこれですね」
問「おわかりですか?」

答「ええ、たしかに誓約したにちがいありません。日付は憶えていませんが」
問「チャールズ・ロレンス・フラーとご自分の氏名をそこに署名したことは憶えていませんか?」
答「憶えています」
問「この書類に誓約して署名なさったんですね?」
答「この日付がたしかにここにあるんだから。ええ、そうですよ」
問「あなたが署名をしたその日付で、それに誓約したことを憶えていませんか?」
答「誓約しました」
問「あなたの苗字はフラーでしたね?」
答「そうです」
問「ずっとフラーでしたか?」
答「いいえ」
問「昔は何という苗字でした?」
証人はこれ以上そんなふうに質問をつづけられることに抗議したが、弁護人はそれを許され、証人の苗字が一時はフィンクラーであり、またフィンクラーからフラーへと何度か改めたことをひき出した。
次いで弁護人は、証人がその願書で行なった実際の誓約内容へ質問を持っていった。
問「さてフラーさん、あなたが政府へ出した願書、さきほど私がお見せした、あなたの署名し誓約した書類ですが、あれにあなたの写真を貼付なさいましたか?」
答「ええ」
問「そして、ジョージア州アトランタに生まる、と願書に記入しましたね?」
答「ええ」
問「あなたはこの職を志願するにあたって、次のような質問に答えている。すなわち、〝勤務経験あるときはその年月〟――これにたいしてあなたは記入している、〝一八九七年二月から一九一七年八月まで、二十年間。勤務地――ブルックリン。勤務先――ヴァルカン防水加工会社。給与額――週給三七・五ドル。ゴム・合成室の監督も兼ねる。〟あなたはこう書いたのでしたね?」
答「ええ」
問「そしてこれに誓約したのでしたね?」
答「ええ」
問「さて、あなたは一八九七年二月から一九一七年八月まで二十年間、ヴァルカン防水加工会社に勤めていましたか?」
答「いいえ」
問「これは事実ではなかったのですね?」
答「ええ」
問「それではゴム・合成室の監督助手でもしたことがあるのですか?」

答「ありません」
問「これは嘘だったんですね？」
答「はい」
問「〝ゴム引きレインコート部の主任検査員としての私の経験を通じ〟と書いてあるのは、これは嘘だったんですね」
答「はい」
問「嘘だと自分で知っていたんですね？」
答「はい」
問「あなたはこれに誓約したとき、自分は嘘を誓約しているのだと、知っていたんですね？」
答「はい」
問「あなたは故意にそんな誓約をしたんですね？」
答「はい」
問「すると、誓約をしたとき、自分が偽証を犯していることを知っていたんですね？」
答「そんなふうには考えてもみませんでした」
問「二十年間この仕事に就いていたふりをし、それを誓約すれば、偽証罪になるということを、知らなかったというのですか？」
答「知っていました」

問「あなた今宣誓して証言していますね？」
答「はい」
問「一人の人間の自由がかかっている問題で？」
答「はい」
問「陪審員はあなたの言うことが信用に値するかどうかを考えるために呼び出されている、ということを知っていますね？」
答「はい」
問「あなたがこんな嘘をでっちあげて自分の手で記入し、嘘であると知りながら誓約したとき、あなたは故意に誓約したのであって、自分が偽証罪を犯しているとわかっていたんですね？」
答「そんなふうには考えてもみなかったんです」
問「では、今、自分の誓約で、当市の一市民の自由を奪うことになるかもしれない、とわかったのですから、ひとつ、そんなふうに考えてみてくれますか？」
答「はい、そうします」
次いでリトルトン氏は、この証人の過去が、自分の手で書いて誓約したような、ヴァルカン防水加工会社ゴム室監督を二十年やったどころの話ではなく、曖昧宿のポン引きだったり、コニー・アイランドのショーの呼び込み屋をやったり、不渡り小切手で現金を引き出し新聞に書き立てられたりした事実を暴露し、証人自身もいかがわしい二十年間のなりわいの詳細をすべて認めたのである。その結果、彼への信頼性は完全に崩れ去り、この事件もまた崩れ去った。

この反対尋問の核心と尋問者の狙いは、まず手始めに自分で書いた書類を証人につきつけて偽りの誓約をした事実を承認させ、身動きをとれなくしてしまうことだった。証人はこれで完全に手中のものとなり、あとはもう、苗字を変えては二十年もの間いかがわしい仕事に就いていたことを白状し、陪審の眼に証人としての信頼性を完膚なきまでに剝奪されてしまったのである。

「裁判官、信じてもらえるかどうかわかりませんが、私は今まで嘘をついたことは一度もありません。子供の頃から真実と結婚していますもんで」と不意に証人席からどなった箸にも棒にもかからぬ嘘つきにたいして、英国の裁判官中おそらく右に出る者のない才人モール判事は、こう答えたものだ。「そうでしょうな。だが問題は、あなたがやもめになってから、もうどのくらいになるのか、ということですよ！」

この同じ判事は、証人として証言を始めようとするある少女に、宣誓をするのはどんなことなのかわかっているかどうかをはっきりさせたいと思って、次のように尋ねた。

問「宣誓って何のことかわかる、お嬢ちゃん？」

答「ええわかってるわ。本当のことを言わなくちゃならないのよ」

問「それで、もしいつも本当のことを言っていると、死んだときどこへ行くの？」

答「天国よ」
問「それじゃあ、もし嘘をついたら、どうなりますか？」
答「地獄へ行くことになるのよ」
問「本当にそう思っていますね？」
答「ええ、本当よ」
「では宣誓させてください」とモール判事は言った、「私なんかより、よっぽどこのお嬢ちゃんの方がよくわかっていると、はっきりしましたよ(3)。」

ついでに、損害賠償の訴訟で、原告がよく主張する苦痛なるものをぺちゃんこにし、陪審の評決額を少なくしてやろうと狙うときに、反対尋問で役に立つのはどんな質問であるか、一つ二つ例示してみるのもおもしろいかもしれない。

ニューヨークで仲買人をやっているメッツという六十六歳の老人が、あるときコロンバス通りを無蓋電車に乗っていて、乗り合わせたある老婦人に頼まれるまま前の方の窓を閉めようとしたところ、ちょうど五十三番街と七番街のカーブにさしかかっていたもので、車体が急激に傾き、路上へ投げ出されてしまった。そのための傷で、裁判の時点まですでに三年間苦しんできたというものである。

原告側の弁護士は、その苦しみを細大もらさずに述べ立てた。脳震盪《のうしんとう》、記憶喪失、胆《たん》嚢《のう》機能障害、片脚骨折、神経衰弱、それに背中の不断の痛みである。また、これらすべての障害にともなう苦痛をやわらげるための努力も、ぬかりなく並べたあげく、その主治医が、治療費としては控えめに見積もっても二千五百ドルが妥当なところだと証言したのである。

私は反対尋問を始めるにあたって、まずその前に証言席に坐ったこの医者の顔つきや態度をよく観察して、これはうまくおだてあげればかなり真実に近い証言をさせられる男だ、と結論した。その証言がどっちに転ぶか、それはわからぬが。で、私はともかくも始めることにしたのだったが、最初の半ダースばかりの質問をするうちに、もう手ごたえはあった。

弁護人「先生、あなたは原告の現在の病状に、どういう病名をおつけになりましょうか？」

医者「〝外傷性神経症〟といわれるものですね」

弁護人「神経症、ですか先生？　それは、普通の健康人ならば、べつにたいしたことじゃないとそのままにしてしまうような症状を、大げさに考える癖、といいますか、まあ病気ですか、そういうものではないのでしょうか？」

医者「そのとおりですよ」

弁護人（微笑して）「先生はこの病気にかかっていらっしゃらないでしょうね？」

医者「私が自覚するかぎり、かかってはいませんね」

弁護人「では、私たちは当然先生から、この方の病状についてごく公正なご説明をおうかがいできるわけですね？」
医者「そうありたいものですよ」
突破口はもう見つかったのであって、証人は、こちらが何を持ち出しても喜んで応じ、大げさに言い立てたりはしまいという気持ちになってしまっていた。
弁護人「ではまず胆嚢機能の障害をとりあげましょうか。六十六歳にもなった人は、実際問題として誰でも、胆嚢の機能が多少ともおかしくなるような何らかの故障をもっているものではないのでしょうか？」
医者「そう、老人の場合、それがごく当たり前ですね」
弁護人「メッツさんは片方の耳が聞こえない、と先生はおっしゃいましたが、法廷での質問などは格別によく聞こえているように、私は思いました。先生はそうお思いになりませんでしたか？」
医者「私もそう思いました」
弁護人「六十六歳という年齢では、大多数が聴力に衰えがくるのではないでしょうか？」
医者「そうです、そういうことが多い」
弁護人「率直に言いますと、先生、この方は年齢にしてはかなりよく聞こえる、耳が不自由ではない、とお思いになられませんか？」
医者「聞こえると思いますね」

弁護人（よどみなく続けて）「先生は外傷性ノイローゼなどかけらもおありじゃないと思いますね」

医者（快く）「全然経験がありません」

弁護人「メッツさんは脳震盪を起こしたと先生はおっしゃいました。氷の上でスケートをしていた少年が仰向けに転倒し、頭を打った場合も、やっぱり、お医者さん方が〝脳震盪〟とお呼びになる症状を起こすのではありませんか？」

医者「そうです」

弁護人「しかし、この原告は、その上脳出血を起こしたと先生はおっしゃったと思います。脳出血を起こし、しかもなお今日生きている事情を私たちに教えていただけませんか？」

医者「出血は顕微鏡的なものだったわけですよ」

弁護人「つまり、顕微鏡をつかわなければ見えないということでしょうか？」

医者「そのとおりです」

弁護人「そういった顕微鏡的出血を、先生は、癒《なお》してやらなかったとおっしゃるわけではないでしょうね？」

医者「癒しましたよ。そのとおりです」

弁護人「骨折した脚ですが、先生はちゃんとお直しになった。それとも、接骨はおやりじゃなかったのかもしれませんが、骨の接合はうまくいったのでしょうか？」

医者「ええ、うまくいって、強い丈夫な脚になりましたよ」
弁護人はその〝微笑作戦〟で、必要な証言を全部ひき出してしまうと、突然証人にたいする態度を一変させて、鋭く質問を続行したのである——
弁護人「先生は、二千五百ドルが公正妥当な治療費だろうとおっしゃいました。メッツさんが負傷なさってから三年になりますが、その間先生は請求書を送ったことは一度もおありじゃなかったのですか?」
医者「いや、送りましたよ」
弁護人「それを見せてください。（原告の弁護士の方をふり向いて）あなた方のどちらか、お渡しねがえますか?」
医者「私は持っていません」
弁護人（驚いて）「その総額はいくらだったんです?」
医者「千ドルです」
弁護人（荒々しく）「鉄道会社へは、原告への請求額の二倍半を請求なさる、これはどういうわけですか?」
医者（弁護人の突然の変化にとまどい）「あなたは私の治療がどのくらいの額に相当するかを質問なさったんですよ」
弁護人「先生はご自分の患者にたいして、治療費の全額を請求なさらなかったんですか?」

医者（答えず）
弁護人（語を早めて）「請求書によってどのくらい支払いを受けました？——宣誓にかけてお答えください」
医者「彼は一度、二年前ですが、百ドル支払いました。それから二度、三十ドルずつ支払いました」
弁護人「そのくせ彼は、商業地区の裕福な仲買人なんですからな！」（と言って、冷笑とも嘲笑ともつかぬ笑いをもらしつつ着席。）

もう一つおもしろい例がある。メトロポリタン市街鉄道にたいして提起された損害賠償共同訴訟を審理中に起こったもので、明白な欺瞞を暴露した実例である。事件そのものは同社の電車二輌の衝突事故であったが、原告は一労働者であって、衝突の衝撃で車のデッキから舗道へ投げ出されたため、片方の肩を脱臼していた。彼は自分のためにみずから証言台に立ち、片腕が肩より上へあがらなくなったために、いつもやっていた仕事ができなくなったというかぎりでは、一生の損害を受けたと証言した。私は鉄道側の弁護人として反対尋問するにあたり、彼の苦痛に同情的な質問を二、三して、親しみをとりかわすとすぐに、事故以来片腕がどこまでしかあがらないのか、そのぎりぎりの限界を陪審員に見せてはくれまいかといった。原告はゆっくりと、そしてかなり苦労しながら、片腕を肩の線まであげた。「さて、その同じ腕をですね、事故に遭う前ならばどのくらいまであがったか、陪審員に見せてください」と私がつづけて静かにすすめると、彼はその腕を頭上まっすぐにさしのばしたのである。裁判官も陪審員もどっと爆笑するなかを。

ある殺人事件の実例もある。精神状態が正常ではなかったとして、被告側の医学鑑定証人が、被害者を殺害したとき被告は殺人マニアの症状にあり、抵抗不能の衝動に駆り立てられていたという意見を陳《の》べた。裁判官はこれに満足せず、まず証人に他の問題についていくつか質問した後、「あなたは、この被告が、仮に警官が一人居合わせたとして、やはり同じように行動しただろうとお考えですか?」と尋ねた。すると証人はノーと即答した。そこで裁判官は言ったのである、「抵抗不能の衝動についてのあなたの定義は、警官が居合わせないときにかぎり、ということになりますな。」

第4章　偽証した証人への反対尋問

第3章までは、正直者の証人が、無知または仲間意識のために、多かれ少なかれ意図することなく、こちら側に不利な間違った証言をした場合、どのように対処すればよいものか、実例を拾い集めて、提案してみたが、この章では意図的な欺瞞・偽証を、反対尋問の技術で暴露するという、はるかにむずかしい課題を論じてみたいのである。法廷弁護士の腕の冴えは、こんな場合にこそ発揮される。ここでは、定石などというものも、年季に比べるとほとんど何の役にも立たないのである。こちら側に不利な証言をするまでは見たことも聞いたこともなかった証人を、故意の偽証者であると証明してみせること、しかもまるで自分から白状したかのように証明してみせること。およそ弁護士の仕事で、これほどむずかしいものがほかに考えられるだろうか?

ある証人の証言が、最初から終い《しま》まで嘘でかためられている、などということはまずない。おそらく大部分は真実なのだが、ただ決定的な部分——そこで裁判全体がひっくり返るかもしれないといった一点——だけを故意に偽証しているのだ。もし主尋問の終わった段階で、反対尋問――つまり前章で扱ったような――をこの証人ならばぶつけてもよいと判断した場合、陪審にこの男は偽証者であると暴露してやるには、どんな手段を取るべきか？

まず第一に、証人にたいする判断を誤らないことである。つまり、彼が偽証を意図しているという判断である。途惑ったりまごついたりするのは、偽証のしるしの一つではあるが、必ずそうであるともかぎらない。こんな状況――つまり人々の詰めかけた一室に呼び出され、どちら側にも弁護士たちが嬲《なぶ》りものにしてやろう、あげ足をとってやろう、と待ちかまえている前で、証言するという状況は、生まれて初めてではあるし、むずかしいことでもある。人格の高い証人でもまごついてしまうことがよくあるのだ。それにまた、元来があがってしまうたちで、公開の法廷で証言するなどというはめになると、何もできなくなってしまうという人たちだっているのだ。偽証者用としてとってある特別な拷問形式に証人を従わせる前に、はたしてこんなタイプの人間ではないかどうか、確かめておこう。

知能の低い証人であれば、偽証した場合、いろいろと態度に現わすのがふつうである。すなわち声とか、眼のうつろな表情とか、証人席でのそわそわした体のひねり方、証言内容を練習したとおりに一語も間違えずに思い出そうと、明らかに努力しているその様子、そしてとくに自分の境遇には似つかわしくない言葉づかい、である。他方、正直だが無知といった証人なら、実際に見聞きしたことだけを語っているのが、経験を積んだ弁護士の眼には、態度からすぐわかるものである。顔の表情が、現に思い出している証言内容とともに変化するし、尋問者の顔を真っ直ぐに見るその眼は、いろいろな出来事を思い出しながら光を帯びる。それに自分の境遇にふさわしい身ぶりを示して、現に述べている部分にそれらの身ぶりはいかにもふさわしいものであるし、ふだん使い慣れた言葉づかいで語るものである。

しかし、もし証人の態度や証言の言葉づかいが、捏造の目印をことごとく帯びている場合には、最初の質問として、証言内容をもう一度くりかえすよう求めると、役に立つことが多い。するとほとんど一語一句変わらずくりかえすのが通例であって、これはとりも直さず暗記していた証拠となる。もちろん、暗記していて、しかもやはり真実を語っている、ということだって皆無ではない。証言の真ん中あたりをしゃべらせ、そこからいきなり冒頭へ戻らせ、最後に結末を語らせてみるとよい。もし彼が記憶をたどって話すというよりも、丸暗記してしゃべっているのであれば、この方法でボロを出すはずである。彼には、証言した自分の言葉にむすびつくべき事実が欠如しているのである。彼はただ丸ごと憶えているだけだから、分断されるともうお手あげなのだ。証言の大筋とは全く関係のない別の事実へ注意を促してやってもよい。そういった新しい質問には全く不用意だろうから、想像に頼って答えるはずである。それから大筋のどこか新しい部分へ引き戻してやり、その部分にかかずらっているときに突然、さっき注意を促してやった事実へ戻って、同じ質問をくりかえすのだ。そうすると彼はまたしても想像に頼り、今度は前と違う答えをする確率が高い——これで網にかかったわけである。彼は質問を考え出せるほど早くは答えを考え出せないのだ。そしてまた前に考え出した答えを正確に憶えてもいられないのである。答えを完全に一致させることはまずない。したがって、すぐに混乱してしまい、あとはもう、こっちの思うままである。証人が間違って証言したのではなく、偽証しているのだとはっきり示せたら、すぐ退席させることだ。

『グリーン・バッグ』誌の一八九一年十一月号に、この種の証人にたいするジェレマイア・メイスンの反対尋問の実例が一つ、おもしろく解説されている。〝この証人は、メイスンの依頼人がある発言をしたのを耳にしたと証言しており、それが相手側の主張の根拠になっていたのだ。メイスン氏がこの証人にその発言なるものを繰り返させると、証人は一語一句間違えずに繰り返したのである。するといきなりメイスン氏は証人台へ歩み寄り、証人に真っ直ぐ指を突きつけて、激した高い声で言った、「チョッキのポケットにあるその紙を見せたまえ！」完全に度肝を抜かれた証人は、機械的に一枚の紙片をいわれたポケットから出し、それをメイスン氏に手渡した。同氏は証人が発言なるものについて述べた言葉を、一語一句たがえず、ゆっくりと朗読し、それが相手側弁護士の筆蹟である事実に注意を促した。

〝「メイスンさん、あの紙片があそこにあったのを、いったいどうやって知ったんです？」と同僚弁護士が聞いたところ、メイスン氏は答えた、「あれはねえ、彼の証言のあの部分は、まるで他人《ひと》から聞いたような調子だったたし、そこを繰り返すたびにチョッキのポケットに片手を入れて、終わると手を出すのに気がついたんだよ」〟

ダニエル・ウェブスターはメイスンをニューイングランド法曹界最大の弁護士であると考えていた。彼はメイスンについて次のように語っている。〝私は、自分の経験からいって、彼一人を、孤立無援の彼ただ一人を相手にするよりは、今まで組んだことのある弁護士を全員束にして相手をするほうが、まだましである。〟メイスンはつねに、自分の反対尋問する証人の〝弱点を見抜く直観力〟がずばぬけていたといわれた人である。

最近の刑事事件で有名な、例のトライアングル火災事件で、婦人用ブラウス工場の所有者二人が過失致死容疑で起訴された。百七十五人の女工たちが、その工場の二階ドアを就業時間中閉鎖してあったために死んだものであり、それが工場法違反であるとされていたのである。マックス・D・ストゥアが被告人側の弁護人を引き受けたのだったが、機をとらえて証人に主尋問での陳述内容を細大もらさずくりかえさせることがどんなに役立つか、じつにめざましい実例をみせてくれたのである。この方法は陳述内容が相手側にきわめて有利であり、かつ大センセーションをまきおこそうと仕組まれてはいるが、それを何度もくりかえさせると、実際の出来事の自発的な回想というよりも、じつは入念に用意されたものを暗誦しているだけなのだ、とされそうな場合に、とくに効果があるのだ。

この大事件の核心部分は、起訴状にあげられているローズ・シュウォルツという娘が、火災で命を失った娘たちの一人にまちがいないという事実を証明することにあった。百人の証人が犠牲者たちのために証言しており、何週間もの時日が証言の聴取に費やされていたのだが、起訴状にあるローズ・シュウォルツについては一言も言及がなく、ただ従業員名簿にたまたま名前が記載されていたということしかわかっていなかったのである。

逆に、証言はすべて、建物の中で発見された死体が炭化していて身元確認は不可能というのだった。この大裁判がまさに終わろうというとき、法廷の扉が突然開いて、廷吏の一人が、非常に美しい娘を伴って入廷した。陪審員たちの注意はたちまちこの娘が証人台へ向かう姿に魅《ひ》きつけられた。地方検事は大いに威儀を正し、何か始まるぞと息をのむ気配が法廷じゅうにみなぎったのである。そして他の証人たちは普通そうするように裁判所職員によって宣誓させられていたのだが、彼女にたいしては裁判官みずから宣誓を促したのである。

彼女は、はじめにたくさんの予備的な事項――自分がその工場に勤めていたこと、そして火事が起こったときに居合わせたこと、またローズ・シュウォルツを知っていることなど――を証言してから、次のような質問を受けた。「では火事が起こったときから、工場の建物の九階であなたが見、またしたことを、全部話してください。」そこでこの証人は、焔をはじめて見たときのこと、娘たちが他の階へばらばらと逃げた様子、その大勢が窓へ駆け寄って外へ跳び下り始めたこと、自分も跳ぼうとして窓まで行ったが、何とか逃げられる方法はないかと絶望的に部屋を見まわすと、鍵がかかっていることになっていたワシントン街側のドアのところにローズ・シュウォルツがおり、両手をその把手にかけて、押したり引いたり必死に把手をまわして開けようとしていたが、どうしてもドアは開こうとしなかったことを述べた。彼女はローズを見つめながらその場に釘づけになり、焔がローズの両手を包んで、ローズが床に倒れるのを見たのだが、ローズはもう一度もがいて立ち、把手をつかんで右へ左へまわし、引き、押すのを見た。だがドアはやはり開かなかった。もう一度焔がローズを包んで、ローズは両手を把手から離さなければならず、床に倒れた。焔はもう証人自身へも押し迫っていたから、彼女はもう一度ワシントン街側のドアをふり向くと、そこに三たびローズ・シュウォルツが、膝を突いて、絶叫し祈りながら、両手で把手をつかみ、右へ左へとまわし、引き、押し、だがやはり開かず、とうとう完全に焔にくるまれて、ワシントン街側のドアから一フィートとは離れていない床に倒れてしまった――こうして彼女が証言を終えたとき、陪審員席は泣いていない者はなかったものである。

反対尋問の最初の三十分は、予備的事項にのみあてられた。その間、証人は自分がどんなふうに救出されたかを語った。それからまず病院へ運ばれ、次いで家へ戻されたこと、そして地方検事の事務所へ連れて行かれ、いろいろな職員から供述をたくさん取られたこと、そして最後には被告人たちが接近できないように地方検事の指図でフィラデルフィアへ身柄を移され、そこに訴追側の費用で居住していたこと、またそこで何度も地方検事の代理人たちの訪問を受けたこと、などを語った。この三十分が終わったところで彼女は次のような質問をされた。「さて、あなたがはじめて火事だということがわかったとき、どこにいたのか憶えていますか?」彼女は「はい」と答えた。次いで、地方検事がした同じ質問を、検事がつかった言葉とそっくり同じ言葉をつかって質問したのである。すなわち、その瞬間から九階で彼女がしたことのすべてと、見たことのすべてを述べてほしいと要求したのだが、彼女は最初に述べたときにつかった言葉を、一語一句たがえずに語り始めたのであり、地方検事の質問に答えたときとそっくり同じ言葉でつづけたのである。

そこでもう一度話題を転じ、火事に関するいろいろな事柄の尋問に移って、さらに三十分ほどが費やされた。この二度目の三十分が終わると、同じ質問が三たび発せられたのである。そして証人はまたしても前と全く同じ言葉で語りつづけたが、今度はただ一語だけを落っことしていた。そこでその一語を言って、彼女に言い落としたかどうかを尋ねると、彼女の唇が動き始め、もう一度はじめからひとりで繰り返してみて、その語の個所へ来ると、「ええ、あたくし間違えましたわ。その言葉を言い落としました」と言ったのである。問「そうでなければ、あなたの答えは正確だったのですね?」彼女はまたも唇を動かし始め、前に述べたことを明らかに自分に暗誦していたが、やがて、「ええ、そうですわ。それを言い落とさなければ、私の答えは正しかったんですわ」と言ったのである。

この同じ質問を三たび彼女に発したとき、地方検事は猛然と異議を申し立てたが、却下された。この後二十分あまりは別のことについて尋問したが、それから例の質問を四たび発したのである。「焰にはじめて気がついてから、あなたの見たこと、そしてなさったことを、どうぞ陪審におっしゃってください。」彼女は同じ言葉で始めて、語りつづけたが、また一語を言い落とした。こんどはしかし別の語だった。その語をいって、それを言い落としたのかどうか尋ねると、彼女はまたも同じように唇を動かしてみて、そうだと答え、その語をあるべき場所へ置くように求めると、そうしたのだった。

この証人へはそれ以上尋問しなかった。陪審席ではもう涙を浮かべる者はなかった。状況は完全に一変したのである。この証人は被告人にとって不利どころか、実質的にいって非常な助けとなった。これまでに多数の娘たちのした証言へも大きな疑惑を抱かせる結果となったし、彼女が念入りに証言を準備したことが、そのまま訴追側の主張全体に陪審の疑惑の眼を向けさせてしまったからである。

法廷での偽証というものが、無知な人々に限られるとすれば、反対尋問の仕事も比較的簡単だろう。しかし、真実と正義にとっては不幸なことだが、とても実態はそんなものではないのだ。偽証はどうしようもなく増加の一途をたどっており、現在わが国の裁判所では、偽証が多少とも悪質な形で現われぬような裁判は皆無に近い状態である。およそ事件の裁判において、頭のよさが良心の欠如を隠しているような証人の偽証を暴くほど、むずかしいことはないのだ。方法はいろいろとあるが、こんな証人にたいして取るべき態度はこれだ、といえるような一定の法則は何もない。その仮面をひんむくべき証人ひとりひとりの性格しだい、ということになる。大多数の事件では、次のようにすれば、成功のチャンスがぐんと増大するだろう。すなわち、後で証人に突きつけてやれると確信できるような何らかの言質を取ってしまうまでは、証人を疑っているとは気取られぬようにすることである。

アイルランド法曹界で有名な反対尋問家は、後にアイルランド記録長官になったサージャント・サリヴァンと、同じくサージャント・アームストロングの二人だった。バリー・オブライエンはその著書『ラッセル卿の生涯』の中で、この二人の方法を次のように伝えている。〝サリヴァンは、まったく友だちのような態度で証人に近づき、どちら側の肩も持たぬ尋問者が情報を集めているような様子だった。そして証人が何かを言うと驚いた表情を見せ、事件に新しい光を投げてくれてありがとう、と言わんばかりだった。「そうか、なるほどねえ！　いろいろそうして言ってくださると、これからも助けてもらえそうですね。じっさい、裁判官、この人は頭がすごくいいですねえ。」こうして証人を、注意深くかつ巧妙にあしらいながら、それと気づかれぬうちにふところへ引き寄せ、真の攻撃の切先は全く見えぬようにしておいて、この〈小男のサージャント〉は、証人が網にかかるまで待ったのであり、それからいきなり飛びかかって彼を振りまわしたのである。まるでテリアがねずみを襲うように。

〝一方〈大男のサージャント〉アームストロングは、ユーモアと力ではサリヴァンを上まわっていたが、巧妙さや機略の点では劣っていた。彼の得意としたのは嘲笑である。証人をばかにして、聞く者みんなを笑いにまきこむのだ。証人はわけがわからなくなり、カッと頭に血が上る。すかさずアームストロングはリングのチャンピオンよろしく証人をめった打ちするのだった。〟

場合によっては、証人自身の口から矛盾したことを発言させる自信のある論点を、一つか二つにしぼってみるのも利口なやり方である。証人が知りぬいていることは、いくら問い詰めてみても、ほとんど得るところはない。陳述内容に関係はあるが、まだ述べてはおらず、しかも述べる用意をしていないと思える事柄について、質問してみるほうが安全というものだ。

以上のような方針で進められた単純な、しかし教えられるところの多い反対尋問の典型を、J・W・ドノヴァン判事の『法廷戦術』から引用してみよう。これはエイブラハム・リンカーンがある殺人事件の裁判で処女弁護を行なったときのことと伝えられており、そのことも大きな興味を引こう。

グレイスンは一八――年八月九日の夜、ある野外宗教集会でロックウッドを射殺したこと、またその現場から逃走したことで起訴された。目撃者はソーヴィンであった。証拠は非常に強力だったもので、グレイスンは人格者として知られていた人であったが、殺人罪で起訴された直後に二度もリンチされかけたくらいであった。

被告人の母親は、年配の弁護士を頼むのに失敗したあげく、若いエイブラハム・リンカーンを仕方なく頼んだわけであり、そこで彼が呼ばれて裁判は開始されたのである。陪審の構成にたいする異議の申し立ても全然行なわず、証人への反対尋問も、最後の重要な一人を除いては全く行なわなかった。この最後の証人というのは、当事者たちを知っており、グレイスンが射ったのを見ており、逃走も見ており、かつ自分が故人を抱え上げたところ、即死状態だった、と証言したのだった。

被告人が間違いなく有罪であり、かつ犯人であるという証拠は、動かしがたかった。傍聴人は大挙して詰めかけ、強い関心をもって裁判を見守っていたのだ。グレイスンの母親は、「なぜエイブラハムがこんなに長いこと黙っており、また何もしようとしないのか」じりじりし始めた。人々は満足しきっていた。この長身の弁護士（リンカーン）はやおら立ち上がって、頑強なこの証人を無言で見つめ、本もメモも持たずに、ゆっくりと質問を開始したのである。

リンカーン「で、あなたは、直前までロックウッドと一緒にいて、ピストルの発射を見たんですね？」

証人「そうです」

リンカーン「それであなたは、そのすぐ傍に立っていたのですね？」

証人「いや、二十フィートほど離れていました」

リンカーン「十フィートだったのでは？　そうじゃなかったのですね？」

証人「たしかに二十フィート、あるいはそれ以上ありましたよ」

リンカーン「広々とした野原だったんですか？」

証人「いや、林の中ですよ」

リンカーン「何の林です？」

証人「ブナの林です」
リンカーン「八月なら、葉はかなり繁っていますね？」
証人「ええまあ、かなり」
リンカーン「このピストルですが、そのとき使われたものだと思いますか？」
証人「そのようですね」
リンカーン「被告人が射撃するところが見えましたか？――銃身をどう扱ったか、そうしたことすべてですよ」
証人「ええ」
リンカーン「現場は集会の場所からどのくらいの近さでした？」
証人「四分の三マイルです」
リンカーン「電灯はどこにありました？」
証人「牧師席の傍の上の方ですよ」
リンカーン「四分の三マイル離れた場所の？」
証人「そう――もう答えたでしょうが」
リンカーン「あなたはロックウッドかグレイスンが現場でローソクを手にしているのを見ませんでしたか？」
証人「いや、見ないね！　なんでローソクなんぞが要るんです？」
リンカーン「それでは、どうしてあなたには射つところが見えたんです？」

証人「月が出ていたからね！」（挑戦的に）

リンカーン「夜の十時に、射撃するところが見えたというんですか？——電灯から四分の三マイル離れた、ブナの林の中なんですよ？——ピストルの銃身が見えたんですか？——その男が発射するところが見えたんですか？——二十フィート離れていて見えたんですか？——それが全部月の光で見えたんですか？　集会の電灯から一マイル近く離れていて見えたんですか？」

証人「そうですよ、前にそう言ったでしょう」

人々の関心は今や大変なもので、どんな小さな一語も聞きもらすまいと、前へ身を乗り出した。するとこの弁護士は上衣の横ポケットから青表紙の暦を引き出して、ゆっくりと開き、証拠物として提出して、陪審員と裁判官に見せておいてから、さてその一頁のある個所を、周到な注意をはらって読み上げたのである。月はその夜出ておらず、翌朝一時が月の出である、と。

このクライマックスにつづいて、リンカーン氏は、偽証したこの証人を真犯人として逮捕されたい、という動議を提出して言ったのである、「自分にふりかかる容疑を何とか払いのけたいという気持ちこそが、何の恨みもない人間へ罪をなすりつけようと偽証させた真の動機だったのでありましょう！」このようにはっきりと傍点部に力点をおくことによって、リンカーンは、裁判所がソーヴィンの逮捕を命じ、ソーヴィンはもはやこれまでと観念して自分がやりましたと白状はするだろうが、故意ではなかったと主張するだろう、ということを示したのである。

私はこの出来事をドノヴァン判事の文章からそのまま引用したのである。これこそ〝証言の偽り〟の眼のさめるような一例である。リンカーンが、目撃したという証人に暦をつきつけて〝月の光で〟という証言を暴き、殺人罪に問われた依頼人の無罪放免をかちとったこの事件は、しかし、〝若き〟エイブラハム・リンカーンにとって最初の刑事事件だったのではなく、実際は彼が手がけたもののうちで最後の、かつ最も大きな刑事事件の一つだったのである。被告人の名もグレイスンではなくてウィリアム・アームストロングであり、ロックウッドではなくジェイムズ・メッツカーという者を殺害したかどで、一八五七年八月二十九日に裁判されたものなのである。法廷弁護士としてのリンカーンの才能が依頼人を救ったのはこの事件である。

今日では有名なこの事件は、長い間に何度もくりかえし語られ、いろいろな本がいろいろな歪曲を行なってしまっている。それらが、正直な証言の非信頼性という問題——後の章で扱うが——を論ずるさいに、立派な例としてつかわれているありさまである。

フレデリック・トレヴァー・ヒルは、『弁護士リンカーン』という著書の中で、完全な事実の再録をしているのだが、資料は記録そのものから直接集めたものと、この裁判でリンカーンの陪席弁護人だった人から直接聞いたものとである。この人は、ヒル氏がこの本を書いたときにはまだメイスン郡に生存していたのである。

リンカーンは、ニュー・セイレムの商店に勤めていたころ、ジャック・アームストロングという不良のボスをレスリングで負かしたため、この町の荒っぽい連中から敬意と賞讃をかちえていたが、この一敗地にまみれたチャンピオンはたちまちリンカーンの忠実な友人かつ協力者となったのだった。アームストロングはその後結婚し、リンカーンはその妻君を知っていたのだ。だから、彼女がダグラスと大論戦中のリンカーンを捜し出して、殺人のかどでまさに裁判が始まろうとしていた息子を助けに来てほしいと泣きついたとき、ことわれなかったのである。リンカーンは、さしせまった政治上の仕事を中断して、すぐさま裁判にとびこんだ。メイスン郡ではアームストロングにたいする人々の憤激があまりにも猛烈なので、この地方の裁判所では公正な裁判ができないと弁護人たちが申し立て、裁判地変更をかちとっていた。だが著者ヒル氏は、そうしたことはリンカーンの依頼人にとって不利であるばかりでなく、当時のイリノイ州の法律では被告人が自分のために証言することを許しておらず、アームストロングには告発する証人たちの証言を否認する機会が全然なかった、と書いている。

証人の多くは若い連中だったから、リンカーンは陪審員も平均二十五歳をこえないように選び、やはり同じくらいの年齢の者ばかりである検察側証人への反対尋問では、彼らの証言が被告人にほんのわずかしか不利益とならぬようにうまくあしらったのである。彼らのほぼ全員がニュー・セイレム近辺から来ていたもので、リンカーンは証人席で名乗る名に聞き憶えがあると、すぐお宅をよく知っているし、家族の方たちも知っており、あなたの友だちになりたいものだ、と言って最初につけこんでしまうのだった。こうした戦術は大成功だったから、アレンという名の男（ドノヴァン判事のいうソーヴィンではない）が証人席につくまでは、大きな打撃となるような証言は一つも引き出されなかったのである。ヒル氏によれば、この証人は、被告人がパチンコか何かそのような武器（ピストルではない）で致命的な一撃を与えるところを実際に見たと証言し、リンカーンは彼を問い詰めて、兇行の時刻を夜の十一時頃だったと言わせておいてから、そんな時刻にどうしてそんなにはっきりと見ることができたのか陪審員に教えてやるよう要求した。「月が出ていたので」と証人は即座に答えた。「でも、起こったことが何でも見えるくらいに明るかったんですか？」と尋問者は迫った。証人は、朝の十時に太陽のあるあたりに月が出ていて、だいたい満月だった、と答えたが、その言葉が口から出るやいなや、この反対尋問者は暦をつきつけて、月は午前零時七分に完全に没したはずであり、したがって十一時には実際上月明かりはなかったことを示したのである。これがこの裁判の転換点となり、以降はすべてリンカーンの思うままに運んだという(1)。

非常に簡単な、またよく知られた反対尋問のやり方に関する、以上二つの説明を比べてみると、〝証言の間違いやすさ〟というものがじつにはっきりとわかる。アームストロング事件の詳細は、ほとんど今日にいたるまでイリノイの法曹界で語りつがれてきたのであり、その間に、ヒル氏の伝えるような原形が明らかに少しずつ姿を変え、ドノヴァン判事の書いたような形になってしまったのである。尋問の主だった特徴、つまり暦を使ったこと、は同じだが、被告人の名、証人の名、それに裁判の前後の出来事が全然ちがう。イリノイの法曹界では、リンカーンが陪審をトリックにかけ、その殺人のあった年の暦の代わりに古い暦をつかって、実質的には証言をでっちあげ、勝訴したのだ、という声がよく聞かれるのである。この噂は何度も公にされたことがあったが、いまだに私は、イリノイ巡回裁判区でこの噂が根強いと聞いている。

　反対尋問家としてのリンカーンを語るにさいし、ヒル氏は、リンカーンが弁護士活動をした二十三年間は法廷速記者というものがいなかったために、リンカーンが実際にどんなやり方で証人を扱ったものか、その問答の逐語的な記録を入手できぬことを指摘している。しかし、リンカーンと同じ時代に生きた者はすべて、反対尋問家として彼の右に出る者がなく、「真実を押し隠したり脚色したりしようものなら、もうおしまいだった」と口をそろえた、と書いている。ヒル氏だけではなく、リンカーンの眼光について、彼に凝視されると何もかも直接《じか》に見通される気がした、と書いている者も少なくない。

　ついでながら、リンカーンの伝記作者たちは、弁護士としての閲歴よりも政治家としてのそれの方に、ほぼすべての注意を向けているから、弁護士をやった二十三年の間にイリノイ州の最高裁判所で彼の扱った件数は百七十二件にも上り、これはこの地方の法曹界のだれよりも多いこと、またロック・アイランド鉄道や、当時この州で最大の法人であったイリノイ中央鉄道、その他たくさんの大きな法人や個人の顧問弁護士であったことに注意をうながしてみるとおもしろかろう。

彼は〝生活よりも生きることの方が大切だ〟という信条をもつ、弁護士倫理の信奉者であり、自分の方が間違っていると思う場合には、その訴訟を放棄しないまでも、陪席弁護人に協力するのを止めたことが何度かあった。「君が陪審に話してくれ」と陪席弁護人のレオナード・スウェットに言ったことがある、「もし私が一言いおうものなら、私の顔を見ただけで、この男が有罪だとわかってしまい、有罪評決を出すだろう」と。もう一つ別の例もヒル氏は語っている。自分の依頼人が詐欺の常習者だとわかると、リンカーンはさっさと退廷してしまい、その訴訟をつづけることを拒否したというのである。裁判官は使いをやって戻るように命じたが、断固として拒んだ。「裁判官に伝えてくれ、私の手は汚れているから、洗いに出かけましたと。」いかにも、もう愛想がつきはてたといった様子で、そう答えたという。

ある種の偽証者をひんむいてやる方法として、むずかしくはあるがきわめて効果的なのは、証人をその陳述中の一点へしだいに追いつめていき、二つのうちどちらなんだ？という決定的な問いかけをすることである。そうすると証人はどちらかを選ばなければならないが、どっちを選んだとしても、陪審の眼に、完全とはいかないまでも信用をがた落ちさせてやることになるだろう。

筆者はかつて、ジョゼフ・H・チョートがこの尋問方法をじつに効果的につかった話を聞いたことがある。ある株式仲買人がある既婚女性から訴えられたのだが、彼女の申し立てでは、自分のものである社債と有価証券を、その株屋から返還を要求して訴訟を起こしたのである。彼女の夫が証人席について、その有価証券は自分の思惑買いにたいする抵当としてその株屋に託したものであること、しかしその証券は自分の所有には属さぬものであること、そして妻の代理としてそうしたのではなく、自分のためにしたのであって、だから妻には内緒で持ち出したことを証言した。

チョート氏の論点は、たとえその社債が妻の所有に属するものであっても、彼女は夫がその社債を利用することに同意していたか、でなければその思惑買いに関して夫と協同関係にあったろう、というところにあった。しかし夫は、宣誓してそのどちらをも否定したのである。

チョート氏「あなたがウォール街の投機の世界に足をふみ入れたとき、損をする可能性については十分お考えのうえと思いますが?」

証人「ああいやチョートさん、私は儲けるためにウォール街へ行ったのでして、損をするためじゃありませんよ」

チョート氏「全くそのとおりでしょう。でも株式市場というものは、ときには全く思惑をはずれることがあるのは、あなたもお認めでしょう?」

証人「ああもちろん、そんな場合もありますな」

チョート氏「その社債はあなたのものではないとおっしゃるが、奥さんのものではありますね?」

証人「そうです」
チョート氏「そして、奥さんは投機のためにその社債をあなたに貸したのではないし、あなたの手にあることをすら知らなかった、とおっしゃるのですね？」
証人「そのとおりです」
チョート氏「その社債をあなたの株式投機にたいする担保としてその株式仲買人に託したさい、じつは自分のものではないということを伏せていたとおっしゃるのですな？」
証人「誰のものかということは、とくに言わなかったわけです」
チョート氏（独特の言いまわしで）「では、あなたが株に失敗し、その穴埋めに担保が売られてしまうという場合、あなたは誰をペテンにかけようと思っていたのです、その仲買人をですか、それとも奥さんをですか？」
証人は満足な答えができず、ニューヨークの陪審はウォール街の仲買人に有利、その客には不利な評決を出す方へ一気に傾いてしまったのである。
だが、大多数の訴訟では、反対尋問者がどんなに腕をふるったところで、証人をこんなにうまく罠に嵌められないだろう。この種の一撃を与えたならば、その得点に満足して、もう一撃などとは考えず、腰を下ろして証人を立ち去らせることだ。〝油脈に当たったら、掘るのを止めよ。大勢の人間がよってたかって掘り抜き、底までからからにしてしまうから〟というジョシュ・ビリングズの忠告を思い起こしなさい。
あるたいへん有名な弁護士が、ある大裁判で、もし自分の立証が陪審員に受け入れられれば、もうそれで決着がついてしまったろう、というところまでうまく法廷をみちびいていたのだが、一人の機略に富んだ、抜け目のない、若いユダヤ人弁護士によって、完全にひっくりかえされたことがある。この青年は、証人がその人種を隠したがっていることを聞き知っていたとみえ、チャンスとばかりに、二つ三つの質問で一気に勝利へ突っ走ったものだ。

問「証人のお名前は？」

答「ワイルズです」

問「ええ、苗字は分かっていますが、フルネームは？」

答「S・コールマン・ワイルズです」

問「なるほど、しかしSは何の略ですか、ワイルズさん？」

答「私はSというのは使わないのです――いつも〝コールマン・ワイルズ〟で通っているのです」

問「でもあなたの名前にはSがある――何の略です？」

答「一度も使っていないんですよ」

弁護人「裁判官、どうか証人に私の質問に答えるようにおっしゃってください」

裁判官「よろしい。ワイルズさん、質問に答えてください」

証人（頑固そうに）「Sはソロモンですよ」

弁護人（大いに驚いたそぶりで）「ああ、ワイルズさん、あなたはその名前を恥じていらしたんですね？」

これで陪審席のユダヤ人はもう、証人もその証言も嫌ってしまったのである。

しかし、こういうクライマックスは到底不可能な証人を尋問している場合を考えてみよう。無限の忍耐と勤勉とが要求されることになるだろう。証人の陳述自体に矛盾があるか、あるいは知られている他の事実と矛盾しているか、でなければ人間の通常の経験に照らしてみて矛盾している、ということを示そうとやってみることである。執拗にやっていれば、不思議な力が生まれてくるものである。一角を崩そうとしてだめなら、それは棄てて、他の一角に当たってみることだ。どこかにはきっと弱点があるはずなのだ、陳述が偽りならば。質問をうまく組み立てることである。ある答えがほしければ、まるで正反対の答えをほしがっているかのような質問の仕方をすることだ。〝証人から平静さを奪ってやろうとするときは、自分の平静さをしっかり保つことだ〟というのが、つねに鉄則である。もし証人に説明や釈明をする機会を与えてしまえば、必ずこっちが傷つくだろう、証人ではなしに。証人を疲労でへとへとにさせてしまうか、すっかり不機嫌にさせることに成功すれば、証人が嘘をついているのだ、という印象を演出したことになるのだ。

しかしこれは、長ったらしい反対尋問がいい、といっているわけではない。そんな反対尋問は、証人が全面降伏でもしないかぎり、せっかく時間をかけてひっくり返そうとした証人の陳述が、どんなに重大なものであるか、いやがうえにも誇張して陪審に受け取らせるのが落ちである。

偽証をめぐるあのティッチボーン事件の裁判で、ルイという注目すべき一人物が証人喚問されたことがある。これは抜け目のない証人であって、おどろくべき精密さと一見正確さをもってお話をでっち上げたのである。それが嘘であることはほとんど疑問の余地がなかったのだが、嘘であると証明することはきわめてむずかしく、ほとんど絶望的だったのである。ありそうもない話ではあるが、なお絶無とは言い切れなかった。しかし、もし真実だとすれば、債権者はまぎれもなくロジャー・ティッチボーンその人となり、あるいは少なくともその可能性が非常に強くなるから、陪審員は債権者がアーサー・オルトンであるとは認めまいと思われた。ルイの証言態度は完璧だった。裁判が終わってから、陪審の一人は、ルイの証言をどう思うか、またあのお話に何か重要性があると思うかどうか、と訊かれて、次のように答えた。主尋問が終わった段階では、とてもありそうにない話だと思ったので全然信用できなかったが、「しかし、ホーキンズ氏が一日いっぱい彼を問いただして結局ぐらつかせられなかったわけで、これほどの反対尋問家が一指も触れられないということなら、彼の話には何かあるにちがいない、と考え始め、とうとう動揺し始めたんです。もし全部が全部嘘だったとしたら、あんなに有能な弁護士さんが、どうして打ちのめしてやれないのか、不思議だったんですよ。」(2)

裁判長は、ほんのちょっとした一言でも弁護士の雄弁より重いから、反対尋問があてもなく長びくと、突然「――さん、時間の無駄ですよ」とか「その問題をそれ以上追及することを許しません」とか「この尋問の目的がわかりません」などと中断させることがよくある。これは後退であって、よっぽど熟練した弁護士でなければ、なかなか取り返せないギャップになってしまう。裁判官がそう言う前に、たぶん陪審はいささかうんざりして、注意散漫となり、裁判の決着が早くついてくれないかと思っているのであり、裁判官の注意に、その通りだ、という気持ちだろうから、〝裁判の雰囲気〟（と私はいつも名づけているのだが）は、この過《あやま》てる弁護士の依頼人にたちまち不利なものとなっていくのである。この裁判の雰囲気というものが、裁判の行方にどれほど重要な役割を演ずることか！　陪審員の多くは、訴訟の当事者たち――われわれの依頼人たち――には眼もくれず、両方を代表する弁護士の間でやりとりされる応酬にすっかり心を奪われているものなのである。

陪審制度がたぶん最も厳しい試練に立たされるのは、地方政治がからんだ刑事訴訟の場合だろう。普通の陪審員なら、自分の政治的偏見によって盲目となるのが通例であって、そのため被告人の有罪か無罪かの判断が、自分の政党に利益となるような何かの行為をこの男がしたかしなかったかという問題にかかっている場合には、陪審は政治路線しだいで分裂しがちである。

昔、政治変革の波がニューヨーク市を洗っていたとき、〈正しい政治の会《グッド・ガバメント・クラブ》〉が、約五十人の選挙監視員を、選挙違反で逮捕させたことがある。これらの監視員たちは、全員、上級第一審の刑事事件開廷期日に、バレット判事を裁判長として公判に付された。被告人たちは一流の弁護士たちによって弁護されることになっており、一切は初めの二、三件の結果がどう出るかにかかっていた。もしそれらが無罪放免と出れば、あとはすべてその線で無罪放免が予想され、逆に有罪と出て懲役刑を宣告されれば、あとの大多数も有罪とされ、免れる者はごく少数だろうと考えられていた。これらの裁判は全部、私が担当を命ぜられて起訴したものである。

この当時、ニューヨーク郡は、投票目的のために一〇六七の選挙区に分割され、各選挙区では平均約二百五十票が投票されていた。そうした選挙区の一つの監視員が一人最初に公判に付されたが、その罪状は、共和党の市会議員候補へのこの選挙区の投票数を正確に記録しなかった、というものであった。この選挙区では百六十七票が投票されており、その数を集計して警察本部へ報告するのが監視員の仕事なのだった。

裁判では、十二人の立派な市民が次々に証人席につき、それぞれが被告人の受け持ちの選挙区に住んでおり、選挙当日には共和党候補に投票したと証言した。被告人の署名のある公式の集計表が証拠として提出され、それには民主党百六十七票、共和党ゼロ票となっていた。被告人側の多数証人はいずれも民主党員であった。被告人がきわめて評判のよい人物で、犯罪の嫌疑をかけられたことが一度もないことが証言で明らかにされると、事件は政治的様相を帯び始め、その結果、陪審は真っ二つに割れて有罪とは評決されそうもなくなった。最後に被告人自身が自分のために証言した。

私の反対尋問の狙いは、陪審員たちの政治的立場がどうであれ、有罪評決を出さざるをえないような立場に証人を置き去りにしてやろう、というところにあった。質問は五問だけであった。
検察官「あなたは奥さんとお子さん七人を扶養していらっしゃるそうですが、そういうご家族をほっておかなくてはならないのは、あなたの本意ではないと思いますが？」
被告人「いかにも、そのとおりです」
検察官「それは別としても、シンシン刑務所で何年かを過ごすなど、あなたの本意ではありますまい？」
被告人「もちろんです」
検察官「さて、十二人の立派な市民たちが証人席につかれ、あなたの選挙区で共和党に投票したと証言なさったわけですが、あなたもお聞きになったでしょう？」
被告人「はい」
検察官（陪審を指さして）「そして、ここにも十二人の立派な紳士がおられて、あなたの自由の問題に判定を下そうとしていらっしゃる。おわかりでしょう？」
被告人「わかります」
検察官（印象を与えるように、だが静かに）「では——さん、どうかこの十二人の紳士に（といって陪審を指さし）、どうして向こうの十二人の紳士が投票なさった票を、あなたが算えなかったのか、説明してください。そうすれば、あなたは自由な人間としてご自分の帽子をとり、この法廷から出て行けるのですよ」
証人はためらい、眼を落としたが、何も答えず——そして検察官は着席したのである。

もちろん有罪が宣告された。被告は五年の懲役刑を下された。つづいて三十人近い被告人が数日間に同罪で起訴され、有罪を宣告され、法廷の全手続きが数週間で完了したのである。無罪放免や、意見の一致をみなかったケースは、ただの一件もなかった。

証人に関する事実や、主尋問での具体的な供述内容が、充分かつ正確に予測できる場合が間々あるものだが、そんな場合には、次の例のように、利口な証人でも嵌まりやすい罠を仕掛けることができるだろう。

J・W・ランネイ博士ほど、その生涯に何度も証人席に姿を見せた医者は、わが国にはごくわずかしかいない。とくに傷害事件でそうであった。証人として大ベテランである同博士について、もうずいぶん昔のことだが、最高裁長官ヴァン・ブラントが私に語ったことがある、「ランネイ博士を反対尋問してやろうなどと考える弁護士がもしいたら、そいつは馬鹿だ」と。しかし、ランネイ博士が亡くなる数年前に、ほかならぬ私がそうするはめに陥ったものだ。その反対尋問にもし失敗していれば、こちらの非を自認したも同然となったろうような、たいへんな綱渡りだったのである。ともかくそのときは、危険を重々承知しながら、他に代わりうる手段がなかったのである。〝めくら蛇に怖《お》じず〟が偶然成功することがよくあるように、幸運にも〝的の真ん中〟を射とめたのだったが、このケースはおそらく記録しておく価値があるだろう。

ある婦人が市を相手どって訴え出た損害賠償事件であったが、彼女がある春の朝、教会から帰る途中、路の上の何だかよくわからない障害物につまずいて、その結果、裁判の当日まで三年間というもの、事実上寝たきりの状態だった、というのである。彼女は椅子に坐ったまま法廷へ運びこまれ、陪審の正面に置かれた。蒼ざめた、憐れなこの婦人は、臨時に看護師になってくれた女友達に囲まれ、手や顔にいやな臭いのする軟膏をやたらすりこまれたり、気付薬を飲まされたりで、陪審の同情を大いに買ったのである。彼女の訴訟代理人は、元最高裁長官ノア・デイヴィスだったが、彼女の背骨の傷は不治であると主張して、五万ドルの損害賠償を要求した。

ランネイ博士は、この患者に事故当日以来つきっきりだったようで、診察回数は約三百回に上り、また診断に絶対誤りのないことを期するため少なくとも二百回の精密検査をして、今は脊髄そのものが本当に罹患していることを助言できると証言した。デイヴィス元判事は、同博士に二、三予備的な質問をした後、思うままにやりなさいとばかり、「陪審に向かって一切を話してあげてください」と言ったものだ。博士は四十五分間ほど休みなくしゃべった。自分が受け持って以来の患者の苦痛、その苦痛をいやすための治療、そして症状の絶望的な性質、を詳細に述べたのである。さらにその上、この病気の進み具合はゆっくりだが容赦ないものであって、進行性麻痺といった形をとり、一つの器官から他の器官へと次々に破壊が及んで、死によってやっと救われるのだ、というふうに非常に印象的に描いてみせたのだった。この独演が終わったとき、デイヴィス元判事はもう質問はせず、私をふり向いて、おだやかだが勝ち誇った声で言ったのである、「反対尋問をしたいですか?」と。

ここで問題となっている一点は――この事件そのものの理非曲直については論ずるまでもなかったけれども――患者の病気の性質なのであった。市側の医学証人たちは、この婦人の受けた程度の軽い傷から、脊椎の病気に進むことなどなかったろう、だいいちありえたはずがない、ということで全員意見が一致していた。彼女の愁訴する症状は心の中にだけ存在するものであって、ただの一つでも器官が病気であるという兆候などみられず、"ヒステリカル"と呼ぶほかはない、というのだった。しかし陪審員たちは明らかに全員がランネイ博士の言葉を信じ、その証言にもとづいて評決を出そうという気持ちになっていた。だから、どうしても同博士を反対尋問する必要があったのだ。その主尋問での供述内容について、予想がつくような路線で質問していってみても、何の役にも立たないという以上に、事態をいっそう悪化させるだけだとわかってはいたが、たとえ完敗しても、沈黙よりはましだろう、と私は思った。同博士の名だたる機略家ぶりをよく承知していた私は、急いで作戦を立てた。

最初の質問では、陪審にたいして次の事実を強調しておくことにした。すなわち、この証人がニューヨーク、ニューヘブン、およびハートフォード鉄道に三十五年間、ニューヨーク・セントラル鉄道に四十年間、ニューヨークおよびハーレム川鉄道に二十年間、エリー鉄道に十五年間、等というふうに長年医学鑑定人を務めてきたという事実である。そうして彼がこのようなさまざまの鉄道会社の利益を弁護する証人として、じつにたびたび法廷に出頭し、それがあまりにも忙しいもので、本来の医者の勉強や診察にあてる時間が少ないということを無理やり認めさせたのである。

弁護人（全く平静に）「先生、ひとつ教えていただけないでしょうか、この患者にみられるような特殊な症候群は一つのはっきりした病気を示すものだと先生はご診断なさるのですが、同じ診断をしている大家があれば、ひとつその名前をどうぞ」

医者「ええ、いいですよ、エリクスン博士が同じ診断をしています」

弁護人「エリクスン博士というのはどんな人ですか、もしよろしければどうぞ」

医者（鷹揚に微笑しながら）「ウェルマンさん、そうですねえ、エリクスンといえば、英国の生んだ最も有名な外科医の一人でしょうね」（傍聴人席から弁護人にたいするクスクス笑いが起こる）

弁護人「で、どんな本を書かれていますか？」

医者（依然微笑しながら）「『エリクスン脊椎学』という本を書いていますが、この分野では最も著名な本です」（傍聴席のクスクス笑いが高まる）

弁護人「その本はいつ出版されましたか？」

医者「十年ほど前です」

弁護人「さて、先生はさきほどおっしゃったようにお忙しい方です。先生のようにご多忙な方でも、ご自分の診断の根拠に、いろいろと権威ある専門書に当たってみるだけの時間がおありなのでしょうか？」

医者（弁護人へ晴れやかな微笑を投げて）「ウェルマンさん、打ち明けて言いますとね、私はあなたのお噂をよく聞かされていましてね、こういった類いの馬鹿らしい質問をなさるのではないかと、疑っていたのです。それで今朝、朝食の後で、法廷へ出かける前に書庫からエリクスンの本を取り出して、私の診断と完全に一致しているのを見届けたわけです」（弁護人へ向かって大笑いが起こり、陪審もそれに加わる）

弁護人（弁護人机の下に手を伸ばして自分の『エリクスン脊椎学』を一冊取りあげ、それからわざわざ証人のところまで歩み寄り）「では、ご面倒ながら、エリクスンが先生のご意見と同じだとおっしゃるその個所を、私に指し示してくださいませんか？」

医者（まごついて）「ああ、今すぐにとはいきませんよ。たいへんぶ厚い本ですからね」

弁護人（まだその本を証人へ差し出したまま）「しかしお忘れですか、先生、私がこうした類いの馬鹿な質問をするかもしれないとお考えになって、今朝、朝食の後で、法廷へ来られる前に、ご自分の持っていらっしゃるエリクスンの本をお調べになったのでしょう」

医者（いっそうまごつき、まだ本を取ることを拒みながら）「今そんなことをしている時間がありませんよ」

弁護人「時間ですか！――時間ならいくらでもありますよ」

医者（答えず）

弁護人と証人はひたと見つめ合う。

弁護人（着席し、だが証人をみつめたまま）「この法廷は、先生が今朝その本でお読みになった個所を繰ってくださり、そこを大声で陪審に読みきかせてくださる時間をお取りになれるように、尋問の中断をきっと許してくれることと思います」

医者（答えず）

廷内には死のような沈黙が訪れ、それはたっぷり三分間はつづいた。証人は何も言おうとしなかったし、原告側弁護人もあえて何か言い出す勇気がなく、市側の弁護人たる私も、何も言いたくなかったのである。というのも私にはわかっていたからだ、証人の明白な嘘を取り押さえたことを。そして参照したというその一節を開いて見せられぬかぎり、この医者の証言全部が陪審の信用を失うということを。問題のその個所がエリクスンの著作のどこをさがしても見当たらぬことを私はちゃんと調べてあったのである。

数分間が過ぎたところでバレット裁判長は静かに証人に向かって、質問に答えたくないのかどうか尋ね、証人がこれ以上答えるつもりはないと返答すると、全法廷が息をのむ静寂のさなか、退出を許したのである。証人席から自分の席へ戻る途中で彼は足をとめ、私の耳にささやいたものだ、「あんたは、これまでに会ったうちで最も——無礼な男だ」

十日間にわたる審理が終わっても、陪審は原告側主要証人の大失態を忘れられず、評決をまとめられなかった。

何年もの間こつこつと我慢してやってきた甲斐があったと思うような、こんなスリルたっぷりのめずらしい経験は、どんな法廷弁護士にもときどきめぐってくるものである。とくに、こちらの手の内を予想して準備に準備を重ねた証人——そういう証人は、部分的には真実もあるが本筋としては虚偽といった証言をするのがふつうである――の仮面を見事ひんむいてやる場合にそうだ。

去年、ニューヨークの遺言書検認裁判所で、マックス・D・ストゥアが異議申立人になったイノウ遺言事件は、準備の上にも準備を重ねた、あるいは徹底的にコーチされた証人を、その裁判の決定的な場面で喚問し、熟練の反対尋問家の手管に屈服させうるという、興味深い実例であった。

このエイモス・R・イノウの遺言書には、コロンビア大学が相続財産の受贈者に指定されていた。これがイノウ氏の甥二人によって異議を申し立てられたのである。異議申立人の主張は、遺言者が大学というものを総じて嫌っており、とくにコロンビア大学とその学長は大嫌いだった、という点にあった。そればかりではなく、遺言者は甥の中でもこの二人をとくにかわいがっていたこと、それなのにこの遺言書では不当に差別されてしまったことも、主張していた。

一方、検認申請者側は、これに答えて、遺言者がこの甥たちをひどく軽蔑していたこと、教育施設一般を大いに認め、とくにコロンビア大学にたいしてはそうであったことを証明したいと申し出ていた。そのために彼らはとっておきの証人を切り札として最後に出してきたのである。この証人は非常に愛嬌のあるご婦人で、物腰もやさしく、弁説もさわやかであり、検認申請者側の総括弁論は、事実上この人がやったのである。彼女は、遺言者が大学一般とくにコロンビア大学に好意を持っていたことを証明しようとして、故人と話をする機会が三度あったと言い、その思い出を語ったのである。その一つは、ある日彼女が遺言者に出会うと散歩をさそわれたという。そのさい彼は「この盲目の老人といっしょに歩いてはくださらんか」と言ったので、ひどく悲しい様子に思えて――だからもちろんご一緒したのだった！――このとき二人は、たまたまニューヨーク市立大学の近くに居合わせたが、この大学もやっぱり遺言書が受贈者に指定していたわけである。で、二人はこの大学の傍を歩き、そのとき彼女は、ここの新校舎を見たかと彼に訊いたところ、見ていないと答えたが、現在のこの校舎が今なお近くにあるのは嬉しい、と言ってから、「この大学とコロンビア大学は、やがて合衆国のケンブリッジとオクスフォードになっていくだろう」と語り、この両大学を、口をきわめて賞《ほ》めたのだそうである。次の機会は、遺言者がひょっこり彼女の家を訪れて、こんなことを言った、「あなたのお友達が（とその名を口にして）亡くなられたと聞くが、あの人は相続財産の遺贈者にイェール大学を指定している遺言書を残したそうですな。」そしてこの遺言書を賞讃したそうである。彼女の死んだ友人を、彼はほとんど知らなかったのだが、そんな遺言書を作るくらいだからすばらしい人物だったにちがいないと言い、大学へ財産を遺贈する人たちを激賞したという。もちろん、その友人が残した遺言書というのは法廷へ持ちこまれ、提出される手筈になっていたのであり、実際にイェール大学が受贈者に指定されていた。さて、三度目の会話は、証人の母親も居合わせたのだが、彼は身近な親しい家族というものが自分にはないことを嘆き、証人の母親に、あなたはこんな親孝行の娘さんがいらしてどんなにお幸せなことか、私などはほんのわずかな心配りすらしてくれるような人間が、親戚にはただの一人もいないのだから、何ともみじめなものです、と語ったのだそうである。証人の母親は「でも、あなたにはごきょうだいが男女一人ずついらっしゃるし、それに甥ごさん方もいらっしゃいますわ」と特に甥に話を向けたという。彼はきょうだいたちについては軽蔑した口ぶりであり、「甥ごさんのお一人は、あなたから名前をおもらいになったのではありませんの？」との問いには、「ええ、そのとおりですがねえ、あの子が私から名前をもらったと思っているもので、じつは困っているんですよ」と答えたという。

こうしてこの証人は、遺言者が大学嫌いであり、また甥たちに強い愛情を抱いていたという異議申立人側の主張を、まるごとひっくり返そうと言葉をつづけたのである。ストゥア氏の反対尋問は、こうした会話なるものの矛盾をすぐにあばいてみせた。遺言者は、証人の言うニューヨーク市立大学とコロンビア大学が合衆国のオクスフォードとケンブリッジになるだろうと述べた日より以後に四通の遺言書を作成していたが、そのどれにも、それらの大学のどちらへも言及がなかった事実が証明されたのである。彼女の言う会話なるものの、もう一つの難点は、彼女の友人が死んで相続財産の受贈者にイェール大学を指定した後に、イノウ氏は五通の遺言書を作成しており、そのどれにもコロンビアとかその他の大学を挙げておらず、しかしそのどれもが多額の相続財産の処分方法を指定していた、ということである。そして最後に、遺言者にちなんで名づけられた甥など一人もなく、したがって遺言者が、自分にちなんだ名をもつ甥がいるなどと錯覚することは、精神が衰弱してでもいないかぎり、けっしてありえず、異議申立人の主張もまさにそこにあった。すなわち、遺言者の精神が衰弱していたとすれば、検認申請者たちは次の二つのうち、どちらかを選ばなければならぬが、どっちを選んだとしても都合が悪いのである。すなわち、一つは遺言者が自分にちなんだ名をもつ甥がいると考える場合だが、むろんこれは検認申請者側に不利となるし、他の一つは逆に、自分にちなんだ名をもつ甥などいないと考える場合だが、これでは証人の遺言が嘘ということになるわけだ。要点は、この証人による総括弁論が、陪審へ働きかけるためにはよく準備されていたのだが、事実を簡単にあばき出されるという点では、慎重に準備されていたとはいえない、というところにある。

遺言者はもう死んでいるし、証人の母親も死んでおり、彼女のお話はおかげで矛盾なくでっち上げられはしたが、その中の事実がとてもありそうにもないことばかりで、おまけにこの証人がいわばクライマックスとして最後に喚問されたことがあまりにも見えすいていて、検認申請者側を助けるどころか、深傷《ふかで》を負わせる結果となったのであり、ストゥア氏の反対尋問はまさに千金の値《あたい》があった。

この裁判では、実質的には同じといってよい状況を示す事柄がもう一つあった。異議申立の根拠が、遺言者には遺言書を作成する能力が不足していた、という点にあったことを憶えておられるだろう。ある弁護士が検認申請者側証人として喚問されたのだが、彼は次のような証言をした。すなわち、問題の遺言書が作成されたまさに当日、全く偶然に、二ユーヨークからサラトガへ出かける遺言者と列車で出会い、これまた偶然に喫煙車で隣り合わせに坐ったという。それからずっとオルバニーまで話をしたが、じつにさまざまなことに話題が及んで、そのさい遺言者は今日の諸情勢や時の問題すべてにわたっておどろくべき記憶力とすばらしい理解力をみせたのだそうである。さらに投資について助言してくれたり、上訴裁判所の判決を論じ合ったりで、健全な精神状態であったことは非常にはっきりしている、というのだった。もちろんこの会話には反駁できなかった。その場に居たのは二人だけなのだ。証人は個人用の特等車に席を取ってあったが、そこに鞄や手廻り品を置いて、喫煙車へ移ったというのである。そして二人とも乗り換えるオルバニーで、故人が列車を下りるところを見たが、そのさい手を貸していた人間などいなかったし、全く他の乗客たちと同じように下りて、歩き方にも異常なところはなく、だから故人は精神的に健康だったばかりか肉体的にも健康だった、と結んだのである。

ここで再びストゥア氏が反対尋問に立って、この証人の記憶の誤り、あるいは偽証を暴露してみせたのだ。故人とかわしたという会話は、直接反駁できなかったけれども。第一に、その列車には特等車がなかったこと。特等車がないのに、そこに鞄その他を置き去りにすることなどありえないのは、陪審員もはっきりと認めた。第二に、故人は煙草を喫《す》わず、その匂いが大嫌いだったこと。そのため、客を大勢接待したり自宅で大晩餐会を開くことがよくあったのだが、いつも喫煙が始まると座を離れ、終わるまでは戻らなかったのである。別荘でも、葉巻が廻され出すと、その匂いに苦しめられぬようポーチへ出て行き、客たちから離れて坐っていたものだという。ニューヨークからサラトガへ汽車に乗った日というのは、ひどく暑かったことは誰しも認めたが、陪審は、性来の煙草ぎらいが、その日にかぎり煙草好きになった理由を、うまくつかめなかったのである。また、双方の証人全員が、その当時故人が衰弱していたことを認めた。故人は何年もの間、付添がいなくては暮らせなかったのである。そしてニューヨークからサラトガへ出かけたときも、その付添人が一緒だったことが認められた。証人は付添などだれもいなかったと言ったのである。この証人を除く全員が、故人は足もとを見るのにたいへん難儀していたこと、道の縁石から足を踏み下ろすには、どのくらいのへだたりがあるのか、いつも杖を使って叩いてみていたこと、そして付添人が必ず手を貸していたことを認めたのだった。陪審は、その付添人がその汽車に乗っていたことがわかったし、故人が段の上り下りに助けを必要としていたことがはっきりしたものだから、長年そんなふうだった故人が、なぜ遺言書に署名をし、オルバニーで汽車から下りたその日にかぎって、前述のような行動をとったのか、理解に苦しんだわけである。

第5章　鑑定人への反対尋問

今日では、万事を知るなどということは不可能だが、どんな職業であれ、成功するためには、万事についていくらかでも知るところがあり、かつ何事かについてはすべてを知っている、ということが必要となる。だから、その道の専門の鑑定人《エキスパート》というものが、民事事件であれ刑事事件であれ、喚問される機会がいよいよ多くなっているのだ。このように専門家《スペシャリスト》時代ともいうべき今日では、陪審が審議すべき事実の属する分野が、普通の人間には未知であるという場合、専門家たちから助けを借りる必要がよくある。

わが米国の裁判所の現状を眺めると、鑑定人が陪審の正しい評決にたいへん重要な役割を果たしている事件が、陪審に付される事件総数の半ばに達する、といってよいと思う。だから、こうした鑑定人を正しく扱うことが、昔よりずっと重要な問題となっているのだ。キャンベル卿は、法廷弁護士および裁判官としての一生涯にわたる経験から、その最終結論を〝専門的証人というものは依頼された側を支持しようという気持ちに大きく傾いているから、その証言に重きを置いてはならない〟としている。しかし、こうした大家の言葉を引用して鑑定人の鑑定という問題を避けるのは、米国の法律関係著述家たちがよくやることだが、何にもならない。またテイラーは、その『証拠法』の最新版で、〝鑑定人は問題を一つの視点からしか見ないので判断に著しい歪みがあり、当然、たとえ良心的にやったとしても公正な意見を述べることはできない〟と書いており、キャンベル以上にそれを強調している。しかし、わが国の少し大きな裁判のほぼ六割で、鑑定人たちが証言しているという事実は依然存在するのであり、陪審員たちを啓蒙して鑑定人の鑑定を正しく評価させうるただ一つの道は、鑑定人にたいする反対尋問のやり方を完全に理解することを措いて他にないのである。

鑑定人は、医学、筆蹟、不動産、その他さまざまな分野の専門家であり、彼らへの反対尋問はいよいよ重要な問題となりつつあるが、この章では、この種の証人の尋問に用いて成功した方法を実例で示すことと、提案をいくつかしてみることにとどめておく。

同じ問題であっても鑑定人によって所見がくいちがうのは、今日ごくふつうのこととなっている。全く正反対の所見が出されても、どちらもが正直に述べている、ということがありうるだけでなく、じつに多種多様な所見が不正直な鑑定人によって出されてくるのだ。

また、科学的な事実と、たんなる意見との区別にも注意しなくてはならない。例えば、医学鑑定人が、ただの意見ではなく医学的事実をはっきりさせるために喚問されたとする。このような事実に関して鑑定人たちの意見がくいちがうことはめったにないのだが、たんなる意見ということになると、ご存知のようにじつに広範に意見は分かれるので、鑑定人の鑑定でもただの意見にはほとんど信を置けないのである。

一般的に言えば、反対尋問者が鑑定人とその専門分野で対抗しようとするのは賢明ではない。鑑定人の理論に沿って長ったらしく反対尋問をつづけても、惨憺たる目にあうのが落ちであり、めったなことではやるべきではないのだ。

例えば医学あるいは筆蹟の鑑定人と、外科であれ、診断であれ、こみいった筆蹟であれ、相手のグラウンドで対抗しようとする弁護人がたくさんいるものだが、こういうやり方が成果を生むことは稀である（さらにいえば、教育程度の低い内科医を相手にしたときだけである）。まず大抵は、相手の医者に、一度証言したものをさらに拡大して述べ、そうしなければ陪審が誤解するか完全に見逃したかもしれない点を説明させる機会を与えるのが落ちである。

私は経験から次のように信じているのだ。すなわち、医者にたいしてはその専門分野での反対尋問を避けること。ただ、事件の重要性から弁護人が自分でその特定の問題を論じられるほど詳しく勉強した場合は別である。しかも勉強した結果、その医者の結論は間違いであると暴露してみせるだけの自信がなくてはならない。その根拠となる医学書を法廷へ持参することはもちろんであるが、自分で納得するだけでは何にもならないのであって、医者たちの間でさえ意見が分かれるような抽象的な理論を、陪審が理解するのは容易なことではなかろうが、やはり陪審をこそ納得させなければならないのである。

〝めくら蛇に怖じず〟という諺《ことわざ》がぴったりな、この種の非常におもしろい実例が、近年にあった。

ある未経験な若い弁護士が、殺人罪に問われた依頼人の弁護に立ち、これは自殺であって、他殺ではないと主張していた。死体を解剖した年配のドイツ人医師は、弾丸が進入し通過した経路を入念に調べた結果、自分でやったとはとても考えられないと証言した。この証人は要点を解説する図表を提出し、その意見が陪審に受け入れられるようなことになれば、それでもう自殺説などは問題外という状況だった。

この若輩弁護士は、かなり生意気な、無礼な態度で鑑定人に語りかけたから、そういう反対尋問の仕方は当然鑑定人の神経を逆なでしたのであり、以下のやりとりにも多少それは出ている。

弁護人「――先生、解剖の所見にずいぶん自信がおありとみえますね。あなたはこの傷が自殺ではありえぬということを、あなたの意見としてではなく、事実として述べておられる――宣誓して事実だと述べておられるわけです。さてお尋ねしたいのだが――ひょっとして、これはあなたの初めての死体解剖じゃないのですか? 私はこの地区の医師名簿に当たってみたのですが、あなたの名前はどこにもありませんよ」

医者（証人席の背にもたれ、片手をあげて明らかに指折りながら、非常に静かに答える）「いや、たしかに以前にも死体解剖をやったことがありますよ」

弁護人（明らかにこの答えに勇気づけられたという様子で）「では、今度のは数に入れずに、二回死体解剖をしたことがあると、偽りなくおっしゃれますか？」

医者（またもためらい、そしてやはり指を開いて算えながら、回想する様子で）「ええ、これまでに二回死体解剖をしたと、偽りなく言えると思いますよ」

弁護人（いっそう勇気を得て）「それでは五回死体解剖をした、とまでは言えますか？」

医者（今度は、答える前に、扱った事件を算え上げるように、ひろげた手をひどく慎重にためつすがめつし、その指先に一つ一つ触ってみせながら、満足気に弁護人を見上げて）「ええ——ええ、五回死体解剖をしたと言えますね」

弁護人（意気揚々と、軽蔑の笑いを浮かべて、証人の方へ歩みよりながら）「ねえ、あなた、遠まわしな言い方はやめにしませんか。ひとつズバリといきましょうよ。あなたは一万回死体解剖をしたことがあるとおっしゃれますか？」

医者（あけすけな、むしろおもしろがっているような微笑を顔に浮かべて、だが声は依然低く）「そうですね、たぶんやったろうと、偽りなく言えると思いますよ。私はですね、この国へ来る前に四十年間ベルリン市の検屍官をしていましたのでね！」

他方、弁護士側の主張を支持してくれそうな、別個の事実や論点を引き出すために、慎重に考えた質問をぶつけてみると、よい結果を生むものである。鑑定人の学識や経験を逆にうまく利用してやるわけである。別の言い方をすれば、反対尋問の技術は、こちら側の主張を助けるような科学的事実を鑑定人の知識から引き出してやり、こうしてその鑑定人が述べたこちら側に不利な意見の重みを、殺してやるような方向へ用いよ、ということなのである。

もう一つ、胆に銘じておくべきことは、鑑定人に所見を長々と詳しく述べさせ、その結果、彼を鑑定人として喚問した相手側弁護人が主尋問で充分には引き出せなかったその所見の理由説明をさせる機会を与えてしまう、といった大まかな質問のしかたは絶対にしてはならない、ということだ。

ブキャナン博士の夫人殺害事件の裁判でのことである。同夫人の臨終に立ち会った医者への反対尋問で、質問がたった一つまずかったために、第一級謀殺と評決されてしまった。この医者の所見では夫人の死因を自然なものとしていたのだが、そのため陪審は二十四時間もの議論を重ねたあげく、ブキャナンを処刑させたのである。

ブキャナンの容疑は妻を毒殺したというものだが、この妻はかなり年上であって、夫の利益となるように遺言書を作ってあった。使われた薬品はモルヒネとアトロピンで、これはどちらかだけ単独で使うと死亡時の症候はまぎれもないが、二つうまく調合すればわからなくなってしまうのである。

このブキャナン裁判で、地方検事ニコルと私はひどく具合のわるい立場にあった。なにしろ、ちゃんとした医者がブキャナン夫人の臨終に立ち会っていて、死因は自然的なものと証言し、死亡証明書にも脳溢血と書いてあったのである。それを夫がモルヒネにアトロピンを混入し、その致死量を服《の》ませて殺したのに間違いない、どう理屈をこねてもそうなのだ、と陪審に納得させようというのである。

被告人にとっては、この医者の証言だけが頼みの綱だった。だから地方検事はこの医者を証人席につかせ、ブキャナン夫人が死ぬまでに手当てをしていたさいの症状を質問し、脳溢血を唯一の死因とする死亡証明書をみずから作成したことを証言させた。次いで被告人側弁護人による反対尋問となった。

被告人側の弁護人は何人かいたのだが、この大役を割りふられたのは、反対尋問の技術よりも医学知識のほうがはるかに豊かな男で、一時間ほどにわたってこの医者を悩ませたが、質問は多少問題点からはずれた医学の専門的なことばかりで、陪審のいちばん気にしている疑問に光を投げかけるよりは、尋問している自分の博学ぶりを見せようというものだった。そして最後に問題の死亡証明書を証拠物件として、その中の記載——死因は脳溢血——に医者の注意を促し、その紙をひらひらさせながら叫んだのである。

「さて先生、あなたはこのご婦人の症状がいかなるものであり、また死因が何であると考えられたか、話してくださったわけですが、そこでお尋ねしたい。ブキャナン夫人の死後、この紙にあるようなあなたの所見を、変えさせるようなことが何か出てきたでしょうか?」

医者は椅子の背にもたれ、ゆっくりとその質問をくりかえした、「ブキャナン夫人の——死後——この紙に——あるような——私の——所見を——変え——させる——ようなことが——何か——出て——きたでしょうか?」ついで証人は裁判官に向かい、このような問いに答えるにあたって、自分があの証明書を書いて以後知るようになった事柄について、話してよいものかどうか尋ねた。裁判官は答えた、「質問は大まかなものです。弁護人は、あなたの前の所見を変更すべき何らかの理由があるかどうか、と尋ねているのではありませんか？」

鑑定人は速記者の方へ身を乗り出し、質問をもう一度読んでほしいと言った。そこで読み上げられた。法廷のすべての人間の注意が証人に集中し、その答えを今やおそしと待ちかまえたのである。陪審員たちは、ここが裁判の分かれ目と思ったようである。

医者は質問をふたたび耳にすると、一息いれて椅子に坐り直し、反対尋問者の方を向いてこう言った。「ひとつあなたにお尋ねしたいのですがね、あのご婦人の胃の内容物中にアトロピンとモルヒネを検出したという化学者の報告は、すでに証拠として提出されていますか？」これには裁判官が答えたのである、「まだ提出されていません。」「ではもう一つ質問を」と医者は言った、「病理学者の報告は、もう証拠として受理されましたか？」裁判官は「いや、まだです」と答えた。「それでは」と医者は椅子の中で身を起こした、「あなたのご質問に私は偽りなくお答えできますね、今までのところ病理報告も化学分析報告もないのですから、死亡証明書に述べた私の所見を変更させるような法的証拠は何も知りません」

この答えが裁判官と陪審員にどんな印象を与えたか、言葉も及ばないものがあった。被告人が死亡証明書から引き出せたかもしれぬ利点はすべてお流れになってしまった。

こんなエピソードの後、裁判はたっぷり二週間つづいた。審理が終わって陪審は別室へ退いたが、どうしても評決をまとめられなかった。二十四時間議論したが結論が出ず、時間切れで法廷へ戻り、医者のこの証言をもう一度読み返してほしいと速記者に頼んだ。そこで速記者は読み上げ、二週間前に演じられたシーンが完全に再現されたのである。ふたたび退出した陪審は、ただちに死刑を評決した。

ブキャナン事件で医学鑑定人への反対尋問が見せた、この〝法医学の奇蹟〟は、当時、新聞が大々的に取りあげて賞め、ある日刊紙などは、日曜版の第一面を全部写真入りであてたりしたものだった。

鑑定人の鑑定の効力を帳消しにするには、鑑定人の専門家としての経験・能力・眼識を試すテストを、思いがけないときに即席でやってみるのも、ときには有効である。狙いは、もし彼が失敗すれば、陪審の面前で笑いものにしてやれるわけで、その笑い声の中で陪審に今まで彼がしてきたこっちに不利な証言を忘れさせるのである。

今日、わが国の法廷には、プロの医学鑑定人がじつによく姿を見せるが、私はこういった鑑定人を反対尋問するには、これが最も効果の大きい方法だとつねづね考えている。じつは私が経験したこの種の反対尋問で、めざましい実例が一つあるのだ。一八八七年に上級第一審裁判所で審理されたニューヨーク市にたいする損害賠償訴訟だった。

今は故人となったが当時は一流のクラブの会長をしていたある非常に有名な医者が、原告であるご婦人の後ろ楯についていた。この婦人は三十年の間彼の家で家政婦をしていたのだが、舗道にあいたまま放ったらかしになっていた穴に足を踏みこみ踝を挫傷したのである。そこで市にたいし四万ドルの賠償を請求したのだが、その街路には現実に穴があったし、原告はその中へ足を踏みこんだ、というわけだから、請求の主たる原因については、抗弁の余地がほとんどなかったのである。しかし、彼女には損害賠償を求める権利があるかどうかについては、活発な論議が戦われたのだった。

彼女の主要な、そして事実上唯一の、医学鑑定人は、彼女の雇い主であるこの有名な医者だった。彼は原告の苦痛を証言し、踝の骨折の状態を述べ、自分がどんなふうに骨折部を接合し、また治療にあたったかを説明して、さらに、こうした努力をしてもなお、接合ははなはだ不完全であって、この非常に立派な尊敬すべき婦人たる自分の家政婦が、一生不自由な足のままで過ごさねばならぬだろうことを断言したのである。証人席での彼の態度はきわめて威厳に満ち、かつ率直であって、明らかに陪審は心を動かされたのである。こうして陪審をつかんでしまった鑑定人を、なんとか反対尋問で打ち破らぬかぎり、少なくとも一万五千ドルはたっぷり評決されるのが必至という状勢だった。被告側弁護人としては、この程度の挫傷ならすぐに癒《なお》ってしまうのが普通なのに、いったいなぜ彼女の場合は癒らなかったのかが、どうしても理解できなかったが、それを陪審員たちにどうやってさとらせるかが問題なのだった。反対尋問者たる私とこの証人とがごく親しい間柄だったことも、具合が悪かった。

私の反対尋問は、鑑定人はハーバードを出ているけれども、医学部に入ったのは、ウォール街で仕事を始めていくつかの会社の支配人をした後であり、年齢も四十歳になってからであることを、まず明らかにした。それから可能なかぎり親しい態度で尋問をつづけ、どの質問も、ほとんど言い訳でもするような調子だった。

弁護人「先生、私たちは、あなたが一般医として盛大に開業しておられることを、みんなよく存じ上げておりますが、この大都会では、こういうごくありふれた事故の場合、外科患者はふつう病院へ連れて行かれて、経験のある外科医に手当てされるのではありませんか？」

医者「ええ、そうですね」

弁護人「先生は経験のある外科医だと主張なさりはしないでしょう？」

医者「ああ、それはそうです。私は専門医ではありませんからね。でも一般医としての経験なら充分ありますよ」

弁護人「このご婦人が受けられた骨折は外科的には何と呼ばれるのでしょう？」

医者「〝踝のポット骨折[1]〟として知られているものです」

弁護人「それはよくある形の骨折なのですね？」

医者「ああ、そうです」

弁護人（一か八かやってみようと）「もしお差し支えなければ、この前にこういった骨折を手当てなさった折のことを陪審にお話し願えませんか？」

医者（それをかわして）「自分の患者の名前を公表することは、医者としてはどうも」

弁護人（勇気づけられて）「べつに患者の名前や秘密を公表していただこうというのではありません――全然そうじゃありません。私はただ、その年月日をおたずねしているだけです、先生。ただ先生のご宣誓にかけてなのです」

医者「年月日は申し上げられそうもありませんな」

弁護人（まだ手探りをつづけながら）「この治療より一年前以内でしたか？」

医者（口ごもって）「どうも言いたくありませんな」

弁護人（いっそう勇気を得て）「ご無理を申し上げてあいすみません。しかし私としては、あなたから確かなお答えをいただく義務があるのです。〝踝のポット骨折〟の同じような患者を、この治療より一年以内に診療なさったことがありますか、それともありませんか？」

医者「そうですねえ、思い出せないのですよ」

弁護人「二年前以内ではどうです？」

医者「わかりませんね」

弁護人（この問題に食いさがって）「原告を診療する五年前以内にはありましたか？」

医者「確かなことは申し上げられません」

弁護人（この質問をこれ以上無理押しする危険は充分わかっていながら、最後の頼みの綱として）「では、この患者の前に〝ポット骨折〟の患者を診療なさったことが、一度でもおありだと証言してくださいませんか？　率直に申し上げて、もしあるとおっしゃるならば、その年月日、時間、場所、状況をお尋ねしたいのです」

医者（たいへん戸惑って）「困ったご質問ですな。記憶をさぐってみる時間をいただけませんかな」

弁護人「私はただ、あなたが紳士として、またご宣誓にかけても、確かなところを思い出してくださるよう、お願いしているだけなのです」

医者「そんな言い方をなさるなら、私としては、これ以前に診療した患者を今は思い出せない、としか申し上げられませんよ、学生時代の病院実習は別ですが」

弁護人「でも、踝の関節を含むような重症骨折をうまく治療するには、ずいぶん実地経験が要るのではありませんか？」

医者「ああ、そのとおりです」

弁護人「では先生、率直に申し上げて、〝ポット骨折〟は、米国の病院では毎日のように経験者の手で治療されており、踝が完全に元通り使えるようになるには数カ月ですむということを、お認めになりますか？」

医者「それはそうかもしれないが、患者の年齢によっても大きな差があるし、またどうしても骨が接合しないケースだってあります」

弁護人（机の下に身を屈めて、脚の膝から下の骨を二本接合したのを取り上げて、鑑定人へ近寄りながら）「どうぞ先生、これをお取りください。そして陪審に、これは女性の脚の骨であったものか、それとも男性のものであったのか、教えてくださいませんか？」

医者「なかなかむずかしいですねえ」

弁護人「何ですって、女性の脚の骨と男性の脚の骨の区別がお出来にならないのですか、先生?」

医者「ああ、いや、できますよ。これは女性の脚だったものでしょう」

弁護人（にやりとして、嬉しそうに）「そうですか、先生のご意見では、これが女性の脚だったと?」（それは実際に女性の脚だったのである。）

医者（弁護人の顔つきを見て、間違ったと思い）「ああ、失礼、それは男性の脚ですよ、もちろん。丹念に調べてみなかったものだから」

このときまでには、陪審員は全員背を真っ直ぐ伸ばして、医者が困惑の度合いを深めていくのを、大いに興味をもって眺めているのがはっきりとわかった。

弁護人（依然微笑しながら）「これは右の脚か左の脚か、陪審に教えていただけないでしょうか?」

医者（静かに、だがためらいながら）（左右を区別することは、経験のない者には非常にむずかしいのである。）「これは右脚ですよ」

弁護人（驚いてみせ）「何とおっしゃいました、先生?」

医者（大いにまごつき）「失礼、左脚です」

弁護人「最初はまちがったのですか、先生。実際に右脚ではないのですね?」

医者「そう思いませんね、これは左脚ですよ」

弁護人（またも屈んで、机の下から接合された足の骨を取り出し、医者に手渡しながら）「どうかこの足の骨組みを、お持ちの骨の踝の関節に嵌めこんで、それが右脚か左脚かを私におっしゃってください」

医者（自信あり気に）「そう、左脚ですよやはり。私が言ったように」

弁護人（騒々しく）「でも、先生、足を膝の関節に挿入なさってるじゃありませんか？それは生きてるときそんなふうになってるんですか？」

陪審が爆笑し、法廷じゅうがこれに加わるさなか、医者は急いで骨を調整し直し、頭の皮膚まで真っ赤になりながら着席した。弁護人は笑いが静まるのを待って、静かに言った、「先生、私はこれ以上お手数をおかけしたくはありません」

これはいささかの誇張もない実話である。誇張どころか、この出来事が法廷に与えた感銘は、文章ではとても表現しきれないくらいである。双方の弁護人は総括弁論に入ったが、この出来事には全く触れることなく、陪審は事実を評価したのち、二百四十ドルを原告に支払えという評決を出した。翌日、この学識ある医者は四ページにわたる手紙を書いて、〝舞台であがってしまった〟失態を総括弁論で陪審の前に披露しなかったことへの感謝を寄せてきたのである。

次は筆蹟鑑定の実例である。筆蹟鑑定の専門家は、最近このニューヨーク市で行なわれた有名な裁判にはよく登場しているから、おなじみの鑑定人だが、彼らにたいする科学的ではあっても長ったらしい反対尋問とははっきり違って、専門家というものを反対尋問するにはどうしたらよいか、まことに説得力のある実例なのである。ほとんどありそうもないお話と思われるだろうが、一語一句事実であり、じつは私自身がやったのだから、私が保証する。

フランク・(〝ビフ〟)エリスンという男が、ウィリアム・ヘンリックという人間に暴行を加えたとして訴追された事件であるが、このヘンリックは娘のリラ・ネーム夫人へ寄せるエリスン氏の思いを、出入り差し止めによって不意に断ち切ったというのである。裁判ではこのネーム夫人がエリスン氏に宛てて書いたと申し立てられている何通かの手紙が問題になった。夫人自身は、そんな自分の体面をけがすような手紙など書いたことがないと強く否定していた。エリスン側の弁護人は、故人となったチャールズ・ブルックスで、ネーム夫人への反対尋問を、これらの手紙にしぼっていることははっきりしていた。そして有名な筆蹟鑑定家エイムズ教授を喚問することで、これらを証拠として採用させる、というのが決め手らしかった。エイムズ教授は問題の手紙を、この夫人の真筆と認められる実例と照合して、丹念に調べたことを証言し、これらはすべて同一人物の手で書かれたものという所見を述べたのである。ブルックス氏はこれらの手紙を証拠として提出、まさに陪審へ読み上げようとしたとき、地方検事補が、二、三質問する許可を求めたのだった。

地方検事「エイムズさん、私の理解するところでは、あなたはこのご婦人の真筆見本をたった一つしか与えられていませんね。その一例だけが判断の根拠のようですが、それで正確なんですか?」
鑑定人「ええ、私に渡されたのは手紙が一通だけですが、これはじつに長いものでして、比較照合には大いに役立ちました」
地方検事「もし、手紙がたくさん渡されていれば、照合の助けになるのではありませんか?」
鑑定人「ああ、そうです。真筆の見本が多ければ多いほど、私の結論もそれだけ価値があるものになりましょう」
地方検事(一束の書類の中から、手紙を一通取り出し、署名のところを折り返して、証人に手渡しながら)「これをお手に取って他の手紙と比べてみていただけないでしょうか。それから同じ筆蹟かどうか、私たちにおっしゃっていただければ、と思いますが」
鑑定人(その紙を数分間丹念に調べて)「ええ、そうです、これは同じ筆蹟のようですね」
地方検事「同じ人物でも、時と場合しだいで、またペンしだいで、筆蹟がいろいろ変わることがある、というのは事実ではないのでしょうか?」
鑑定人「ああ、そのとおりですよ。多少は変わるものです」
地方検事(書類綴りから二番目の手紙を取り出し、やはり署名のところを折り返して、証人へ手渡しながら)「この手紙も手にお取りになり、お手元の手紙と比べてくださいませんか?」
鑑定人(その手紙を調べながら)「そうです、これは同じ筆蹟の少し変わったものですね」

地方検事「それが同一人物の書いたものであると、すすんでお認めになりますか?」
鑑定人「たしかに認めます」
地方検事（三番目の手紙を書類綴りから取り出し、またも署名は折り返して、証人に手渡しながら）「もう一通だけ見本を取っていただけませんか――あなたをうんざりさせたくはないのですが――これもやっぱりこのご婦人の筆蹟かどうか、おっしゃってくださいませんか」
鑑定人（それを丹念に調べている様子で、それから証人席を離れて窓辺へ行き、調べ了《お》えて）「そうです。ただ、おわかりと思うが、私は事実として証言しているわけではなく、これは一所見ですから」
地方検事（人が好さそうに）「もちろんわかっております。でも、三つの手紙がみんな同一人物の筆蹟であるというのは、専門家としてのあなたの偽りないご意見なのですね?」
鑑定人「そうです。私の偽りない意見ですよ」
地方検事「ではひとつ、お渡しした最初の手紙の折り返してある署名をひらいて、それを陪審に大声で読み聞かせてくださいませんか」
鑑定人（その手紙をひらいて、得意然と読みあげる）「リ、ラ・ネ、ー、ム、」
地方検事「二番目の手紙もどうぞ。そして署名をお読みください」
鑑定人（読む）「ウ、ィ、リ、ア、ム、・ヘ、ン、リ、ッ、ク、」
地方検事「では三番目をどうぞ」

鑑定人（ためらいながら、大弱りの態《てい》で読む）「フランク・エリスン！」[1]申し立てられていた、例の体面をけがすような手紙というのは、ついに陪審へ読みあげられずに終わったのである。

これとは対照的に、筆蹟鑑定家への反対尋問が、全審理を通じて提出させたどの証拠よりも、被告人を有罪とするのに役立った実例を一つ、ここにあげておくのもおもしろいだろうと思う。

この尋問は、有名なマンロー・エドワーズ裁判で行なわれたものである。エドワーズはブラウン兄弟商会あての二枚の為替手形を偽造したために起訴されたのであり、同商会は彼の逮捕に二万ドルの賞金をかけていたのである。

エドワーズはロバート・エメット氏を弁護人に依頼し、このエメットに自分の代理人ウィリアム・M・エヴァーツおよび他州の有名な弁護士数人を協力者として付けた。当時の地方検事はジェイムズ・R・ホワイティング氏で、このほうには優秀な弁護士が四人付いていて、その中にはオグデン・ホフマン氏もおり、訴訟の運営を助けていた。

筆蹟の鑑定人にはフィラデルフィアから記録官のヴォークスが喚問され、主尋問で、被告人が審理中の手形偽造をしたことは間違いないと明確に言い切ったのである。それからエメット氏による反対尋問へと移った。

エメット氏（書類の中から手紙を一通取り出し、署名を折り返して証人へ手渡し）「ヴォークスさん、今お渡しした手紙は誰が書いたのか、おっしゃっていただけませんか？」
ヴォークス氏（即座に）「この手紙の筆蹟はマンロー・エドワーズです」
エメット氏「確信がおありですか、ヴォークスさん？」
ヴォークス氏「確信があります」
エメット氏「これまでに鑑定なさったのと同じように、この手紙は被告人の書いたものであると確信をお持ちですか？」
ヴォークス氏「正確に同じ筆蹟です」
エメット氏「お手元のその手紙が、マンロー・エドワーズの筆蹟であるというご意見を断言なさるのに、全くためらいはないのですか？」
ヴォークス氏「全然ありませんね」
エメット氏（冷笑しながら）「それで充分ですよ」
地方検事（すばやく起立して）「その手紙を私に見せてください」
エメット氏（軽蔑するように）「それはあなたの特権ですよ。でもはたしてあなたの利益になりますかね。この手紙は私あてのもので、オーリンズの銀行の出納係が被告人の預金残高を知らせてくれたものですよ。ヴォークス氏の今の証言は、ほかの等しく重要な点に関する彼の証言の価値を問うものでしょうな」
ヴォークス氏はこのとき証人席を立ち検察側の机まで歩いていって、その手紙をもう一度丹念に調べ直してから、こんどは検察側の押収品でニューオーリンズ郵便局の消印が入っている錫製の箱のところまで行き、それから証人席へ戻ったのである。

ヴォークス氏（微笑しながら）「いいですよ、エメットさん、私の証言の価値を問うてみてください」

エメット氏は何も答えず、検事が次のように尋問をつづけた。

地方検事「ヴォークスさん、あなたは、手にお持ちのその手紙が、コールドウェルの偽造手形を書いた同じ手で書かれたものだと思う、と証言なさり、またそれはマンロー・エドワーズの手である、と証言なさったわけですが、そのご意見は今なお変わりませんか？」

ヴォークス氏「ええ」

地方検事「どのような根拠からです」

ヴォークス氏「外見もそっくりなら、瞞《だま》し方もそっくりだからですよ。おそらく自分の弁護士を瞞そうというだけの狙いで偽作した手紙でしょうが、証拠として提出したのは無分別でしたね。人を欺すどころか自分に偽造者の烙印を押していますよ」

そして彼は本物のニューオーリンズの消印を見せ、その偽作の手紙の贋物の消印との違いを明らかにしたのである。筆蹟の特徴もまた、この偽造者が書いたものにまちがいないたくさんの手紙と比べてみることで確かめられたのである。

その後、次のことが判明した。被告人は弁護人エメット氏に、自分はテキサスに広い土地財産を持っているから、その一部を売ってあなたの弁護への謝礼にあてるつもりであり、すでに売却を指示した、と報《しら》せていたのである。また、ニューオーリンズの銀行の出納係からエメット氏に宛てたと見せかける手紙も書いていたわけで、内容は彼の預金残高が千五百ドルあるという通知だった。この通知は、彼、すなわち出納係が、新聞でエドワーズ氏の収監を知り、その弁護人に送るべきだと考えた、という筋書きだった。エメット氏はこの手に見事一杯くわされたわけであり、獄中の依頼人のところへ持って行って、吉報のしるしですよ、とそれを見せたということだ⑵。

ある一時期、といってもそれほど昔のことではないが、路面電車その他の鉄道会社にたいする損害賠償訴訟で、傷害をでっちあげたり誇張したりすることを商売と心得る弁護士たちが、ニューヨーク市にはよくいたものである。どんな鉄道事故にも必ずみられるといってよい傷害の症状を、詳しく述べている医学書は、何冊かある。こうした本をよく読んでいる弁護士ならば、自分の依頼人――つまり事故の原告だが――を反対尋問している相手側弁護士のほうでも、こうした本に出ている症状について自分と同じくらいに通じているかどうか、すぐにわかるものである。こういう本は、問題となる症状には当然精通しておかなくてはならないから、まず相手側も手に入れていると思わなくてはならない。

かなりの額に上る賠償金が、評決によって原告に支払われてからの後日談を、いくつかのケースについて眺めてみるとおもしろい。つい最近のことだが、ボガーダス夫人というご婦人が、メトロポリタン市街鉄道会社を相手どり、同社の電車に乗っていて負傷したと訴えた。鑑定人として医者が二人呼ばれ、同夫人が事故の結果として背骨の損傷と麻痺に苦しんでいると証言した。そして、この疾患は不治であり、永久的なものだというのである。同社の法律部門の記録では、この医者たちは前にもホイトという人物が鉄道を相手どった訴訟で、同様の証言をしていた。ホイトもまた背骨に不治の傷を受け、麻痺が一生ついてまわると証言したのだ。さらに記録は、ホイトが評決された賠償額を受け取った途端に癒ってしまった、とある。このボガーダス裁判の時点では、ホイトはH・B・クラフリン社に勤めてすでに三年経っていた。午前七時から午後六時まで、重い箱を持ち上げてトラックに積みこむ作業に従事していたのだ。

ボガーダス裁判で、この医者たちが証言を終えると、時を移さずホイトの召喚を鉄道会社は申請した。医者たちは反対尋問でこのホイト事件を思い出させられ、そのときの宣誓供述を速記録によって事細かに確かめられた後、ホイトはまだ生きているのかどうか、そしてどこにいるのか問いただされたのである。二人が、今はもう死んでいるにちがいない、絶望的な症状だったし、もしまだ生きているにしても、たぶん公立の精神病院に入院しているだろう、と答えたところへ、ホイトが入廷したのである。ホイトは陪審の前へ進み出るようにと言われ、医者どもは彼にまちがいないかと訊かれて、そうだと認めた。それからホイトは証人席につき、陪審が有利な評決をしてくれたあの日以来、自分は一度も病気をしたことがなく、体重も三十五ポンド増え、それまでにやったどの仕事よりきつい仕事を、朝早くから夜遅くまでやっているし、またあの裁判以後は精神病院などに入ったことはなく、何科であれ医者にかかったことすら一度もないと証言し、そして最後に次のような衝撃の告白をしたのである。すなわち、陪審の評決によって鉄道会社から支払われた賠償金のうちから、彼は自分を治療し自分のために証言してくれたこの医者たちに、千五百ドル以上も天引きされた、というのだ。

これはボガーダス裁判の陪審員たちにとっては、あまりにも教えられるところが大きかったから、今度は鉄道会社に有利な評決をただちに下してしまった。

私は、これと関連して、傷害事件での鑑定人の証言は信用できないものだというめざましい実例をもう一つ、どうしてもあげておきたいのである。これは、法廷での医学鑑定を自分の商売の一部だと公言するニューヨークのある種の内科医たちにとくに言えることである。こういう医者どものなかには、医学鑑定人として証言台に立つことを目的に、医学の勉強と合わせて法学部の一コースを履修した者もいるのだ。

こんな紳士たちの一人が、最近ある裁判で証言したが、今後は二度と法廷に現われることがないよう、危険な証人という烙印を永遠に捺されてしまった。ある裁判とは、メトロポリタン市街鉄道会社を訴えたエレン・マックエイド事件のことである。路面電車から転落して手首を骨折し、その骨が露出するほどの傷を負って、後日死亡したジョン・マックエイドの損害賠償を、彼の最近親者に代わって請求した訴訟である。この傷は癒るのが遅く、すっかり傷口がふさがるまで約三カ月かかった。この事故から半年ほど後にマックエイドは突然病気になって死亡したのだ。死体解剖してみると、死因は脳の炎症であることが判明し、したがって鑑定人の証言も、この脳の腫瘍を半年前の手首の骨折事故に結びつけようと努力したわけである。

鑑定人となった医者は、むろん、生前のマックエイドを診たことは一度もないし、事件についても、証人になるときの想定問答に含まれる事柄しか知ってはいなかった。彼は自分の意見として、手首の負傷が脳腫瘍の直接原因であり、その傷から細菌がリンパ腺を通って脳へ上り、そこに居ついて腫瘍をつくり、死に至らしめたのだと述べた。

鉄道会社のほうの主張は、脳の病因は〝中耳炎〟であり、中耳炎の原因は感冒か風雨に曝したためで、事故とは何の関係もない、また死後脳内に多量の液体が発見されたこともこれによってのみ説明されうる、というものだった。

この医学鑑定人への反対尋問中に、一人の若い婦人がヴェールをかぶって入廷していたが、前へ進み出てヴェールを上げるように言われた。そして医者に、この人はズィンマー嬢かと訊いた。医者は彼女のために数年前この同じ鉄道会社への損害賠償請求で証言してやったことがあったのだ。

そのときの裁判では、ズィンマー嬢はリクライニング・チェアに坐ったまま法廷へ運びこまれ、一見して両脚を動かせないとわかる姿であり、この医者は、彼女が慢性の脊髄炎に苦しんでいて、このため麻痺を起こしているから、両足を動かせるようにはけっしてならないだろう、と証言したのだ。陪審にたいする彼の予言の言葉は、「今ごらんのこの姿、いつまでも彼女はこのままでありましょう」であった。証人はこのときの証言に注意を促され、今は見るからに健康で生き生きとして、もう何年も正看護師として働いているズィンマー嬢とご対面ということになった。彼女はそのあと証人席につき、陪審が一万五千ドルの賠償金を評決してくれたこと、しかし自分の麻痺は鉄道会社からこの万能薬を支払ってもらって以来すばらしく好転し、数カ月後には松葉杖の助けをかりて歩き廻れるまでになり、その後まもなく両脚をふつうに使える状態にまで戻って、あとはずっと産婦人科の看護師として生計を立ててきたことを証言したのである。

ズィンマーという女性の出現によるセンセーションは、この証人がもう一つ事件で行なった証言に注意を促されても、まだ静まってはいなかった。これはやはり同じ鉄道会社を相手どったケリーという人物の損害賠償請求であり、やはりこの医者が証言してやったのだが、ケリーはしかし本当に麻痺していたのである。したがってこの麻痺は鉄道事故によるものと主張したわけだが、審理をつづけているうちに、その事故よりずっと以前に両脚の自由が利かなくなっていたことが判明したのだ。この事件は、有名な医者たちが公開講演で何度も言及するほど悪名高いものであることも判明した。この医者は、この事件でも証人になったことを認めさせられたものの、インチキに力を貸そうなどという意図は全くなかったと主張したのである。

多忙な弁護士ともなれば、ときには、非常に親しい職業上の友人が相手側の証人として呼ばれ、いきおい反対尋問をしなくてはならないはめに陥ることがある。私もよくそんな目にあうのだ。だから数年前にシカゴで起こったあるおもしろい出来事を書いておきたい誘惑にかられる。

たいへん有名な医者だったが、自分の最大の親友が相手側の弁護士となった裁判で、重要な証言をしたことがある。この両人——医者と弁護士——は、それぞれの職業で同じように高い地位にあったし、長年親友どうしで、お互いに招き合っては家族ぐるみで夕食をとることもしばしばという間柄だった。実際二人は一緒に成人して今日あるといってよかった。弁護士は、親友が偽りのない意見を証言したのであって、どんなに反対尋問したってそれを弱めることはできないとわかっていた。だから質問をうんと限定することにした。しかも質問している間、腹蔵のない顔でいられる自信がなかったもので、できるだけ証人と顔を合わせることを避け、横の窓の方を向いていた。

問「先生、あなたは開業医といわれましたが、シカゴ市では何年開業されてきましたか?」

答「そう、このシカゴでは四十年ほどになりますね」

問「では先生、その間には一流の市民たちを治療なさる機会がおありだったろうと思いますが?」

答「ええ、そうでしたね」

問「ひょっとすると、先生は、あの長老マーシャル・フィールドさんのかかりつけのお医者さんではありませんでしたか？」

答「ええ、長いこと彼の家のかかりつけ医師をしていました」

問「ついでながら、私はあの方の噂を最近耳にしていないのですが、今はどこにおられます？」（依然窓の外を見ながら）

答「あの人は亡くなりましたよ」

問「ああそうでしたか——お気の毒です。長老マッコーミックさんのかかりつけ医師もなさいませんでしたか？」

答「そう、やはり長い間やりましたよ」

問「あの方は今どこにおられるかお尋ねしてもよろしいですか？」

答「あの人も亡くなりました」

問「ああ——お気の毒です」

というふうに、以後シカゴの名士たちをざっと十人ほどもあげてその消息を尋ねたのである。友人が治療に当たった連中だが、すべて故人だった。そしてリストを言いつくしてしまうと、陪審員たちがおもしろがってクスクス笑うなかを静かに着席し、つけ加えたものだ、「これ以上質問する必要がないと思います。どうぞお下がりください。」

ある優秀なX線の専門家が、患者から、間違った治療をしたと訴えられた。その女性患者の癌を治療するさい、X線装置を不注意に扱ったため、片脚が永久に動かなくなった、というのだった。X線が生体組織に有害であることはすでに認められている事実だが、問題は、それが不可避であったかどうか、にあった。

フィリップ・G・フッド博士が原告側の証人として証言した。主尋問で彼は、X線の放射が過量だった——原告の容態からみて、〝許容量以上のX線〟を受けたことがわかる——と証言した。

ロイド・P・ストライカー氏がこのフッド博士を反対尋問した。

問「先生、あなたはニューヨーク州で開業する資格をお持ちですか?」

答「ええ」

問「あなたはX線の効果を信じていらっしゃいますか?」

答「治療に関して、という意味ですか?」

問「医療に行なう場合に、X線は正当な治療手段であるとお考えですか?」

答「ええ、そう考えています」

問「で、X線は疾病の治療を助ける正当な、また認められた方法なのではありませんか?」

答「そうです」

問「そしてX線療法には二つのタイプがあり、一つは表面照射、他の一つは深部照射である。これは間違ってはいませんね?」

答「間違っていません」

問「そこで先生、主尋問でおっしゃったのは、表面照射であると私は理解したのですが?」
答「私が皮膚・癌病院に関係していた間は——」
問「そう、あなたがそこにいらした間は、表面照射の方法しかなさらなかったのでしょう?」
答「ええ」
問「表面照射と深部照射は、どう違うのでしょうか?」
答「表面照射は皮膚の患部に用いますし、深部照射は皮下の組織に用いるものです」
問「あなたは皮下の組織にもお使いになったことがおありですか?」
答「ええあります」
問「今もおやりになっていますか?」
答「今もやっています」
問「深部照射は肉腫や悪性腫瘍を治療するうえで、正当な、認められた方法と考えていらっしゃるのではありませんか?」
答「そうです」
問「X線が患部に達して効果を与えるためには、電気的X線、あるいはどんな放射線と言うのか、私たちにはわかりませんが、それを外皮や脂肪や筋膜を通過させて癌のある所へ到達させてやることが必要なのでは?」

答「そのとおりです」
問「言い換えると、X線は、癌というできものを探さなければならないのですね、まるで外科手術でメスを使って探し出すのと同じように？　私の言うことはおわかりでしょうか？」
答「ええ」
問「ほかの言い方をすれば、作用を与えるためには、癌にまで届かなければならない、ということですね？」
答「ええ、もちろんそうです」
問「どのくらいの深さまでX線を送りこむかは、治療する体の条件によるのではないでしょうか？」
答「X線の深さは、透過状況で異なるのです」
問「あなたが治療なさろうとする癌や肉腫、あるいは何であろうとできもの、それの深さということですか？」
答「もちろん、そうです」
問「では、もし深いところに悪性のできものがあれば、うんと深くまで照射しなければならないのですね？」
答「そうです」
問「あなたは癌のある深いところまで放射線を送りこむことを、非難はなさらないのですね？」
答「ええ」
問「そういうX線ができものにとどくと、どんな効果があるのでしょうか？」
答「腫瘍の細胞を壊死させます」
問「肉腫というものは細胞の病気なのですか、それとも結合組織の病気なのですか？」
答「結合組織の疾病です」
問「細胞を結合する組織がおかされて癌になると、X線治療者はそれが位置する深さへまでX線を送りこんでやらなくてはならないのですね？」
答「ええ」
問「X線療法を実施するためには、医学上可能なあらゆる診断方法に頼らなくてはならない。これで正しいでしょうね？」
答「たしかにそのとおりです」
問「そしてこれらの方法に頼るのが、正当であり、また認められたやり方であるのですね？」
答「そうです」
問「それは事実ではないのでしょうか？」
答「事実です」
問「その方法の一つに、X線撮影も入っていますか？」

答「入っています」
問「間違いではありませんね？」
答「間違いありません」
問「あなたは、ここにいらっしゃるあの医師を、診断との関係でX線撮影したからといって非難なさりませんね？」
答「非難しません」
問「例えば、原告側証人として喚問された医師の供述を、お読みになった、とあなたはおっしゃいましたが、その四ページに〝私はX線検査を行ない、その診断を確認した〟とあります。これは正当で認められたやり方なのですね？」
答「そうです」
問「この機械から照射されたX線が、深部の組織に、つまりこの癌あるいは悪性腫瘍に達すれば、それを破壊しますか？　それが放射線の目的ですか？」
答「そうなりますね」
問「そして、放射線が内部へうんと深く入れば、腫瘍と体の外部との間の組織に、何らかの影響を与えることもありますね？」
答「そうです」
問「ときには、普通の紅斑以上の影響が出ることもありますか？」
答「内部の組織にですね」

問「では、体の表面にたいしては？」
答「皮膚に影響が出ることもあると思いますね」
問「実際問題として、そういう力があるのですね？」
答「そういえると思います」
問「別の言い方をしてみますと、癌をやっつけるために電圧を上げてX線を体内の深部へ照射すれば、癌へ達するまでに透過する部分に、何らかの影響を与えるだろう、ということになりますか？」
答「そうです」
問「X線療法で、腫瘍あるいは癌への深部照射療法は、その癌を探り当てて照射することなんですね？」
答「そのとおりです」
問「外科医が患部、それは腹部にあるとしますか、それを追求してメスを体内へくい入らせていくのと、同じ方法ではありませんか？」
答「そのとおりですね」
問「理論は同じわけですね」
答「ええ」
問「その医師の最終目的は、癌の位置を探り当てて、それをやっつけ、取り除くことですね？　それが目的のすべてではないのですか？」

答「そうです」
問「X線療法の目的も、外科のそれと同じものである、といってよろしいでしょうか?」
答「そのとおりです」
問「ではそのために、その医者が、やっつけようとする究極の敵つまり癌を第一義に考えるのは、正しいことではありませんか?」
答「そうです」
問「そして、その敵たる癌と外部との間に何事かが介入してきたとしても、真の敵を攻撃するさいの付随的な出来事である、と考えてよいのではありませんか?」
答「そうですね」
問「では、こうした攻撃を加えるために、それに付随する出来事の一つとして、癌に達するまでに通過する脂肪や筋膜へ、何らかの影響を及ぼす。こう申して正しいでしょうか?」
答「そのとおりです」
問「この患者の場合、この腫瘍は深部にあるとお考えになりましたか、それとも深くはないとお考えでしたか?」
答「私の検査からですか?」
問「いえいえ、全然そうではなく、この患者にみられるいろいろな事実、つまり原告側証人として喚問された医師の証言からです」

答「皮膚のすぐ下だったということでしょう? 私は皮膚のすぐ下だと理解しましたが」

問「それで、あなたのご意見は、すべてそれにもとづいているのですね?」

答「そうです」

問「もしその仮定が間違っているとすれば、ご意見をすべて変更なさいますか?」

答「ええ」

問「言いかえますと、もしこの特定の塊が、皮膚のすぐ下にはなく、骨まで拡がり下っているとすれば、あなたのご非難、少なくとも証言なさったそのご非難を、撤回なさいますか?」

答「ええ」

問「ひとつ原告側証人として喚問された医師の証言に、ご注意ねがいたいのです。よろしいですか、〝問 あなたはシュウォルツ博士とは別個に、ご自分の診断をなさったのですか? 答 私はX線検査をしてあの診断を確かめたわけです。X線検査の結果、その塊は柔らかい組織の中を拡がり下って骨にまで達していることが明らかになったのです。〟さて、これが事実であるとすれば、あなたは非難を撤回なさいますか?」

答「ええ」

この裁判は控訴されたが、その後取り下げられてしまった。

医学鑑定人の証言の最大の罪悪の一つは、仮定にもとづく質疑応答というやつである。これが今の裁判では非常に重要な役割を演じているのだ。おそらくこれは最もいまわしい証言形式であろう。陪審の、精神でなければ知性が、息の根を止められてしまうのである。仮定的な質問というものは、その事件で医学鑑定人が登場する前にいろいろな証人たちがすでに証言したところを、正確に要約するものと考えられている。だからその医者は、弁護士が質問の中で言及する事実をすべて真実であるとの仮定に立って、その仮定事実から専門家として意見や結論を陪審に述べるよう、要求されるのだ。

自分が今その症状について証言している患者を、じつは一度も診察したことがなく、ましてや検査など、といった場合がたいへん多いのである。十中九まで、陪審は、その証人の答えを事実が存在する証拠であると受け取るのだ。こうした質問について、通常は答えが真実であるかではなく、質問が真実であるか正確であるかが問題なのだから、それを考えなくてはならないのだと陪審にさとらせることが、反対尋問家のつとめである。こうした仮定的質問は、曖昧不正確に組み立てられているのが通例であり、証人が証言で正当化しようとする主張とは全くかけ離れた様相を呈しているものだ。だが、その質問が大筋を誤っていなければ、証人に訊いてもかまわないわけであり、相手側に打撃を加えられるような答えを手に入れれば、陪審は、その医者が本当らしく証言した恐ろしい、もしくは不治の病に、原告はたしかに苦しんでいる、と結論してくれるのだ。

頭のいい反対尋問家なら、こうした仮定的質問の有害な効果を、粉砕できるものだ。便法を一つあげてみよう。反対尋問に立ったら、医者に、今した問答の内容をくりかえしてくださいと言うのだ。ふつうこうした質問はひどく長ったらしいから、証人がいろんな質問を思い出そうと、苦心惨憺している姿を見れば、陪審もこうした証言を信用することは危険だと、目からうろこが落ちた気になるものだ。とはいっても、この方法がつねに安全とはかぎらない。すべては尋問している証人の性格いかんにかかっている。医者のなかには、証人として証言する前に、答えねばならぬはずの仮定的質問のタイプ原稿を丹念に勉強する者もいるのだ。それはちょっと訊いてみればすぐ分かることである。もし証人が前もってその質問を読んできたと答えたら、とくにどの部分に重点をおいたのか、またどの部分は無視してもかまわないと思ったか、訊いてみると役に立つことが多い。このようにして証人をその仮定的質問中の特定部分、つまり、すでになされた証言からその事実がかなり疑わしいとされうる点へと、だんだん追いつめていくのである。

質問中のたった一つのセンテンスあるいは言いまわしといったものが、証人の答え全体の基礎になっていることが判明する、という場合も多いものだ。とくに良心的な医者の場合がそうである。そういう医者は、こっちがうまいひと言ふた言を質問に加えてやれば、望みどおりに答えてくれることを、弁護士にさとらせるものである。こういう事実を暴露するだけで、陪審への証人の信用を台無しにできるのである。かつて私は、アメリカの最も優れた医者の一人が反対尋問されて、仮定的な質問をする弁護士に向かい、「積極的なものの言い方をしてくれませんか」と言葉をつけ加えるのを聞いたことがある。もし腹蔵のない意見を求められたならば、別な返答をせざるをえなかったろうに、証人席についた彼は消極的な答え方をしたのだった。

原告のためにされる仮定的質問は、もちろん、あとで被告側に有利に展開するような事実を含んでいないものだ。こうした質問について反対尋問する場合には、その証人が事件の新しい要素の真実性を認めてくれるなら、いったいどんな点で答えを修正してくれるだろうか、さぐりを入れてみると役に立つことが多い。「仮にですね、あなたがすでにお考えになった事柄のほかに、私が今申し上げようと思う事実をつけ加えることになりますと」とか、「その場合、あなたのご意見はどうなりましょうか?」というふうに。

ヘンリー・W・タフトは、近年、遺言書検認裁判所へ出廷することが多くなっている。彼の事務所で作成した遺言書の有効性を立証するためにである。巨額の金がからむ遺言書はまずそうなるものだが、期待を裏切られた親戚連中に攻撃されるのである。

タフト氏の反対尋問はじつに独特である。まず鑑定人の扱い方だが、異議申立人の持ち出した事実はほとんど全部採り入れ、検認申請者側の証言は重要な点をほとんど省いた、長ったらしい仮定的質問が読み上げられるのに耳を傾けた後、遺言者には遺言書を作成する精神的能力がなかった、と紋切型で答える鑑定人を、タフト氏はうまく説得して、しばらくの間仮定的質問を忘れさせるのだ。そして、今自分は何の面識もなかった故人の精神能力を証言しているのではなく、まだ生きている彼の精神能力を判断するために、遺言の執行前に相談に呼ばれたのだ、というふうに想像させようと努めるのである。すると証人は、自分としてはまず第一に、遺言者その人を検査したいと思って、いろいろな専門的なテストをつかい、その精神状態を正確に鑑定するだろう、ということを認めるわけだ。こういう直接のテストを全部すませると、次はかかりつけの医者に尋ねてみる、ということになる。医者の次は付添看護師、同居人、そして遺言者と親近関係にあったすべての人間、というふうに次々尋ねてみるだろうことを、タフト氏は証人に認めさせていくのである。やがて無意識のうちに、この医者は、遺言書の有効性を証言していた証人たちの陳述をもとに、意見を組み立てていたろうことを認める結果となる。気がついてみたらそうなっていた、というわけだ。

『ニューヨーク・サン』紙に載ったタフト氏の論文から引用してみる。

〝私は最近ある遺言異議申立事件に関わったのであるが、アメリカでも最も有名な精神分析医が三人、遺言者は脳溢血の結果脳の機能に障害が認められ、自殺したものであって、遺言を執行する能力がなかった、と証言したのである。遺言書検認裁判所は、これら専門家の意見をしりぞけ、遺言者は能力があった、と遺言を認める決定を下した。この決定は控訴審でも上告審でも全員一致で支持され、三人の有名な精神分析医による反駁できない証言でさえ、法的証拠としての重さを保証するものではないことを見事に示してくれた(190 App. Div. 896, aff'd. 229 N.Y. 567)。しかもなお、裁判所の日程は鑑定人の証言に占領されつづけ、訴訟が長びくために巨額の公費が使われ、訴訟当事者自身も医学鑑定人に多額の謝礼金を払っているのである。〟

仮定的な質問は、質問の形をとりながら実は自問自答である場合が多い。ギトー事件では、医学鑑定人全員が、もし精神病の遺伝のある男が、青少年期に精神異常を示し、成人しても示し、ある日自分は神から合衆国大統領を殺害せよ、との使命を与えられたという妄想を抱いたとすれば、理由もなく大統領を殺すだろう、という仮定を、実質的に認めさせられるような質問のされ方をした。形の上ではそうではないのだが。そして、こうした仮定にもとづいて、鑑定人たちは、こんな人間が正常か異常かの意見を求められたのである。

仮定的質問にはまず含まれていると思ってよい欠陥をあばき出し、宣誓のせいで医者たちが神経質になっている特定の文章とか形容詞とか副詞とかを見つけ出すには、少なからぬ経験と、また抜け目のなさが必要である。

ヘンリー・W・タフト氏は、仮定的質問に触れた論文をよく書いている。そのパンフレットの一つ『医学鑑定人の意見証拠』の中で、彼は明けすけな言い方でこんなふうに結論している。〝ある人間の精神状態が検査され、その意見証拠がどうしようもなく対立し合う場合には、そんな意見証拠にはほとんど重さがないことになるものだ。激しく争い合う訴訟では、人間というものは、学者自身が一致しないような理論よりも、具体的な事実に行動の基礎をおくものなのだ。このニューヨーク州では、医学鑑定人たちの反駁不可能の証言といえども、それだけでは陪審に訴訟を持ちこもうという根拠には全然ならぬ、ということに最近ではなっている。〟また、トレイシー・ピアレッジ事件で、キャンベル卿は鑑定人に言及し、〝彼らの証言にはほとんど何の重みもおくべきではない〟としている。

医学のからんだ民事事件で、今日の審理方法が効果的だと認めるような弁護士は、ほとんどいないだろう。法曹協会や法曹改革者たちも、長年の間、この欠陥を改めようとしてきたが、実際にこういう専門家がいるかぎり、素人の陪審としては、全力をつくして、論議されている問題と格闘しなくてはならないだろう。

スティーヴンスの『陪審による裁判と鑑定人の証言』から引用してみる。

〝非常に有名な科学者たちがお互いの主張に真っ向から反論し合っている論争の場へ、何の予備知識も訓練も持たずに突然呼び出された十二人の陪審というもの以上に、ばかげた、不調和な光景はないといってよかろう。何かの問題に一時間も注意を集中することなど全く不慣れな、ごくふつうの商人や農民が、その提出までに何日もかかり、その説明を聞いても全く耳新しく、わけのわからぬ問題を論じている証言に、いったいどうして重きをおいたりできよう。（略）実際、人間には、ときとして、陪審席に坐らずとも、生死の問題に関する科学的な証言について、判断を迫られることがある、と反省するのは大切なことだ。ある人間が自分の腿に小さな腫れ物を見たとする。そこで外科医のところへ行くと、医者が言う。「これは動脈瘤ですよ。だから動脈にくっついているところを切除して結合しないと、いつ倒れるかもしれませんよ。」別の医者に診せると、こう言われる。「全然動脈瘤とはちがうものです。ただの腫瘍ですから、切り取りましょう。そうしないと、あとで危険なことになります。しかし、もし私の診断が間違っていて動脈瘤だとすれば、メスを入れたとたんに、あなたの命はありませんね。」ここで彼は自分の生死の審判者となるわけであり、その決断を逃げるわけにはいかない。もし彼が分別のある男なら、外科の知識など皆無に近くても、最初の外科医を信用すべきか、それとも二番目の医者か、まずかなりはっきりした結論に到達できるはずなのである。〟

故人のある時点における精神状態に関し、仮定的質問によって意見証拠が求められる場合には、偽りのない意見であっても、なお大きく食いちがう余地のあることが多い。しかし、いわゆる鑑定人に、多額の礼金が支払われることになっている場合、そしてとくに、これはよくあることなのだが、その報酬が裁判の結果しだいである、というような場合、たとえ最良の人物でもその判断に意識しない影響を受けるものであり、もっと小狡い人間なら、はっきりと意図して金銭的利益に自分を合わせるだろう。

仮定的質問が法の手続きの中へ持ちこむさまざまな不合理を強調しなければ、この主題を非常に不充分にしか扱わないことになるだろう。これはとくに、遺言者の精神能力が尋問される遺言検認裁判の場合にそうなのだ。タフト氏は言っている。〝この州の手続きでは、遺言書検認申請者と異議申立人の双方が一人以上の医学鑑定人を呼び、その証言を仮説的質問によって引き出すのであり、その質問は、引き出す証言がどんなにささやかなものであっても、証拠として、要約する事実をすべて真実であると仮定している。もし陪審がこのように仮定された事実のどれかを真実ではない、もしくは信用できない、と見抜くならば、その質問そのものと証人の答えとから成るせっかく精緻な構造も、トランプで作った家のように脆くも崩壊してしまうのである。鑑定人の証言が実質的に無視され陪審は他の証言にのみもとづいて評決するという事例はよく起こっているのだが、仮定的質問に答えることが認められているかぎり、弁護士たるものは戦術を駆使してその信用性を失墜させなくてはなるまい。この仮定的質問がどれほど長ったらしいものであるか説明するために、私はニューヨークで最近あった遺言異議裁判を例にあげたいと思う。これは三人の鑑定人にたいして双方からそれぞれ一問ずつ仮定的質問が出されたのだが、この二つの質問を合わせると約三万六千語にも及んだのであり、新聞の紙面では三十六段ぶんに相当し、朗読すれば四時間以上という代物だった。このような質問によって証言を引き出したところで、ただ裁判所の日程を不必要に占領し、陪審を混乱させるだけだ、と私は考える。〃

後の章で、タフト氏が二人の鑑定人にたいして行なった科学的な反対尋問を少し詳しく述べてある。この鑑定人たちは積極的にタフト氏に対立する証言をしたのだが——反対尋問が終わってみれば——遺言検認裁判所は何の重みもその証言に与えなかったのである。別の章にも、この同じ証人の一人にたいするジョージ・Z・メダリー氏の反対尋問を収録してある。

これらの実例をよく注意して研究することを、法学部の在学生にも、すでに学校を卒《お》えた弁護士諸君にも、大いに勧めたい。

プロの証人というものはつねに党派性が強く、自分を呼んだ側に進んで立ちたがるのであって、これは反対尋問者として片時も忘れてはならぬことである。証人をしてみずからその党派性を裏切らせることだ。自発的に供述させ、意見を言わせるように仕向けることだ。自分を呼んだ側の意向に敏感に応ずるような答え方をさせないことだ。そのように励ましてやるのである。陪審員たちは、そうした証言をつねに疑惑の眼で見ているものだ。相手側の鑑定人は、こっちに出来るだけ打撃を与えるつもりで来ているのであって、こっちがうっかりしているとすかさずつけこもうとしているのだ、ときめてかかったほうがいい。この種の証人は、抜け目がなく狡がしこい人間であるのが普通で、自分が証言するはずの問題については充分な準備をして入廷するのである。

しかし、鑑定人のなかには、たんなるほらふきやペテン師もいるものだ。何年も前のことだが、医学関係のこうしたペテン師の一人を、徹底的にやっつけたことがあった。市を相手どった損害賠償訴訟だったが、私は市側を弁護したのである。原告側の医者は、かなり風采のいい多弁な紳士だった。彼は頭部の重傷を証言してから、陪審にたいし、そのテーマに関する〝講義〟をもったいぶった独演調でやり出し、これがまた陪審には大きな感銘を与えている様子がはっきりわかったのである。裁判官すらもが、いつもより注意して聞いているようだった。医者は〝血管運動神経〟やら〝反射作用〟やらについてぺらぺらしゃべり、しかもそのほとんど全部を、陪審には理解できぬ医学用語で表現したのだ。彼は原告がけっして回復することなく、ともかく生存するとしても、必ずや精神病院の入院患者としてであろうと予言して、証言を仕上げたものだ。私は一目見てこれはただのねずみではないとわかった。この事件の医学的側面を反対尋問してみても、きっと失敗するだろう、と思った。というのも、この証人は、明らかに不正直ではあるが、じつに才知に長けていて、医学用語の煙幕で自分の答えを煙に巻いてしまうといったイカそっくりの手段で、論述の筋道を見えなくしてしまうからだった。市側の医学関係助言者として出席していたアラン・マクレーン・ハミルトン博士が、私に、次のような手段で尋ねてみるように教えてくれた。

弁護人「先生、あなたがお立場を確かになさろうとして、ここへ持参された書物の数からみましても、また証言のご態度からしましても、先生がご専門の文献、とくに頭部の損傷のそれに、まことに精通しておられると、拝察いたします」

医者「私が誇りに思っていますことは、ですな――自分の図書室の大きさもですが、ウィーン、ベルリン、パリ、ロンドンの図書館でずいぶん文献を渉猟したことですよ」

弁護人「ではおそらくアンドルーズの有名な『頭部損傷の後遺症について』をご存知でしょうね?」

医者（尊大に微笑して）「ええ、読みましたよ。つい先週もそれに当たってみましたがね」

弁護人「『シャルヴェの脳の外傷』にたまたま目を通されたというようなことは?」

医者「ああ、シャルヴェの本なら隅から隅まで何度も読んでます」

弁護人はこんな調子で、たくさんの架空の医学文献について、同じような質問をつづけたが、そのどれもこの医者は「熟読した」とか「これから読むつもりで図書室に入れた」とか答え、とうとう罠に嵌められようとしていることに気がついてきたから、弁護人は突如戦法を変えて、嘲笑的な大声で『脊柱および脊髄の損傷』（じつはこの主題に関する最も権威ある本物の文献）のページを読んだことがあるかどうかと訊いたのである。この問いにたいしては、医者は笑いながら答えたものだ、「私はそんな本があることを聞いたこともないし、あなただってそうだろうと思いますね！」

クライマックスが来たのだ。ハミルトン博士がただちに被告側のために証言に立ち、陪審に向かって、原告側のこの学識ある鑑定人がこれほど精通していると証言した贋の医学書のリスト作成に、自分が加わったことを明らかにしたのである。

他方、反対尋問者が、有能かつ正直な鑑定人の証言を揺るがすことに完全に失敗した場合には、彼の専門家としての能力をあてこすって信用を落としてやろう、などとは考えないことだ。これは非常に危険である。次の例がよく示すように、彼から仕返しをされる機会を与えることになる。

ジョゼフ・コリンズ博士という神経系統の有名な専門家が、最近、メトロポリタン市街鉄道の証人として証言したことがある。原告は鉄道の医者が検査で見落とした腎臓の転位に苦しんでいると主張していた。原告側弁護人は、コリンズ博士を反対尋問しても、何も得られなかったもので、こんなふうなやぶへびをおしまいにやってしまったのである。
弁護人「結局のところ、先生、お医者さん仲間では、あなたは外科医とは認められていない、ということではありませんか?」
医者「私は自分を外科医と考えたことはありません」
弁護人「あなたは神経科医だ、そうでしょう、先生?」
医者「そうです」
弁護人「純粋《ピュア》の、ただの《シンプル》神経科医ですね?」
医者「そう、私は適度に純真《ピュア》だし、そして全く正直《シンプル》な人間ですよ!」
最近ロサンゼルスで、有名な筆蹟鑑定家ミルトン・カールスンが、この地方では知られた刑事事件専門の弁護士ホレイス・アッペル氏に、見事なしっぺ返しを食わせたことがある。彼のやり方は、証言馴れした鑑定人を不注意に扱えばひどいめに遭うという好例だろう。
この出来事は、タイムズ・ビルの爆破——国際的大事件だったが——で、マクナマラ兄弟の共犯者だったデイヴィッド・キャプランを裁判していて起こったものだ。筆蹟の問題が中心点の一つになっていた。カールスンはこのキャプラン裁判で訴追側から依頼されたただ一人の鑑定人だったのである。アッペルは被告人を弁護していた。
その証言のなかでカールスンは、筆蹟鑑定家の意見というものは、他のだれの意見よりも秀れている、自分の筆蹟についてさえもそうである、と述べた。

問「おっしゃる意味は、私の筆蹟についても、私の知っている以上に知っておられる、ということでしょうか?」とアッペル氏は尋ねた。

答「私が申したのは、鑑定家の意見は問題とされている筆蹟を書いた本人の意見より重みをもつ場合がよくある、ということです」

弁護人は数分の猶予を求め、一見さまざまな筆蹟でたくさん文章を書いた紙を一枚作成した。

問「これは一人の人間が書いたものかどうか、またもしその場合は、何本のペンを使ったのか、おっしゃっていただけますか?」

証人はちょっとの間その筆蹟を見つめ、次いで調べてみたいからもうしばらく時間がほしいと申し出た。この要求が認められると、この鑑定人は自分の事務所へそれを持ち帰った。

休憩後、カールスンは戻ってきたが、問題の文書をもっと理論立てて論じられるようにと、昼休みをあててそれを模写しており、何気ない様子でその紙を反対尋問中の弁護士が使うことになっている机の上に置いたのである。アッペルは反対尋問をつづけようとして、この紙を見て手に取り、調べると本物と思ったらしく、
問「さて鑑定人、もしあなたが満足いくまでお調べになったのならば、何人の手がこれを書いたのか教えてください」

カールスンはその紙に手を伸ばし、すぐ自分の模写したものだと認めて、丁重に答えた——

答「一人の人間がこれを書きました、しかもペンは一本ですね」

問「たしかですか？」

答「絶対にたしかです」

「ペンは二本だったことを私が証明しますよ、だって私が自分で、ここの、この法廷で、書いたんですからね」とアッペルは叫び、自分の使ったその二本のペンを取りに、法廷を走って向こうまで行ったものだ。

そのとき裁判官ウィリスは、証人に向かって、あなたはただの意見ではなく、非常に断定的に述べられたのですよ、と注意したので、カールスンは、いかにも私は断定的に申し上げているつもりです、とふたたび主張をくりかえしたのである。アッペルはそれで反対尋問をそれ以上は拒否したのである。

カールスンが証人席を去ろうとしたまさにそのとき、地方検事ドーランが証人をひきとめた。

問「これらの文章を書いた人間が一人であって、使ったペンは一本だった、ということはどうしてわかるのですか？」

答「なぜと申して」と証人は答えた、「私が自分で一本のペンを使って自分の事務所で昼休みに書いたからですよ。アッペル氏は、ご自分の筆蹟であると、明らかに思われました。これは私が前に申し上げたこと、すなわち筆蹟鑑定家というものは、ときとしては本人以上に、問題の筆蹟について知るところがあるということを、証明してはいないでしょうか」

それから鑑定人は、弁護士から与えられた筆蹟の要点を、わかりやすく陪審に説明できるように、ざっと模写したことを打ち明けたのである。


問題になっている筆蹟が、ときには、鑑定家を呼ばなくても立派に証明できることがある。そのおどろくべき実例を一つあげよう。

ある離婚事件を調停員が審理していたとき、訴えられている妻にとっては不利な証拠の一部として、姦通の意思ありとする情人あての恋文が一揃え提出されたのである。見るからにこの妻君の筆蹟に間違いなかった。

妻君は自分を弁護するために証人として宣誓し、これは私の筆蹟ではないと主張した。手紙の一通にこんな文章があった。〝今日はみんなが私にちやほやしてくれたけれど、それがとっても空しかったの。私の手にあなたの愛しい手をとる感触（toutch と綴ってあった）、どんなにそれが私に心の安らぎを与えてくれることでしょう――いつこちらへ来てくださるの、あなた、そしていつ私たちは結婚できるのかしら？〟

夫から事件を依頼されたウィリアム・ランド大佐は反対尋問に立つと、証人に、調停員のために字を書いてはもらえまいか、と頼んだ。彼女はすぐさまこの提案に応じ、片手の手袋を脱いで好みのペンと鉛筆をえらび、反対尋問者の読みあげる十五かそれ以上の文句を、はじめはペン、それから鉛筆で書き取っていった。その筆蹟は証拠として提出された手紙と見分けがつかないものだった。これらの文句は、手紙の中から選んだが、文脈を少し変えて組み合わせてあった。そのなかにこんな文章があったのである、〝深い森の中で、あなたと私は、世間との接触（touch）を断っています。〟

ところが証人は、ためらわず、最初はペンで、それから鉛筆で、こう書いたのである、〝深い森の中で、あなたと私は、世間との接触（やはり toutch と綴った）を断っています。〟

第6章　反対尋問の手順

不正直な証人を反対尋問するときは、その手順が大きく成否を左右するものである。大事な質問は、証人がその事実をつきつけられては否定も説明もできない、というふうな形にきちんと基礎ごしらえをしたうえでなければ、一か八かぶつけてみよう、などとしてはいけない。最も打撃を与えてやれる書証――手紙とか宣誓供述書の形になる――が、それがただただ扱い方の拙劣さのために、嘘をあばいてやる切り札として全然役に立たなくなってしまうのはよく見受けることだ。もし、その証人が、今証言したばかりのある個所について、まるで逆のことを書いた手紙を、手に入れたとする。そんな場合よくやる間違いは、その手紙を確認のため証人に見せたり、さらに読みあげて「これにたいして何か言うことがありますか?」などと訊いたりすることだ。これは避けなければならない。自分の手紙を読みあげられている間に、証人は次の質問を予想して自分の考えをまとめ説明を用意しようとしているのである。これではせっかく打撃を与えるはずの手紙も、効果はなくなってしまうだろう。

この種の手紙を正しく利用するには、証人に主尋問での陳述をくりかえさせることだ。そしてこれが手紙と矛盾するわけだから、次のように進めていくのである。「あなたがこれこれしかじかとおっしゃるとおりに書き取っているのですが、もう一度くりかえしていただけませんか？　私はいつも陪審に自分のメモを読んで聞いていただくようにしていますから、正確を期したいのです。」証人は供述をくりかえすだろう。そこで書きとめて彼に読み聞かせてやるのだ、「これで正確ですか？　どこか疑問の点はございませんか？もし説明なり手直しなりの個所があれば、公平に申し上げて、この問題をきりあげる前になさるのが、法廷にたいするあなたの義務と考えますので、どうぞ。」証人は何もないと言う。証人はまさに事実を述べたのであって、手直しするところなど何もないのである。陪審は彼の率直さにむしろ好感を抱くだろう。そこで突如証人への態度を一変させるのだ。例の手紙を突きつけて、「あなたはご自分の筆蹟をお認めになりますか？　ひとつ、あなたご自身のお手紙の中から読ませてください、あなたはこう言っておられる――」そのあとで――「さて、これにたいして何かおっしゃることがおありですか？」こんなやり方で目的を達するのだ。陪審は容易にそれを忘れられぬということになる。ひとたびこうなってしまえば、あとはもう、証人が何とか言い逃れしないように、さっさとそれを切りあげ、別の問題へ移るのが得策である。しかし、宣誓した証人が前にした証言――とはいえ宣誓して述べたのではなく、自分の手で書き残していたものだが――とくいちがう証言をした場合には、彼をしっかりと鉤《かぎ》でとめたも同然であって、逃げられる心配は全くない。今こそこっちの優位を存分に利用すべきときなのだ。彼の自己矛盾を、考え出せるかぎりのいろんな形で突きつけてやることだ。――「どっちの供述が本当なんですか?」「今日証言なさったとき、この手紙のことを忘れておられたんですか?」「手紙のことをあなたの弁護士におっしゃいましたか?」「あなたは弁護士を欺そうとしておられたんですか?」「陪審を誤解させようとなすったあなたの目的は、一体何だったのですか?」(1)

このサー・チャールズ・ラッセルの活躍ぶりをしょっちゅう目のあたりにしていたあるロンドンの法廷弁護士は、〝釘をちょっとだけ打ちこんだまま、ぶらぶらさせておくから、裁判官か誰か他の人間に抜かれてしまうことにもなるのだ。しかしラッセルが釘を打つと、頭をめり込ませるまでは、けっして手を休めなかった。その釘を引っこ抜けた者は一人もいなかった〟と語っている。

原告と被告の当人どうしのほかには証人がなく、訴訟の争点が何かの口約束である、といった場合も多い。こんなケースでは、相手側の書いた手紙を武器に反対尋問すると、非常にうまくいくものである。

私が数年前に扱ったこの種の事件では、原告は被告の故ジェイムズ・B・ハギンが二十五万ドルを自分から借り、そのままになっていると、主張していた。その借金は口約束で行なったものであり、立会人はたった一人いたのだが、裁判の時点ではすでに故人となっていたのである。

原告にたいする私の反対尋問は、まず彼の警戒心を捨てさせることを狙い、これに二時間かかった。私は、自分がさも事実関係や諸事情にうといように見せて、何度も彼に得点を許すというやり方で進めていったから、ついには彼も大いに気をよくした。少なくとも私に関するかぎりは恐がる必要はないのだと、自信満々の様子だった。しかし、その間じゅう、彼は事実を認める発言をしたり、誤解を招くような言い方をしたり、さらには完全な作りごとさえしゃべっていたのである。こうした作りごとが結局は彼を破滅させるだろうことを私はよく承知していたから、内心小躍りせんばかりであったが、それをいささかも気づかせず、なるほどという顔で聞き流していたわけだ。ついに彼は絶対の自信を抱くにいたったから、私は嘘のかたまりをでっかく偽証させてやろうと、おだてにかかることができた。もちろんこれが、あとで、彼の命取りになるはずだった。

私は原告の手紙を一ダースばかり持っていたのだ。原告がもう書いたことを忘れているか、でなければ外国にあると安心しているはずの手紙だった。そのことに私は確信があったが、しかしまた、もし彼がその中身を思い出すか、私の手に握られているかもしれぬという疑念を少しでも持てば、これらを偽造した手紙としてしりぞけるだろうこともまた確かだった。否認されてしまえば、本物であると証明することはむずかしく、したがって使えないことになるのだ。私は彼の筆蹟として公認された見本を、一つも持っていなかったからである。

私は、自分の反対尋問がいかにも非力であると見せて、証人を喜ばせ、にやつかせさえしておきながら、閉廷の時刻はまだかと絶えず壁の時計に目をやっていた。閉廷時刻の四時ちょうどに、そしてまた証人が例の二十五万ドルをもかちとって、ポケットに入れたぞ、と思い始めたそのときに、私は一束の彼の手紙を手渡してやったのである。大して重要なものではない、あるいは少なくとも私には読む暇がなかったのだ、と思わせるような態度で。そして尋ねたのである、「閉廷になる前に、ご自分の筆蹟かどうかお確かめいただけませんか」と。彼は最初の一通を読み始めた。もし彼が読んでしまえば、すべては終わりだが、私は彼をおしとどめて、もう四時であることを思い出させ、私が知りたいのは、ただそれが彼の筆蹟であるかどうかだけなのだから、中身を読んで閉廷を遅らせるようなことはしないでほしいと頼んだのである。一分か二分でそれを全部自分の筆蹟であると認めてから、閉廷となった。

その翌《あく》る日、まる一日かけて手紙のことを尋問した。証人が前日の午後あんなにもぺらぺらしゃべったところと、何から何までくいちがい、とうとう公判期日の終わりには彼の訴訟代理人たる故ジョン・B・スタンチフィールドもこの訴訟から実質的に手を引いてしまい、結局どちらの側も原告当人以外の証人をだれひとり呼ばなかったのだが、彼をしりぞける評決を裁判所は指示した。

反対尋問者が証人の不信を示すに足る書証を手に入れ、それが経験ある弁護士（むろん反対尋問者として）の手にかかればこんなにも恐ろしい武器になるという稀な実例だった。

一方、出ばなのいくつかの質問でぴしりとやってしまうのも有効な場合がある。もちろんこれは、そうするだけの材料を持ち合わせている場合にかぎる。しょっぱなに、取っておきの論点を持ち出す利点は、二つだ。一つは、陪審はもう主尋問での陳述に耳を傾けて、証人について自分なりの感想をもったところで反対尋問に立つのだから、どうやって口火を切るか聞き耳をたてている。だから、もし第一ラウンドで一発ノックダウンパンチを出せば、印象は強いものになる。後になってから出すのでは、どうしても陪審の注意力が散漫になっているし、まぐれ当たりとしかみられないかもしれぬ。二つは、この方がもっと重要だろうが、証人に恐怖心を抱かせ、以後いつまたダウンされるかもしれないと、答え方に戦意を失っていくのだ。こうなると、あてにしていなかった問題にまで本音を聞き出せるチャンスが多くなるものだ。

私は、きわめて決然たる態度で臨んだ証人が、反対尋問の立ち上がりにストレートを二、三発くらってしまって、完全に度胆を抜かれ、あとはもう尋問者側の証人であるかのように、言いなりになったのを見たことがあるのだ。まさに時到れりであって、すかさず証人を元の証言へ戻らせ、その調子を下げるか潤色する機会を与えてやるべきであり、それと気づかぬうちにこっちの議論を支持させるように鞍がえさせてやることも可能となるのだ。

こんなふうに敵意をもった証人を調教してやり、意に反して真実を言わせるのは、反対尋問技術の勝利の一つなのである。陪審への弁論の中で、かつてチョートは、このような証人について言ったことがある。「私は彼に浮浪人・ならず者の烙印を押すものです。彼は呪詛を吐くために召喚されたのですが、ごらんなさい、私たちを祝福したではありませんか。」

この手の反対尋問にかかると、証人の中には完全にカッとなってしまう者があり、尋問者はただ落ちついて矢つぎ早に質問をくり出してさえいけば、必ず証人を矛盾の蜘蛛の巣に引っ掛からせ、公平な気持ちでいる陪審員の信頼を完全に奪ってやれるものだ。証人というものは、カッとなると、われを忘れて本音をしゃべることが多い。激情が、欺そうとする力を麻痺させるのだ。また別のタイプの証人もいて、そんな立場に追いこまれると、ぷっとふくれてしまい、逃げを打つような言い方で答え始めるものの、しまいには返答を全く拒否してしまう。こういう証人にたいしては、陪審への効果を考えるかぎり、それ以上あまり深追いせずに、さっさと偽証を認めてやってもいいだろう。

しかし、証人を怯えさせ、偽証を訂正させる材料を持ち合わせぬ場合、しかもなお反対尋問が必要だと考える場合には、一般法則として、元の証言を最初と同じ順序でくりかえさせてみても、時間の無駄になるだけのことである。証人がその証言の本筋を述べたさいの思考の筋道を捨ててかからないかぎり、無駄骨折りでしかない。証言中の最も弱い点をえらび出し、また最も準備をしていないだろうと思われる付随状況にも目をつけておくのだ。そして質問は論理的な順序で行なってはいけない。証人にうまくつじつまを合わせられると困るからだ。ここかと思えばまたあちら、というふうに自分の証言の中を引き廻してやって、とどのつまりは虫ピンで留めてしまい、本筋とは直接関係のない付随状況のすべてについて正確に答えさせるのだ。彼が答えをでっちあげ始めたら、スピードアップして、つまらない質問をどんどんぶつけながら、なかに大事な質問をまぜてやり、しかも全く同じ声の調子でやるのだ。もし彼が嘘を言っており、それも架空の想像よりも記憶とその連想とから引き出しているのならば、こっちが質問を組み立てるよりも早く答えをでっちあげられないはずである。同時にまた、自分が今している答えが、前にした答えとどんな関係になるのか、正確な計算もできないはずである。もしこういう質問の方法をとる腕があれば、彼をけっして抜け出せぬ自己矛盾の迷路へ追い込むことが必ずできるものだ。

相手側証人を反対尋問するさいの、最も割に合わない、しかし効果はある方法の一つは——大変な自制力と忍耐を必要とする方法だが——ある証人からは一見つまらないちっぽけな事実を認めさせるだけで満足し、次の証人からは別のちっぽけな事実を認めさせる、というふうにして、次第に材料を集めていくやり方である。こうしたこまぎれを総括弁論のさいにモザイクに組み合わせれば、こっちの依頼人をさえびっくりさせ、評決を有利にみちびいてやれるだろうことはまちがいない。私自身、この方法をよく採用したが、きまって初めのうちは依頼人を深く落胆させ、やっと最終段階でこんなかけらがだんだんと組み合わされて反駁できない議論に仕立てられていくのに気がつき始めると、感謝される次第だった。

ある不動産ブローカーが、ある不動産の売買契約にもとづく手数料の支払いを求めて提訴していた。

この原告の主張は、売買の折り合いをつけた双方の話し合いが、前の年の十二月二十八日に、問題の建物で行なわれた、というものだった。

そのビルの女管理人が証人席について、当日は原告のブローカー、被告のビル所有者、購入希望者の三人が、正午ごろビルに顔をそろえた、と証言した。ビル所有者は、彼女に、買い手とブローカーを案内してなかを見せてやってくれと言いつけた。それで問題の話し合いを聞く機会があった、というのである。しかし、そのために台所から離れることとなり、だからちょうど学校から戻ってくるところだった子供たちの昼食の用意が遅れてしまった。ビルをひと巡りして戻ると、二人の子供はもう帰宅しており、学校へ戻るのが遅れると文句を言ったことをはっきり憶えていた。でも、大急ぎで用意して食事をさせ、できるだけ早く出してやったという。長男の方は十二歳ばかりの顔立ちのいい子で、この子が証人席についた。この子も原告と被告と購入希望者がそこに来ていたことを憶えていた。その記憶によると、母親が食事をつくって出してくれるのが遅れ、それがひどく遅れて、自分も弟も学校に遅刻すると母親に言ったし、家から学校までずっと走っていき、学校の近くまで来たら学級委員の一人が正門に立って鐘を鳴らしており、遅刻だと思った。教室へ駆けこんだら、ちょうどぎりぎりで間に合った。だけどあとで聞いたら、弟の方は午後の授業に遅刻の印をつけられたと言っていた、ということだった。

反対尋問は、小さな重要でないことばかりで、実質的には主尋問で供述したことのくりかえしだった。それから弟の方も呼ばれ、この子も母親と兄の供述を確認し、遅刻してその印を記入された事実を付け加えた。この子への反対尋問は無視してかまわないものだった。

この後、原告と購入希望者がまた呼び出され、こうしたことが起こった日付をどうしてはっきりきめられるのか、と訊かれた。原告は日記帳の記入を示して、ほかのもろもろの状況からみて絶対にその日に間違いない、と答えた。その日以外ではありえなかったはずだと。購入希望者は全く別の状況からその日ときめていたのだが、彼もやはり他の日ではありえなかったはずだと断言した。

そこで二人の子のうち兄の方がまた証人席へ呼び出され、十二月二十八日というと、市内の公立学校ではどこも十二月二十五日から一月一日まで休みときまっているのに、どうして学校へ行ったのか、陪審の人たちに説明してくれないかと訊かれた。この子はひどく困り切った様子で法廷をぐるぐる見廻し、それから説明できないと言ったのである。こうして完璧だったこの訴えも、完璧すぎるお話のために潰滅してしまった。

証人のなかには、偽証は気が進まないが、自分を証人に呼んだ側と何らかの個人的な利害関係があったり、縁戚関係だったりするために、出来ることならすべてを言ってしまうようなことはしまい、と決心している者がある。もしその種の証人（概して女性である）がこっちの欲しい事実を知っており、それを話してさえくれれば助かるのだが、と依頼人から教えられている場合には、それを彼女から引き出すことが課題となる。しかし、このためには大いなる忍耐と工夫が必要なのだ。もし彼女にたいして、すぐにまともに尋ねたりすれば、「記憶にありませんわ」と答えられるのが落ちだろう。あるいは良心を頭で抑えつけ、喜んで答えたいのだが答えられない、といったふりをするかもしれぬ。主題へはゆっくりと少しずつ接近しなければならぬ。狙っている重要な事実とは関連性の薄い事柄から始めるのだ。彼女はおそらく、そうした質問で自分がどこへ連れていかれようとしているのか、とっさにははっきりと自覚できぬまま、供述していくことになろう。こうなればしめたもので、あとはもう要点へ一歩一歩接近するように彼女を引っぱっていける。ついには、匿《かく》したがっていたことを言ってしまうか、でなければ公然と偽証の罪を犯すか、王手飛車取りといったジレンマに、彼女を追いこんでしまうのである。彼女が証人席を離れるとき、友達へささやくのが聞こえる気がするではないか、「あたし、けっして言うつもりはなかったのよ。でも、あの人がこんな立場に立たせてしまったんですもの。言ってしまうか、でなければあたしが嘘をついていることを認めるか、どちらかにしなくちゃならなかっただけなのよ。」

頭もいいが、ごまかしもうまい、といった証人にたいしては、非常に有効な扱い方がある。それは、こっちの〝切り札〟を——といっても、持っていればの話だが——隠しておくことだ。証人をやっつけてやる切り札としてのその書類を、あとでうまく説明できないように、供述の細部を証人にすっかり固めさせてしまうのである。それまではけっして手の内を明かさないことだ。

最近、ニュージャージーのスタンダード石油会社が、テキサス社を相手どって原譲受人名義で提起し、ニューヨーク州上級第一審裁判所でマッカヴォイを裁判長として審理された事件では、何百万ドルもの帰趨のかかる問題が争われたが、名義上の原告ジョージ・T・ロジャーズの勝訴ときまった。その勝因は、共同被告のジョゼフ・H・アダムズが、責めあげられてある事実を承認したことが大きく、しかも彼自身はその事実の重要さに気づいていなかったのである。

この致命的な承認が、原告に次のことを立証させる結果となった。すなわち、もう何年も前にアダムズがロジャーズあてに郵送したまま、本人が長いこと忘れていた書類——ロジャーズが権利を買おうとしている自分の発明が、どんなものであるかを報《しら》せたものであって、そのこと自体は何も不利になるものではないが——に、テキサス社が自社の独占に帰すると主張しているものと、そっくりそのままの装置上の特徴が記載されていることをである。

この共同被告アダムズは、原油からガソリンを精製する貴重な工程の発明者であり、この工程は現在、石油業界で一般に広く用いられているものである。

この訴訟より何年も前に、自分の初期実験に資金が必要だった彼は、この発明から上がるはずの権益の半ば近くを、ロジャーズに五千ドルで譲渡してしまったのである。この譲渡にさいし一九〇七年、この訴訟より十五年前であったが——アダムズはロジャーズに一通の封書を郵送した。その内容は発明についての説明書であろうと思われるが、ロジャーズに自分（つまりアダムズ）が死ぬまで開封しないことを義務づけたのである。

この初期実験というのは不成功に終わったが、しかしその後の実験は貴重な特許を得て、この発明全部を一九一九年にテキサス社に売り、ロジャーズを完全に除外してしまったわけである。

裁判では、テキサス社は次のように主張した。すなわち、最終的に特許を取ったこの発明は、ロジャーズに一部譲渡した発明とは別ものである。その理由は、〝ロジャーズが資金を出した初期実験では、真空方式を採用しているが、特許を取った工程は圧縮方式を採用しており、真空ではない〟というのである。ロジャーズ、および彼を通してスタンダード石油会社が、この圧縮特許に何らかの権利があるかどうかが、主な争点だった。

アダムズは、この同じ発明を、キャリー・アンド・ロビンスン社にも権利を譲渡する契約を結んでいたらしかった。もっともこれは後に破棄されたけれども。その契約書では、〝圧縮〟方式に触れて、いわゆる〝特許権保護願い〟への言及があったのである。

ハーバート・C・スミスがアダムズを反対尋問した。これはほぼ三日間にわたったが、証人に状況を詳しく述べさせるにとどめ、その間、あの忘れられていた一九〇七年の封書には、一言も尋問者は触れなかった。やっと尋問の最終段階に持ち出したのである。アダムズがもっともらしくつじつまを合わせようとしても、時すでに遅しだった。

問「あなたは、キャリー・アンド・ロビンスン社との契約が、あなたの工程の真空方式だけに限られているとわかっていましたか?」
答「いいえ」
問「同社は圧縮方式にも権利があったのですか?」
答「契約の有効期間中は、一時、権利があったと思います」
裁判官の問「真空方式への権利と同じような権利がですか?」
答「あの当時存在していた特許権保護願い、提出したのは一九〇七年のはじめごろですが、それにもとづく権利があったのです」
問「その特許権保護願いは、あなたの内部加熱・圧縮工程に関するものだったのですね?」
答「保護願いにはどちらか一つではなく、両方とも書いたのです」
問「両方の工程に、という意図だったのですね?」
答「とにかくどちらも、という意図でした」
問「そんなふうに保護を願い出たのですか?」
答「私が自分で保護願いを書いたのです。どちらも有用であると書きました、真空方式も圧縮方式も」
スミス氏の問「では、この契約でキャリー・アンド・ロビンスン社に真空工程についても圧縮工程についても権利を与えようというご決心は、その特許権保護願いにもとづくというわけですか?」

答「電熱を用いる点では、真空方式も圧縮方式もそうでしたから、両方とも書いたのです」

裁判官の問「あなたの理解したところによれば、この協約は、特許権保護願いにあなたがそう書いたから、圧縮方式への権利あるいはそれに伴う権益を同社に与えていた、というのですね？」

答「そうだったろうと思うのです。あれが唯一の根拠ですから」

スミス氏の問「理由は問題ではありません。ただ、イエスかノーかお答えください」

答「そうだったろうと思います」（キャリー・アンド・ロビンスン社との契約書がそこで提示された。）

問「読みたくはありませんか？」

答「ええ。（読みながら）そうです、これが契約書です」（こうして契約書が一躍クローズアップされ、特許権保護願いとの関係が注目されることになった。）

問「これがその特許権保護願いですか？　あなたの弁護人からお手渡しいただいたものですが」

答「弁護人がそう認めるのなら、特許権保護願いの写しなのでしょう」（それから、証人が書いて特許局へ提出した書類が何枚か提示された。これらはアダムズが原告と契約した一九〇七年までさかのぼって圧縮方式の使用を主張するものだった。）

問「これらの書類に〝一九〇七年までさかのぼって〟という言葉をお使いになったとき、

あなたは一九〇七年一月のあの特許権保護願いとの関連をお考えだったのですね?」
答「たぶんそうだったでしょう。あの保護願いには図面も添付して提出しましたから」
問「保護願いに添付されたその図面のことでお尋ねします。被告側から提出された証拠物件F〝内部加熱・圧縮〟とあるものとの関係ですが、この二つは同じ装置ではなかったのかどうかです」
答「それは同じ一般的な型の電熱装置で、二つの図面は似ているようです」
問「でも、これらの装置については保護願いに記載してあるでしょう、図面B―116に?」
答「ええ、実質的には同じものですね」
問「さてアダムズさん、昔ロジャーズさんと交渉なさったさいに、封印した書類をお送りになったことを、あなたは憶えておいでてでしょうか?」
答「ええ、そうしたと思います」
問「あなたは特許権保護願いの写しを送ったのではありませんか?」
答「今はもう思い出せません」
問「彼に何を送ったのか全然思い出せないのですか?」
答「何か図面と説明書を送った記憶はありますが、それが何だったのか今はもう思い出せないのです」
問「その図面と説明書は、真空方式と圧縮方式の両方に関するものではありませんでしたか？」
答「わかりませんねえ」
問「彼に何を送ったか、この法廷で言わなくてはならないのが、ご不快ですか？」
答「どうしてそんなことがありますか」
問「これが彼に送った封筒でしょうか？」
答「そのようです」
問「あなたの筆蹟ですね？」
答「ええ」
問「どうぞ中身を出して、ご自分の筆蹟かどうかおあらためください」
答「そうです。これは私が書いた図面です」
問「それは特許権保護願いに添付した原図面ではないのですか？」
答「特許局の原図からの写しのようです」
問「さて、今あなたの出された封筒の中身である説明書をごらんください。それはあなたの筆蹟による特許権保護願いの原文ではありませんか？」
答「これは私の筆蹟です」
問「そして、その図面は、十五年前にロジャーズさんと契約なさったさいに、彼に送ったものですか？」
答「もしこれが、開封される前に入っていた書面と図面ならば、そうだと申し上げましょう。この封筒は開封されて、中の書類と一緒に手渡されたのですから」
問「それは私が保証しますよ」
答「あなたの言葉を疑ったりはしませんよ」
問「それは私が保証できます。その封書は手つかずでロジャーズ氏の弁護士たちへ郵送され、その弁護士たちが開封したのです。今も郵送されたときと同じ状態のままです」
イーランド氏「だれがその開封を許可したんです？」
スミス氏「法の権威です」
イーランド氏「スタンダード石油という意味ですな」
問「この端のところをごらんになって、それが特許権保護願いであるかどうかおあらためください。また冒頭部にご自分でお書きこみになった題にご注目ください。それを読み上げていただけますか？」
答（証人読み上げる）「〝特許権保護願い、一九〇七年一月二日ワシントン特許局に提出の原文の写し〟」

最低は一千万ドルから最高は四千万ドルまで、いろいろと評価されてきた発明の所有権をめぐって何週間も続いたこの裁判で、完璧に固めていた被告の砦を、わずか数回の直撃で粉砕できたのは、十五年前に書いたまま忘れていた手紙をスミス氏が手に入れ、これをうまく使ったからである。

かつて、ある英国のご婦人が、裁判で勝つにはどんなことが必要ですの、と高等法院長に訊いたことがある。「まず、言い分がよいことですな、それから証拠がよいこと、それから証人がよいこと、それから裁判官がよいこと、それから陪審員がよいこと、そして最後に幸運ですな」と答えたそうである。

あの有名なリーチ対コクランの事件は、三十二年もの間法廷で争われ、つい数カ月前に控訴審でやっと被告の勝ちときまったが、訴訟というものがいかに不確かなものかを示す適例であるばかりでなく、ときには運のよさというものが反対尋問者の腕以上に物を言うことがあるという例証である。

この事件では、裁判が三度と、一ダース以上もの上級裁判所への上訴が行なわれた。訴訟は、三十三番街と五番街の角にあり、ウォルドルフ・ホテルの真向かいにあたる、古いケンブリッジ・ホテルに関するものだった。リーチはアスター不動産から長期の借地権を得て、この古いホテルを改築しようと思っていたのである。コクランがこのためにリーチに金を前貸ししていたのだが、その前貸金がとうとう数十万ドルにもふくれ上がってしまったというわけである。リーチの側に度重なる債務不履行があった後、コクランがその借地権を引き継ぎ、リーチには、その借地権の終了時に彼（つまりコクラン）が前貸金をちょうど全額回収しおわるように按配した貸地料と年限で、又貸ししたのだ。

リーチはその借り賃も支払わず、一九〇二年のあるときに立ち退きを要求されてしまった。そこでリーチが提訴し、長々と訴訟が始まったわけだが、リーチの主張は、自分が無学文盲のハンガリー人であって英語そのほかの外国語を読み書きできないし、またアスター不動産のコクランへの借地権譲渡と、自分への又貸しは、完全な権利の移譲とはいえず、高利ローンの担保としてであるから詐欺に等しい、というものだった。

最初の裁判はギーゲリッチ判事が裁判官になり、リーチが勝ったのである。リーチが、コクランの手でひどいめにあった話を長々と微に入り細を穿ってやったのを、裁判官が額面どおりに受け取り、度を超えた言葉でコクランを非難したからである。事件は上訴され、原判決は法律手続上の理由で破棄となりはしたものの、ここでも裁判官はリーチの供述を支持する弁論の中でコクランを痛烈にやっつけたのである。

二度目の裁判では、故ビショッフ判事が裁判官となり、またしても六週間を費やした。原告リーチは、三、四日にわたってコクランの悪事を語り、その後コクランの遺言執行人を代表するサミュエル・アンターマイヤー氏の反対尋問にゆだねられた。コクランはもう死亡していたのである。

二日間の反対尋問の後、判事はアンターマイヤー氏を裁判官席へ呼んで、私のみるところ、リーチは真実を述べているようで、もう充分反対尋問したのだから、切り上げてはどうか、と警告した。アンターマイヤー氏は、何とかもう一日だけ我慢してほしいと口説き、一日の終わりまでに、この証人がじつは切れものの俊敏な実業家であって、無学文盲などただのポーズであることを証明できなければ、必ずやめます。きっとお約束しますから、とくい下がったものだ。

リーチの供述はことごとく、自分が無知文盲であり、自分の署名した一ダース以上もの書類も、まったくちんぷんかんぷんであるという主張に立って、述べられていたのである。彼はまた、被告のコクランを告発するだけでなく、コクランの弁護士たちをも――みんな名の通った連中だったが――自分の権利を欺し取ろうとする共同謀議に加担したといって告発していたのである。

ちょうどこの三日目が終わろうという頃、アンターマイヤー氏は、ふと、一か八かやってみるか、という気持ちになった。そこで証人へ鋭く向き直り、次のように訊いた、「あなたは故国では律法博士《ラビ》の一人ではありませんでしたか?」――これにたいして証人は全く不用意に答えたのである、「憶えちゃいませんね。」周知のとおり、ラビとは彼の故国では深い学識のある人たちのことをいうのだ。以後アンターマイヤー氏はじつにやすやすと反対尋問を進めていけたのであり、これは十日間ほどつづいて、完全に原告のでっちあげ証言をぶちこわすことに成功したのだった。

アンターマイヤー氏があんな質問をした根拠といっても、この男の風貌以外全く何もなかったのである。ただなんとなく以前のある時期にラビだったかもしれない、という感じを受けたのだ。もしそうだとすれば、当然高等教育を受けた人間のはずだったわけである。

ビショッフ判事は、裁決にあたってコクランを支持し、リーチを非難して彼の全証言をしりぞけた。この判決は控訴裁判所へ持ちこまれたが、そこでも全員一致で支持されたのである。

たくさん経験を積んだ先輩たちの勝訴例を読んで、自分の実務の中で真似をしてみようとすることは、若い弁護士たちの間で珍しいことではない。これは賞めていいことだが、その場合必ずしも適当な事例がえらばれているとはかぎらぬようだ。

そうした若い弁護士の一人が、全く何のあてもなく、ただひょっとして利益になるような何かを引き出せるかもしれない——何も引き出せぬとしても、せめて戸惑わせてやることくらいは、と考えて、次のように尋ねてみた。

問「あなたは去る十月二十九日、どこにいました？」

相手側弁護士「その質問に異議を申し立てます。実質的ではありませんし、明らかにこの件のこの問題とは無関係な付随的事項を持ちこもうと意図したものであります」

裁判官「答えを聞かなければ、私としてはどっちとも決められませんね」

反対尋問している弁護士「ああ、結構ですとも。先方がこの事実を陪審から匿しておきたいということであれば、私としては、この質問を取り下げることに異存はありませんね」

証人、裁判官に向かって「あの、裁判官、私はその質問に喜んでお答えしたいのですが」

裁判官「皆さん、証人はこの質問に自分から進んで答えようと言っていますから、私としては異議はすべて撤回されたと考えます。さて証人、質問に答えて、去る十月二十九日にあなたがどこにいたのか、陪審に言ってください」

証人、即座に「どこにいたのか私は憶えていないのです、裁判官」

どんな反対尋問においても、必ず証人を自分の支配下におくことだ。こちらの正確な質問にだけ答えさせることだ。証人は直接的な答え方を避けようとするだろうし、あるいはそれを強いられれば、修正を加えたり言い訳したりするだろう。そうなると、せっかくこっちのものになりえたかもしれない利益を、彼の答えから引き出せないで終わってしまう。そして最後に、何よりも大切なのは、どこで尋問を切り上げたらよいか、つねに気を配っていることである。いわばこの禁止命令を、私は口を酸っぱくして言っておきたいのだ。尋問を大成功で終わらせることほど大切なことは何もありえないのである。じつにたくさんの弁護士たちが、証人をぬきさしならぬ矛盾へ追いこむことに成功した。だがそれに満足せずに質問を続けるものだから、尋問が先細りになり、おしまいには、せっかく陪審の心証に有利に働きかけていた前の勝利が、全く台なしになってしまうのだ。〝勝ったら引き上げよ〟が反対尋問の金言の一つなのだ。もし、証人側の欺そうとする意図を暴露してやること以外に何もしなかったとしても、それだけでも陪審にたいして証人の信用を失わせる方向へうんと歩を進めたのだ。陪審というものは、証人を信じるにせよ信じないにせよ、そのどちらか一色に、つまり白か黒かというふうに見る傾向がある。もし信用しないとなると、たとえ彼の証言の大半が本当だとしても、その証言をまるごと無視してしまいがちである。陪審が最も心にとどめていることは、彼が自分たちを欺そうとしていたことであり、あるいはまた嘘をついて、もしくは無知をさらけ出して、満場の失笑を買ったあげく、証人席を下りたことなのだ。それ以後はもう、彼の証言など、陪審に関するかぎり無視されてしまう。

アースキンは、かつて、ある証人が精神の平衡を失していることを陪審に暴露してやろうとして、丸一日を無駄にしたことがある。とうとう最後にアースキンに助力していたある医者が、証人に、自分はイエス・キリストであると思うかどうか訊いてみなさいと提案した。アースキンは、非常に用心しながら、へり下った態度をよそおい、こんなぶしつけな質問をどうかおゆるしください、と前置きして質問したのである。証人はすっかり不意打ちをくい、息づまる沈黙のさなか、大いなる威厳をもって叫んだものだ。「私こそキリストです。」——これで裁判はすぐに終わった。

こちらに不利となるような実質的な事実を何も証言していない証人を反対尋問することほど、ばかばかしい、時間の浪費はありえないだろう。ところが、奇妙に思えるかもしれぬが、証人はすべて反対尋問すべきだ、いやしくも宣誓しているからには、と心得る若手弁護士が——そして、ああ！　若手のみならんやである——法廷には満ちあふれているのだ。彼らは、依頼人や陪審から、裁判の進め方を知らないか、その能力がない、と疑われやしないか恐がっているようだ。こういう不必要な反対尋問のせいで、相手側の主張に新しい理論を構築させる結果となり、ただ黙ってやり過ごせば無害だったろう証人を、手におえない障害物に仕立て上げてしまうことも、そう珍しいことではない。

法廷で出くわす証人は百人百様といってよく、どんなケースにもあてはまる法則などありはしない。昔尋問したことのある証人に、どこからみてもそっくりという証人と接触するようなことは、まず皆無に近く、尋問技術の魅力の存する所以もそこにあるのだ。どんな方法を用いるかは、証人の証言に——たとえそれが嘘であっても——どれだけ重要性をおくかにかかっている。その証言に反駁する証人がこっちにたくさん控えているので、必ずしも精緻な反対尋問をやって危険を冒すまでもない、という場合もあろう。そんな場合には、席を立たずに全然質問しないでいるにしくはない。また、容易におわかりだろうが、証人の年齢や性別でも大きな違いがあるものだ。実際の話、本当の大弁護士ともなれば、尋問技術の定石を完璧にわがものとしていながら、なおかつそれを捨て去るべき場合が見抜けるものだ、といってよいだろう。もし証人がたまたま女性である場合、しかも主尋問でのその証言から推して反対尋問者としては敵しがたい、と思われる場合には、無言の反対尋問とでも名づけられるようなやり方を取ると、陪審受けがよいことが多いものである。まるで反対尋問するつもりであるかのように、不意に起立してみることだ。証人はキッと構えた顔をこちらへ向けるはずだ、最初の答えで粉砕してみせますわ、といわんばかりに。この信号がでたら、一瞬躊躇してみせなければならない。人が好さそうな眼で彼女を眺めやり、まるで彼女に質問するだけの価値がある問いかどうかを疑っているような顔をして、それから腰を下ろしてしまうのだ。名優さながらにこれをやるわけである。陪審へ「訊いてもどうにもならんじゃないですか、何しろご婦人ですからな」と言うに等しいやり方なのだ。

ジョン・フィルポット・カランは、生前最も人気のあった弁護士として知られ、陪審法廷弁護士ではアースキンに次ぐ人物であったが、あるときこの無言の反対尋問に耽っていて、着席する前に、心で思っていることを、聞こえるように口に出すという失敗をやってしまった。「あなたに質問したって無駄でしょう、なにしろ悪党面ですからな。」「そうですか？」と証人はにやりとして答えた、「私の顔が鏡だったとは、ちっとも知りませんでしたね。」

反対尋問の唯一の目的は、対立証言の力を打破することにある以上、無益な試みはただ証人の陪審への心証を利するだけのことだ。忘れてはならぬことである。だから、沈黙はしばしば長時間の尋問にまさる、ということはいくら繰り返しても、繰り返し過ぎることはないのだ。どの方法を採用すべきか、われわれに教えてくれるものは、一にも二にも経験なのである。

こういう点からおもしろい実例を一つあげよう。アルフォンス・ステファニー事件の裁判中に起こったことである。ステファニーは、父親の財産の管理・処分も委されていたニューヨークの有名な弁護士クリントン・G・レイノルズを殺害した容疑で起訴されたのだが、被告人側の主張は精神異常にあった。被告人は明らかに重症な頭脳障害の初期症候に苦しんではいたが、しかし法的な意味ではまだ精神異常とはいえなかったのである。彼は第二級殺人で有罪を宣告され、終身刑を言い渡された。

ステファニーの弁護人は故ウィリアム・F・ハウであって、彼は当時、刑事事件で最も業績をあげた弁護士の一人だった。ハウは大弁護士だったとはいえぬが、天才的と言い切るにはやや欠けるところのあるその技術を駆使して、この種の事件で普通出会うタイプの証人たちを扱い馴れていたのである。

有名な精神分析医アラン・マクレーン・ハミルトン博士が、数週間をかけてトゥームズ刑務所にステファニーを訪ね、症状を研究し、その精神状態の徹底的解明に備えていたのである。ハミルトン博士はハウ氏に依頼されたのであって、被告人側の主証人として押し出されていた。この人を証人席に呼ぶと、どうしたことかハウ氏は、陪審に精神異常関係の経験の広さやあらゆるタイプの精神病への精通ぶりを披露させるような質問をするでもなく、被告人の現状を陪審に正確に判断してもらうためにせっかく呼んだこの医者を活用しなかったのである。この狡猾な弁護士は、敵対関係にあるデランシー・ニコル地方検事と私とを、一組の未経験の若僧と見たことは紛れもないのである。いずれ私たちは長ったらしい反対尋問をすることだろうが、州の検事がやってくれれば、証人の答えは全部効果が倍になる、と計算したのだ。この博学の医者と、この弁護士とが、あらかじめ考えた行動プランだったわけだ。そのプラン通りに、ハウ氏は主尋問ではこんな簡単な質問を一つするだけで満足したのである。

「ハミルトン博士、あなたは被告人を鑑定なさいましたか?」

「いたしました」とハミルトン博士は答えた。

「彼は、あなたのご所見では正常でしょうか、それとも異常でしょうか」とハウ氏はつづけた。

「異常です」とハミルトン博士は言った。

「反対尋問なさってけっこうですよ」とハウは、手持ちの独特な身ぶりの一つを見せながらどなったものだ。ニコル氏とその陪席検察官たちは急いで相談した。

「質問はありません」とニコル氏は静かに言ったのである。

「何ですと！」とハウは叫んだ、「この有名なハミルトン博士に何も質問しないのですか？ では、この私がしましょう。」そして証人の方へ向き直り、被告の症候をどんなに詳細に調べたか、など質問し始めた。しかし、私たちは異議を申し立て、裁判長ヴァン・ブラントはこれを容れて、証言はもう終わったのだから証人は下りなさい、と命じたのである。主尋問が終わり、そしてまた反対尋問がなかった以上、ハウ氏には次の証人を呼ぶことしか道はもはやない、と判定を下したわけである。


英国のサージャント・バランタインは、その自伝『ある法廷弁護士の経験』に、夫を毒殺した容疑で裁判された、なかなか容姿の人好きする若い女の話を書いている。〝彼らは暮らしの貧しい連中であって、彼女は埋葬資金から金をくすね、また近所の若い者と密通していた、という話だった。微量のヒ素が故人の遺体から発見されたが、私は弁護にあたって鼠の駆除に不注意に使用したせいだという推測を述べておいた。裁判官であるパーク男爵は、陪審にたいして遺体から発見された微量のヒ素をするどく説示したものの、被告人に不利な説示ぶりではなかったから、陪審はたいしてためらうこともなく無罪放免にしたのである。化学の教授であり、また証人として場馴れしてもいたテイラー博士が、ヒ素の検出を証明し、私としては、きびしい反対尋問を望んでいた私の事務弁護士をひどくがっかりさせたろうと思うが、ただの一つも質問しなかったのである。同博士は裁判官席に坐り、判事の近くにいたが、判事が総括弁論を終えて、陪審の評決が出るのを待っている間に、微量のヒ素が発見されたのには驚きましたと判事に言われ、次のように答えた。すなわち、もしそのことを質問されていたら、具体的に明らかにされている状況の下では、非常に大量のヒ素が体内に摂取されたことを示している、と証言しなければならなかったでしょう、と。同教授は、自発的に証言してはならぬことを知っていたし、訴追側の弁護士も、その質問が必要なのに、怠ってしまったのである。パーク男爵は、こんなふうにして偶然に事情を知ったわけだが、こういう情報を審理につかうことは保証のかぎりではないと思ったのである。私にとっては「無言の反対尋問」の第一課であった。〃

もう一つ、この「無言の反対尋問」という技術で、きわめて興味深い、ためになる教訓が、一九〇二年の『ロンドン法学雑誌《ロー・ジャーナル》』に載っている。執筆者はリチャード・ハリス・K・Cである。

ずっと以前の話だが、ロンドンのイースト・エンドにウェアリングという製造業者が住んでいた。彼は手広く事業をやっていて、田舎の本宅には家族が住み、工場は街にあった。地域では大変な名士だし、何しろお歴々というわけだった。

大勢の使用人の一人にハリエット・スミスという娘がいて、この娘とお歴々のウェアリング氏は恋におちたわけである。娘は田舎の出で、まだまだひなびた花だったのである。もしウェアリング氏が結婚していると知っていたら、彼女は十中十まで、もったいないこの申し出を拒んでいたろう。彼はこの娘と結婚までこぎつけたが、あくまで秘密にしていた。娘の父親も、ウェアリング氏の事情が好都合になるまで、全く知るよしもなかったわけである。

そうこうするうちに子供が二人生まれた。それから不運にもウェアリング氏の事業に危機が訪れ、破産してしまった。工場も倉庫も空っぽとなり、ハリエットは毎週のお手当を断たれてしまった。

ある日、ウェアリングが倉庫に入って、たぶんどういう手があるだろうと考えているところへ、ハリエットの父親スミス老人がやってきた。娘がどうなったのか知りたかったのである。「それは」とウェアリング氏は言った、「私のほうこそ知りたいもんですよ。」彼女はもう一年以上も出奔したままであり、彼の知るかぎりでは、どうも最近はパリにいるらしい、というのだった。老人はわけがわからなかったものの、ともかく生きていようが死んでいようが、探し出すつもりだとウェアリングに言い、立ち去った。ウェアリング夫人が借りていたアパートのおかみは、奥さんが出て行ってから子供のことを一度も訊いてこないのは変だ、あんなにもかわいがっていたのに、と言った。

彼女が姿を消してほぼ一年になろうとしていた。ウェアリング氏は数日中に家屋敷を家主に明け渡さなくてはならなかった。ウェアリング氏ほど呑気な人間はいなかった。

家屋敷を引き払うというのに少しも気にならぬ様子で、かなり大きな荷物を二つ、だれにも見られずに持ち出したがったことだけが、まあ格別だが、人がみれば匿し財産と考えたことだろう。

たまたまジェイムズ・デイヴィスという使用人がいた。純朴で律気な若者だった。おやじさんをいつも愛していたし、またかわいがられもしていたのだ。破産してからはホワイトチャペルの別の会社に年季奉公していたが、ある土曜の夜に、ちょっと新鮮な空気を吸おうとマイナリーズの方へぶらぶら歩いていくと、おやじさんにばったり出くわした。おやじさんはいつものように親しく挨拶してくれ、一時間ほど割けないかねと尋ねて、もしよければ、行商人の持ち物だが高価な見本が入っている荷物を、二つばかり馬車へ乗せるのを手伝ってくれないかと頼んだ。ジェイムズは喜んで同意し、ウェアリング氏の取り出した葉巻にそれぞれ火を点けて、昔のことや昔の友達のことを語り合いながら歩いた。倉庫につくと二つ荷物があり、アメリカ製の布地でくるんで縛ってあった。

「これだよ」とウェアリングは火を点けながら言った。「きみが一つ持ち、私がもう一つを持とう。かなり重いから、取り扱いには注意してくれよ。でないとどこかが破けるかもしれない。」

舗道の縁石までくると、ウェアリング氏は言った、「ここで止まっていてくれ、四輪馬車をつかまえてくるから。」

ジェイムズは、待っている間に、荷の中をのぞいてみたいという説明しにくい好奇心にかられた。抵抗できない不思議な好奇心で、彼は荷の一つの端をほどいた。肩から切り離された人間の首と鼻をつきあわせたときのこの若者の恐怖を思ってもみるがいい！「髪が逆立ちました」とこの証人は語った、「そして帽子が落ちてしまいました」と。だが平静さはなくなりはしなかった。彼はこの見るもおそろしい〝人間の残骸〟を包み直し、ウェアリング氏が辻馬車をつれて戻ってくるのを待ちながら、彫像のように立っていた。

二人がその〝見本〟を辻馬車の屋根に積みこんでしまうと、「跳び乗れよ、ジェイムズ」とウェアリング氏は言った。だがジェイムズはその馬車に乗りこむ気になれなかった。彼はその後を走って行くほうがよかった。だから、ホワイトチャペル通りをずっと走り、ロンドン橋を渡り、オールド・ケント通りへ出、その間警官を見るたびにあの馬車を止めてくれと叫んだが、警官はだれひとり取り合ってはくれず、ただ頭のおかしな奴めと嘲笑するだけだった。〝官憲《おかみ》〟はつまらぬことでおたおたしないものなのである。

やがて馬車は裏通りのある空き家の前にとまった。ここは旧ロンドンの一画で、どうやらウェアリング氏の兄弟の持ち家だとわかった。迷路めいたアーチや丸天井や地下室があり、鼠など害獣たちの棲家《すみか》になっていた。

ジェイムズがはあはあいってやってきたときは、ちょうどおやじさんが例の見本の一つを家の中へ運び入れたところだった。ジェイムズは何とかかんとか警官を一人つかまえ、話を聞いてもらっていたのだ。

その警官は、ウェアリング氏が二つ目の荷物を運び入れようとしたとき、思いきってその中身を尋ねた。

「あなたには何でもない物ですよ」とウェアリング氏は言った。

「それはわからんね」と警官は答えた、「見せてください。」

ここでウェアリング氏は平静さを失い、その警官と、もう一人巡回してきた警官に、荷物を見ないで欲しいと百ポンドさし出したのである。

だが官憲は買収されるはずがなかった。彼らはウェアリング氏を家の中へ押し入れ、その場で大きな包みの戦慄すべき中身を発見したのだった。警官たちも嫌疑がはっきりしたから、署へ手続きを取り、監察医はこの遺体が若い女性のものであり、死後かなり月日が経ち、漂白粉《さらしこ》の中に埋まっていたものと判断した。

もちろんこれは殺人の証拠とはならず、ウェアリングの殺人容疑は、かなり後になるまで問われずにすんだのである——つまり、彼女の老父が、その遺体は娘ハリエットのものだと繰り返し繰り返し訴え出るに及んで、やっとおかみもこの老人の言葉に心を動かされ、やはりこれは殺人事件かもしれないと考え始めたのである。とくに後頭部に弾創が二つあり、頸部が切断されていたからである。また、彼女がウェアリング氏の倉庫の床下に埋められていたことを証明するものもあった。すなわちその場所には毛髪が少しと、彼女の上着からとれたボタンが一、二個みつかったのである。

これらのすべてが当局の嫌疑を呼びさますこととなった。もちろん自殺という推測もあったが、その点は後日行なわれた裁判で、法院長が、女性が自分で後頭部を二度射ち、咽喉を切断し、床下に自分を埋め、しかもその床板を釘打ちするなど、どうして出来るか、と問うて片をつけた。

殺人の嫌疑は、身元の確認がなければ立証できぬことは明らかである。だが当局は、死刑を要求して思い切りよく突進したのである。何か出てくるかもしれぬ、とあてにならぬ望みに賭けて。その結果、万策つきはてたかたちとなって、スミス老人を、当時の一流の弁護士が尋問した。こんなふうにである。

「あなたは遺体をごらんになりましたね?」

「はい」

「誰の遺体だと思いますか?」

「娘のものです、私が信じていますかぎり」

「なぜ娘さんのものだとお考えです?」

「身長や髪の色、それに足も小さく脚もやはり小柄なことからですよ」

それで全部だった。そしてこれだけでは無にひとしかった。

だが、依頼人を満足させようと思うなら、どうしてもここで反対尋問が必要である。だから被告人の弁護人が質問したのである。

「ほかに何か、あなたがそうお考えになる根拠はありませんか?」

「いいえ」と老人はためらうように答え、自分の帽子をくるりとまわしたが、それはまるで秘密が何かそこにあるかのようにみえた。

傍聴人の詰めかけた法廷に、息づまる期待がみなぎった。この証人には打ち明けたくない何事かがあり、それを心の中で思いめぐらしているようにみえたからである。

「いいえ、あります」二、三分おし黙ったすえに彼は答えたのである、「娘の脛には火傷の痕がありました」

このドロップボールに満場の感動がもりあがった。その火傷の痕の問題を片付けるためにもっと反対尋問が必要となり、また再尋問も必要となった。

その痕は、ハリエットが子供のころ暖炉に転がりこんで出来たものらしかった。

「遺体にその傷痕をごらんになったのですか?」と被告人の弁護人は尋ねた。

「いいえ。私は調べてみなかったのです。もう十年も見ておりませんもので」

当局側はいそがしくペンを走らせ、役人たちの間でさかんに交わされる微笑は、まるでこの発見は自分たちが頭がよかったからだ、といわんばかりだった。そして「その火傷痕はどんなものなんだろう? 弁護人は火傷痕からどうやって立ち直れるかね? きみはこの痕というのをどう思う?」などと言い合っていた。奇妙なことに、被告人側の連中は、双方の側の医者に遺体を調べて火傷痕の有無を確かめることを許すよう、治安判事に要求するほうが賢明と考えた。そしてもっと奇妙なことには、治安判事も、それに同意を与えながらも、傷痕などじつにとるにたらないと考えたのである。

そんなにもとるにたらないとわかったから、老父と妹の説明どおりそのまま傷痕が脚にみつかると、医者たちはそれを切り取って、法廷へ提出するために保存したのである。この発見後、もちろん裁判結果はわかりきっていた。

賢明な読者には、この裁判での大まちがいが一つだけにとどまらぬことは申し上げるまでもあるまい。重さにおいて等しく、かつ一層許しがたいへまは訴追側にもあったのだ。これは指摘するまでもない。正義は、一方の側の無策から四苦八苦したものの、他方の側の思いがけぬ失策で救われたのである。

第8章 〝証言の偽り〟をただす反対尋問

この章では、人間なるものが本来もっている性質とか人間の理解力といった要素を分析してみたいと思う。つまり、証人たちはすべて自分では嘘を言っていないと思っているし、偏見も党派心も持ってはいない、あるいは証言のまちがいをおかす動機などありはしないのだが、審理されている問題について真実を隠そうと働いてしまう諸要素の分析である。

ルーファス・チョート[*1]は、あるときショー裁判長の前で、いつもより深遠難解な弁論を始めようとしていたが、まず次のように切り出したものだ。「裁判長の面前に出まして、私は偶像の前に拝跪《はいき》するヒンドゥー教徒のような感情を味わっております。あなたは美しくは見えないがじつは偉大な方であることをよく存じております!」

私はまさに以下の論議を始めるにあたり、彼と同じような感情を少なからず抱いているのだ。この主題は無味乾燥ではあるが、あらゆる真面目な弁護士志望者にとってはまことに大きな重要性があると、よくわかっているのだ。

だれでも、いくらかでも裁判所へ通ってみれば、一見いかにも正直そうで、馬鹿でもなさそうな男女が、一つの事件をめぐって向かい合わせに勢ぞろいし、宣誓したうえで、事実は一つであるはずなのに全く正反対の陳述をする光景に連日お目にかかり、呆れはてるはずだ。

私はこの主題を、ひとつ心理学的な観点から取り扱い、証人たちが意識しないでおかすまちがいの原因をいくつか追跡してみようと思うのである。できるだけやってみたい。この問題は、今までに述べてきたこととときわめて密接な関係がある。もし弁護士に証言の偽りがどこに由来するか全然見当もつかないとすれば、反対尋問でその偽りを解明することなど、夢のまた夢にすぎないだろうからである。

〝知識とは人間の心に刻まれた印象にすぎず、けっして事実そのものではない。事実はさまざまな心にさまざまな姿で現われるものだ〟という言いならわしは適切である。無意識に感受した印象――視覚、聴覚、触覚など――は、どんな人間の心にとっても同じだろう。が、ひとたび意識してしまえば、原印象はたちまちあらゆる色合いを帯びるのだ。それを受け取った人間の動機、過去の体験、性格によってじつにさまざまである。感覚だけならつねに同じだろう。その感覚が個々の人間によって解釈され、めいめいの知覚となるのだ。

ある人が暑い日に小川の流れをみて、ああ冷たそうだ、と思うとき、彼は実際には、眼から受けた印象の上に、過去の経験から得た何かを自然につけ加えているのだ。別の人なら、〝爽涼感〟の代わりに、いやな生ぬるさを、やはり自分の過去に応じて感じるかもしれないだろう。感覚の実質は心の作用を受けるのであり、心は個人の衣を感覚に着せるのだ。[1]ヘルムホルツは、例えば、機械的な判断行為である無意識的断定を、時日を隔てた知覚とはっきり言っている。

感覚の解釈は、だから、個々の人間の行為であり、同じ感覚であっても当然その経験や性向のちがいに応じて解釈はさまざまとなるものだ。この過程はきわめて瞬間的、かつ自動的、無意識的である。〝画家は、他の人たちの眼には漠然とした、あるいはごちゃごちゃとした、かたまりとしか見えないものを、細部まで一瞬にして見てしまうものだし、博物学者なら、ふつうの人間にはただ何か物があるとしか見えないのに、ちゃんと動物を見るのだ。[2]〟大人は、子供にとっては何の意味もない事物に無限の多様性を見るものだ。同様に、同じ一つの印象でも、同じ人間が、時がちがえば解釈もまたちがってしまう、ということになるもので、一つにはそのときの注意力の状態や、その印象を要求された通りに眺めてみる心構えがどうであるかによるのだ。臆病な人間は冷静な人間よりも幽霊を見たという幻覚に陥りやすいというもので、これはその瞬間の現実の印象にたいする注意力が劣っているため、というわけである。

どんな人間でも、見たり聞いたりするものに多少とも注意を払っている。状況に応じてであるが。そして想像力というものが最も危険な作用を及ぼすのは、印象が曖昧模糊な領域である。心の動きが不活発であるか、すっかり他のことに考えを奪われているときには、感覚は知覚となることも、解釈されることも、記憶されることもなく、にもかかわらず身体の反応から感じたことは明らかである、といった場合がよくあるものだ。例えば、熟睡していない人間が大きな物音にびくりとしたり、明るい光から顔をそむけたりする場合、その感覚を意識して自動的に反射行為はするのだが、それがどこから起こったかと考えることもなく、起こった記憶さえないのである。[3] 注意力が完全に失われているときの感覚作用はこのようなものである。したがって、同じ出来事とか会話について、人によって全く反対のことを考えているのは、注意力の強さの差にもよるようである。この注意力の強さの差に、前記の人による身体的感覚の解釈のちがい、あるいは色合いのちがいを加えると、なぜ人間は自分の見聞きしたと思うことであんなにも違うのかの理由を、もっとよく説明できる。

欲望は偽りをいっそう推し進めることが多い。欲望はある一点に注意を集中しようとする意志を励ます力がある。このため、その特定の点あるいは命題（主張）を強調して、他は一切省いてしまうという結果になるのだ。その意志は、いくつかの考慮すべき点を度外視させる力があり、それらの点の力を弱める一方、他の点に注意を集中してその力を強めるわけである。

サー・ジョン・ロミリーは、ビーヴァン一〇五の一六（文書）中に報告した意見のなかで、言っている。〝人間は、自分の欲するところを信じようとする傾向があるものだが、それがどんなに極端なものか、片時も忘れてはならぬ。起こったにちがいないと信じている事実を、長い間いろいろと考え、自分が実際にそうしたかどうかを思い出そうと努めているうちに、とうとう、はじめは起こったにちがいないと信じていただけのその状況を、実際に何もかも思い出しているのだ、というふうにみずから納得するに到るのは、日常茶飯といっていい。元来は想像の産物であったものが、時が経つうちに追憶のそれと化するのだ。この種の証人に向かって、故意に汚い偽証をしたときめつけても仕方がない。彼らは誠実に、善意に、じつはけっして存在せずただの想像の産物にすぎぬ会話や誰かの言ったことを聞いたり憶えていると信じている場合が多いのだ。〟

もう一つきわめて重要な因子であり、またそれ自体が膨大な〝証言の偽り〟の出所でもあるのが記憶である。われわれは、まるで記憶というものが過去の意識の状態の正確な復原から成り立っているかのような話し方をするのがふつうだが、経験によれば、この復原なるものがはなはだ不正確な場合が多く、それは思い出さずにいる間に〝痕跡〟が多少削られたり付け加えられたりするためであることも知っているのである。ときとしては一部がすっかり消えてしまったりもする。その結果、残ったものしか思い出さぬから、その出来事について非常にまちがった（不完全ゆえに）見方をする可能性があるのだ。それがわれわれ自身の感情に訴えるところがある場合、そういう感情に逆らうものは目に入らなくなるという極端な傾向がわれわれにはある。したがって記憶による復原は全く偏ったものである。このことは、二人以上の当事者が同じ出来事あるいは会話について、まだ記憶に新しく、しかも心から真実を語りたがっている場合でさえ、全く違う説明をするという事実によって、絶えず例証されているわけだ。こうした違いは、時が経つほど著しくなるのがふつうであり、記憶の中の痕跡はふだんの思考や感情の過程によって次第に、しかし無意識に姿を変えていき、その結果ずっと後になって思い出すと、もはや元の出来事の復原ではなく、姿を変えた痕跡であるのが現実である。[4]

サリー氏は書いている、〝ちょうど遠くにある物体が、霧にかすんだように、ぼんやりとしか見えないとき、われわれの想像力が働きはじめ、何かを完全にはっきりと見ている空想をするように、記憶の映像がぼやけると現在の想像力が働いてそれを復原しようとし、古い衣装に新しい継ぎを当てるのである。過去の遺物が何か残ってさえいれば、それはこんなふうに起こったかもしれないと暗示するだけでもう、それが実際にこんなふうに起こったという確信を充分生み出すことがよくある。こんな場合にわれわれの心に自然に浮かぶ連想には、われわれの現在の経験の様式とか思考の習慣が刻印されているわけである。したがって、遠い過去を再構成しようとするとき、われわれは自分の過去そのものの中へ現在そのものを移入してしまう危険にたえずさらされているのだ。〟

上院議員のジョージ・F・ホーアは、近著『私の七十年』の中で語っている——

〝重要な政治事件に躍った役者たちの回想は疑いなく大きな歴史的価値がある。しかし、私は率直に言うが、人間の記憶というものは、たとえ善良にして真実な人間であっても、自分の活躍したことについては、はなはだ危険で誤解させるものである場合が多いのである。私は、歴史や伝記を書いている友人たちから、その現場に居合わせて最もよく知っている連中の話というものが、いかにくいちがっているか、ずいぶんと奇妙な話を聞いている。そんな話ならいくらでもお聞かせできるだろう。〟

ワシントン大学の心理学教授エドガー・ジェイムズ・スウィフトは、一九一八年初版の『心理学と日常活動』の中で、この主題についてきわめて興味深く、またためになる議論を、相当のページにわたって展開している。じつは十年ほど前、この主題のうち証人の証言に関するかぎりであるが、私は問題提起をしておいたのである。ともかくこの本は、反対尋問を本当に勉強したい者にとっては必読書である。

スウィフト教授は、自分の心理学教室で行なった人間観察の大変興味深い実験を語っているが、そこから引き出した結論は次のとおりである。〝私の実験の結果明らかとなったのは、一般に、平均的人間が出来事や会話を記憶に頼って報告し、自分は真実を述べていると本心から信じているとき、その四分の一は不正確であり、こうした記憶違いの傾向は、原体験から時が経つほど大きくなる、ということである。〟

ラルギエ・デ・バンセルは、その著『心理学年報』の中で、自分のさまざまな調査を検討した結果、一般に、宣誓して供述した正直な証言の約十分の一が真実ではないという意見を表明している。ボルスト嬢は、自分の行なった調査の結論として、証言の十二分の一は間違いであると言っているが、一方スターンはこれより低い評価を出しているのだ。ジョン・ウィグモアは、このテーマで『イリノイ法学評論《ロー・レヴュー》』に書いているが、これはあまりにも有名である。

スウィフト教授は、あるクラスの平常授業中に、じつはひそかに下稽古させておいた次のような芝居を、半円形に坐っている学生たちの目の前で、突然演じてみせた話を書いている。

廊下で口論が聞こえたと思うと、ドアがはね開けられ、四人の学生、男女二人ずつが教室へ乱入する。R嬢は入るとすぐ茶色の紙包を床に落とす。この包みには煉瓦を一個入れて、落としたことがわかるようにしてある。Kは一本の大きな黄色いバナナを、まるでピストルのように振りまわし、全員が揉み合いながら教室を横切り、スウィフト教授が五、六人の学生と一緒に坐っていたドアと反対側の方へやってくる。教授は授業を邪魔されたことに抗議して、すぐ立ち上がるが、立ち上がりざまに小さなかんしゃく玉を一つ床に投げつける。Hが、「撃たれた」と叫びながら仰向けに倒れ、R嬢に抱えられる。それから全員が開いているドアから急いで出ていくが、そのさいT嬢が、ドアの傍にR嬢の落とした茶色の紙包を拾っていく。全部で三十秒たらずのシーンだが、このクラスはびっくりして一人残らず跳び上がり、壁に背を押しつけて固まっていたという。本物の騒動だと思いこんだのである。

クラスの二十九人の学生たちは、それからこれがお芝居だったと聞かされ、何が起こったか憶えていることと見たことを詳しく書くように言われた。

四人の役者中三人はこのクラスの学生で、R嬢だけがちがっていたが、学生活動で有名な四年生であるからクラス全員が知っていたのである。

この事件の〝証人〟二十九人中、四人の人間が入ってきたことを憶えていたのは、わずか三人だけで、変装は全然していなかったのに、誰と誰だったか四人とも見分けた者は一人もいなかった。多くはこの出来事を〝暴徒〟とか〝群衆〟のそれと書いた。七人の学生が、その中で三人はわかったとし、十一人が二人はわかった、七人が一人だけわかった、四人が一人もわからなかった、とした。しかし現実には、役者は全部自分の毎日顔を合わせている人間だったのである。八カ月の間、週に最低三度は見てきた知り合いなら、たとえ昂奮状態にあっても見分けられるだろう、と考える人たちにとっては、この数字はおどろくべきものだろうが、じつは観察と記憶に甘すぎる数字といわなくてはならない。居合わせた人間を消去していって、あれは誰だったかわかる、という認識方法が大きく働いたからである。八人の学生が、この芝居に参加しなかったばかりか現場に居合わせさえしなかった人間を〝見た〟としたのである。この八人の中の一人は、三カ月ほど前に退学した娘を〝見た〟学生が二人いたのである。服装の記述になると、あまりにも大まかすぎて、とても身元確認の役には立たず、たとえ詳しく書いたとしても不正確だったことであろう。茶色の紙包に言及した学生はたった一人である。T嬢がそれを拾ったのは誰も見ていない。数人がピストルの閃光を〝見た〟とし、女子学生の一人は、黒の長髪の男をみんなが取り抑えようとしていたと書いた。これは明らかにHのことだと思われた。というのは、もう一人の若者Rの髪は明るい色だし、Hの後から室へ入ったからである。しかしHの髪は短く、したがってこの記述は、その年のはじめころこのクラスにいたが、数カ月前退学したイタリア青年のことなのだった。レポートの後の方でこの女子学生は役者の一人にこのイタリア人の名をあげていたのだ。レポートのうち五通は、一項目の真実あるいは事実もなかった。三人の証人は、室のなかへ暴徒が乱入して混乱が起こった、ということ以外何も見ていなかった。他の六人は、役者の一人が誰だったか見分けた以外には、何ひとつ証言できなかった。彼らにとってはそれ以外の一切が空白だったのである。

スウィフト教授は、この実験から次のような結論を引き出した。〝刑事事件では犯人が誰であるかの確認がつねに基礎である。利害関係のない、よい意図をもつ人間たちが積極的に認めてしまうと、アリバイが成立しないかぎり、承認されるのがふつうである。われわれのドラマ実験では、観察者全員がドラマ演技者をよく知っていたが、証人として驚くほど無能だった。もしこの中で本物の犯罪が行なわれたとすれば（彼らはそう思っていたのだから）、彼らの心は、確証をあげられそうな人物を見分けようとしていたはずである。ところがこの「証人たち」は、実際に起こったことについて、はっきりした認識が皆無に近かったことが判明したのである。もし実際に犯罪が行なわれたとすれば、彼らの証言はほとんど価値がなかったはずである。にもかかわらず、彼らが目撃者だったという理由で、その証言は承認されたことだろう。誰であるか見分けられた演技者はごく少なく、それも暗示を与えてやればすぐ誰かほかの人物に変えるほどあやふやな回答が数例あった。〟

記憶の正確さを測定するために、スウィフト教授は、このほかにも、非常に啓発的な実験を自分のクラスでいくつかやっている。一つの話がすっかり原形を失ってしまうまでは、何人の口を経なければならないか、という実験である。

新聞の切抜きを一つクラスの誰かに読んで聞かせ、それをすぐに次の学生に繰り返させ、そうやって最後の学生まで行かせるわけである。各学生は聞いて伝えてやったらすぐにそれを書きとめる。原文は次のとおり。

〝トマス・マッカーシーは、バーンズおよびホプキンスの別名も使用しており、昨日、盗んだ為替の共謀偽造・行使にたいする罪状認否を問われたが、裁判は一週間延期されることとなった。同人は月曜の夜ある酒場で逮捕されたものである。地方検事補は、昨日、同人がデパートで行使したとして起訴されている為替は一月前にセント・ルイスの郵便局で強盗にとられたものの一部であると語った。この為替はさまざまな金額が記入されており、その多くは百万ドル以上となっている。マッカーシーは一万ドルで保釈となった。〟

最初の学生が書きとったものは、次のとおりであって、どんなふうにずれてスタートを切ったかが分かる。

〝トマス・マッカーシーは、以前バーおよびバスという名であったが、偽造の罪で逮捕された。裁判は一週間後に始まる予定である。彼は去る月曜の夜、街角の酒場で逮捕された、以前リートンがデパートで使った小切手を使おうとしたのである。その金額はいずれも百ドルを超えず、地方検事によって千ドルの保釈金で釈放された。〟

二番目の学生がこの話を再現しようとし、以下条件や削除や付加が重ねられて、別名も頻繁に変わった。七番目になると、うんと切り縮められており、引用の価値がある。こんな具合である。

〝マッカーシーという男がおり、バーニーという名で通っていた。彼は百ドルの小切手を偽造して逮捕された。〟

十一番目では苗字がなくなり、別名はサセックスになった。話は次のようになる。

〝トマスという男がいた。通称はサセックスだった。彼は百ドル小切手を偽造して逃走した。〟

ここで、話は最初の学生のものとの類似点をすべて失ってしまった、といえるだろう。学生たちはこの実験に興味を抱いた。誰がいちばん正確に憶えていられるかやってみようという競争になった。自分の能力の限界まで、注意力を集中したのだが、しかもなお結果は、とくに省略したり付け加えたりの点で著しいものがあったのだ。

スウィフト教授は、これらの実験から次のような疑問に答えを出しているのだ。

〝第一に、見たり聞いたりしたことを事実そのままに物語るという可能性は、どのくらいあるものか？　明らかに、まずまず正しいといえるような語り方でさえ、可能性は少ないのである。われわれは、観察そのものがきわめて欠陥があって信頼性に乏しい、ということを確かめたのであり、さらにまた、観察の不正確さに加えて、その出来事について話し合うことから受ける歪みや、想像力に刺激されたりすることを考えると、証人の証言などというものは、全くあてにならぬと極言できるのである。想像力は幾多の省略や置き換えによって事実証拠を再構成するのであり、最終的に出来上がるものは、元の姿とはあまりにも異なり、似ても似つかぬものとなりはてることが多い。ある行為を期待する気持ちが、それを見させ、何かをしたいという意志が、それを実行した気持ちにさせる。つねに暗示・連想というものが働くのである。自分が観察者であるときには行為をしているという暗示・連想。会話をしているときや証人席にいるときには、事実を訊かれることからくる暗示・連想。〟

第4章で私は、エイブラハム・リンカーンのアームストロング事件での反対尋問の話と、あの事件でリンカーンの陪席弁護人だった連中の話との間のくいちがいに、注意を促しておいた。あれもスウィフト教授の実験に劣らず啓発するところが大きい。

エドワード・アボット・パリー判事は、最近英国で『裁判官の思うこと』というじつにおもしろい本を出したが、その中に〝偽証の心理学〟という愉快な一章がある。その一節に、〝正義の法廷は、正義の両手《もろ》をひっくりかえそうと企んでいる邪悪にして自暴自棄《やけくそ》な偽証者どもや教唆者どもによって、つねに誤った方向へ導かれている、と一般の方々はお考えのようだが、それは神話であることを明らかにしたと私は信ずる。（略）しかし、平均的な市民の方々の法廷での証言は、異常なほど偽証の形跡を免かれている、という見方を守りたいと思ってはいるものの、しかもなお、もし私に、三分の一世紀にわたって法廷での宣誓証言を聞いてきたあげく、毎日の証言が正確で信頼でき真実であると心から思っているか、とお尋ねなら（それを検討するのが私の仕事だったわけで）、全く遺憾ながら、私の答えは否であることを認めざるをえない。（略）私は、証言の偽りというものは十中八

九、観察の欠陥、記憶違い、暗示による歪み、そして想像の愉しさに由来するということを、みずから知って喜んでおり、かつまた市民諸氏に納得していただけたら幸いと思っている次第である。信じたいという願望もまた、誤った証言を生み出す強力な一要因であることがきわめて多い。第一次世界大戦の初期、すばらしいロシアの大軍団が長靴に雪をつけて深夜の列車で通過するのを見たという〝友人を知っている〟心配気な市民が、どんなに大勢いたことか！　こうした伝説をも偽証呼ばわりするのは、人情を知らぬというものであろう。

人類が、証言で過ちをおかす真の原因を、もっと完全に科学的に理解できたときにこそ――というのも、やっと最近になって、学者たちが科学的に研究し始めたからであるが、われわれは自分の偏見や想像を抑制し、不当な暗示による危険を排除して、現在のやり方の改善に着手できるだろう。〟

ハーバード大学で多年心理学を講じていたヒューゴー・ミュンスターバーグ教授は、二、三年前、この主題について『証人席にて』という本を出した。私はコロンビアの法学部で弁護士向けの連続講義を行なったさい、この本を教科書に使用したことを、はっきり申し上げてかまわぬと思っているが、ただし、この本にある理論をニューヨークではじめて実地に応用した弁護士は、私の事務所の共同経営者ハーバート・C・スミスである。彼はそれによってある証人の、自分にとって大変不利な証言を粉砕したのである。もっとも、その証人の正直さには疑問の余地がなかったのであるが。

数年前、ニューヨーク州の上級第一審裁判所でアーランガー判事が裁判長になった事件でのことだ。ニューヨークの有名なデパートの所有者であるメイシー社を相手どり、ジョン・T・マクナルティ教授の死にかかわる多額の損害賠償を、その未亡人が請求した事件である。

原告に遺言証書を残さずに死んだニューヨーク市立大学哲学教授は、同デパートの上層のある階から、開いていた客用エレベーターの昇降穴《シャフト》に落ちて墜落死したのである。未亡人に代わって提出された主張は次のようなものだった。マクナルティ教授は六階の廊下を歩いてエレベーターに接近し、入ろうとしたところ、遮蔽ドアが閉まらぬうちに、その待っていたエレベーターが不意に上昇し、そのため教授は口を開けている穴の中へ踏みこんで、底へ真っ逆さまに落ちたというのである。

他方、メイシー側のただ一人の証人として、エレベーター係の主張は、マクナルティ教授はエレベーターに入ろうとしていたのでは全然ない、反対に乗っていて問題の階まで上がってきたのであり、エレベーターは各階止まりが慣行であって、自分がちょうど折りたたみドアを閉めながら、また発進させたときに、教授が突然降りたいことに気がつき、閉まりかけていたドアを押し戻して足を踏み出し、バランスを失って、穴の中へ仰向けに落ちこんだ、というのだった。

だからこの事件の核心は、マクナルティ教授がエレベーターに乗ろうとして落ちたのか、降りようとして落ちたのか、にしぼられた。もし前者であれば、メイシー社がその従業員の過失に責任をとらねばならぬし、後者であれば、故人の過失だった。

原告側は、主要証人として、またこの事故のただ一人の目撃証人として、医師アリスン博士を喚問した。彼は、主尋問で、マクナルティ教授が六階で自分の横を通り過ぎて歩いていき、開いているエレベーターの昇降穴へ向かい、そこで姿が消えるのを見たこと、そして体の落ちる音を聞いたことを証言した。

アリスン博士が最初にこの出来事を語ったのは、事故の二日後、検屍官の検屍のときだった。そのさい彼は、故人の家族から依頼された弁護士に、次のような誘導尋問を受けたのである。（メイシー社を代表する人間は一人も出席していなかった。）

問「あなたが六階の廊下を歩いていたさい、一人の男の姿を見られたわけですね、後でマクナルティ教授とわかったのだが、その男があなたを追い越してエレベーターの昇降穴の方へ歩いていくのを見たのですね？」

答「はい、そうです」

問「そしてこの男が昇降穴に行きついてから消えた、というのですな？」

答「そうです」

問「昇降穴への入口はそのとき開いていていたんですな？」

答「ええ」

問「それから体が底にぶつかる音をお聞きになった？」

答「ええ」

明らかにこうした誘導尋問が、次のような反対尋問をスミス氏にそそのかしたのだ。

問「アリスン博士、あなたは検屍官の検屍のさい、この事故のことで尋問されましたか？」

答「ええ、されました」

問「それはマクナルティ教授が亡くなられてわずか二日後でしたね？」

答「そうだったと思いますね」

問「ご証言はそのときも今も実質的には同じでしょうか？」

答「そのとおりです、もちろん」

問「そのときのご証言が、この出来事について述べられた最初だったのでしょうか？」

答「そうです」

問「あなたは大きく開業なさっておられましょう？」

答「まあ、かなりやっていると思いますね」

問「精神神経科の患者もずいぶんと治療なさったことがおありでしょう？」

答「ああ、そうです。ふつうの医者程度には」

問「では、心理学にはとくにご関心がおありでしょうな、一般的に言ってですが？」

答「まあ私にはつねに大きな関心のある学問ですね」

問「ではかなりその関係の本をお読みでしょう？」

答「ええ、ずいぶん読みましたよ」

問「ではもちろん、ミュンスターバーグ教授の近著『証人席にて』はよくご存知でしょう、大変評判になっている本ですが?」

答「ええ、全くそのとおりですね」

問「著者が暗示のもつ力や記憶からひき出される錯覚を強調していることを憶えておいででしょう。こうした現象の珍しい実例をあげていますが、思い出せますか?」

答「ええ、もしどれとどれというふうに言ってくだされば、大丈夫だろうと思います」

問「例えばですね(とその本から読む)、〝研究集会をしている最中に、ドアがあき、けばけばしい衣装を着た道化が一人、狂ったように駆けこみ、その後を黒人が一人ピストルを手に追ってくる。二人とも荒々しい文句を叫び合い、一人が床に倒れ、他の一人がその上に跳び乗る。それから銃声が一発。すると突然二人とも部屋からいなくなっている。この出来事はあらかじめ準備されていたわけだが、全部で二十秒足らずだった。学者たちはさっそく自分の目にしたことをレポートに書きとめるように言われた。四十通のレポート中、確かな誤りのないものは、わずか六通にすぎず、黒人が無帽だったのに気づいたのは四通だけであった。他はすべて、その黒人に山高帽をかぶせたり、シルクハットをかぶせたり、その他なにかかにかをかぶせたのである。また着ていたものも、さまざまな色や型が考え出され、上衣を着ていたという者もあれば、シャツ・スリーブ姿だったという者ありで、要するに観察者の大多数が、完全に自分の視野の中で起こった事件の成り行きを、半分近く、省略するか、でなければ違うものにした、という結論が出たのである。〟記憶がいかに頼りにならぬかを示すあの典型例をご記憶でしょうか？」

答「ええ、よく憶えています」

問「ではこれを憶えていらっしゃいますか（なお同じ本から引用して）、〟ある農家の一室の写真を、選抜した一クラスの学生に見せ、次いで一人一人に、見たものについて質問した。「ストーブはどこにあったか見たかね？」百人中の五十九人がストーブの場所をはっきり答えた。「奥さんが時計のねじを巻いているのは見たかね？」三十人がその時計のことを説明した。その他いろいろ質問したのだが、じつはこの写真にはストーブも時計も写っていなかったのである。〟（証人に向かって）憶えていらっしゃいますね？」

答「ええ、それはとくに印象が強かった例の一つですね」

問「ミュンスターバーグの本から、もう一つだけ関係のある事例を聞いていただきたいと思うのです。そのあとで、こうした事例と本件との関係がおわかりかどうか、ひとつお尋ねしたいのです。さて、『証人席にて』の中のこの例は憶えておいででしょうか？（同書の他の部分をめくり）〟ある黒人が、夜の国道で殺人をおかしたとして裁判にかけられていた。一人の公平な証人が、事件をすっかり見ていたと主張したが、反対尋問でこんな暗示的な質問をされた。問「あなたは月明かりで被告人がそのとき着ていたズボンや上衣の種類がわかったのですか？」答「はい、たしかに茶色か、少なくとも黒っぽい色でした。」実際問題として、月は出ていなかったのである。それに彼の前に証言した他の証人たちは全員、被告の服装は青いズボンと白シャツで、上衣は着ていなかったと述べていたのである。〟（証人に向かって）ミュンスターバーグ教授が記録した、この暗示の威力を示す典型例は憶えていらっしゃいますか？」

答「ええ、憶えています」

問「さてアリスン博士、ご自分はこの暗示の力に簡単に屈服するとはお思いになりませんか？」

答「いや、私は暗示にかかりませんね」

問「ではひとつ、たしかめてみましょう。あの悲劇の二日後に、検屍官の検屍のときになさったご証言を、今読んでさし上げますので、ご注意願いたいと思うのです（といって前出の彼の証言を読みあげる）。お分かりでしょうか、これらの質問は、あなたが実際にマクナルティ教授がエレベーターの方へ行くのをごらんになった、ということをあなたから引き出したものですが、どうでしょう、まさに『証人席にて』に典型としてあげられている暗示的な質問に分類される種類のものではなかったのでしょうか？」

答「それはそうかもしれないが、それが何だとおっしゃるんですか？　私が偽りを証言しているとでもおっしゃりたいんですか？」

問「いや、そんなつもりはありません。ただあなたがいわゆる暗示にかかりやすい証人だということですよ」

答「証明してみなさい！」

問「いいですとも。私がミュンスターバーグの本から読んでいるとお見せした三つの事例ですが、あれを全部あなたは完全に憶えているとおっしゃったが、実際にあの本にあったのは最初の例だけでして、二番目のは半分だけが本物、三番目は全く私の作り話です。どうです、びっくりなさいますか？　この本を手にとって、ご自分でごらんください（と本を証人に手渡す）」

答（もじもじと、紅潮しながら）「スミスさん、あなたは私を馬鹿にしているようですな」

問「われわれ誰しも心にもない間違いを冒しがちだというだけで、あなたがそれ以上というわけではないのです。そこでおうかがいしたいのですが――それにもし私が、あなたを公正な精神の持ち主であると確信していなければ、こんな質問はしないでしょうが――ご自分のお答えをふり返ってごらんになり、またご自分の科学的知識に照らしてみて、マクナルティ教授がエレベーター昇降穴に近づくのを実際に見た、あるいは穴に落ちて姿を消す直前の教授をともかくも見た、と断言できますか？」

答（たいへん躊躇したあげく）「断言できないと思いますね」

この証人は顔を真っ赤にして、そそくさと証人席から退出した。原告側の主柱がなくなったので、陪審の評決はメイシー社に有利と出る結果になってしまった。

反対尋問の職分は明白である。すなわち、証言する事件や取引について証人の記憶の中へ持ちこまれたかもしれぬ外的な要素がどんなものであるかを探り出し、できればその偽りが何に由来するかを突きとめることなのだ。その記憶が欲望あるいは想像によって歪められなかったかどうか、その偽りがもともと見違いや聞き違いではなかったのかどうか、もしそうなら、注意力が欠けていたからなのか、それとも過去の個人的な体験と間違った結びつき方をしているからなのか。

過去についての私たちの想念は、たんにその本質的な特徴が自然に衰え、やがて消え去ってしまうから不正確になる、というだけではない。本来それに属さぬ要素がしだいに取り入れられて、積極的に不正確になっていくのだ。こうした外在的な想念が、過去のある出来事を私たちが心に再現するとき、どんなふうにして入ってくるのか、容易にわかるときもある。例えば、ある男が高価なえり留めピンを失くしたとする。この男の妻君は、あまり評判のよくない特定の使用人が盗んだのではないかとほのめかす。すると、後でこの紛失を思い出すとき、男は事実と妻の言った臆測とを混同してしまい、この特定の使用人があのピンを盗んだことを憶えている、と発言する可能性が大いにあるのだ。こんなふうにして、過去の想像活動が、本物の事実にもとづいているはずの回想を改悪させ、部分的に偽らせることになるのだ⑸。

習慣というものが、記憶、それもとくに強い昂奮状態にある場合に起こった出来事に関わる記憶に、どれほど影響するものか、じつにおどろくべき実例がある。数年前にフィラデルフィアで行なわれたトウィッチェルという男の裁判でのことだ。この男は、間違った証言によってだが、正当に有罪を宣告された。妻君がいつも着物の中に肌身離さず匿していた財産を手に入れようとして、パチンコで妻君の頭を撃ち、殺害したのである。それから死体を中庭に運び、火突き棒を折り曲げて、それに妻の血を塗りたくり、打撃に使われた凶器と見せておいて、通路へ通じる門のかんぬきを外し、少し開け放しにして、ベッドへ戻ったのだ。翌朝、女中が起きて、奥さんの死体につまずいて転び、恐怖のあまり夢中で門を駆け抜けて、警察を呼んだ。この女中は、毎朝かならず、まずこの門のかんぬきを外すのが習慣だったから、裁判でも、殺人のあった朝同じことをしたと証言したのである。この家には、この門から入る以外に、入る方法がなかった。したがってこの女中の証言は、殺人が内部の人間によって行なわれ、家にいたのはトウィッチェルと女中だけであったことを、はっきりさせてしまったのだ。

有罪がきまったあとで、トウィッチェルは自分の弁護士に罪を告白し、嫌疑をまぬがれようと思って、かんぬきをひきはずし門を少し開け放しておくのにどんなに注意を払ったか説明した。昂奮状態にあった例の女中は、かんぬきがはずされていたことも門が開いていたことも気づかず、後でこの状況を回想するさい、かんぬきをはずすという毎日の経験と習慣を、この特定の朝の回想の中へ合体させてしまったわけである。被告を有罪にしたものは、じつはこの小さな証言の偽りだった。

処刑の日が近づくと、トウィッチェルは、刑務所備えつけのバイブルは活字が小さすぎて読めないと刑務所当局へ苦情を言って、友人に活字の大きいバイブルを差し入れてもらう許可を求めた。この友人は薬剤師であって、そのバイブルの何ページかに昇汞《しょうこう》をしみこませた。トウィッチェルはそれらのページをまるめて丸薬にし、水と一緒に嚥《の》み下したのである。ほとんど即死だった。

ボズウェルは『ジョンスン博士伝』(6)の中で、ジョンスン博士との最初の出会いをこまごまと述べている。長い間会って話を交わしたいと願っていたのである。やっと、デイヴィスという人物の家で偶然に会うことができた。

アーサー・マーフィ氏も、『ジョンスン博士評伝』の中で、やはりこのボズウェルとジョンスンの最初の出会いを書いている。

マーフィ氏のこのくだりについて、ボズウェル氏は次のように言っている、〝マーフィ氏は、私とジョンスン博士との最初の出会いを書いているが、私の書いたものとはかなりの相違がある。氏の記憶は、三十年近い歳月の間に自分では誤りを意識することなく自分を欺す結果となったにちがいないのであって、おそらく他人から不正確に聞かされた話を、自分がその場に居合わせたように思いこんでしまったのだろうと私は納得している。私自身の当日の備忘録には、重要なことは全部ノートした自信があるが、この紳士には全くふれていない。こんなに文壇で有名な人を私が書き落としたはずはないのである。容易にご想像いただけると思うが、ジョンスン博士との最初の出会いというこの出来事は、そのすべての状況とともに、強い印象を私の心に刻みこんだのであって、格別の注意を払って記録したはずなのだ。〟

『クォータリー・レヴュー』(7)のある寄稿者は、この同じ出来事について次のように述べている。〝ボズウェルが初めてジョンスン博士に紹介されたときのことを、アーサー・マーフィは誤って書いたが、自分は目撃したのだと主張したのである。これにたいしてボズウェルのほうは、銘記すべきこの出来事をありありと回想できるし、当時の日記に書きつけられた文章をみても、マーフィの記述が全く不正確であり、またこの場に居合わせなかった事実を示しているのだ。その後マーフィはこれに反論しようとはしなかった。ボズウェルがほのめかしたように、彼はこの時の様子を三十年もの間繰り返し聞かされるうちに、とうとう自分もその中にいたような幻想に陥ったにちがいないのである。彼が誠実であったことは疑問の余地がなく、ただこんなひどい惑わされ方をしたのは、まさに証言とはいかに誤りやすく、また真実へ到達することがいかにむずかしいかを典型的に示しているのである。〟

人間がいかに話を誇張しがちであるか、とくに自分が事件に直接の関わりをもち、それを公開の法廷で証言するために喚問された場合にそうであることは誰もがよく知っている。ジェイムズ教授は、その『心理学の原理』で書いている。〝記憶違いの一番多い原因は、自分の経験を他人に伝えるさいのその話しぶりにある。そんなとき私たちは、ほとんど必ず、真実を単純化し、またおもしろくするものなのだ。実際に言ったり、したりしたことよりも、言うべきだったこと、すべきだったことを口にする。初めてしゃべるときには、その区別を完全に意識しているのだが、まもなくこの作り話《フィクション》のほうが実話《リアリティ》を記憶から追い出して、代わりに君臨することとなる。起こってほしかったことが頭に浮かび、あれはこんなふうにもあんなふうにも説明できる、などと思っているうちに、実際に起こったことと、起こったかもしれないと思ったこととの区別が出来なくなってしまう。私たちの欲求、願望、そしてときとしては恐怖というものが、支配的な要因となるのだ。〟

スウィフト教授は、証人たちの記憶の細部が、つきとめられぬままに茫漠としていることが、想像図を育てる沃土となるのだ、と主張している。ぼんやりとした輪郭しか心にない場合には、ふつう、何か憶えている事物で輪郭を埋め合わせようとする傾向が強いものだ、と彼は言うのだ。そして次のような例をあげて説明している。何人かのグループに、めいめいの時計の文字盤にある六の数字が、どんなふうな形になっているか、当てさせるのだ。みんなはⅥか6かの二組に分かれるだろう。他の連中よりは〝記憶〟の確かな少数の者は、数字が文字盤の中心から放射状に位置していることを思い出し、数字をひっくりかえした形に書いて行なってみるだろう。正解の特異性にはっと気がついた者は別として、それ以外の全員は、その数字を見た〝記憶がある〟はずなのだ。ところが、秒針のある時計には、六が欠けているのである。

〝証言の偽り〟の最大の原因となり、また最も微妙に働くのは、意識しない党派心というやつである。反対側の証人なのに、全く腹蔵なく証言するような公明正大な人間に、法廷で出くわすことは、まず稀だ。

ひとたび、一方の〝側〟あるいは主張に与してしまえば、その要求をすべて自分自身のものとして受け入れる、という私たち誰もが持つこの傾向は、とりたてて論ずるほうが異常というものである。制服を着ると、警官であれ兵士であれ、中身は堕落していても、法や秩序の守護者となるのだ。

法廷の証人たちは、ほとんどつねに、自分を呼んだ側の味方をするものであって、この気持ちが、証言してやっている側に不利と考える事実を匿したり脚色したりさせるのだ。証人席でのこうした党派心は、公正な証拠にとってはまさに致命的であるが、さらにこのうえ、尋問する弁護士の党派心までが加わると、正確な事実からはあまりにもかけ離れたさまざまな証言が、簡単に産み出されてしまうのである。熱心過ぎる法廷実務家がしょっちゅうやることであって、誘導尋問でなければ二つの質問を一つにまとめて第二の質問は簡単なものにし、証人に両方とも〝イエス〟と言わせるように持っていくのだ。こうして全く偽りの印象を作り上げてしまうのである。

法廷に入ると、きまってどちらかの側につくのは、人間というもののいかなる精神構造なのか？ まず第一に、証人たちは、自分をあることの立証に呼んだ側から信頼され大事にされていると、多かれ少なかれ感じるのがふつうであり、この信頼に応えようと努めるのが人間の本性なのである。この気持ちを本人は意識していないのであり、全面的に偽証させるほどの強い動機にはならぬのがふつうだが、無意識に特定の目的に合うよう証言を薄めたり色付けたりし、またおそらくは一部をちょっと削除したり付け加えたりする動機としては、充分なのだ。そしてこのちょっとが、意味をすっかり変えてしまうことになるのだ。

証人席の人間の大多数は、評決をどちらかの側へ向かわせる力を持っているという気持ちを味わっており、その力を行使して自分の側から〝すばらしい証人〟と思われたい誘惑に抵抗できないのだ。私は自分の側と言ったが、自分が証言してやる側は、証人席についた瞬間からつねに自分の側になるのであり、たとえその事件に自分は何の利害関係も持っていなくとも、本能的にその側が勝つのを見たがるものなのだ。

戦争であれ、競艇であれ、野球であれ、あるいは訴訟であれ、一方の側に勝たせたいと強く思うのは、人間の特性である。この勝たせたいという願望が、まず必ずといっていいくらい証人にその証言を脚色させ、証人の知性あるいは冷静な観察力によるよりも、むしろ感情の命ずるままに偽りや推測をつくり出すのである。

証人の多くは、これから証言しようとすることに明確な動機をもたずに席につくが、自分が呼ばれた側に不利な供述をするよう誘導されている、とわかったとたんに、自分を選んでくれた側から、不誠実である、あるいは〝裏切っている〟と思われやしないかという恐怖にとりつかれ、すぐさま無意識のうちにそちら側に与し、こんな気持ちにまかせて証言を脚色したり歪曲したりするわけだ。

これとは別の部類に属する連中もある。もしどちらか一方に不正が、あるいは不当な行為が行なわれたと思ったから証人に立つという連中である。当然、被害者側のために弁ずることは、すなわち正義の擁護なり、と思っているのだ。こんな証人たちは、これこそ正義を守る道であると自分の信ずるところに身をまかせるから、同情心や感情が前面に出てしまって、すでに述べたような他の動機に影響される連中の場合と同じく、その証言を脚色する結果となるのだ。

党派性の最も顕著な実例は、二隻の船の衝突から起こる海事裁判の中にみられる、といってよかろう。一方の船の乗組員は、結束して他方の乗組員に対立する証言をするものと、まず相場がきまっている。さらに考えさせられることは、たまたま乗り合わせた船客までが、船員たちの供述に、必ずといっていいほど口裏をあわせるのである。

ジョゼフ・H・チョート二世は、ある海事裁判でおもしろい経験をしている。この種の状況にぶつかったら、どう処理すべきかを教えてくれる好例である。ニューヨーク市が、ニューヘブン鉄道にたいし、双方の船が衝突したことから生じた損害賠償を求めた事件である。市の消防艇〝ニューヨーカー〟号が、船寄せからバックして出ようとしたところ、ニューヘブンの曳船が桟橋の端すれすれにノース・リバーを違法曳航していた車輛運搬船に衝突沈没させられたのだ。曳船の過失は否定できないものであったし、被告側は、消防艇の方が見張り義務を怠らなければ、衝突など起こりえなかったはずだと考えてはいたが、やはり消防艇の過失を証明できる可能性は全くなかった。例の如く、消防艇の乗組員が次から次へ証人として喚問された。最初の証人は、見張りとして定位置についていたし、そのように行動したと述べた。この供述は反対尋問でも揺がせぬことがわかり、状況は暗かった。しかし、二番目の証人になって、反対尋問者は心を決めた。船乗りの証人は自分の船を弁護するものだという有名な性向を、うまく利用して、最初の証人の供述にもかかわらず、何か見張り義務に欠けるところがあったにちがいないという考えを裏づける証拠を、引き出せないものか、ひとつやってみようと。そこで彼は、証人が衝突の直前に何をしていたかについて、いくつも質問した。これらの質問は、故意に、証人が眠っていたか、でなければ目を離していたと、こっちは考えているのだぞ、とほのめかすように組み立てられていたのである。これでいらだってしまった証人は、「いつくるかもしれない危険を、いつでも来いと見張っていたわけですか?」そう尋ねられて、即座に「そうですとも」と力んだのである。すかさず軽蔑した調子で「あなたの仕事は何だったのです?」と尋ねて、見張っているように言いつけられたという答えを引き出した。最後に、その命令を出したのは誰かという問いによって、この証人は第二の完全に正規の見張り員としてその任務についていたことにさせられてしまった。

同じ戦法で九人の乗組員がすべて、次々と見張り員に仕立てられてしまったのである。だれもが、自分の船を守り、また自分を守るチャンスとばかり、跳びついてきて、自分が正規の見張り員だったと言ったのである。裁判長にとって、これではあまりといえばあまりだったから、九人の見張りを一人も信用できないとするか、全員に責任を分割してしまえば無に等しいとするほかはない、と結論させ、したがって〝ニューヨーカー〟号にも過失があり、損害賠償も分割さるべしと判決させてしまったのである。

陸上の鉄道事故でも、ふつうの身体傷害では、事態は軽度でも同じことである。事故が発生すると、電車に乗り合わせた客たちは、その電車の乗務員たちの側につきやすく、他方けがをした原告および一緒に乗り合わせたその友人や親戚などは必ず鉄道会社に敵対する証言をするものだ。

ふつうの身体傷害である〝交通事故訴訟〟は、数年前の市街交通渋滞によって、ニューヨーク州上級第一審の十四以上の部で扱われる訴訟のほぼ五十％にも達している。自己暗示あるいはときには〝弁護士による暗示〟と呼ばれるもののごくふつうの例が、ここにはたくさんみられるのだ。ニューヨーク市鉄道会社だけで、一時は年に四千から五千に上るこの種の訴訟を提起されたものだ。いろんな証人が、二、三年前の事件をよくも事細かに正確に憶えているものよ、と聞いていてびっくりする。衝突した車輛の位置とか速度、物体と人間の動きや、相対的な位置、また間隔を、写真のような正確さで語るのだ。こうした敵側証人にたいしては、しゃべらせているうちにやんわりと誘導していき、ついには、それと気づかぬまま、〝自分の注意を惹きつけ、注目させたものが、最初はすさまじい衝突の音であった〟ことを認めさせるという常套手段が間もなく考え出された。この瞬間に先立つことはすべて、だれかに暗示されたのであり、証人が見たわけではないのだ。私も、この簡単な方法で何十人もの証人をやっつけたことがある。

素人の証人の供述を支えようとして鑑定人がつかわれる場合には、その鑑定人をも同じ方法で、誇張させるように誘導してやり、陪審の眼に馬鹿げた人間と見せることもできるものだ。ジョゼフ・H・チョート二世は、お手のものの鋭いユーモア感覚をつかって、この種の証人を粉砕したことがある。クランドールという男が、シティ・アイランドのロバート・ジェイコブ所有のヨット置場に船軌道をつくった。一、二年経つと、フナクイムシが支えの杭をひどく喰い荒らしたため倒壊してしまった。フナクイムシが水中建造物にとって危険であることはよく知られているが、蔽いをすれば裏をかいてやれるのである。ところがクランドールの契約ではそれを要求しなかったのだ。倒壊の原因をめぐるこの訴訟で、ジェイコブ側の弁護士W・ベントトン・クリスプ氏――この人の体重はまちがいなく三百ポンドはあったろう――は、その軌道が虫に喰われたために倒れたのではなく、設計に欠陥があったからで、これは建設者の責任だと主張した。これを支持させるために彼は鑑定人を出して、支えの杭が不十分だったと証言させたのである。

反対尋問に立った弁護士は、実際にフナクイムシに喰いちぎられた杭の一本を法廷に持ちこんでいた。大多数がこんな状態の杭で支えられていたこの構造物は、それにもかかわらず、倒壊の直前、最大級のヨットの一隻を曳き出すのに充分間に合っていたのだ。もし、この喰い荒らされた杭が、現実に役に立たなくなっていた、というのが本当であれば、この構造物は杭がなくても立派に立って働いていたわけであり、この事実は明らかに設計が正しく、高度の安全性をもっていることを示すのだ。だから、反対尋問者としては、この虫喰いの杭には重さを支える能力など全然なく、したがってこの構造物の力には何の関係もないことを認めさせようと努力したのであり、一方鑑定人はそれを回避しようとしたのだ。尋問は次のようなものとなった。
問「こうした杭がよい状態にあると、荷重能力はどのくらいですか？」
答「十トンです」
問（証人へ虫に喰いちぎられた杭の端を示しながら）「お見せしているこんな状態の杭ですと、荷重能力はどのくらいでしょう？」
答「わかりませんね」
問「九トンは大丈夫でしょうか？」
答「おそらくだめでしょう」
問「七トンでは？」
答「あやしいですね」
問「五トンなら？」
答「わかりませんね」
特定の重量をあげては同様の問答を長々とつづけたあげく、
問「五百ポンドならどうでしょうか？」
答（知らない、とばかり言いつづけてきたことを、明らかに気にしている様子で）「わかりませんね」
問「五百ポンドの体重に耐えられるかどうか、あなたならば、安心してこんな杭の上に乗ってみられますか？」

答（あわてて）「私は五百ポンドもありませんよ」

問（肥りかえった相手側の弁護士を指さして）「クリスプさんなら安心して乗せてあげられますか？」

答「泳げなければだめですね」

軍配はたちまち原告へあがったのである。証人の判断を歪め、良心を窒息させ、知性を盲目にする偽りの原因を、陪審に暴露するためには、どんな方法で反対尋問すればよいか、その原因のそれぞれに見合った方法をあげてみよ、といわれてもむずかしい。事例の一つ一つで状況が異なるからである。私の狙いは、ただ、こうした偽りを生む原因としてごくありふれたものに注意を引こうとしたまでであって、あとは弁護士一人一人の臨機応変の工夫に委せるほかはないのだ。この分野を充分に考え研究しなければ、けっして成功はおぼつかないだろう。

これはずいぶん大きい問題なのだが、これまで法学書で論じられたことはほとんどないに等しく、稀にはあっても、機会をあらためて深く研究さるべき問題である、などとお茶をにごすのが通例だった。私が示したわずかなところからでも、人間心理のこうした弱点がなぜ存在するのかを考え解明しようとする思索的な法律家たちに刺激を与えうるものと信じる。

第9章　証言の蓋然性を問う反対尋問——尋問者の個性など

マンスフィールド卿は、その有名な判決の一つで次のように述べている。「人事百般にわたり、数学的に絶対確実ということはまずありえない以上、裁判官が——そして人間だれしもといってよいが——真相を判断するためにあたっては、いずれの側の方が、蓋然性の確率が高いかをよりどころにすべきである。これは理性と公益が要求するのだ。」

論理的に言えば、私たち誰もが裁判で努力する最終目標とは、ありうべき真実にほかならない。だから、法廷弁護士は、この確率を解明するため、人事百般にわたって最大限に想像力を働かせ、深い知識を活用することが要求されるのだ。

事件の絶対多数が、膨大な付随的事実にとりまかれたごく少数の主要事実から成り立っているものであり、またどちらの側が強いかは、これらの主要事実に関する主尋問にはそれほど左右されないものであって、ある著者のずばり言うとおり、〝その事件の付随的事実関係を立証し解明することによって創り出される蓋然性の主要事実に与える支え〟による、という結論に達するためには、ほんのわずかな法廷経験で足りるのだ。

今年ニューヨークで行なわれた重要な裁判の一つが、主要事実と、争点をめぐる多数の付随的事実との、相関的重要性を示す、見事な例となっている。これらの小事実は、丹念に集められ巧妙に配置されると、事件の蓋然性を創り出してしまうのだ。この事件というのは、ある鉱業株の大量売買にあたって、損失補償の口約束の有無をめぐるものだった。原告・被告の双方とも、業界のお歴々であり、高潔・誠実の士だった。この訴訟でのただ一つの争点は、じつに簡単なことであって、五年前の会話を正確に憶えているのはどっちかという問題なのだった。原告は、その株を売った価格で買い戻す約束を被告がしたというのであり、これは自分がそうしてくれと頼んだのだそうである。ところが被告のほうは、そんな会話は全然したことがないというのだ。どちらが本当だったのか？　主尋問でのイエス・ノーには五分ほどしかかからなかったが、それをとりまく状況については、両者の側の蓋然性をめぐって無数の質問が出され、まる三日を費やしたのである。そしてけっして時間の無駄ではなかったのだ。

ほとんどすべての裁判において、最初のうちは軽くて、価値がなく、無関係にさえ見えても、扱い方ひとつでうまく結びついて、結局は心に確信の楔を打ちこむことになるような付随的事実というものがあるのだ。これこそ反対尋問者の腕のふるいどころである。たとえ、敵方ばかりでなく、自分の方の証人を尋問することもまた、蓋然性を解明するうえに重要な役割をはたす場合が多いとしてもである。

人間はみな、自分が似たような状況に立ったらああしたろう、こう言ったろうと考えて、ありそうなことだとか、ありそうにないことだとか判定するのだ。〝水に照《うつ》せば面《かお》と面《かお》と相肖《あいに》るがごとく、人の心は人の心に似たり。〟*1人間の知識と経験に反するようなことは、当然ありそうもないことと判定される。〝蓋然性は、偽りの証言からは、けっして見出せないものだ〟と最初に言った人間はアリストテレスだった。

人事百般の経験と、その結果としての人間たちの知恵は別にすれば、弁護士をして主要事実をとりまく諸状況を裁判官や陪審にたいして最も効果あらしめるように取り扱うことを可能にするものは、ひとえに勤勉と裁判への熱心な準備である。

後で解明してやろうと思っている主題を、一生懸命考え、論争に真の解答を発見できる〝手がかり〟を、熱心にさぐってきた者なら、ひとたび好機到れば、ろくすっぽ考えていない人間のほとんど気づかずに見過ごすような事実をとらえ、活用していくことだろう。入廷する前に、きちんと研究していれば、供述の蓋然性いかんを問う反対尋問に成功する道が開けるものなのである。こうしてたしかめた蓋然性が、有利な評決をかちとるための主要論点となっていくのだ。

〝事件のあらゆる可能性を尋問者に見抜かせるものは、人間の本性についての鋭い知識、質問とそれに含まれる関連事項についての徹底的な予備調査、そして鋭敏な想像力である。たんに真実だろうと想像しているにすぎないことを、真実であると思ってしまわずにすむのは、慎重な良き判断力である。そして証人にうまく太刀打ちさせるチャンスを与えそうな、あらゆる機会を素通りすることを、可能ならしめるものは、職業的自制力である。〟(1)

蓋然性をさぐるには、欲する点をほのめかす程度の質問にとどめるほうが、賢明であることが多い。サー・ジェイムズ・スカーレットは、自説の最良の部分を、陪審に、そして裁判官にすら、自分で発見させるように仕向けるならわしだった。つまり彼らの虚栄心をくすぐったのだ。スカーレットは死ぬ前に書き残した自叙伝の草稿の中で、陪審が自分の観察や発見の結果として納得したものなら、何であれ、最も強い印象を刻印されるもので、陪審は何が何でも自分の発見に固執するから、他の事実は一切無視してしまうことさえ少しもめずらしくはない、という考え方でやってきたと書いている。

この蓋然性の追求は、しかし、未経験者には危険の大きい仕事である。付随状況をつくといっても、反対尋問が始まる前に証人のした供述を裏書きしたり強めたりするだけのものなら、持ち出しても危険が大きすぎる。これでは、せっかく持ち出したものに自分のほうが躓いて、相手側を有利にするだけでなく、それが主尋問中ではなく反対尋問中に明るみに出たということで、その重要性を陪審の眼に何倍にも大きく見せる結果となるのだ。よく言われもし、また知られてもいるように、偶然口にした証言というものは、熟慮のうえで筋書きどおりになされた証言よりも、陪審の心に与える印象は強いのが通例だからである。

こうした危険な反対尋問法にひそむもう一つの危険は、あまりにも膨大な材料を披露に及ぶため、陪審の精神が窒息状態になり、理解力が追いつけなくなるということである。もし反対尋問中に自分の論点をくっきりと浮かび上がらせられなければ、起立しないでいる方がましというものだ。英国の有名な法廷弁護士ローについて、よくこんなことが言われたものである。〝彼は蜘蛛の巣から蠅を一匹放してやるのに、両手を使う大刀を振りまわした〟と。

しかし、延々と執拗に質問しつづけて、証人の頭をへとへとにさせたあげく、真実を引き出してやる、という方法でしか成功できない場合もまたあるのだ。この方法でのめざましい実例を、判例集からあげてみよう。アマンダ・バード嬢が以前勤めていたナショナル・シティ社（ニューヨークのナショナル・シティ銀行の主要な子会社である）を相手どり、不法監禁と悪意ある訴追をされた、として訴えた事件である。バード嬢は、理由もないのに、突然、勤め先のこの銀行が、政府や取引先を大がかりに欺していることを発見した、と世間に公表したのである。彼女の昂奮状態があまりにも人目に立つようになったため、ベルヴュー病院の精神病棟に移して、観察されることになった。検査の結果、この若い女性には偏執病の症候のあることが明らかとなった。とはいえ、人柄は非常に魅力があって、むしろ異常なくらい頭がよい女性だったもので、短期間の監禁で市当局は進んで釈放したのである。彼女はそれから寝台列車でワシントンへ向かい、上院を訪れて、同銀行にたいする同じ告発を行なったものだ。以来、彼女の経歴は病院監禁の連続だったが、いつも彼女は市当局に自分が全く正常であることを納得させるのに成功し、そのたびに釈放されてきたのだった。

とうとう彼女は、銀行にたいして五十万ドルを請求する訴訟を起こした。この裁判はニューヨーク州上級第一審裁判所に係属した。彼女の精神状態が、異常な被害妄想をともなう偏執病のそれであることを証明しなければならないのは、むろん、被告の側だった。でなければ、彼女を病院監禁したことは、不正であったとされたことだろう。

主尋問での彼女の供述は、簡潔・率直で、非常に印象的なものだった。ハーバート・C・スミス氏が反対尋問にあたり、この女性の精神状態がバランスを失しているのだということを、素人の陪審に確信させなければならないという、難題に取り組んだのである。銀行による迫害、とくにベルヴュー病院を退院してからのそれが、彼女の妄想であることを、実際の症候で明示させようと、二日半にわたって悪戦苦闘したのである。彼女は偏執病の症候に精通していることを示し、したがって終始構えを解かず、たびたび「スミスさん、あなたは私を偏執病者に仕立てようとなさるのですか?」と叫んで質問をさえぎったものである。

延々とつづいた反対尋問は、彼女の頭をへとへとにさせてやれば、被害妄想に関わる本当の精神状態を見せてくれぬでもあるまい、とあてにしてのことだった。この二日半の終わりに近づいたころ、反対尋問者の方が、はたして彼女に負けずに精神を持ちこたえられるかどうか、あやしい気持ちになってきた。彼がしばしばくりかえした質問は、「そこでバードさん、寝台列車で、ワシントンへ向かわれたときの真相をお話しねがえませんか?」であった。証人は何時間でも堅陣を守りぬいたので、とうとう反対尋問者は「もうこれっきり最後のお願いですよ」といったのだ、「この旅行の真相を、打ち明けてくださってもいいじゃありませんか。」——すると、彼女の眼がにわかにきらめき、叫んだのだった、「スミスさん、本当に、私を偏執病だなんて、証明なさろうとしているんじゃない、っておっしゃるのね？」これが次のような答えを引き出したのである。「私は何ひとつ証明しようなどと思ってはおりませんよ。あの汽車の旅について真相をすっかり知りたいだけなんです。何度も何度もそれをお願いしたのに、まだあなたはお話しくださってはいないのですから」

辛抱強く待っていたクライマックスが訪れたのである。証人の態度が、答えながら、がらりと変わった。「では、やっとあなたを信用することにしますわ、スミスさん。こんなことが起こったのです。私が寝台車に席を取りますと、廊下の反対側にナショナル・シティ銀行の代表が一人いるのに気がつきました。私の向かいにも一人いましたし、廊下のずっと向こうにいる男もやっぱりそうでした、新聞で顔を隠してはいましたけれど。私はその男が車掌と何度も低声で話し合うのを見たんです。ボルティモアを出て、うっそうと茂った森のある辺りへやってきますと、赤帽が合図をして、車掌が列車を停めたのです。そして私の窓の外に、殺し屋が五人、私をつかまえようと待っているのが見えました。みんな銀行のまわし者なのです。私は乗客の一人に訴え、その人が車掌を説得して列車を進行させ、こうして私は助かったのです。」

追いつめたすえにやっと抵抗をやめさせ、ついに彼女の真の精神状態を明らかにさせた反対尋問者の、ほっとした気持ちがわかるというものだ。このときは陪審の評決が被告側にたいして十対二で有利という評決不能で終わった。再審が始まると、示談にするのが一番よいと考えられ、適当な金額で折り合いがついた。そのさい、裁判官は、この事件を原告の心のなかに永久に閉じこめておかせようと思い、彼女を裁判官席へ呼び寄せ、この件はすっかり忘れて、もう考えないようにしようと説き聞かせたのである。すると彼女は、たちまち叫び返したものだ。「そうでしたの、あなたも、迫害者の一味に加わってらしたの！」

バード嬢とふつうに接触する者はだれだって、この人は完全に正常だと言ったことだろう。彼女をついに打ち倒し、その精神の弱点を暴露してみせたものは、執拗に攻めてその妄想を打ち明けさせた反対尋問だけである。この反対尋問は、これくらい執拗にやらなければ、絶対に効果がなかったろう。実際の話、陪審員たちは、裁判が終わった後で、彼女の尋問中の印象といえば、最初の二日間は若いのに何とひどいめにあった女性か、ということで、もし彼女が打ち倒される前に質問を止めていれば、かなり全面的に彼女を支持する評決を出していたろうことを認めたのである。

この種の、長いことは長いが、どうしてもうまくいかない反対尋問をつづけたすえ、ある未経験の弁護士が、かなりかっとした様子で言ったことがある。「ウィッティモアさん、あなたは何とかかんとか、うまく切り抜けたじゃないですか」「ありがとう、弁護士さん」と証人は眼をきらきらさせて答えた、「私の方もお返しにそのお世辞を言いそうですよ、宣誓さえしていなければ。」

反対尋問に失敗したら、威厳をもって引き下がればいいのに、不注意に要らぬことを言うものだから、失敗をいっそう際立たせてしまうことがあまりにも多すぎる。この種の危険を示すために、挿話をもう一つ、どうしても述べておきたいのである。前車の覆るを見てその轍を踏まぬほど確実な回避策はない、というのが私の意見だからだ。

フィラデルフィア市の刑事裁判では最もすぐれた実務家の一人が、国側を代表して訴追したある事件での話だ。彼の証人たちは被告人側弁護人の猛烈な反対尋問にさらされたが、陪審に与える効果はほとんどなかった。そこで被告人側弁護人は、またの機会に甘んじて、時を待つことにしたのである。国側の証言が終わった後、この訴追している検事は、起立して愚かにも発言したものだ、「さてイングレアムさん、ご警告申し上げるが、あなたが私の証人たちを扱ったやり方を真似て、私の方もひとつ、手袋をはめずにあなたの証人を扱うことにしますよ」「それじゃあ、私ばかりでなく、だれだって、あなたの証人を扱いたいと思う以上のやり方ですな」とイングレアム氏は答え、その結果、裁判の間じゅう、国側の証人たちはどうも何か汚いものが付きまとっている、というふうに見られたものである。

主要な争点をめぐる諸状況を効果的に反対尋問した例としては、ビゲロウの『裁判官席と弁護士席』中に、格好の模範例がある。遺言証書の偽造が争われた事件である。検認を申し立てたのは、名声の高いお歴々の一人であって、もしその遺言証書が検認されれば、多額の遺産に間接的ながら利害関係があったのだ。サミュエル・ウォレンが反対尋問を担当した。『一年に一万』の著者である。

ウォレン（親指を封印にか、ぶ、せ、て、遺言書をさしあげ）「あなたは遺言者がこの文書に署名するのをごらんになった、とおっしゃるのですね？」

証人「見ました」

ウォレン「で、あなたは遺言者の依頼により、立会人として署名なすったのですな？」

証人「署名しました」

ウォレン「封印は赤い封蠟ですか、黒い封蠟ですか？」

証人「赤い封蠟です」

ウォレン「遺言者が赤い封蠟で封印するのをごらんになったのですか？」

証人「見ました」

ウォレン「署名し封印したとき、遺言者はどこにいました？」

証人「このベッドの中です」

ウォレン「どのくらいの長さの赤い封蠟を彼は使ったのでしょう？」

証人「三インチほどです」

ウォレン「だれがその封蠟を遺言者に渡したのですか？」

証人「私です」

ウォレン「それをどこからお取りになったのです？」
証人「彼の机の引き出しからですよ」
ウォレン「その蠟を彼はどうやって融かしました？」
証人「ローソクでですよ」
ウォレン「そのローソクはどこから持ってきました？」
証人「部屋の中の戸棚から私が出したんです」
ウォレン「そのローソクはどのくらいの長さだったか、おっしゃっていただけますか？」
証人「たぶん四インチか五インチでしょう」
ウォレン「火を点けたのは誰だったか、憶えていられますか？」
証人「私が点火しました」
ウォレン「何で点火なさいました？」
証人「ああ、マッチでですよ」
ウォレン「そのマッチはどこから？」
証人「部屋の暖炉の棚です」
ここでウォレン氏は一休みし、証人に目を据えたまま、もう一度遺言書をさしあげたのである。親指はやはり封印にかぶせていた。そして厳粛な、慎重な声で言った――
ウォレン「さて、あなたの厳粛なるご宣誓にかけて、あなたは遺言者がこの遺言証書に署名するのをごらんになった――彼はベッドの中で署名をした――彼の依頼に応じてあなたは立会人としてそれに署名なさった――あなたは彼が封印するのをごらんになった――封印に使ったのは赤い封蠟だった――その封蠟は三インチくらいの長さだった――彼はあなたが戸棚から取ってきたローソクでその封蠟を融かした――あなたがそのローソクに火を点けたのであって、つかったマッチは暖炉の棚の上にあったものである――そうでしたね？」

証人「そうです」

ウォレン「もう一度――あなたの厳粛なご宣誓にかけて、そうだと？」

証人「そうです」

ウォレン「裁判官、ごらんください、この遺言証書は封緘紙で封印されています」

『アイルランドの機智《ウイツト》と諧謔《ユーモア》』の中に、ダニエル・オコンネルが反対尋問のとき、じつに簡単な計略をつかって依頼人を無罪放免にしてやった話が出ている。オコンネルは、コーク近郊で起こった殺人事件の被告人を弁護してやったのである。主要証人は被告人に大変不利な証言をした。状況証拠を裏づけるものの一つに被告人の帽子があり、これが犯行現場の近くで発見されたのだ。この証人は、証拠として提出されたその帽子が、発見された帽子であり、かつ被告人のものであると断言したのである。被告人の名はジェイムズである。

オコンネル「あなたの宣誓にかけて、これがその同じ帽子だと断言なさるのですな？」
証人「そうです」
オコンネル「証言なさる前に、それが被告人の所有物であることを、よく注意してお調べになりましたか？」
証人「調べました」
オコンネル（その帽子を手に取り、内側を念入りに調べながら）「ええと——J・A・M・E・S——こういう文字が、帽子の中にあった、とおっしゃるのですな、あなたが帽子をみつけたときに？」
証人「そうです」
オコンネル「こういう文字をごらんになったのですな？」
証人「見ましたよ」
オコンネル「それで、これがその帽子だということは確かですね？」
証人「確かです」
オコンネル（その帽子を裁判官席へさしあげてみせながら）「さて、裁判官、これで本件は終了したと考えます。この帽子の中には、名前なんぞ全く書かれてはいません！」

証言の蓋然性が陪審に与える効果に近いものとして、担当弁護士の個、人、的、な確信というものがある。自分の担当している事件に百パーセント本物の確信をもっている人間は、間違っている場合もけっして少なくはないのだが、他の人間たちを同調させてしまうものなのだ。ルーファス・チョートが、いつか言ったことがある、「私はどんなにきつい訴訟だろうが平気である——困難が林立していようと——もし自分が正しい側についていると感じさえすれば、その訴訟に勝つ。」

聴く者に強力な道義的精神的影響を及ぼすのは、この、自分が正しいという意識なのだ。弁護士が陪審の心に自分の個人的信念を伝えようとするには、陪審の前に披露されている証言が、ありそうなことか、ありそうにもないことか、その蓋然性を、尋問を通じて解明するしかないわけであって、当然その方法や態度が決め手となるのだ。実際、弁護士が訴訟の争点について自分の確信するところを陪審に納得させるといっても、証人への尋問と裁判の進め方全般と個人的な態度を通じて行なうほかはない。弁護士が自分の意見を口で述べることは、職業倫理にもとると考えられているだけではないのだ。正しさにたいする深い確信と熱意から生み出すはずの影響とは全く違う効果を、陪審に与える結果となってしまう。

この主題のこの分野について、上院議員ホーアは言っている、(2) 〝弁護士が自分の個人的な意見を口にすることは、彼の義務あるいは権利ではない。判決の責任は彼にはないのだ。彼には個人的信念を弁論の中で述べる権利がないばかりか——この道の長老たちなら同意するだろうと私は思うが——そんなことが習慣化すれば、弁護士の正しい影響力というものを、減少させこそすれ、けっして増大させはしないだろう――（略）ニューイングランドの陪審たちにとってダニエル・ウェブスターほど重みのある弁護士は他にいなかった。しかも彼はつねに断言を注意深く避けていたことが記録からうかがえるのだ。自分の弁論で最も重点をおくべきくだりにさしかかると、きまってこんなふうに切り出している、「これは陪審の方々がお考えになるべきことでありましょう」とか「おそらく、これは考慮に値すると思われますが、皆さん。」あるいは同じような意味合いの前置きを用いて、自分が語りかけている裁きの場《にわ》の埒外へけっして踏み出すことがないよう、細心の注意を払ったのである。〟

しかし、弁護士が裁判に抱くその激しい情熱を、陪審の心にも喚起するのは正しいことである。もし、自分の方が正しいと思うなら、それを百通りのやり方で示してかまわないのであり、そうすれば必ずや聴く者に効果を及ぼさずにはすまないだろう。グラッドストーンの弁説で最も感銘を与えたのは、内容そのものよりも、深い真剣な話し方だった。彼はいつも、自分の今論じていることは世界の根本にかかわるものだという印象を聴衆に与えたのである。ルーファス・チョートの心はつねに法廷にあった。〝どんな賭博師《ギャンブラー》の、あの熱に浮かされたような賭博台での熱狂ぶりをもってしても、チョートのゲームへの没入ぶりと比べれば、ものの数ではなかった。運が半ば技倆が半ばのゲーム、十二人の人間サイコロが全部同じ面を出さなければだめなのだ、でなければ勝利はない――（略）感情に走ることのない知的な地方紳士たち、すなわち農場主、地方公務員、管財人など、その地方の重要事件を処理するために隣人たちから選ばれた十二人の陪審にたいして、頭脳明晳な被告側弁護士が、一見あまり疑わしいとも思えぬ取引の弁論を行なって、自分の考え方を陪審員全部に吹きこみ、魔術師の計略にひっかからないよう警告を与えた後、さてチョートが原告側の答弁のために立ち上がるのだ。じつに奇妙な光景だった――陪審員たちの顔つきを見れば、自信と軽蔑がありありと浮かんでおり、「私をだまそうたって無駄だよ」と言わんばかりである。肩を話し手にたいしてやや斜に構えている――眼もそらしている――それから変わってくるのだ。まず体の姿勢が変わる。口がわずかに開いてくる。それから顔つきである。はじめは好奇心、それから疑惑、次いで尊敬の色が現われる。眼をみれば、この大弁護士のまなざしにすっかりひき入れられているのだ。あとは呪文にかけられ、魔法にかけられ、大いなる恍惚状態がやってくる――そしてとうとう、陪審も傍聴人も全員が一網打尽となり、捕虜となって、この征服者の凱旋行進のあとをついていくのだった[3]。〃

サー・ジェイムズ・スカーレットは英国における最大の評決獲得者だったが、つねに自分と自分の主張とに自信があると見せていた。それが聴く者すべてに確信をうえつけたのである。彼は〃大蛇のように、とぐろを巻いて事件の中へ入っていく〃のがつねだったという。また〃火花を散らすような知性と人柄の善良さとがうまく融け合った雰囲気〃がいつも身のまわりにあり、〃それが陪審にたいして驚くほど物を言ったのである。〃『ブリタニア』の執筆者の一人は、スカーレットの法廷態度を次のように生き生きと描写している。

〝法廷に不案内な人が見れば、最前列で快適なクッションにいかにも安楽げに坐っている、でっぷり肥った、丸顔の、血色のいい男が、まさか被告の弁護人とは思わなかったろう。あるいは、この男が起立して証人へ反対尋問するのを見れば、これではとても満足な仕事はできまい、怠け者もいいところで、冷淡、無関心、自分の質問が引き出した事実も、それが注意を払うべきものかどうかは全く放ったらかしで、ただ成り行きまかせの、じつに気のないやり方だと思うことだろう。そして、十対一で原告側弁護士が評決を手に入れるだろう、この事件はきまったも同然で、反駁の余地はほとんどない、と。しかし、時が経ち、被告側の出番がまわってくると、この大頭で赭顔《あからがお》の呑気な弁護士は、ゆったりと立ち上がるのだ。けっして直立はしない。左手を横木に置いて、斜めに陪審の方をふり向き、依頼人のために弁護を始めるのだ。依然として、あてらうことのない気楽な態度《ノンシャラン》を失わず、まるでしゃべるのが大儀といった様子であり、でっぷりとした顔の顎を、いっそうでっぷりとした胸に憩わせ、唇だけ動かしていれば、しゃべるべきことをしゃべるには充分、というふうである。第一印象はそれだけである。しかし、この男が今までじっとしていたのは怠慢とは何の関係もない、と気づくにはほんの数瞬で充分だ。ゆったりと体を休めているとみえた間、じつはずっと観察力と理解力を働かせていたことが、今や明らかとなる。あの鋭い灰色の眼は、無駄に陪審や証人を盗み見ていたのではなかった。反対尋問のさいに引き出したまま放棄していた事実も、実ることのない種子あるいは不毛の土地に播いた種子ではなかったのだ。声の調子は低かったが、はっきりとしていて、よく聞きとれた。

それはたんなる音声器官ではなく、弁護士の心と陪審の心を結ぶ媒体だった。サー・ジェイムズ・スカーレットは、デンマンやブルーアムのように毒舌や雄弁の奔流で陪審の感情をいやおうなく押し流してしまおうとはしなかった。またキャンベルやワイルドの弁説には大きすぎるほどの比重を占めていた、あの種のみえすいた詭弁もなかった。この有名な弁護士が勝利をかち得たのは、ただ事実——承認され、かつ自分の目的に最もよく適うように省略したり見過ごしてやったりした事実——それに相手側がうえつけた先入観を打破して明白にした推論によってなのだ。〟

個人的魅力というものが、おそらく、良い公判弁護士のあらゆる属性中最も重要なものなのであろう。そうした魅力をもっている人たちは、けっして自分では充分に自覚してはいないものである。ただ、おそらく大勢の聴衆に反応を認めた場合にわずかに気がつくだけだろう。どんな才能にとっても、聴衆ほどよい刺激剤はない。反対尋問者の質問は、質問する問題についてよく知っており、またその問題に証人がどんな利害関係や感情を持っているか、またどんな立場にあるか、鋭く見抜いていれば、いきいきとしたものになるようである。尋問者の力はほとんど抵抗できないほど強いものとなるのだが、しかしその力は質問の中にある力であり、証人の心の中にひき起こされた力であって、尋問者の声の力ではない。彼は聴き手のあらゆる注意を事件の核心に集中させることができるようである。彼は自分の触れるあらゆるものに重みと確かさを与えるのだ。意識せずに自分の主張のメリットを高めるのだ。そして彼は、ほとんど直観的に証言そのものからずばり真偽を見分けてしまうようになる。しかも証人に注意を払わなくてもそれが可能となるのだ。さらに、その証言を攻撃する新しい夢にも思わなかった方法が、ほとんどインスピレーションとなって湧いてくるようである。

公判弁護士の生とはこのようなものであり、経験とはこのようなものである。しかし私は、この主題の分野を去るにあたり、弁護士ではなく証人の側からする、次のようなおもしろい嘆声をお伝えしておかざるをえない。これは公刊されたものである。

〝この世のあらゆる不運な人々の中でも、法廷で証人席につかざるをえない状況に追いこまれた人たちほど、同情と憐憫に値する人たちはいない。証人席へ呼び出されると、羊皮の聖書に手を置かせられる。その聖書の片方の側に十字架がついており、反対側にはついていないが、これは宗派に違いがあっても間に合うようにというわけだ。それから法律屋の紳士二人から糾弾されることとなるが、一人は柔和に微笑みかけてくる。これは彼の側の証人になったからで、もう一人は残忍な眼でにらみつけてくる。むろん彼の側の証人ではないからだ。微笑みかける紳士のほうは、こっちの知るかぎりをすっかり吐き出させようとかかり、欲しいだけしぼりとってしまうと、もう一人の紳士に引き渡すが、この紳士は、こっちが述べたことは全部すっかり間違いであり、想像にすぎないのであって、見もしないことを証言した、被告を一度だって見たことなどありはしない、つまり偽証したのだ、ときめつけにかかる。さらに刑務所に入れられたことがあるだろうと言い、それを否定すると、いや入っていたことがあるはずだという顔をし、またしてもこれでもかあれでもかとばかり、ありとあらゆる質問をぶつけてきて、厳しく声をはげまし、発言にはよほど注意しないと、などと恐がらせる。また、これこれしかじかとこちらが言ったことを、いちいち誤解がないかと知りたがり、本当は別の意味ではなかったのかと言う。こうやって威《おど》かし、怯えさせて、こっちが度を失ってしまうと、陪審の眼にさも言い逃れをいたしましたとおそれ入った格好を取らせられて、やっと、釈放されるのだ。対立する連中が次から次へと証人席について、みんなが、おまえは今まで知ったどの悪党よりもひどい悪党であり、宣誓していたって信用できない、と証言する。それから相手側の弁護士が総括弁論に立って、その中でおまえは破廉恥の典型――無垢な心と徳性に裏切りを企てた人間――として、後世に伝えられるべき人物であると陪審に説明してみせ、その企てを告発するのだ。裁判官は、陪審に向かって、もしあの男の証言を信用すれば云々と、こっちの証言の真実性を裁判官として疑っていると説示する。そしてこっちは疑惑の人間として妻と家族のもとへ、また隣人や知人たちのもとへ帰っていくのだ――すべては不運にもたまたまその場に居合わせたせいなのだ！〟

第10章　証人の信頼性を問う反対尋問とその乱用

いままでの章で扱ったのは、反対尋問の合法的な用い方、すなわち真実の解明と偽瞞の暴露である。

証人の信頼性を問う反対尋問にも、この同じ目的を達成するための合法的なやり方はある。ただし、この強力な武器は、善用も悪用もされうるのであって、その可能性はほぼ等しいといえる。この章では、証人の信頼性を問う反対尋問がよほど慎重に細心の注意を払って行なわれなければならぬことを説明し、さらに証人の信頼性を反対尋問するという口実や偽装の下に、弁護士が行なう反対尋問の乱用についても論じようと思う。

事件の真の問題点に光を投げかけることなく、また尋問される証人の誠実さや信頼性にも光を投ずるわけではなく、ただもう証人の面目を丸つぶれにし、辱めるだけの目的で、おそらくはずっと昔に改悛し、すでに過去の汚名はそそいだろう旧悪を暴露する質問が、よく発せられるのである。私生活や私事、あるいは家庭の不幸をあばくこの種の質問は、たぶんその訴訟とは何の関係もなく、あばかれても弁明する機会も償いをつける手段ももたぬ、罪のない人たちを、巻きこんでしまうものであり、反対尋問家の駆使する技術として合法的ではない。依頼人の怨恨や復讐の代弁者として恬淡たる弁護士は、語られざる苦痛、不当なる責苦を与えることにもなるのだ。この種の質問は、事例によっては弁護士の法的権限に含まれることもあろうが、自分の熱狂や依頼人の懇請に負けて踏み迷うことを辞さぬ弁護士は、相手側を辱めるためにはどんな犠牲をも払うのであって、それによって自己の職業を堕落させ、自尊心を放棄して羞《は》じないのだ。その結果、こんなやり方に強い印象を受けた陪審から、たまたま評決をかちとったとしても、それは貧しい酬いである。

主要な争点とは無関係な、ただ証人の面目をつぶし、あるいは陪審に偏見をもたせることを狙いとするような質問は、少なくとも証人としての一般的な道徳性や信頼性を弾劾することに役立つようなものでないかぎり、正当とはいえない。ただたんに人身攻撃をやって証人の人格に泥をぬり、誠実性を問うことのない質問は、けっしてゆるされない。

今までに述べてきたことはすべて、次のような仮定のうえに成り立っているのだ。すなわち、反対尋問の技術は、公正にして合法的な手段によって依頼人の主張を推し進めるために用いられ、けっして表現を歪めたり遠廻しな言い方をしたり、あるいは陪審の前で故意に偽りの光を証人に投げかけたりするやり方には用いられない、という仮定である。こういったやり方をすれば、たしかに成功することも間々あるのだが、そういう弁護士は、たちまちにして〝狡猾《スマート》〟なやつだという評判を立てられ、裁判所の信用を失うばかりか、なぜかよくわからぬが、当の陪審の信用をも失ってしまう。法廷の常連の間で一度

〝きたない《アンフェア》〟という評判が立てば、もう永久に依頼人にとっては価値のない弁護士になってしまう。あらゆる職業分野でそうであるごとく、弁護士にとっても、正直こそは最善の策なのだ。

弁護士たるものは、証人を傷つけるような材料を手に入れることはかまわぬが、その使い方がよく大きな問題となる。それ自体としては使っても完全に合法的だという場合ですらもである。証人の感情を傷つけ怒らせると、たちまち陪審の憤慨を買うおそれがあり、こちらが嫌われるだけでは済まず、それが証人への同情に変わってしまう。それから、裁判官のことも考慮に入れる必要がある。強い力をもつ裁判官を怒らせてはまずい。弁護士が、ただ依頼人からそうしてくれと頼まれたからといって、証人ばかりか大勢の罪のない人間を辱めるような質問をするのは、最大の越権行為である。

依頼人の増悪や復讐欲に屈服する愚の好例としては、エドウィン・フォレスト夫人が、有名な悲劇俳優である夫にたいして離婚訴訟を提起し、勝訴した、あの裁判以上のものはなかろう。フォレスト夫人は教養のある洗練されたご婦人で、夫の姦通を理由に離婚を求めたが、夫はこれに反訴したのである。一八五一年に行なわれた裁判では、チャールズ・オコーナーがフォレスト夫人の訴訟代理人となって、夫自身を最初の証人として呼び出し、ある女優との不倫関係を質問した。エドウィン・フォレストの代理人ジョン・ヴァン・ビュレンは、その質問は自分の依頼人にたいし、みずから罪を負うような証言を要求している、として異議を申し立てた。この質問は撤回され、夫は証人席を離れた。二、三重要でない証人を喚問した後、オコーナーは、夫にとって明白に不利な証拠は何も引き出さぬまま、原告のための主張を一時中止したのである。もしこのとき、陪審の評決に付するまでもないという申し立てが出されたとすれば、きっと許可され、夫人の訴訟は失敗したことだろう。ヴァン・ビュレン氏が今まさにそうした申し立てをし、結審させようとしたそのとき、フォレスト氏が彼に指示して被告側の証人尋問をさせ、自分が集めてきた妻に不利な忌まわしい証拠を披露させたのである。ヴァン・ビュレンは依頼人の願望に屈して、何週間にもわたり、次から次へと証人を呼び出しては、フォレスト夫人の堕落行為を、胸が悪くなるほど詳細にわたって語らせたものである。この事件は大いに世間の耳目をそばだたせ、新聞にも広く報道された。すると世間は、夫の期待とは全く逆の見方でその証拠を眺めたのである。人間とはえてしてそういうものなのだ。証拠の忌まわしさが夫人への同情を国中から巻き起こしてしまった。まもなくオコーナー氏は、夫に不利な匿名その他の証拠の洪水に見舞われ、ヴァン・ビュレンが夫人への最後の攻撃を終えたときには、オコーナーは、反証として、被告に不利な決定的証言を雪崩さながらに持ち出すことができ、そのため陪審は即座にフォレスト夫人を潔白とし、離婚を許可したのだった。裁判の初日の終わりで、もしその旨の申し立てを出していれば、夫に有利な決定がでていたはずなのだ。だが、依頼人の妻への憎しみに屈して三十三日間もの激闘を演じたあげく、ヴァン・ビュレン自身も、依頼人も、ともに見苦しい敗北をなめたわけだ。ヴァン・ビュレンのこの失敗は、当時、弁護士連中の間で広く論評されたものである。彼はその少し前にオルバニーの法務長官を退官したばかりで、この裁判を始めるまではニューヨーク市での弁護士活動に少なからぬ信望を得ていたのである。しかし、このフォレスト離婚裁判で致命的な失態を演じて以後は、信望を取り戻せなかったようである。(1)

損害賠償請求の裁判で、賠償額を最少にすることだけが目的の反対尋問例としては、デランシー・ニコルの行なったものがためになる。事件は有名な興業主でオペラハウスをいくつか持っている男が、日刊紙の一つを名誉毀損で訴え、二十五万ドルを請求したものである。問題となったのは第一面に載った論説で、次のようなものだった。

〝君についての私の意見は、売春婦に花を買ってやるために母親の骨を墓から盗んで売りとばすたぐいの男が君だ、ということである。〟

原告は自分を弁護するために証人に立った。ニコル氏が反対尋問すると、原告はこの論説を書いた記者にたいし激しさにおいてはあまり変わらぬていの攻撃的な手紙を書き送っていたことや、ある業界紙を経営していたときに自分自身が名誉毀損で訴えられ四千五百ドルを支払えという評決を受けたこと、またそれを支払わなかったために拘置されたことが明らかになった。さらに、相手側の弁護士(法曹界で最も立派な人間の一人だった)に暴行を加えて有罪になったことや、二度破産していること、支払いを命じられた借金の肩代わりを姉にしてもらったこと、そして妻に事業を援助するよう口説いて破産へ追いこんだことまで、明るみに出されてしまった。結婚生活二十年のうち、七年間は情婦をかこっていて、自分のオペラハウスの妻のボックスの真上のボックスで、情婦と時を過ごすことがしばしばあった。また情婦に熱烈な手紙を書き送り妻の馬や車を使うことを許していた。反対尋問者の狙いは、もちろん、こんな男の評判が新聞に何を書かれたって傷つくはずもないことを示すにあった。陪審は、請求額二十五万ドルのうち、精神的打撃の慰謝料なんぞ千ドルでたくさんだという弁護人の意見に賛成したのである。

右のような名誉毀損の訴訟では、原告への人身攻撃が、たとえ原告が自分を弁護するために証人に立たなくても、つねに適法とされるのだ。こうした場合の問題は、職業倫理のそれというよりも、戦術として健全なものかどうか、ということにある。被告の言ったり書いたりしたことで、原告がどれだけ打撃を受けたかについて、原告の人格がその問題の直接材料として問われるわけだ。したがって、相手側弁護士が原告を取り扱う態度は、純粋に信頼性を問う反対尋問とはっきり区別されるべきものである。

証人の信頼性を問う反対尋問の乱用が、近年、英国で広く論議を呼んでいるが、そのきっかけの一つとなったのは、ブラヴォ夫人への反対尋問である。毒殺されたという彼女の夫は生前、ある医者に手当てをされたために、不幸なくらしを妻と送っていたわけだが、この夫の死をめぐる状況を尋問中、妻の情事の逐一がすっかり公開されてしまったのだ。当時英国法曹界では、その活動範囲、勝訴数ともに第一人者と目されていたサー・チャールズ・ラッセルと、女王の法務官の一人として陪審裁判の手腕を高く謳われていたサー・

エドワード・クラークは、〝法廷のごろつき〟として厳しく批判され、〝彼らが信頼性を問う反対尋問の乱用にお手本を示したせいで、あっというまに下級の法廷弁護士までがこれを見習い、あてこすったり、ほのめかしたり、感じやすい人間なら思わずひるむような脅しをかける、といった証人への体系的な攻撃方法（そういっても不当ではない）が、すっかり法廷弁護士の間に広まってしまった〟と慨嘆されたものだ。そしてラッセルの横暴なやり方の多数の模倣者の一人チャールズ・ジル氏は〝先輩たちの教えをさらに推し進めた〟と批判されたのである。

ラッセルへの非難は、オズボーン事件――宝石盗難事件――で見せたようなやり方では、ある男や女の過去の一切が、悪意に充ちた論議や世間の好奇心にさらされるだけでなく、真相はどうであったかを示し、あるいは不当な容疑を退ける証拠を提出する、という法廷手段が、全くなくなってしまうことにあった。

ブラムウェル卿は、最初一八九二年二月の『十九世紀』誌に発表し、その後世界中の法律雑誌に転載されたある論文の中で、サー・チャールズ・ラッセルとその模倣者たちの方法を強く弁護している。ブラムウェル卿は、法廷弁護士および裁判官としての四十七年間の実務経験と、弁護士という職業について知るところのあったその長い間の蓄積をふまえて、発言を要求したのである。

〝どんなに悔悛を示そうとも、裁判官の判決宣告は、ただの処罰というにとどまらぬものなのだ。このような人間が証人席に呼び出された場合に直面すべき人格失墜というものがこれに加えられることになる。〝違法の情交を行ない、その夫が毒殺されるような女性は、ふつうなら女性の生活を世間の好奇のまなざしから遮るべきヴェールを、手荒くひきちぎられても文句を言うべきではないのだ。〟〝反対尋問に健全な恐怖感がともなうのは当然あるべきことであって、真実のためにはよいのである。〟〝それは些細なことと思ってはならぬ。かえって厳しい試練とみなすべきなのである。〟〝すねに傷ある者だけが探られて痛みを感じるのだ。〟信頼性を問う反対尋問を広く許そうというさまざまな支持者たちの議論は多いが、以上のようなものがその中からあげられるのである。

高等法院長コックバーンは、この問題に正反対の見解を示した。〝私は、法廷弁護士諸君があまりにもしばしば、証人の私生活に立ち入った質問を不必要にすることを、深く悲しむものである。これはただ、証人の信頼性に挑戦する場合にのみ、正当とされるからである。私はフランス、ドイツ、オランダ、ベルギー、イタリアでの裁判実務を親しく見、スペイン、合衆国、カナダ、アイルランドでのそれについても少しばかり見てきたが、英国ほど証人たちがなぶられ、こづかれ、あらゆる点で野蛮な不当な扱い方をされている国はどこにもなかったのである。われわれの証人の扱い方は国辱ものであって、司法の目的を助けるどころか重大な障害である。英国では、最も尊敬すべき良心的な人々が証人席を忌み嫌っているのだ。男であれ女であれ、あらゆる階級の人たちが、わが英国の法廷では反対尋問と誤って呼ばれているでたらめな侮辱や恫喝に身をゆだねることから、怖《お》ぞ気をふるって尻ごみするのだ。証人につく大勢の人たちの体をおそう身震いを見るがよい。故サー・ベンジャミン・ブロディほどの著名人でさえ、証人席につくとき身を震わせるのを私は見たことを憶えている。おそらく拷問にも等しい気持ちだったのだろうと私は思う。証人というものは、裁判官や陪審におとらず裁判実務には欠かせないのであって、同等の配慮をもって取り扱われるべき権利があるのだ。だから証人の私事・私生活は、裁判官や陪審のそれと同等に、公衆の凝視から守らるべき聖域なのだ。証人への質問は、争われている問題に明らかに関係があるとされないかぎり、また証人の信頼性が弁護人によって慎重に挑戦される場合を除いて、裁判官としては許さぬのが義務であり、証人の信頼性を問う場合でも、些細な根拠で気ままなやり方をすべきではないと、私としては考える次第である。〟(2)

証人の信頼性を問うことが妥当か否かは、むろん、その法廷の裁量に大きく関わる事柄である。この種の質問は一般に公正であるとされているのだ。すなわち、その非難が真実にもとづくものなら、法廷の意見は証言内容の信頼性について重大な影響を受けることになるだろう。しかし、その非難があまりにも遠い過去のことについてであったり、たとえ真実であっても法廷の意見に影響を与えぬような性質のものである場合、またはその非難の重要性と証言の重要性との間に大きな不均衡がある場合には、公正ではないのだ。(3)

しかし、この種の質問をまず第一番に裁量すべき裁判官は、原告・被告の双方について不完全な知識しか持っていないのである。裁判官としては、それらの事実を全部聞かぬことには、その質問がたんに証人の面目をつぶそうと狙っただけのものか、真実を解明しようとするものなのか、かならずしも確信が持てるとはかぎらない。それからまた、ただその質問をされたというだけで被害がある場合もしばしばなのだ、たとえ裁判官が、その質問には答えなくてもよろしい、と証人に指示したとしてもである。遠回しにあてこすった言い方でも、公にされてしまったのだから――汚物はすでに投げつけられたわけである。だから裁量は結局弁護士自身に委ねられるところが大きい。弁護士は、質問する前に、その質問が自分の良心に照らしてみて質問すべきものかどうか――証言の信頼できぬことを立証するためのものである、と正直に自分に言えるかどうか――弁護士という職業の名誉にかけてよく考えてみなくてはならない。例えば、男女間の関係は、女が捨てられるといった極端な場合は別として、証人が真実を語る確率とは全く無関係なものである、という原則にのっとって進めるほうがずっと安全なのである。

刑事訴訟では、地方検事はふつう陪審から裁判所の役人というふうな見方をされる。そして偏見をもたぬ公平な人間というふうに思うものだ。だから、検事が被告人側証人を人身攻撃すると、その効果はさらに大きなものとなる。これは被告人にとって不当であると考えられる。米国の刑事法廷ではこの種の目にあまる乱用が数多くみられるのである。「あなたはそこに全然いなかった、というのが事実じゃありませんか?」「あなたの言ってることは全部だれかの筋書きでしょう?」「この話は、初めっからおしまいまで、あなたとご主人二人ででっちあげた、というのが本当じゃないんですか?」「あなたはご主人が起訴されるたびに証人に立ってきましたね？」――などはすべて、最近の上訴裁判所で――ミシガン州上級第一審でのカフーン対人民事件――〝遠回しにあてこするもの〟として批判され、被告人にたいして不当であると考えられ、他の類似違法行為とあいまって有罪判決破棄に値するとされた質問である。

証人の信頼性や攻撃しようとしているその材料が、その攻撃を完全に正当化すると仮定して、さてその後に来る問題は、この材料をどうやって最大限に利用するか、ということになる。陪審員たちの同情は、証人席で自分の罪を告白しなければならぬ人間へ強く集まるものなのだ。同じ材料が扱い方ひとつで反対尋問者に有利なものとも不利なものともなる。証人が罪に問われたことがあるという証拠を握っていたとしても、例えば、証人に経歴を知っているのだぞということをわからせてしまえば、必ずや証人におくれをとるだろう。隠すことだ。そうすれば証人は知られまいとして隠そうとするか、あるいは必要とあれば嘘を言うだろう。「あなたは何か面倒事にかかわったことがおありでは、ないでしょうね？」と訊けばすぐ答えるだろう、「面倒事といいますと？」――「ああ、別に特定の事柄を指しているわけではないのでして、一般的にですな、以前刑務所にお入りになったことがおありですか？」証人は自分のことを何も知らないと思いこんで否定するか、あるいは幾度も罪に問われたことがあれば、何かの微罪を認めて、もう知られているなと思うこと以外はすべて匿そうと努力するだろう。まさにこの欺そうとする努力が、暴露された場合には、以前に犯した罪を知った以上に陪審員を憤激させ、証人を破滅させることになるのだ。他方、最初に彼の罪を持ち出して嘲るとする。彼はその罪を認めるだろうが、九分通り陪審の同情を自分へ引き寄せ、すでに償って久しいこんな旧悪を公に暴露するような非キリスト教的弁護士へは、憤りを向けさせる、という結果になるのが落ちだろう。

ポロック男爵が裁判長となったある事件で、証人の一人が何年も前の罪について質問されたことがある。誠実さを疑われたわけではなかったのだが。その証人の答えを聞くと、男爵はわっと泣き出したという。

ベルヴュー病院事件（その詳細は後の章ですっかりお伝えするが）では、当時精神病棟に入っていた証人チェンバーズを反対尋問しながら、この私自身が、どうしてウォード島に監禁されるようになったのか陪審に説明してください、と要求する無思慮をやってしまったのである。ただ次のような、悲痛な答えをひき出すだけの結果となった、「私は気が狂ったためにそこへ送られたのです。私の妻は四肢の運動失調でひどく重症でした。一年間そんな症状でして、私だけが付き添ってやっていたわけです。昼も夜もです。私たちは深く愛し合っていました。病状が長びき、妻が脅え苦しむのに私は大変悩みました。その結果、私のほうまですっかり心をやられてしまいました。妻は私にとても優しかったのですが。緊張過剰だったのですね、ぷつりと糸が切れたようなものです。しかし今は快方に向かっております。お心配りをいただいてありがとうございます。」

第11章 反対尋問者が出会う二つの〝大きくはないとしても潜んでいる危険〟

マックス・D・ストゥア

A

反対尋問は、ふつう、相手側証人の信用を失墜させる手段とみなされる。法曹が反対尋問を常とするのもこのためである。その点における重要性は自明である。もし、反対尋問という手段によって、たとえ特定の証言とは関連がないにしろ証人の不誠実さを暴くことができれば、つまり嘘のない人柄かどうか、証人自身の口ではっきり悪と暴露させてやることができれば、尋問者としては得るところまことに多大であったということになる。しかしながら、ここには二つの危険が、大きくはないにしろ、潜んでいるのだ。一つは、全く必要がないのに反対尋問することであり、いまひとつは反対尋問のしすぎである。最近経験したことだが、この点をよく説明する事例がある。

政府の監査官への贈賄が訴追された刑事事件である。被告人が嘘のない誠実な人柄であることを立証しようと証人たちが喚問された。この種の証言が現実的実質的な価値をもっていた時代があるのだ。今では、とくに連邦裁判所では、ほとんど重要性がないとされるのが通例となっている。この事件では、たくさんの証人が立って、被告は非常な正直者で通っていたと証言したのである。その一人一人につき、検事は反対尋問していった。私がお目にかけようとしているのは、全く必要がないのに反対尋問すれば、あるいはやりすぎれば、どんなひどいことになるかである。裁判官は、幾度も、証人にたいする主尋問は被告人の人柄の評判を近所の人々から聞き知ったのかどうかに限るべきこと、また、そうである場合には、証人は近所の人々の評判がよかったか悪かったかを述べるにとどめるべきことを注意していた。裁判官は、公務員への贈賄事件では、この種の証言をあまり重要視しない、とくにその公務員が被告人から賄賂の申し出があったことを連邦検事に報告した後に金が授受され、そのときにはすでに現行犯として逮捕する手配がととのえられていた、という場合にはそうである、と言明していたのだ。それにもかかわらず、前述したように幾人もの証人が喚問され、その一人一人について尋問が行なわれたのだった。以下はある証人にたいするもの。

問「あなたが彼を知るようになり、また彼の知り合いたちをも知るようになったさいの、その人たちの口ぶりから、この地域での彼の評判がどんなものであるかご存知でしょうな?」

検察官「その質問に異議を申し立てます、ほとんど意味がありません」

裁判官「それは、彼の知り合いたちの口ぶりから、というさっきの証人への質問と、同じタイプの質問ではないのですか？」

被告の弁護人「同じです。私は人間の評判というものは、人々の口ぶりから察するのがふつうだと考えています」

裁判官「定《き》まり文句をつかった訊き方があるんですから、そんなふうにお訊きなさい、あなたはよくご存知のはずですよ。その質問はもう何度も何度もくりかえしていますよ」

問「人々の口ぶりから、被告人の正直者という評判を知ったのですね？」

答「そうです」

反対尋問

問「さて証人、あなたは他人の又聞きを述べているのではなく、ご自分の意見をおっしゃっているのですか？」

答「言ってますよ」

検察官「これは答えになっていません。記録から削除を要求します」

裁判官「削除しなさい」

証人「私が耳にした他の人々の意見は――」

裁判官「それを煮つめることにしましょう。あなたは被告人の弁護人から、被告人の評判がどんなものであるか、被告人の知り合いたちの口ぶりを通じて知っているか、と尋ねられた。で、あなたは知っていると言うのですね？」

証人「はい」

裁判官「その評判というのを短い言葉で言ってください、あなたの考えたことではなく、聞いたことをですよ」

証人「彼は家庭人としてすばらしい人間だと聞きました。子供たちにはよき父であり、妻にはよき夫であると。また近所づきあいも非常に上品だそうです」

検察官「異議あり。今の答えを記録から削除することを要求します」

裁判官「彼の正直さ、誠実さに関わる評判と、関係はあるでしょう。で、正直さ、誠実さについては、どんな評判です?」

証人「とてもよいものでした。第一級ですね」

裁判官「それでよろしい、それだけ聞きたかったのです」

もし反対尋問がなかったとすれば、主尋問で一度訊かれて「とても評判がいい」とか、「ずばぬけてます」とか、「最高ですね」とかごくありきたりに答えたろうから、実際のところ、こんな証言には何の注意も払われず、重みのあることなど引き出されるわけがなかったのである。ところが反対尋問をしたために、被告人は「家庭人としてすばらしい人間であり、子供たちにはよき父親、妻にはよき夫だし、近所づきあいも非常に上品だ」などと証人に言わせてしまったのだ。この証言が陪審の意見割れにどれほど関係があったかは、だれにもけっしてわからぬだろう。だが、「家庭人としてすばらしい人間」であり、「子供たちにはよき父親」であり、「妻にはよき夫」であり、「近所づきあいも非常に上品」であるような人間が、役人に袖の下をつかおうとするなど考えがたいと結論した陪審員だって数人はいたかもしれないのである。ともかく、この証言は、反対尋問されたために、おそらく主尋問で終わった場合よりも、はるかに重要な印象の強いものとなったのだ。この種の事例はむろん枚挙にいとまがないくらいである。じつによく起こるのだ。だから裁判に備える弁護士はよほど肝に銘じておかなくてはならない。

B

裁判中の弁護士が、反対尋問の必要に迫られる前に、その反対尋問を真剣に思いめぐらす、というようなことはきわめて稀であるし、ことに、反対尋問しようとする問題をめぐる特定の状況にはどんな法が適用されるだろうか、などと考えめぐらすことは絶無に近い。

前記の同じ事件で、被告人から賄賂を贈られたという監査官が反対尋問を受けた。ここで忘れてはならぬ最も重要なことは、この場合被告人は贈賄罪に問われているのであるが、もし贈賄された人間がほのめかして、いわばその種をまき、そのために初めて贈賄しようという考えがこの役人の言葉を通じて被告人の頭に浮かび、贈賄を計画するに至った、というのが事実であるとすれば、被告人は有罪とはならないだろうということである。監査官は反対尋問で次のように問われたのである。

証人「彼（被告人）は言ったのです、「二、三日その報告を待ってくれませんか、許可証所持者の名前を全部たしかめるまでは」と。で私は言ってやったんです、「いや、待てないねえ」と」

問「待てない、と言ったんですね？」

答「待てないねえ、と」

問「あなたがエレベーターの方へ歩き出したのは、そのときでしたか？」

答「そのとき彼は、どんなにそれが大切なことであるか、説明を始めたんです、くどくどと。それにどれほど自分がびくびくしているかと。彼は自分の許可証をとりあげられるんじゃないか、それが心配だと繰り返すんです、それで私に滞在を延ばせないかとくどくどと。私がエレベーターの方へ歩いたのはそのさいです」

問「二、三日滞在を延ばせないかと彼が頼んだのですね？」

答「そうです」

問「延ばせない理由を何か言ってやりましたか？」

答「ええ」

問「どんな理由を言ってやりました、延ばせないことについて？」

答「戻らなくちゃならん、と言いました、仕事に戻らなくちゃならんと」

問「彼に言ってやった理由はそれだけですか？」

答「そうです」

問「あなたがそこに滞在するのに必要な経費のことは、全然話題にならなかったのですか？」

答「経費の話が出たのは、一度だけで、どこに泊まっているかと彼が尋ねたので、私はホテル・ニューヨーカーだと言いました。すると彼は、かなり高級ホテルだというふうな身ぶりを両手でしました」

問「かなりの高級ホテルだというふうに両手で身ぶりをしたんですね？　本当でしょうね？」

答「本当です」

問「あなたは、彼の手つきから、ニューヨーカーが高いホテルだという身ぶりをしている、あるいは語っている、と理解なさったのですな？」

答「そのとき私は、ホテル・ニューヨーカーはかなり高いと言いました。経費に触れたのはこのときだけで、以後は、どんなかたちであれ経費を彼が口にしたことは全くありません」

問「そのホテルがかなり高いとあなたが言ってから、彼はもう二度と、高いとか経費のこととかを口にしたことがなかった。そうですね？」

答「そうです」

問「あなたも二度と高いだとか経費のこととかを口にしなかったんですか？」

答「ええ」

問「あなたが経費のことを一度口にしたそのとき以後は、高いだとか経費のこととかを言ったことがない。それでよろしいですか？」

答「そのとおりです」

問「あなたがエレベーターのところへ行ったとき、経費の話は何も出なかったのですか？」

答「経費の話をしたことは言いましたよ」

問「ええ、それはわかりました。私はただ確かめたいのです。何か話が出ましたか、それとも出ませんでしたか？」

答「経費に触れたのは、私がどこに泊まっているのかと彼が訊いたときだけです。それで私はホテル・ニューヨーカーだと答え、彼が身ぶりをし、私は「そう、かなり高いですな」と言ったわけです」

裁判官「それは事務所の中だったか、それともエレベーターの中だったか、思い出せますか？」

証人「エレベーターの中でした」

陪審員第十二号「どうか証人にもっとはっきりしゃべるように言ってください」

裁判官「もう少し声を大きくしてください」

問「エレベーターの中だったわけですね。ではほかの時あるいはほかの場所で、あなたが被告人宅におられた間にですね、金銭のことについて、あるいは経費とか高いとかいうことについてですね、何か話をしたことはありませんか？」

答「ええ、経費とか高いとかいう話をしたのはあのときだけでした」

問「金銭に関して、あなたにお支払いしようとか経費を償わせていただくとか、そんな類いのことを、彼が、あるいはあなたから、ほのめかしたことは絶対にないと、はっきり言えますか?」
答「そうした類いの話は全く出ませんでした」
問「でもあなたは、彼に電話をくれるようにと言いましたね?」
答「私が言ったのではありません。彼が私に、電話をしていいかときいたんです」
問「それにたいしてあなたは何と答えました?」
答「いい、と答えました」
問「あなたは電話をする時間を指定しましたか?」
答「彼が六時に電話していいかときいたのです」
問「あなたは六時に電話をよこしてもいいと言ったんですね?」
答「そうです」
問「あなたは、滞在を延ばすかもしれないことを、ほのめかしましたか?」
答「いいえ。ただ、六時に電話してもいいかと彼が訊くので、いい、と答えただけですよ。彼はそれを、私の手をつかまえろと指示されたんだと思いこみ、「二人の秘密は死んだって破りやしません」と言ったわけです」
問「「二人の秘密は死んだって破らない」?」
答「そうです、私は「死」という言葉があったのを憶えてるんです。そのときちょっとぞっとしたんです」
問「何とおっしゃいました？」
答「死という言葉があった、と言ったのです」
問「そのあとに何とおっしゃいました？」
答「彼が「死」という言葉を口にしたとき、私は背筋にちょっと寒気が走るのをおぼえました」
問「背筋に寒気が走った？」
答「そうです」
問「で、電話があって、彼がやってくることになったとき、あなたは金を持ってくるのだなとわかりましたか？」
答「いいえ」
問「金を持ってくるかもしれないとは、ふっと思ったでしょう？」
答「ええ、ふっと思いました。あなたのご好意に酬いるつもりだなどと彼は言っていましたから」
問「それがどんなことなのか彼に訊きましたか？」
答「いいえ、それについては何も訊くまいと、私は用心して避けていたのです」
問「彼が金を取り出したとき、あなたは驚きましたか？」
答「いいえ、驚きませんでした」

問「あなたはその金額を訊きましたか？」
答「ええ」
問「いつ金額をお訊きになりました？」
答「彼がその金を取り出して化粧台の上に置いたときです」
問「あなたはそのとき化粧台のすぐ傍にいらしたんですか？」
答「ええ」
問「その上に手をのべて数えられるような位置ですか？」
答「そうです」
問「その金は自由に取れるようにそこにあったのでしょうね？」
答「そうです」
問「でもあなたは手を触れる前にその金額を訊いたのですね？」
答「そうです」
問「彼は金額を言いましたか？」
答「ええ」
問「ほかに何か言いましたか？」
答「何も」
問「あなたはその金に手を延ばしましたね？」
答「ええ、そして数えました」

問「それからその金をどうなさいました?」
答「私のポケットに入れました」
その犯罪行為が、政府の機関または職員の心中に端を発し、そうでなければおかされなかったろう、という場合には、罠にかけられたということが被告人の抗弁になる(この主題についてはたいへん包括的な論文が『アメリカン・ロー・レヴュー』の四七八号と四八三号に載っており、その中で判例の大部分が論評されている。このほかデマルコ対合衆国(296 Fed. 667)、ブラウン対合衆国(290 Fed. 870)、合衆国対リンチ(256 Fed. 983)の各判例を検討すればよかろう)という判例が有効であることを、裁判官はよく承知していたので、次のような説示をしなければならなかった。「たとえみなさんが、被告人は政府の監査官の作成するリストを自分の作ったリストにすりかえて監査官の報告書を変えさせようと、賄賂を贈ったことを、当然信じていらっしゃるとしても、しかもなお、それを最初にほのめかしたのが監査官であり、そうでなければ被告人はそんなことをしなかったろう、と充分にお考えになられるなら、被告人は罪に問われることなく、したがって評決は無罪としなくてはなりません。また、もしみなさんが、贈賄をほのめかしたのが監査官のほうだったか、それとも被告人のほうだったかについて、合理的疑いをお持ちの場合にも、やはり評決は無罪でなければならないのです。」
この監査官から、泊まっていたニューヨーカー・ホテルが高いと言ったことなど引き出してしまったため、陪審員の何人かは、贈賄を思いついたのが監査官と被告人のどちらだったのか疑わしくなったらしい。もし裁判に先立ってこの法律の検討をしていたら、裁判官のこんな説示もなかったろうし、反対尋問の仕方もちがっていたことだろう。

反対尋問される特定事項にどんな法が適用されるかを考えておく必要がある実例としては、ニューヨーク州上級第一審で最近扱われたもう一つの事件のほうが、おそらくはるかに目立つ適例だろう。原告は、被告にたいして、株券に支払った金の返還を要求したのだが、その株券は原告が被告から勧められて買ったもので、原告が請求すれば買い戻すという条件つきだった、というのである。原告の申し立てでは、その株はもう被告に渡してあり、それを買い戻して、支払った金額を払い戻すよう請求していた、というのだ。このような合意は法律上詐欺には該当せず、判例では、買い戻しの合意を売買契約の一部とし、したがって債務を構成する以上、その債務をことさら書面で立証する必要はない、としているのである。請求された金額は巨額だった。もしその株が実は被告から買ったものではなく、被告の設立した会社から買ったその会社の自己株式であり、被告が人々に買うように勧め、原告には請求のあり次第いつでも原告の払った価格で買い戻すと約束していたのであれば、原告からの買い取り契約は、五十ドル以上の価格の動産または債券の売買契約というわけで、次のような場合のほかはその履行を強制できないのである。すなわち、買い手がそのような契約の対象である動産または債券の一部を受け取り、その現物なり、契約を結ぶための手付け金なりの授受が現実に行なわれた場合。またはその契約あるいは売買の覚書に、責任を負うべき側が署名しているか、あるいはその代理人が署名している場合、である。これは詐欺の法的定義によるのだ（私有財産法八十五条）。

この事件では、原告自身が証人になって、訴状で申し立てたとおり、自分が被告からその株を買い、被告の注文どおり小切手で支払ったこと、また被告が買い戻す約束をしたことを証言した。

幸運にも、原告はこの法律をよく知らなかった。モース対ダグラス事件（112 App. Div. 798）やゲインズバーグ対バクラック事件（241 App. Div. 28, aff'd. 266 N.Y. 468）の判決に注意を払っていなかったと思われる。だから原告は、反対尋問されると、自分は被告から、その会社が今設立しようとしている新しい会社であって被告がその経営陣の重要メンバーになるはずであり、被告の兄も実務担当の最重要メンバーになる予定であること、原告は会社の自己株を持つことになり、株の取得による利益は莫大であると思う、と被告が言ったことを証言したのである。原告が認めた非常に重要な点は、会社の株式申込を受け付ける準備ができしだい知らせようと被告が原告に言い、原告は会社の自己株式を手に入れるのだと思っていたこと、そして実際にそれを受け取ったこと、また被告から申込書への署名を求められて署名したこと、そしてその株を渡されたときにも会社からそれを受け取ったという受領書に署名したことである。原告はさらに次のことも証言したのである。すなわち、被告は、この会社が非常に儲かる仕事をしようとしており、関係者は皆その株で大儲けできそうだと期待している、と原告に話し、また原告は会社が操業を開始していたのを知っていたということである。原告は、自分の申し立てている被告との売買契約のために被告が一部支払いをしたというようなことも、株の一部引渡しを受け入れたことも、なかったということ、また被告かその代理人かが株の取得に同意する署名をした覚書というようなものも、全然ないことを認めた。原告側は、相当な数に上る証人たちを立て、その全員に被告がたしかに口頭で合意したと証言させて、立証を打ち切ったのだったが、被告側の申し立てにより、これは法律上詐欺とはいえないという理由で訴えは棄却となった。

この事件、また他のいくつもの同種の事件から引き出されるただ一つの教訓は、反対尋問で解明しようとしている状況に、どんな法律が適用されるか、訴訟を引き受けた人間は完全に知っていなくてはならない、ということである。これは、反対尋問の結果、尋問された側が反撃してこようとするのを遮ってやるために必要なのだ。

強調すべきは、これらの実例において反対尋問が証人の信頼性あるいは誠実性を弾劾するためには全然つかわれていないこと、あるいは供述内容の蓋然性や可能性を否定するためにもつかわれていないこと、である。もし尋問者が、そのとき取り組んでいる状況にはどんな法律が適用されるか知っていたならば、反対尋問によって、相手側の反撃する権利を法的に妨害してやることが楽にできたろうと思えるのに、反撃させてしまう結果となった実例が、たしかに多いのである。

第12章　反対尋問の〝正用と誤用〟についての意見

エモリー・R・バックナー

人を殺すよりも自分を殺す反対尋問のほうが多い。これには理由が二つある。一つは反対尋問の機能を思いちがいすることであり、他の一つは技術の拙劣さである。

反対尋問の目的は、真実をつかまえることにあるが、この真実というものはじつにつかまえにくい逃亡者なのである。もしある証人の供述が全く虚偽であれば、反対尋問はその打破への第一歩である。またもし、ある証人の供述が一部は真実、一部は虚偽であれば、反対尋問はその虚偽の部分を打破しようとする第一歩である。これは真実だと信じられるならば、たとえそれが自分にとって打撃であろうとも、いさぎよく受け入れるべきである。もしある証人の供述が、ただ誇張しているとか、歪曲しているとか、脚色しているとか、軽重のバランスをまげているとか、だけの意味で、事実と違っているのならば、反対尋問の機能は、その供述を削って本来の大きさに戻してやり、他の事実との本来のバランスをとらせてやることである。一人の男の顔を、耳だけ十倍に拡大した合成写真は、その男の本当の写真ではない。もし反対尋問者がその供述は真実を語ったもので誇張がないと信ずるならば、そしてその供述が訴訟代理人としての事件の評価を変えさせるようなものである場合には、〝活気ある〟反対尋問はせず、昼食時間中に示談交渉するのがよい。もしこれに失敗すれば、訴訟代理人としては、その供述を受け入れ、裁判官の判決または陪審の評決によって決着をつけるべきなのである。どんな依頼人も、自分の弁護士がこの証人は真実を述べているなと思っているのに、傲慢な策を弄してでも勝ってくれと要求する権利などあろうはずがないのだ。弁護士たるものは、委員会での活動とか法曹協会での演説とかも有益な仕事ではあろうが、それよりも日常の実務を通じて、正義がいっそうよく行なわれるように努力できるはずである。

技術について。最悪の反対尋問者たちは多数派に属する。彼らは証人の供述を丹念にメモするのだが、そのために注意力が聞くことと書き取ることに二分され、証人の人格や個性をよく耳で聞きわけ研究することがおろそかになる。彼らが起立して反対尋問にかかると、この供述の冒頭から始めて一路結末へと勇往邁進するのだ。裁判官や陪審は、つねに、主尋問よりも反対尋問のほうに、より注意を傾けて聞き入るものである。主尋問者はあまりにも自分を押しつけすぎることが多く、したがって証人の考えは主尋問ではほとんど出ないものなのだ。反対尋問は戦闘であり、したがってつねにおもしろいのだ。主尋問で行なった供述の冒頭から始めて、その結末まで、一路大声を発して突き進む弁護士は、概して、その供述の重要部分にアンダーラインを引く結果となるものだ。そのため、自分の受けていた損傷を、繰り返すことによって、いやがうえにも大きくすることにもなろうというものである。こんな弁護士はミコーバー的人間[*1]であって、いつも何かが〝起こってくれる〟だろうと空頼みしているのだ。ときには、稀ではあるが、起こることもある。供述の初めから終わりまでを、すっかり繰り返させてみることを、うんと慎重に熟慮したうえでやれば、証人は教えこまれたとおりをレコードのように語っているだけだ、ということを暴露してやれるものだ。

反対尋問者たるものは、自分が信頼性を奪ってやろうとする、あるいは誇張を削ってその本来の比重へ戻してやろうとする、供述の核心部分に、質問を限定すべきだ。証人というものはたいして重要でない間違いをするものである――たとえば自分の乗った汽車とか、降りた場所とか、自分の車で走った路とかだ。真相は、たとえ解明されても、それでどちらかの側が有利になったり傷ついたりはしないだろう。時間を費やし、証拠を並べ立て、やっとのことでその偽りを証人に認めさせて勝ち誇っても、何の役にも立ちはしない。その間に、反対尋問者はせっかくの契機を失ってしまい、ここぞという主張のさわりまで忘れてしまうのが落ちだ。主尋問や冒頭陳述、総括弁論においてだけでなく、反対尋問においても、主張の、いわば通行料金取立所をけっして離れず、魅力的な田舎道へさそいこまれたり、フランクフルト・ソーセージやりんご酒を買いに途中駐車することがけっしてない者が最良の弁護士である。その主張のモチーフは、原告側につこうが被告側につこうが、つねに繰り返さなければならぬ。反対尋問は、原告の主張や被告の抗弁のための響板[*2]として、巧妙に合法的にどんどん活用できるはずである。

反対尋問では憤慨したり、叫んだり、やるならやってみろといった敵意は禁物である。もっとも状況からそうするのが全く自然である場合は別だが。やさしい声や丁重さは、高血圧よりも、よい落とし穴を掘るものだ。陪審は、弁護士のほうがわざも経験もずっと上なのだから、戦闘は対等じゃないとみるものなのだ。当然彼らの同情は負け犬に集まる。証人が怒鳴られたり脅されたりするのを見るのがいやなのだ。一般的にいえば、巧妙な反対尋問家は証人を自滅させようと努力するものであり、そのために自分が手を貸したことはうまく背後におしかくし、自分の個人的な勝利感などはおくびにも出さないものだ。

多くの事件には、反対尋問を準備するための沃野があるのだ。証人になると予想される人間の署名があるかもしれぬ手紙その他の文書で、事件に関係のあるものは、できればすべて手に入れ、丹念に調べてみることだ。証人に立ちそうな人間は、できれば一人残らずその経歴を確かめておくことだ。その証人がこの事件についていろいろと他人にしゃべったことを精力的に調べ上げることだ。前もって準備された反対尋問だけで勝訴する例が多いのだ。こうした事実にもかかわらず、最も頻繁に必要とされるのが即席の対応というものである。

反対尋問者が起立して、何を尋ねるべきか、あるいはどこから始めるべきか、しかとはわからぬときは、「反対尋問はありません!」と言うことだ。

第13章　有名な反対尋問家とその方法

反対尋問の技術を獲得する一番よい方法といえば、弁護士の模範となるような大反対尋問家の手法を研究することも、その一つである。実際、大反対尋問家といわれるほどの人物なら、ほぼ例外なく大弁護士の実地の技術を研究する機会があったからこそ成功できたのである。また、大反対尋問家の人柄や閲歴は、つねに世人の強い関心を惹くものであり、そうしたことも考えて、大反対尋問家たちを幾人か簡単にご紹介し、その手法を眺めるのが適当だろうと思う。

サー・チャールズ・ラッセルは、キローウェンのラッセル卿とも呼ばれ、英国高等法院長として一九〇一年二月に亡くなったが、現代の最も成功した反対尋問家であった。コールリッジ卿は、まだ現役で重要事件といえばほとんど必ずどちらかの側の弁護士として出廷していた頃のラッセルについて、〝彼は今世紀最大の弁護士である〟と言っている。

反対尋問で彼が成功したのは、他のことでもすべてそうだったが、性格の強さのせいだと言われている。自分の反対尋問する証人を圧倒したのは、技倆もさることながら、強烈な個性だったようだ。ラッセルは他人の頭脳や知識を利用することにかけては驚くべき才能があったといわれている。何かの問題についての知識、ということではラッセルをはるかに上まわる人たちが何人もいたろうが、彼はその知識をまさに活用したのであり、証人尋問中まったく思いも及ばぬユニークな使い方をする能力を謳われたものだ。

〝十二人を支配する者〟と異名を取り、海のこちら側での十九世紀最大の弁護士だったルーファス・チョートとはちがい、ラッセルは読書というものをめったにしなかった。彼は〝書物の中に真の慰めを見出さず、また見出すふりもしなかった〟有名人たちの範疇に属する一人だった。チョートの場合は、八千冊ほどの蔵書のある書斎こそわが家であって、〝蔵書の著者たちが、慰めを与えてくれる恋人だった〟のである。チョートは食事中でも本を読む習慣があったし、街を歩きながらでさえ読んだのだ。本が彼のたった一つの気晴らしだった。ラッセルはまた大雄弁家ではなかった。チョートのほうは〝地球上およそ英語の話されるあらゆる国々で雄弁家としては第一人者、陪審の前に立ったことのあるすべての人間の第一人者〟と評価された人物だった。

ラッセルもチョートも完璧な役者であって、両人とも弁護にかけては天賦の才をもっていた。どちらもが、つかみかかるべき急所を正確におさえていたし、陪審の心の動きを見まもっていて、どんなことを言えば効果があるかを一目で見分けたし、裁判中にどんな突発事が起こってもそれを最大限に利用するすべを心得ていた。

〝ある日若手弁護士が、正統的なやり方でメモをとっていた。ラッセルはといえば、メモなど全然とらず、法廷のあちらこちらへ視線を油断なく走らせていたのだ。ときには裁判官へ、ときには陪審へ、ときには証人へ、そしてまた相手側弁護士へ。眼の配りは完璧だった。すると不意に彼はその若手をふりかえって言ったものだ、「君は何をしているんだ?」「メモを取ってます」が答えだった。「メモを取ってます、っていったい君はどういうつもりなんだ? 裁判を見張ってりゃいいじゃないか?」と彼は怒鳴った。彼は裁判を〝見張って〟いたのである。何かが起こって戦線の変更が必要になると、彼は同僚たちがまだその新しい事態をのみこめないうちに、ふりかえるのだった。(1)〟

反対尋問の心得として、ラッセルは次のように言っている。〝証人へ真っ直ぐ向かっていき、その急所へ突進することだ。カードは全部テーブルに開いて投げ出すことだ。英国の陪審はただの術策《フィネス》を評価してはくれぬ。(2)〟

ラッセルの反対尋問家としての成功を、彼の伝記作者たるバリー・オブライエンはこんなふうに語っている。〝彼が反対尋問に立ち上がる姿はすばらしい光景だった。彼の押し出しそのものが証人にショックを与えたにちがいない――男らしく挑戦的な態度、高貴な額、尊大な表情、無情な口、あの深く窪んでかっと見開いた眼、そしてあの魂の底まで射通すような鋭い視線。ある北方巡回裁判所員が言っている、「ラッセルが証人に及ぼす効果は、コブラが兎にたいするそれと全く同じだった」と。ある裁判で、彼は間違った側についていたことがある。三十二人の証人が喚問されたのだが、うち三十一人までが間違っている側の証人で、残る一人が正しい側の証人だった。三十一人はひとりとして反対尋問でやっつけられた者がなかったが、正しい側の例の一人が、ラッセルの手で完全に粉砕されてしまった。

〝「ラッセルはこのごろどうです?」とある友人がパーネル委員会の一委員に尋ねた。ピゴットの反対尋問期間中のことである。「チャーリー先生は、あいかわらずど真ん中へ直球を投げてますよ」がその答えだった。「チャーリー先生」はいつだって「ど真ん中へ」投球したのであり、[*1]三柱門《ウィキット》の守備者は、たちまち泣きをみることとなったのである。私自身、彼がひどく優しげに証人へ近づくのを見たことがある――餌物を下見するライオンの優しさで。また虎の猛々しさで証人にとびかかるのも見たことがある。だが、優しげだろうが猛々しかろうが、嘘を言うために証人席へ入った人間にとっては、ラッセルはつねにぞっとするような怪物に見えたにちがいない。〟

ルーファス・チョートには、ラッセルが生来もっていたような、証人を支配する力は、ほとんどなかった。彼が努めたのは人を魅了することであり、だから〝法廷の魔法使い〟といわれたのである。彼は全く違うやり方で反対尋問した。断じて脅しつけてやる、というふうに証人を攻撃することはけっしてなかった。〝かつてボストン法曹界のあるすぐれた弁護士の反対尋問を評して、チョートは次のように言ったことがある、「この人は陪審員を全部証人側につかせるようなやり方で証人を攻撃している」と。そしてつけ加えたのである、「私は良策とは思いませんね。」彼自身の策はどうかといえば、はるかに慎重で理知的で用意周到なものだった。彼には人間の本性やその行動の原動力や心情の働き方についての深い知識があった。これらを探り当て、陪審にもわからせるために、よくほんの二、三の効果的な質問をしたものだった——実際ごく少ない質問ではあったが、どれもが標的に真っ直ぐに向けて発射され、命中するのがつねだった。彼のモットーは〝ぎりぎり必要とする以上に反対尋問してはならぬ。証人を倒さなければ、倒されるのはこちらの方である〟というものだった。彼は証人席で公正かつ正直そうにみえる人間をすべて、紳士と仮定しているかのごとく取り扱った。もし性《たち》の悪い人間にみえる場合は、やっつけたが、その態度は不本意な手術をやっている外科医といったおもむきがあった——まるでそうしなければならぬことを深く悔やんでいるかのような。だからチョートに反対尋問された人間は、善人であれ悪人であれ、彼を恨む者はほとんどいなかったのだ。証人席についた人間たちにたいする彼の問いかけ方は、宥《なだ》めすかすような、やさしい、安心感を与えるものだった。証人を粉砕するために重々しくおそいかかるときでも、彼のやり方は、静かな決意を深く秘めながら、とげとげしさなどはつゆほどもなかったのである——ぶっきらぼうさも、辛辣さも。[3]〟

陪審への語りかけはどのくらいの時間が適当か、チョートは次のように考えていた。

〝自分の話を印象づけられるのは、最初の一時間だけ、ときには最初の十五分だけである。なぜなら、もし自分の主張を正しくしっかりと摑んでいれば、論拠の概略を、それくらいの時間で提出しおえるはずだから。いわば序曲を演奏するのだが、その中には来るべきオペラのあらゆる旋律がほのめかされ、あるいは予告されているわけだ。他の一切は埋め草にすぎない。異議に答えたり、陪審員の一人に短い弁論をして同僚の異議に備えておく、などである。実際、ふつうの人間は、一つの弁論で、一時間以上にもわたって滔々と弁じ立てられ、深く心を動かされ、かき立てられ、惹きつけられたままでいる、などということは不可能である。これは定則と考えてよいかもしれぬ。〟

チョートについてよく言われるのは、〝大きな主張をあまり数多くはせず、小さな主張をたくさん弁じてそれらを大きなものにした〟ということである。家庭裁判を専門にやろうとしていたあるお気に入りの若手に、チョートはかつて注意したことがある。「きみに私の最後の忠告を遺しておいてやろう――ご婦人にはけっして反対尋問するな、ということだよ。全く無駄なんだ。ご婦人方というのは、いったんしゃべった話を分解できんのだ。きみに有利な部分と不利な部分を区別できないし、結びつけたり、濃淡をつけたり、弱めたりもできない。ご婦人が役に立つのは物事全体にたいしてだな。反対尋問を始めたら最後、一匹のガラガラ蛇に咬まれるどころか、一樽全部のガラガラ蛇に咬みつかれる。私は、もうほかにどうしようもないという場合は別にして、とてもご婦人を反対尋問する勇気などないね。」

アイルランドに目を転ずると、アメリカのチョート、英国のアースキン、少し下ってラッセルに匹敵するのが、ジョン・フィルポット・カランである。陪審弁護士として彼はアースキンに次ぐ存在だった。小作人の子として生まれた彼は、一八〇六年にアイルランド記録長官になった。痩せた小男で、どもりがちにしゃべる声は甲高く嗄《しゃが》れており、元来が内気で、初めて扱った事件の最中に言葉が出なくなり、自分のノートを床に取り落としたほどだったが、不撓不屈の精神と体験の積み重ねによって、世界の弁護士の中でも最も流暢な力強い弁論家の一人となった人物である。反対尋問家としては、〝偽証の織りあげた網の目は、どんなに工夫をこらしてあろうと、必ず解きほぐすことができたし、過誤や矛盾をすべてひっとらえ、少しの容赦もなく弾劾した(4)。〟

アビンガー卿スカーレットについては、陪審席に十二人のサー・ジェイムズ・スカーレットがいたために勝ったのだ、といわれている。評決をかちとることにかけては、当時の陪審弁護士中ぬきんでた一人である。甘言を用いて自分の主張の弱点を陪審に大目にみてもらうといったやり方をつねとした。これがチョートなら、何事にもふり注ぐあの熱狂、〝眼は焔と炎え、舌は怒りに激す〟あの形相で陪審に突進するところだろう。スカーレットは陪審員一人一人の水準へまで自分を下げ、へつらっているうちに味方へ引き入れてしまうのである。反対尋問にあたっては、〝反対尋問しなければならぬ人間を、まるでその手をとるようにして自分の友達にしてしまい、親しげな会話をかわして、自分の狙いに最もよく合う答えをさせるように促し、こうして闘いを始めているとはみえぬうちに勝利を手に入れてしまうのだった。〟

ワイトマン判事がこんな逸話を語っている。ある日同判事が裁判所をひけて群衆の中を歩いていると、横にいる男が陪審員として毎日見ている住民であることに気がつき、話しかけずにはいられなかった。判事はその男の顔が好きだったし、これが出廷して初めて言葉をかわす機会だと気づいたので、あの主任弁護士をどう思いますかと尋ねてみた。「そうですねえ」とその住民は答えた、「あのブルーアムという弁護士はすごい人です。弁もたつし、できる人だ。でも、スカーレット弁護士についちゃ何とも思いませんね」——「それはまた！」と判事は叫んだ、「おどろきですねえ。だってあなた方はいつだって彼に評決をおやりになってますよ」——「ああ、それは何てこともありませんよ」が答えだった、「あの人はとても運がいい、そうでしょう、いつだって正しい側についているんですから[5]。」

チョートもまた、〝陪審席の中へ〟入りこむすべを心得ていた。自分に反対していそうだと思う陪審員に向かって、丸一時間もぶっつづけに話しかけることで知られていた。そうやって証明も説得も合わせて山積みにしたあげく、さて好んで口にした台詞は、「だがみなさん、これでは私の主張の半分にすぎません。そこでこれから私の立証の本論に入ります」であった。

アースキンも、スカーレット同様、中背ですらりとしていたが、彼は美男で、人を魅する力があり、敏捷で敏感、〝動作はサラブレッドの馬のように、軽やかでしなやか、力とスピード感にみちていた。〟彼もやはり大学教育の恩恵を受けず、最初のうちは弁論に不慣れでずいぶん苦労した。処女弁論では、もし自分の子供たちが法衣を引っ張っていると感じなかったら、その事件を投げ出してしまったろう、と自分で語っているほどである。「晩年には」とチョートが彼について言ったことがある、「今まであらゆる弁護士の口にしたどんな英語よりも立派な英語を話したのである。」かつてある裁判長が法廷侮辱罪だと彼を脅したとき、次のように答えている、「裁判長、お気のすむようになさって結構です。あなたがご自分の義務をよく心得ておられるのと等しく、私もまた自分の義務をよく心得ております。」彼の話しぶりの簡素な美しさは、静かな自然な感情がこもっており、ルーファス・チョートの〝弁説とか議論というよりも、長く高まり膨らんでいく歌に似た音律と抑揚の音楽の流れ〟と描写された弁論とはきわだった対照をなしていた。アースキンの努力に不満をおぼえ、「私が自分で弁護しなければ、私は絞首刑になりますよ」と紙に書いてよこしたある依頼人に、アースキンは静かに答えたものだ、「もしあなたがそんなことをなされば、絞首刑になりますよ。」アースキンは二十年の間、一日たりとも法廷に病欠したことがないのを自慢にしていた。カランについても、開廷後延々十六時間もの間、途中わずか二十分休憩しただけで出席し通したあと、陪審の前に起立したが、このとき行なった弁論は彼の一生でも最も記念すべきものの一つとなったと伝えられる。

英国法曹界のもっと時代が今日に近い弁護士の中では、サー・ヘンリー・ホーキンズがきわだった存在である。彼は同世代のだれよりも法廷活動で金銭を得たという噂である。現役時代の彼の一番の特徴は、反対尋問の驚くべき技倆にあった。最初のティッチボーン裁判でコールリッジ卿と協力したが、証人ベイグネットおよびカーターを反対尋問して

〝世界第一流の反対尋問家〟という名声を得た。(6) サー・リチャード・ウェブスターも大反対尋問家だった。彼はパーネル特別委員会での裁判の報酬に十万ドルを得たといわれるが、この裁判ではサー・チャールズ・ラッセルを敵にまわして戦ったのである。

アイルランド法曹界で最もめざましい弁護士の一人はダニエル・オコンネルで、彼は友人や隣人には〝先生《カウンセラー》〟*2で通っていた。彼を有名にしたのは、〝検事《クラウン・プロセキューター》に敢然と立ち向かい、判事と口論し、訴追側の証人を威嚇して本音を吐かせるのでなければ恥をかかせる〟その才能だった。オコンネルの最後の、かつ最大の勝利は、あのドナレイルの陰謀者たちの弁護だった。以下その詳細はエドワード・A・パリー判事に負っている。

ある殺人事件が起こったのである。すると当局は全員十把一絡げにして被告人席へ送りこみ、彼らを裁判するために特別委員会がコークへ派遣されたわけである。被告人五人の第一組は、きわめて不充分な証拠にもとづいて有罪と決まり、六日後に絞首刑執行の宣告が下った。そのうちの一人は、年二百ドルで農地を借りていた七十歳近い老農民で、信頼のおける人物だった。彼は絶対に無実であると信じられていたから、この有罪判決は町村一帯を恐慌状態に陥れたのである。だれもが考えたのはただひとつ、オコンネルを呼んでこなければ、ということだった。彼はそのとき九十マイル離れたケリーにいた。この有罪判決は土曜の午後に言い渡され、他の組の被告人たちは月曜の午前九時に裁判される予定だった。

バリー・ヒーのウィリアム・バークが使者となり、日曜の朝デリーネインに着いてこの先生に会った。

「私は昨夕五時にコークを発《た》って、夜中九十マイルを馬でとんできました。先生にお会いしたくて。あのドナレイル陰謀事件で、かわいそうに被告人にされている連中の友人たちが、みんなしてお呼びしてこいというものでして。開廷前にコークへ来てくださらんと、連中は一人残らず縛り首です。胎《はら》の赤ん坊みたいに罪はないんですがねえ。」

オコンネルはこのとき五十六歳だったが、元気にあふれ、まことに壮健だったから、一頭立ての二輪馬車を飛ばして、夜の闇を衝き山越えしたのである。バークは先に帰って、先生がこっちへ向かっていると伝わったので、大騒ぎになった。裁判官へは審理の延期が申請されたが、これは拒否された。バレン・ペンファーザーは「本件は遅滞なく進めなければならない」と宣言したのである。

キラーニー通り沿いに斥候が配置されていたが、何の報告も来てはいなかった。陪審が宣誓を終えて着席し、さて法務次官（首席検事に当たる）が論告を始めていたときである。大きな歓呼が起こったかと思うと、みるまに膨れあがって法廷へと押し寄せた。何も聞こえなくなった。ただ「先生が来るぞ！」という群衆の叫び声だけであった。

彼が旅装のままでどんなふうに弁護士席についたか、法務次官の法解釈の誤りを正すのも、サンドウィッチをむしゃむしゃやり、牛乳を瓶から口のみする、その一口ごとの合間だったこと、また国側証人たちをからかったり脅しつけたりしたやり方、とくに最も悪名高かった証人ナウランが、どんなふうに嘘の皮をひんむかれ苦悶の叫びをあげたか、「ひゃあ、まさか、今日ここで、あんたにお目にかかろうとは、オコンネル先生。神さま、何とかお助けを！」——これらはすべて裁判記録に忠実に記録されている。

陪審は、一日半の間、全く食事ぬきだったが、それでも意見が一致しなかった。しかし次に予定されていた組の被告人たちは無罪放免となり、国側は公訴を放棄し、すでに有罪を判決されていた連中も執行延期となった。この弁護士が国中から愛されたのも不思議ではない。(7)

ルーファス・チョートは、ダニエル・ウェブスターこそ世界最大の弁護士だと思う、と言った。ウェブスターのほうも、臨終の床で、チョートはアメリカで最も輝かしい人間だと言った。このアメリカ法曹界の両偶像の真剣勝負について、パーカーが次のような挿話を書いている。両方の刃の交え方の特徴がよく出ている話だ。〝あるときウェブスターがチョートの一時間に及ぶ論証を、ただの一言一睨みで粉砕するのを、目のあたりにしたことがある。チョートの論証というのは、めったにお目にかかれない職人気質の産物ともいうべきもので、きわめて知的にひきのばしたりこじつけたり、微に入り細を穿っていの、ギリシャのソフィストばり、シシリー島はレオンティノイのゴルギアスも羨ましがったろうという精巧なものだった。ことは普通の人間の眼なら二つの卵としかみえない二つの車輪についてであって、チョート氏はトウィードルダムとトウィードルディー*3との間に微妙な一線を引く論法と、その本体がぼんやりと見定めがたくなってしまうほど深く微妙に「論点を定着」させる詳細な弁論によって、この二つの車輪の間には天と地ほどの相違があることを陪審に示したのである。「しかし」とウェブスター氏は言った。そして大きな眼を黒々と見開き、前に置かれた大きな相似の車輪を見すえたのである。「陪審のみなさん、現物がここにあります――よくごらんください。」これをものすごい声量で言ったもので、弁論で歪められていたその車輪は、すくみあがって元来の相似の形へ戻るかのようだった。そして「論点を定着」させようと長い時間をかけた議論も、自然死を遂げた、という次第だった。これはたんなる性格がたんなる知性を凌駕する典型例だったが、しかしやはり、知性は性格よりもはるかに大きな力があるのだ(8)。

ジェレマイア・メイスンは、陪審を前にするとチョートやウェブスターにひけはとらなかった。彼の弁論は座談風で気取りがなかった。けっして雄弁家ではなかったのだ。彼はよく陪審席のすぐ傍まで行って、できるだけ平明な論理で話しかけ、聴く者に無罪判決を出させたのだ。ウェブスターは言っていた、「自分が成功できたのは、同じ弁護士として、メイスンの仕事ぶりを、毎日九年間もぶっつづけに、いやがおうでもみせつけられてきたおかげだ」と。ニューイングランドの法曹界には、彼と比肩しうる反対尋問家は一人としていなかった。

わがニューヨーク法曹界の歴史を通じて、おそらくウィリアム・フラートン判事に匹敵する反対尋問家は、ほんの数えるくらいだろう。彼を有名にしたのは、その物静かで柔和な態度、すばやく繰り返される質問、質問に織り込まれる目も綾な機智、そして全く独自の方法の発明だった。

例の有名なティルトン対ヘンリー・ウォード・ビーチャー事件で反対尋問したことが、彼を国際的に著名にしたのだったが、実際この反対尋問は、米国でかつて聞かれた最もすぐれたものと考えられたのである。しかし、これらの尋問自体は精魂こめて作られた輝かしいものではあったが、結果としては不思議なくらい生み出すところが少なかったのである。おそらく証人たちが異常なほど頭がよく抜け目がなかったせいだろう。この裁判は全体としてニューヨークの法廷がそれまで扱ってきた同種のどの事件よりもはるかに有名なものとなった。キリスト教の牧師として最も著名な一人が、弁舌さわやかなその説得力に加えて、その宗教的影響力にも助けられ、自分の教会員たる一女性——長年の親友の妻であり、敬虔な、けがれなき魂の持ち主だった女性の愛情を横道へ向かわせ、清廉さを台なしにさせたとして訴えられたのである。一年半にわたって罪深い関係をつづけたこと、その罪を自分の良心と彼女の良心にもっともらしい敬虔な言葉で蔽い隠したこと、最初は神の祝福をその関係に祈り、次いで神のお導きを祈ったこと、そしてその結果から逃れようと、誘惑に加えて偽証までを犯したこと、が罪状だった。そのうえ、彼を訴えたティルトン氏とモールトン氏は、ともに世間的に評判がよく、立派な地位にある人たちだった。

フラートンの反対尋問は、長さといい、複雑さといい、ここで詳細に紹介するわけにはいかない。ビーチャー氏にたいして、質問にはもっと率直に、もってまわらずに、答えてくれなくては困る、と一度言ったことがあるが、それにたいしては率直な答えが戻ってきた、「私は、あなたが、恐ろしいのです、」と。

　あの有名な〝ぼろぼろの手紙〟についてビーチャーを反対尋問していたとき、フラートンは、もし無実だとすればなぜあなたは教会にたいして弁明をしなかったのです、と尋ねた。ビーチャーは黙っていようという約束を守ったのです、と答え、つけ加えて他の人たちはそういう約束を守るとは思っていませんが、と言った。この意見には法廷中に笑い声が聞かれたので、ニールスン判事は廷吏に規則違反者を見たら廷外へ連れ出せと命じた――すかさずフラートン氏は声を高めた、「弁護士は別ですよ」と。この後、反対尋問者は我慢できなくなってビーチャー氏に呼びかけたのだった、尋問を終えるまでにはこれらのことに関する一切を明らかにしてみせますぞ、と。これにたいしてビーチャーは「うまくおやりになるとは思えませんね」とやりかえした。

　フラートン氏（雷のような声で）「なぜあなたは起立して罪状を否認なさらなかったんです？」

　ビーチャー氏（同世代の他の人間とは著しく異なるあの驚くべき魅力をすべて声にこめて）「フラートンさん、それは私の精神生活の習慣とは異なりますし、人々や物事を扱う私のやり方でもないのです」

　フラートン氏「そう私もみますがね。あなたのおっしゃるところでは、セオドア・ティルトンから夫人との密通を告訴され、あなたの教会とその全委員から告訴されたことを、何とも思わなかったそうですな？」

ビーチャー氏（短く）「ほんの少しも」

このとき、ビーチャーの弁護人トマス・G・シャーマンが、依頼人を救おうと跳び立って、「弁護士が記録を前に置いていないときはきまって引用が不正確であるのは、じつに不思議な一致ですな」、と意見をさしはさんだ。

フラートン氏（裁判官へ印象づけるように話しかけて）「シャーマンさんは、無礼な口をお利きにならないときは、何にもならない方ですな」

ニールスン判事（助け舟を出して）「たぶん弁護人の考えは――」

フラートン氏（遮って）「シャーマンさんの考えていることは、裁判官、あなたにとっても相手側弁護人にとっても時間を費やすだけの重要性など全くありませんよ」

「あなたはご自分の説教を出版なさる習慣がおありですか？」とフラートン氏はつづけた。

ビーチャー氏は自分がいつもそうしていたこと、また〝懺悔の高貴さ〟について説教したことがあることも認めた。

シャーマン氏（嘲笑的に）「フラートンさんが私たちに説教なさるおつもりではないように願うものです」

フラートン氏「シャーマンさんを改宗させられると思ったときはそうするつもりですがね」

ビーチャー氏（静かに）「私の説教壇をお使いくだされば幸いですな」

フラートン氏（笑いながら）「私が聞いてもらいたい聴衆は、シャーマンさんただ一人ですよ」

ビーチャー氏（嘲笑的に）「たぶんあなたの聴衆は彼だけでしょうな」

フラートン氏「もしシャーマンさんを改宗させられれば、キリスト教牧師としての自分の仕事は完了したと私は思うでしょうよ」

フラートン氏は次いでビーチャー氏の説教から一節を読み上げた。もし人間が大きな罪を犯し、それが明るみに出れば悲惨な事態となるような場合、その人間は、ただ良心の苛責を和らげるために告白をしても、正しいとはされないだろう、というものだった。ビーチャー氏は今もなおそれを〝健全な教義〟と考えていることを認めた。

この時点でフラートン氏は裁判官席へ向き直り、時計を指さして言った、「この説教の後に来るものは祝福以外の何ものでもありません。」裁判官はその暗示がわかり、休廷とした。(9)

この同じ裁判で、ウィリアム・M・エヴァーツも、ビーチャー氏の主任弁護人として、すでに得ていた国際的名声をさらに高めたのである。この事件でみせた彼の多才ぶりは盛んな論議を呼んだものである。主尋問でも反対尋問でも、また証拠の問題点をめぐる弁論でも、あるいは総括弁論でも、彼はひとしく大家らしい才腕をみせてくれたのである。セオドア・ティルトンへの反対尋問は一傑作だった。法廷での彼の弁護は明快にして冷静、かつ論理的だった。エヴァーツは単に大弁護士であっただけでなく、雄弁家としても、また政治家としても第一級の人物だった。彼は〝アメリカ法曹界のプリンス〟と呼ばれていたのだ。高い学識と文学的教養を兼ね備えた紳士なのだった。裁判での態度を誰かが〝全存在がすなわち頭、鼻、声、そして人差し指〟と描写したことがあった。身長は五フィート七インチ、すらりとした痩軀で、〝顔は羊皮紙に似ていた。〟

ジョゼフ・H・チョート氏がいつか私に言ったことがある、法廷での自分の成功はエヴァーツ氏の陪席弁護人をつとめた九年間のたまものだと。チョート氏その人だからこそ、こんなことを言えたのであろう。弁護士としてとびぬけた彼の才能は、エヴァーツ氏の下で指導されたからといって獲得できるものではなかったろう。チョートはけっしてニューヨーク法曹界をリードする公判弁護士というにとどまらず、全アメリカ法曹界を代表する弁護士と大方に見られていた。たしかに同時代のだれ一人として、彼ほどに陪審の評決をかちとった者はいなかったのだ。彼の経歴は少しの間断もない一本の成功の帯である。とはいえ、法廷弁護士として何か特定の分野で格別に輝ける存在であった、という意味ではない。彼はユーモアの質と諷刺の鋭さにおいてぬきんでていたのだ。事件の取り扱い方の全体、証人、裁判官、相手側弁護士、そしてとくに陪審の取り扱い方は、まことに抵抗しがたい力で人を魅きつけ、心をつかんでしまうので、すべて意のままに運ぶことができたのである。三週間チョートと対決した弁護士は、陪審の評決には負けても、気分は晴ればれとしたものだった。

これが故エドワード・C・ジェイムズとなると、反対であって、彼と対決すれば、相手側としては精神的にも肉体的にも疲労困憊を強いられたのである。ジェイムズは重量感のある人で、疲れというものを知らなかった。彼の反対尋問は、これ以上はないという労作だった。尋問態度はいかめしく力強く、彼の精神はつねに油断なく眼前の主題に集中していた。ただしチョート氏のような魅力あるいは輝かしさというものはつゆほどもなかったのだ。彼は頑固で決然としており、重々しかった。小止みもなく証人を叩くが、目標に達したことはめったになかった。彼の流儀は文字通り相手を疲労困憊させるのだ。そして自分の側が間違っているなどとは、陪審長からそう言われるまでは、けっして自覚できぬという人だった。そう言われたときでさえ、陪審の側に何か間違いがないのかどうか、調べてもらいたがったほどである。ジェイムズは自分が勝ったときと相手が顔をしかめたときでなければけっして微笑したことがなかった。チョート氏が微笑すれば、こっちも一緒に微笑せずにはいられないだろう。晩年の十年間、ジェイムズはほとんどの重要な裁判でどちら側かについていた。彼の成功はその勤勉な疲れを知らぬファイターぶりによるものであり、私は、技倆ではなかったと考えている。

ジェイムズ・T・ブラディは〝ニューヨーク法曹界のカラン〟といわれた人物である。彼の成功はひとえにその礼儀正しさと反対尋問技術の並々ならぬ手際による。彼の法廷態度は晴朗にして人を魅了し、同時代一流の雄弁家だった。彼の誇るべき記録は、死刑を求刑された五十人を弁護して命を救ってやったことだ。

他方〝アメリカ法曹界のハムレット〟ウィリアム・A・ビーチは、反対尋問が下手だった。彼はどの証人も同じように扱ったのだ。態度はきちんとしてはいたが、高圧的な感じがあった。予期しないことが起こると臨機応変に調子を合わせるということができなかった。敗訴が多く、逆転劇を演出することなど最も不得手だった。彼の本領は法廷での雄弁にあったのだ。ビーチャー事件での弁論だけでも、完璧な雄弁家という名声を与えるに足りたことであろう。語彙の豊富さはおどろくべきものがあり、また声に不思議なくらい人を魅了する力があったのだ。

ジェイムズ・W・ジェラード先輩については、次のようにいわれている。〝かつてニューヨーク法曹界で実務にたずさわった誰よりも、証拠不利を押し切って勝訴した件数の多かった人だ。とにかく実戦の駆け引きにかけては海千山千であって、おどろくべきこつを心得ていたのだ。人間とはいかなるものかに通暁していて、裁判中、いろんな陪審の癖とか気まぐれとかにさっそく合わせていくことでは、まず右に出る者がなかった——ジェラード氏が反対尋問で有効打を放つところを目撃し、また相手側や裁判官や陪審にセンセーションをまきおこすのを目のあたりにした者なら、彼は直観によって場当たり的にやっている、言動ことごとくこれ即興だと思ったことだろう。だが実は彼の事前準備はまことに周到だったのである。概して彼の反対尋問での有効打は、この事前準備の成果だった。反対尋問用にノートを作っていたのである。機智の閃きやグロテスクなほど異常なユーモアも、あらかじめ考え抜かれ、研究しつくされたものが大部分だった。〟(10)

ミラー判事はロスコー・コンクリングを〝同時代人中最も頭のよい人間の一人だった〟と言っている。彼がワシントンでの激務を退いたときは五十歳を超えていたが、ニューヨーク市に事務所を開いた。ニューヨーク法曹界での六年間は、弁護士として巨万の富を築いたと噂されるほどの大成功を収めた。彼は法廷弁護士になり、訴訟代理人としてのみ活動する方針を立てたのだ。弁護士ぶりは立て板に水といった雄弁さで、徹底的に事前準備をやり、反対尋問家として完璧だった。公職を経てきていながら、〝私の本来あるべきところは陪審席の十二人の前である〟と言っていた。コンクリングは、重要な訴訟では、鏤《る》骨《こつ》の努力で反対尋問を研究するならわしだった。殺人容疑のヘンリー・バーグ師の裁判では、コンクリングは、死体解剖を行なったスウィンバーン博士の反対尋問いかんで決まりそうだとみてとった。起訴された罪状は、バーグ夫人が夫に首を絞められ、次いで咽喉をかっ切られた、というものだった。これを反対尋問でくつがえすために、コンクリング氏は、解剖用の死体を一つ手に入れ、同博士の前で調べたい部分を解剖したのである。同博士を反対尋問した結果、裁判長は、その証拠があまりにも信用を置けぬものであることを言明せざるをえなくなり、陪審の判断には付さず、被告人の釈放を命ずるほかはなかった。

反対尋問のために、こういう勤勉な準備をしたことが、ベンジャミン・F・バトラーの成功した一因だった。あるとき、依頼を受けたある重要事件の証人を反対尋問するため、彼は何日もかけて蒸気機関車のあらゆる部分を調べあげ、自分の手で運転できるまでになった、という。またあるときは鉄道の修理工場で一週間をすごし、うち何日かは上衣を脱ぎ手にハンマーを握って鉄がどこまで圧力に耐えられるか確かめたりもした――それが裁判を左右する転換点だったからである。彼自身の言葉を借りれば、〝自分の事務所に坐して、ただ連れてこられる連中の話を聞くだけで準備する弁護士は、まず敗けと決まっている。完全に仕事をする弁護士、入念に準備をする弁護士は、事件をどの面からもくまなく調べ、また科学的な研究もたくさんしなくてはならないものである。〟こういうおどろくべき徹底性と鋭さの反面、愉快なユーモアと活きいきとした機智のあったことが、バトラーの大きな特徴だった。彼は大弁護士でもなく、ルーファス・チョートのような大弁護人でもなかったが、それでもよくチョートを負かしたものだった。彼の得意な武器は反対尋問だった。彼は材料もたっぷり持っていたし、戦略にも長けていた。彼の域に迫れる者はごく少数だった。チョートも法廷弁護士の細かい策略は全部マスターしていたが、チョートはさらに、真の大弁護士のもつ大きな構想力や弁論能力を身につけていたのだ。バトラーの成功は熱意によるものであり、加えて用意周到さがあったのだ。良心を超えた策略などというものではない。

自伝の中でバトラーは、好んで手品と自称し、反対尋問の技倆を示すに足ると自負する実例をいくつか書きのこしている。それらは『バトラーの本』から引用してあるのだが、反対尋問の精妙さを示すものとして引用されてはおらず、かえって、彼が地方の陪審を前にかちとった成功の多くを負うているトリック例としてあげているのだ。

私がまだほんの弱輩だったころ、殺人罪に問われた男の弁護を依頼された。彼は同僚と喧嘩をし、殴り合いから、ついには石で殴り合うところまでいった。依頼人は尖った石で故人の頭を殴った。ふつうこめかみと呼ばれる部分である。殴られた男は縁石のところへ行って腰を下ろした。顔から血が流れていた。それから間もなく倒れて死んだ。当局の説はこめかみの動脈の負傷が死因である、というものだった。私の説は卒中が死因であり、もしこめかみからの出血がもっと多量だったら助かったかもしれない、というものだったから、両者の説にはずいぶん隔たりがあったのだ。

もちろん、私は自説を主張できるようにするためには、ずいぶんと勉強した。こめかみの動脈についてあらゆることを知っておかねばならなかった——その位置、機能、そこを通る血液量、そこから出血した場合どのくらいの時間で死んでしまうものか。また暑い日盛りに飲酒して喧嘩に夢中になり、逆上した場合、どの程度の昂奮で卒中をひき起こすものか。自説中のこの二点については安心していたが、依頼人の握った石がこめかみの動脈を切り出血したため死んだという外科医の証言に、全部を賭けていたのである。その外科医は、ときどき証人席でみかける一人であった。医学上の問題で自分たちの知らないことは、知る価値がないのだ、と考えている一人だった。彼はこめかみの動脈からの出血以外に死因はありえぬ、と積極的にはっきりと断言し、出血の機構や出血量を説明したのである。

以下に示す質問はすべて私が自分で準備したもの。

バトラー氏「先生、あなたはこめかみの動脈についてずいぶんお話しくださいました。そこでひとつ、その動脈とその機能のことをご説明ねがえませんか？　私は、こめかみの動脈というものは、頭蓋の外側の肉、とくに私たちがこめかみと呼んでいる部分に、血液を供給するので、そう呼ばれているのだろうと思いますが」

証人「そう。そのとおりです」

バトラー氏「それはよろしいですね。さて、ではこめかみの動脈の起点ですが、循環系統の中でどこなのでしょう？　心臓でしょうか？」

証人「いや、心臓から頭部へ血液を送る動脈はただ一つ、大動脈です。この大動脈から支脈がたくさん出ており、頭蓋へは頸部にある通路を通して血液が送られているわけですが、こめかみの動脈というのは、これらの支脈の一つから分岐しています」

バトラー氏「先生、それはどこから分岐していますか？　頭蓋の内側ですか外側ですか？」

証人「内側です」

バトラー氏「内側ですと、それは脳に血液を供給することと何か関係がありますか？」

証人「いや、ありません」

バトラー氏「では先生、頭の外側やこめかみへの血液供給はどうやってするのですか？」

証人「ああ、それは頭蓋の中の適当な通路を通るのですよ」

バトラー氏「それは眼を通りぬけるんですか？」

証人「いや」

バトラー氏「耳ですか？」

証人「いや」

バトラー氏「口を通り抜けるのでは都合が悪いでしょうね、先生？」

ここで私は、自分の緑色の鞄から頭蓋を一つ取り出した。「この頭蓋には、こめかみの動脈へ行くのが適当と思われるような通路は、どこにも見当たらないんですがねえ。ひとつ先生、頭蓋の内側から外側へ抜けてこめかみの動脈へ行ける適当な通路というのを、指してくださいませんか？」

彼は全くそうすることができなかった。

バトラー氏「先生、これ以上先生にご迷惑をおかけするつもりはありません。どうぞ証人席を下りて結構です。」彼はそうし、私の依頼人の命はこの時点で救われたのだった。

こめかみの動脈は頭蓋の内側をなど全然通っていないのだ。

転轍器の故障で脱線した車輛に乗り合わせた青年が依頼にきたことがある。その車輛はかなりのスピードで枕木の上をしばらく走り、私の依頼人は坐席の上で猛烈に投げ上げられ投げ下ろされたわけである。この事故の後、打撲傷は癒ったが、神経系統が完全にやられてしまっており、自分の意志で神経を制御することが全然できないのがわかったのだ。裁判が始まると、転轍器の位置を制御する留め金が証拠物件として提出され、それが三分の二もすりへって壊れており、そのために起こった損害にたいする鉄道の責任は動かしがたいものとなったので、裁判は損害賠償の額にしぼられることとなった。私の主張は、依頼人の症状が不治のものであって、脊髄の損傷から起こっている、ということだった。鉄道側の主張は、ただの神経過敏であってまもなく消えるだろう、というのだった。鉄道側の主張は、証言する前に私の依頼人を自分で検査する特権を要求した。私はそれには異議を申し立てる気がなく、私の側の証人の医者と、その鉄道側の外科医とが、連れ立って診察室へ入り、充分検査をしたのである。私は前もって検査していたから、それには全然加わらなかった。

被告側で、実質的にはとるにたりないことがいくつかとりあげられたのち、例の外科医が呼び出され、証人の資格を与えられた。彼は医者として重要な地位にあると証言したが、もちろん私は専門家としての彼を認めていたから、この証言に関心を抱いたわけではない。主尋問では、私の依頼人の症状について、学殖ゆたかな、やや専門的な説明にずいぶん時間をかけた。神経系統がひどくやられていることは認めたが、ただし一時的なものにすぎないだろうとも述べたのだ。私はといえば、ろくすっぽ注意して聞いてはいなかった。白状すれば、前夜遅くまで起きていたうえ、法廷が暖かかったせいで、いささか睡気《ねむけ》をもよおしていたのである。だが、鉄道側の弁護人が彼にこんな質問をした。

「先生、ご説明なさった原告のこうした症状は何に起因しているとお考えですか？」
「ヒステリーですね。彼はヒステリー症状ですよ」
それが私の目を覚ましたのである。私は言った、「先生、その――うっかりしておりまして――私の依頼人の神経症状は何に起因するとおっしゃったのですか？」
「ヒステリーですよ」
私は身を沈め、尋問はつづけられた。そしてとうとう私が反対尋問する番がまわってきた。
バトラー氏「先生は私の依頼人の症状が完全にヒステリーだとお考えである、そう理解してよろしいでしょうか？」
証人「そうです。疑問の余地はありません」
バトラー氏「だから長くはつづかないだろうと？」
証人「そうです。長くはつづかんでしょう」
バトラー氏「あのですね、先生、この病気はヒステリーと呼ばれ、その症状はヒステリー症状と呼ばれるわけですね、ところでヒステリー、ヒステリー症状、ヒステリカル、これはみんなギリシャ語のヒュステラから来ているのではありませんか？」
証人「たぶんそうでしょう」
バトラー氏「たぶんなどとおっしゃらないでください、先生。そうじゃないんですか？　ギリシャ語のヒュステラの正確な英語訳は〝子宮〟ではないのですか？」

証人「そのとおりです」

バトラー氏「では先生、今朝この青年を検査なさったとき」と私の依頼人を指さしながら、「彼には子宮がございましたか？　私は今までちっとも気がつきませんでしたが、もう一度よく調べてもらいますよ、彼に子宮があるかどうか。それだけです、先生。どうぞ下りてくだすって結構です」

ジョン・R・フェローズは、多年ニューヨーク州のこの郡の地方検事をつとめた人だが、いろいろな点で当代の最も非凡な法律家の一人だった。彼には自動記録装置にも似た類い稀な記憶力があって、法廷の内といわず外といわず、私の接したどんな人間も彼には敵わなかった。言葉の厳密な意味で天才だったのだ。読書もほとんどせず、研究などなおさらしない、それでいて事実をみごとに整理して、それを陪審にくっきりと、かつ同時代の誰も及ばぬ雄弁で、提示できる人だった。

私はよく憶えている。彼とデランシー・ニコルとが共同で、あの有名な人民対ジェイコブ・シャープ事件を担当したときのことを。シャープは自分の路面鉄道のためにブロードウェイでの営業権を獲得してやろうと、ニューヨーク市の市会議員全部に賄賂を贈った容疑で起訴されたのだった。裁判は約七週間つづいた。証人の尋問と反対尋問はニコル氏、陪審への総括弁論はフェローズ大佐、という巡り合わせとなった。

裁判が行なわれた間じゅう、彼は判で押したように遅刻した。しかも入廷するとすぐさまペンとインクを要求して友人たちへ手紙を書き始めるありさまで、法廷で何が行なわれているかほとんど注意を払ってはいないとみえたのである。しかし、同僚はだれ一人、彼が地方検事として陪審に主張を述べる権利には疑問を呈することができなかった。だれもがその結果を心配してはいたのだが。彼の総括弁論を聞いたものは、一人としてそれを忘れることが永久にできまい。証言の重要事項で、私が自動記録装置と名づけた彼の記憶力から逃れたものは、ただの一つもなかったのである。もちろんシャープは即刻有罪とされた。この同じ夕、陪審が評決を出す前に、私はたまたまシャープ側弁護人の一人と夕食を共にする機会があった。今は故人となったアルバート・B・スティックニーである。私たちの指導者として自他ともに認める一人だったが、このスティックニー氏が話題にしたのは、この公判とそしてフェローズ大佐のことだった。当然である。それしか話せなかったのだ。彼は、これまで、フェローズに会ったことも姿を見かけたこともなかったが、かねがね噂は聞いていた、と語った。だから大弁論を聞けるなと期待していたと。しかし、このアメリカ法曹界に、まさかこんな天空自在な雄弁家が存在しようとは夢にも思わなかったと。

フェローズ大佐の次なるご登場はあの有名なフラック保安官（郡の司法官）訴追事件である。この保安官は大弁護士団によって弁護されたのだが、みんな優秀な弁護士とはいっても刑事法廷には不慣れだったから、当然わが地方検事の才能を知らなかったのである。

ここでもフェローズ大佐はシルクハットに小さな竹のステッキをご持参で入廷し、席につくと手紙を書き、ときどき眠りこんだものだ。こうして眠りこんだ折のこと、ある証人に——じつは私がその目撃証人だったが——たいへん異議申し立ての余地の多い質問がされた。間髪を容れず同僚の一人が大佐を肘で突き、目を覚ましてやったので、彼はほとんど無意識に「裁判長、異議あり！」と叫んだ。これを聞いて被告人側弁護人の一人が陪審へにやりと笑ってみせ、この地方検事に向き直って、軽蔑たっぷりに叫んだものだ、「いったいどんな理由で異議を申し立てるのです、フェローズ大佐殿？——あなたはぐっすりおやすみでしたよ。」それを聞いた者は、だれしも、フェローズ大佐がひどく考え深げに立ち上がったその動作、五フィート三インチという小さな背丈がしだいに大きくなり、七フィートはたっぷりあろうかと見えた様子、そして声をあの独特な、不思議なくらいに深深とした響きに変え、「私は眠ってはいませんでした。しかし、もしたまたままどろんだとしませば、あなたの依頼人にとっては、私を起こさないほうがよかったでありましょうに！」と言ったことを、いつまでも忘れはしないだろう。この効果はまさに電撃的だった。全法廷はたっぷり三十秒というもの、完全に静まり返った。そしてフラックは、それ以後、陪審を自分へ傾かせるチャンスがついになかった。

　私は今日の大抵の弁護士、とくに東部の弁護士たちの、性格や才能を親しく知り、評価もしているから、彼らのいろいろなやり方を対照させ、また成功を賞讃したい誘惑には抵抗できない。しかし、明らかな理由から、私はすでに現役を退いた方々にのみ限定している。当代の成功者については記録が不完全なのである。ただし、私の敬愛する友人ジョン・B・スタンチフィールド――わが法曹界のチェスターフィールドと呼ばれる彼だけは例外である。彼の公判弁護士としての才能は、彼を知るすべての人間の記憶にあまりにも生々しいから、事細かに論ずるまでもあるまい。彼は弁護士という職業のあらゆる分野で徹底して訓練と経験を積み重ねた人間である。学識もまた表面的なものではなく、深くかつ広かったのだ。彼には長い間会社や政府の仕事に関わってきたことから来る強みがあった。困難な錯綜した状況に陥った依頼人が助言を求めると、非常に健全な判断をしてくれるので、だれもが一様に結果は大丈夫だという気持ちになれた。会議中の彼は賢明だし、機略に富んでいたし、勇気もあって、会議室での計画や方針を法廷へ持ち出して実行する能力があった。

スタンチフィールド氏は、大弁護士の持つべき特性をすべて兼ね備えていた。背筋の真っ直ぐな長身、大きく厚い胸と広い肩、大きな形のよい頭と美しい顔――彼の押し出しはまことに堂々として印象的だった。声は力強く、よく共鳴して人を魅了し、弁説は純粋で簡潔な英語を他に例のないほど駆使したが、これはたぶん古典を読むのが好きだったせいだろう。事実問題であれ法律問題であれ明瞭簡潔に述べる力があり、すばらしい想像力、鋭いユーモア感覚もあって、皮肉の名人だった。そして必要とあれば第一級の雄弁も可能だったのである。裁判では抜かりなく、機略に富み、どんな予期しないことが突発しようと、けっして慌てず、騒がず、実際彼の沈着冷静さというものは、いついかなる場合でも変わらなかった。さらに絶体絶命という危機に面したさいの勇気との二つが、彼の意のままになる最大の武器だったのである。彼は反対尋問技術の達人であったが、つねに裁判官への敬意を忘れず、自分の主張を述べるにも、相手側の主張を攻撃するにも、たいへん公正であったから、才質も達成度も彼以下の人間ならば到底無理だと思ったろうような評決を、陪審からかち取ったのは、驚くにはあたらないのである。

彼の才能、勤勉、依頼人への忠実は言うまでもないことであり、広く認められていたのだが、法廷の内外で接するすべての人間——依頼人、裁判官、陪審員、証人、そして相手側の人間たちにたいしても、ひとしく丁重をきわめたその記憶は、彼を知りかつ愛した誰もの心に永く残ることだろう。自分の職業への献身こそ、彼の生涯を貫くただ一つの思想だった。彼が死の床で、自分が重態であり、ふたたび無事に法廷に立つことはできないと知らされると、「では死なせてほしい」と言った。これがほとんど最後の言葉となった。

敗訴しかけた裁判でスタンチフィールド氏がみせた機略家ぶりの好例としては、「反対尋問の態度・作法」の章の最後で多少詳述しておいたワシントンのリッグズ銀行員二人を弁護したさいの、終盤近くでのあざやかな手並み以上のものを、私は知らない。

このリッグズ銀行裁判で、その銀行業務が起訴理由となった二人の青年のために、性格証人を出廷させるときがやってくると、スタンチフィールド氏はセオドア・ルーズヴェルト——彼は当時副大統領だったセオドア・ルーズヴェルト大佐を知っていたのだ——と朝食を共にする手筈をとり、彼に性格証人になってもらいたいのだと言い、ついでに、ひょっとしてリッグズ銀行に預金していないかどうか尋ねた。

その日後刻、彼はルーズヴェルト氏を証人席へ喚問した。ルーズヴェルト氏を紹介する予備的な質問はほとんど不必要だったから、さっそく、リッグズ銀行が起訴されたのがわかったとき、証人はひょっとして預金者の一人ではなかったか、と質問した。この質問はただちに異議を申し立てられ、裁判官は断固としてその除外を命じた。スタンチフィールド氏としては、これで、厳密な証拠法の下で性格証人に訊くことを許されている範囲内の、簡単な狭い質問へと後退を余儀なくされてしまった。

二人の被告についてのルーズヴェルト氏の意見——それは世間での彼らの一般的な評判にもとづくものだったが——に関わる決定的な質問にさしかかった。これにたいする答えは、ふつうならば「よいものです」とか「大変よいものです」とかだったろうが、ルーズヴェルト氏はこのとき、すっくと椅子に上体を起こし、言ったのである、「私はこの二人の青年を子供のころから知っているのです。閲歴も見守ってきました。私が彼らをどう思っているかは、私ばかりでなく私の家族みんながリッグズ銀行に預金している事実に、何よりもよく示されているはずです。」それから彼は勝ち誇ったように裁判官の方へふり向いたのだ、歯をみせる彼独特のあの微笑を浮かべて——いかにも「この発言を抹殺しなさい、もし出来るならば！」と言わんばかりに。

彼はすぐさまぱっと立ち上がって証人席を下り、裁判官と握手をし、それから陪審員の一人一人と握手し、さっと退廷したのである。

この出来事は、おそらく他のどんな主張よりも、無罪放免の評決に関係があったろうと思われる。

ロバート・インガーソルは、アメリカ各地で行なわれた有名な裁判に数多く関わった。しかし彼は法廷では陪席弁護士をつけることなく、ほとんど独力でやったのだ。彼は生まれついての雄弁家だった、もしそんなものがあるとすればだが。ヘンリー・ウォード・ビーチャーは、彼を〝地球上の各地を通じ、最も輝かしい英語の演説家〟とみていた。しかし、彼は深みのある弁護士というわけにはいかなかったし、証人尋問でも最も凡庸な公判弁護士にさえ及ばなかった。証人を反対尋問する技術については、実際に無知だったのだ。弁護士の定義は、彼によれば、〝一種の知的娼婦〟ということになる。〝私の理想とする大弁護士とは〟とかつて彼は書いたことがある、〝百万ポンドの財産を蓄めこみ、それを取った人たちへ返してあげたい、と宣言して、遺言書に障害児施設の建設に全財産を遺すと書いたあの英国の大弁護士なのである。〟

ウォルター・H・サンボーン判事は、インガーソルについて合衆国裁判所のミラー判事と交わした会話を書いている。〝私が入廷したのは、ちょうどインガーソル大佐がミラー判事の前で弁論を終えたばかりのところだったもので、もう少し早く来ればよかった、私はまだインガーソル大佐の法律弁論を聞いたことがないから、とミラー判事に言うと、こう答えた。「そうですねえ、いや、けっして聞かないでいただきたいもんですな。」〟(11)

インガーソルの天才は他の方面にあったのだ。次のような文章を、いったいインガーソル以外のだれに書けたろう？

〝少し昔の話だが、私は老いたるナポレオンの墓の傍に立ったことがある。――死せる神にふさわしい金と金めっきのすばらしい墓だった。私はあの休息を知らなかった男の遺骨が、やっと永遠の安らぎを得た、黒大理石の彫刻を施された石棺を凝視した。勾欄《こうらん》*4に背を凭せて私は現代の最も偉大な軍人の閲歴を思った。自殺を考えつつセーヌ河岸を歩く彼の姿を見た。トゥーロンでの彼を見た。パリの街で暴動を鎮圧している彼を見た。イタリアで全軍の先頭に立つ彼を見た。ロディの橋を、三色旗を手に渡る彼を見た。ピラミッドの影に入ったエジプトの彼も見えた。アルプスを越え、フランスの鷲たちを断崖の鷲たちと入りまじらせる彼を見た。マレンゴ、ウルム、アウステルリッツの彼も見た。ロシアでは、雪魔の歩兵隊と暴風の騎兵隊とが、彼の軍団を冬の枯葉のように散りぢりばらばらにするのを見た。ライプツィヒで大敗北を喫し、百万の兵によってパリへ追い返され、野獣のように捕らえられてエルバ島へ追放されるのを見た。島を脱出して、天才的な力で帝国を取り戻す彼を見た。ワーテルローの恐るべき戦場にいる彼を見た。そこでは好運と悲運が手を結んで破滅へ追いやったのだった。そしてセント・ヘレナ島にいる彼を見たのだ。両手を後ろに組んで、彼は悲哀と厳しさとを湛えた海を見つめているのだった。私は彼がつくった孤児たちや未亡人たちを思った。そして彼の栄光のために流されたその涙を。またかつて彼を愛したただ一人の女性、冷たい野心の手によって彼の心から押しやられたそのただ一人の女性を。そして私は言ったのだ、私ならいっそフランスの小作農民となり、木靴を穿くほうがましだったろうと。私なら小屋に住み、戸口にはぶどうづるを這わせ、秋の陽ざしをやさしく受けて、紫色にぶどうを実らせるほうがましだったろうと。私なら太陽が沈めば、愛妻は傍らで編物をし、子供たちは私の膝の上で両腕を私にまきつけている、そんな貧しい農民でいるほうがましだったろう、と。私ならば、ナポレオン大帝として知られたあの暴力と殺人の至高の権力の化身たるよりは、そんな男として夢のない塵埃のように言葉もなく沈黙にひたっているほうがましだったろう、と。〟

第Ⅱ部

著名な反対尋問の実例

第14章　レジナルド・ヴァンダービルト夫人への反対尋問

同夫人がわが子の監護権を取り戻そうと、ハリー・ペイン・ホイットニー夫人を訴えた、あの有名な人身保護令状手続での、ハーバート・C・スミスによる反対尋問

近年では、グローリア・ヴァンダービルト夫人が、十一歳の娘を取り戻そうとして起こした裁判ほど、大々的に報道され、論評され、そして悪名高かったものは、このニューヨーク州の民事法廷ではないといってよい。この娘は父方の伯母に法律用語でいえば誘拐され、この裁判が始まるまでの約二年間、この伯母ハリー・ペイン・ホイットニー夫人のロングアイランドの別荘に同居させられていたが、これを母親が人身保護令状の手続で引き取ろうとしたものだった。

裁判の最初の数日間というもの、法廷は戸口までぎっしりの超満員で、連日何百人もの物見高い連中が入場を断られる始末だった。ところが、ヴァンダービルト夫人の弁護人が、証人に立った召使いの一人を反対尋問していて、たいへんまずい質問をしたのである。この弁護人は〝天使も恐れて踏みこまぬ場所〟をうっかり忘れたらしく、一天にわかにかき曇りかといおうか、たいへんスキャンダラスな答えをつつき出す結果となり、裁判長は断

固、弁護人と訴訟当事者と証人以外の全員を法廷から退去させ、以降四週間にわたる裁判は、いわば裁判官の私室で内密に進められたのである。新聞記者さえ入廷を許されず、訴訟当事者たちも、その弁護人たちも、またそのときどきに出廷する証人たちも、法廷で起こったことは一切他言無用を誓わされたばかりか、この法廷命令を厳密に守らなかった場合には、法廷侮辱罪に問うと脅かされたのだった。ヴァンダービルト夫人の訴訟代理人としてこの人身保護手続を請求したのはネイサン・バーカン氏で、一方、ホイットニー夫人の弁護人はハーバート・C・スミス氏であり、終始親しくこの訴訟に当たった。

母親が自分の娘を手もとに置いて監護する権利は当然、という見方が圧倒的だったから、ホイットニー夫人とその弁護人側としては、どうしてもこの母親が父親レジナルド・ヴァンダービルト氏の死後九年間というものわが子を遺棄してきたという弁解できぬ確かな証拠を提出しなければ、勝ち目はなかった。

原告・被告の双方からたくさんの証人が喚問されたが、この母親自身の口から娘を監護する資格などないことを裁判官にわからせるという仕事が、スミス氏の双肩にかかっていたのである。反対尋問という全能の武器で身を固めてはいたものの、大変な仕事だったのだ。

さて、若く美しい女性であるこの母親が、裁判に先立つ長い年月、わが子の養育をほとんどほったらかしにしていたことは、多くの証人たちが証言していた。彼女はその間ほとんど旅をしていたのだ。ときには子供も連れていったが、ニューヨークからロンドンへ、パリへ、ビアリッツへ、カンヌへ、と気の向くままであり、子供としては、一カ所に友達ができる、あるいは他の子供たちと遊び仲間になるだけの期間滞在することが、けっして許されなかったわけだ。それに、あまり子供をほったらかしたため、娘の愛情を失っていたこと、だから、ホイットニー夫人の世話になっているのに、無理やり母親のところへ戻されるなら窓から身投げしてやると娘が脅し文句を口にしていたこと、も申し立てられたのである。この子は裁判官自身が自分の私室で長い時間をかけて調べてみたが、母親への恐怖心と、もしまた昔の生活に戻らなければならないのなら自殺するという決心は、どうしてもゆるがなかったのである。

この段階で、裁判は文字どおり街の話題となっていた。ほとんどすべての社交的な集まりで――晩餐会、クラブ、そしてたぶん各家庭でも、どんなに下層の家庭でも、侃々諤々《かんかんがくがく》だった。ホーエンローエ公爵やファーネス卿夫人、それにヴァンダービルト夫人の双生児の妹とか兄とかが、みんな急いで海を渡ってきてヴァンダービルト夫人のために証言し、その証言中にはロンドン社交界の有名人仲間の名がどんどん登場したのだ。ヴァンダービルト夫人自身がヨーロッパの各主要都市で社交界の花形だったからで、したがってこの裁判は一種国際的な様相を帯びるにいたっていた。

世間の同情は、わが子を取り戻そうとする母親へ自然に集まっていたが、もっと慎重に判断するためには、母親自身の言い分を聞く必要があった。

ヴァンダービルト夫人は、最後の自分側証人として席につくと、ひどい目にあってヒステリックになった若い母親、という態度をとった。証言していても何度も話の筋が混乱して続けられなくなり、そのため裁判官は証人が落ち着きを取り戻せるように短い休憩を何度も宣しなければならず、その度に廷吏が呼ばれて彼女の要求を充たしてやらなくてはならなかった。私の耳にしたところでは、このヴァンダービルト夫人の主尋問が終わった時点では、法廷中のだれもが、たぶん相手側弁護人たちは別として、このご婦人は弁明もできぬほどの不当な目にあわされたのだと思ったらしい。

一生を法廷で過ごしたといえるほどの一流弁護士なら、だれもが、たぶん一度は、スミス氏がこの段階で直面したような状況にぶつかっていることだろう。自分の方に軍配を上げてくれる陪審も、傍聴人も、世論も、新聞も、何ひとつないのだ。自分のなすべきことはただ一つ、この証人の日常生活を暴露することだった。その未亡人生活をである。快楽を追い求める若い女――子供を愛しておりますという誰からも疑われることのない隠れ蓑をつねに利用して若さを楽しみ、自由に旅をし、美しいアメリカ女とみれば雨と注ぐ異国の男どもの親切やら誘惑やらを楽しみ、パリその他の都市の豪華なアパートで大勢の召使いにかしずかれながら彼らを娯《たの》しませる、こうした生活のあらゆる奢侈・快楽を愛してやまぬ一人の母親――彼女の実態をありのままに裁判長に示すことだった。

これはただただ我慢強い、長丁場にわたる、労多き、執拗な反対尋問だけが可能とする仕事であり、この種の尋問の仕方をスミス氏ほどよく心得ている者は、まず皆無に近いのだ。

この段階では、疑いなく母親側に勝算があった。たしかに、彼女の女中や娘の家庭教師は、彼女に大変な打撃となるような証言をしたし、彼女の生みの母親さえそれらを確証していた。しかし、解雇された使用人の供述は、けっして信頼のおける証拠とはみなされないものなのであり、実の娘にあえて不利な証言をするという驚くべき挙に出たヴァンダービルト夫人の母親のほうも——このモーガン夫人がいかに尊敬すべき女性であろうと——そのために発言はすべて重みを差し引かれなければならなかった。

以上をひっくるめると、明らかにこの反対尋問の成否が裁判の岐《わか》れ目となりそうだった。スミス氏は、証人に突きつけてやる貴重な材料をいくつか握っているのはわかっていた。しかし、それをどう使えば、彼女が主尋問で証言する間に作りあげてしまったこの圧倒的な印象を、うまく打ち消せるものか？

反対尋問は三日かかった。だからここにはわずかな抜粋しかご紹介できないだろう。ともかく、スミス氏の成功を測るには、判決が一番である。彼の依頼人の圧倒的勝利と出たのである。

彼のまず取った異例の行動は、証人が彼を見ようとすれば裁判官席越しでなければ見えぬという位置に立ったことだ。そのために裁判官は、彼女がしゃべるときの表情の変化を、刻々と観察できるようになった。この場面でこういう利点を思いつき、活用したのが、いかにもスミス氏なのだ。こんなことを思いつけた弁護士が他にはたして何人いたろう。スミス氏は尋問の間じゅうこの証人にたいして丁重をきわめたのであり、ときには敬意を払いさえして、証人に明らかな自己矛盾をつきつけてやるようなことは一切しなかった。もっとも、陪審がいればそうしたことだろうが、その代わりに彼がしたのは、証人が何もかも包みかくさずに語ろうとしているのか、それとも重要な部分を圧《お》さえつけたり歪めたりしているのか、たえず油断なく読みとろうとしている裁判官のご賢察に、すべてをゆだねたことだったのである。

この泣いている母親が、戦闘的な気配をみせ始めるには、ものの数分とかかりはしなかった。涙はたちまちひっこみ、一分の隙もなく身構え、幾度となく辛辣な応酬をするありさまで、これは少なくもスミス氏にとっては、彼女が主尋問の間にみせた様子が明らかに芝居だったこと、そして今突然それを忘れてしまったことを証明するものだった。

この反対尋問の目的は、もう述べたように、これまでの九年間の生活の中へ証人を引き戻してやり、それによって彼女が娘のしあわせにはいささかの同情をも持ちえないような連中と交わっている間、娘をどんなにほったらかしていたか、そしてさらにできれば、一人娘の監護者たる権利をことごとく失うかもしれない——そしてついでながら、子供名義の財産から毎月支払われる四千ドルのお手当をも失うかもしれない、という恐ろしい事態に不意に直面した現在まで、極悪——とまでは言えなければ、無分別な母親であったことを、問答形式で立証することだった。

これに先立って、ヴァンダービルト夫人とホーエンローエ公爵の間に存在する親密な関係について、たくさんの証言が行なわれていた。とはいえ、両人は二年間婚約していたという議論の余地のない事実によって、この証言はほとんど効果がなかった。彼女によれば結婚は断念したのだそうであり、その理由は母親として娘は外国でよりもアメリカで育てたかったし、自分も公爵も娘の養育費以外に充分な費用をまかなえる手だてがなかったからでもあるという。この養育費は、もし、娘が合衆国外に永住することになれば、取り消されるか大幅に減額される可能性が大いにあったのである。

しかし、このほかにも不行跡をほのめかす証言があったのだ。ホイットニー夫人側の証人から出されたもので、〝ブルーミー〟のニックネームがあるブルーメンソールという既婚男性とヴァンダービルト夫人との親しい関係についてだった。ヴァンダービルト夫人は、ブルーメンソール氏とは全く偶然に知り合いになっただけの関係であると言い張っていたのだが、スミス氏はこの一点について彼女を罠にかけてやりたいという誘惑に勝てなかったらしい。証人として誠実さに欠けることを証明してやろうというのだ。この作戦は、判決文からすれば、裁判官に深い印象を与えたことがはっきりしている。スミス氏は一通の電報を持っており、これが重要な材料であると考えていた。ヴァンダービルト夫人が主尋問されている間、ひそかにその電報の正体を確かめておいたのであり、心理的な効果を狙って、ここぞという瞬間に持ち出してやろうと保留していたのだ。

幾度ものヨーロッパ旅行の一つに彼女が出かける直前、ホイットニー夫人が彼女へ電報を打った。昼食をしにきてくれないか、やがて冬になるから子供の養育の相談をしたい、というものだった。スミス氏が生粋の反対尋問家のみがよく会得している効果的なやり方で活用した電報とは、これにたいする返電なのだった。そして発信人が〝ブルーミー〟だったのである。彼はまず、たまたまお尋ねするのだが、という風をよそおって〝ブルーミー〟という知り合いがないかと質問した。彼女は「いいえ」と答えたが、そんな名前は聞いたこともないというふうな語気の強め方だった。それからホイットニー夫人に昼食の招待を受けたかと訊かれると、憶えてはいたが、それに黙って同意したことを電話か電報で伝えたかどうかは思い出せなかった。これがスミス氏の待ちつづけてきたチャンスだった。隠すより顕わるるはなしというわけで、この証拠の電報をきわめて静かに彼女へつきつけ、大きな声で読みあげていった、〝木曜日の昼お会いできるのを私たち喜んでいます、愛をもって――ブルーミー〟

この電文が彼女に与えたショックたるや、気絶せんばかりのものだったから、何とか言い逃れようと悪あがきを始めた。まず彼女はやけ気味に、それは何かの間違いだったにちがいない、と言い張ったが、さらに問い詰められると、〝A・H〟と頭文字があるその電報が、アンバサダー・ホテルから発信されたにちがいなく、そこにはブルーメンソール氏の住居と事務所があったことを認めないわけにはいかなかった。しかし、なおも彼女は、間違って発信されたにちがいない、自分の打った電報に〝愛をもって――ブルーミー〟などと一体どうして署名されることがありえたか想像もできないのだから、と言い張ったのである。彼女としては、ブルーメンソール氏の秘書が間違ったにちがいない、と言い逃れたかったのだが、発信時間は秘書の勤務時間後となっていたから、この出来事からごく自然に推論されたことは、彼女が少なくともそのときにはブルーメンソール氏のアパートにいたにちがいなく、理由はなんであれ二人とも自分たちの困惑しきってしまうようなこんな間違いにも気がつかぬような状況にいた、ということだった。

スミス氏はすかさずこれを裏打ちするため、子供を連れずにヨーロッパ号で出航したさい、この同じブルーメンソール氏と一緒だったことに彼女の注意を促した。最初彼女は彼が乗船していたかどうかわからないと言ったが、〝たぶん乗っていたろう〟とあらためた。それから船客名簿を見せられると、彼の名前も自分の名前も載っていなかったもので、彼女は勝ち誇ったような微笑を浮かべた。とはいえ、そのあとで、出航直前に撮られ、翌日のニューヨーク各紙に載った自分とブルーメンソール氏の写真をつきつけられると、その微笑はたちまち消えたのである。

スミス氏「〝部外秘〟とある名簿を今あなたにお見せしますので、その中にブルーメンソール氏とあなたの名があるかどうか、おっしゃっていただきたいと思います」

答「あります。それに、ロックフェラーさんの名前もありますわ」

問「ロックフェラー氏は、あなたと何も関係がなかったのではありませんか？」

答「ブルーメンソールさんも関係はありませんでしたわ」

問「そのことは確かでしょうか？」

答「ぜったいに確かなことですわ」

問「あなたはロックフェラー氏とはお会いになったことがないのではありませんか？」

答「存じあげませんわ」

問「では、出航日を秘密にしたい船客である、というほかには、ロックフェラー氏とご自分とを、同じカテゴリーに入れる理由は、お考えになれませんね？」

（答えなし）

問「そこで、お気づきでしょうが、この〝部外秘〟の見出しの下には五人の名前しかありませんね？」

答「この方たちはみんな、あたくしとご一緒にお乗りになったのでしょう」

問「いいえ、とんでもありません。奥さんと同伴でない男性はただ一人、ブルーメンソール氏のようです。ごらんください。ブルーメンソール氏は独身でもなかったので、じつはただ奥さんとご同伴ではなかったということです」

答「それはどういうことですの。あたくしには全くわかりません」

問「あなたのお部屋は彼の特等室から、どのくらいの距離にありました？」

答「そんなこと憶えていられるものですか。きっと――いいえわかりませんわ、同じ側だったか、そうではなかったか」

問「あなたの特等室の番号は九十四ですね？」

答「番号など憶えていられません。船の図面でも見せてくださらなくては」

問「あなたのために、ここに持っておりますよ（と証人に手渡して）、あなた方はお二人とも同じ甲板に部屋をお取りでしたね？」

答「ええ、そうだったと思います」
問「そうだったと思われるのですね？」
答「ええ」
問「ブルーメンソール氏があなたのお部屋に来られたときは、お二人でカクテルをお飲みでしたか？」
答「いいえ、私の特等室は一部屋だけですし、ブルーメンソールさんはおいでになりませんでしたわ」
問「それは確かですか？」
答「ぜったい確かなことですわ」
問「お部屋はどの甲板でした？」
答「憶えてはいませんわ」
問「この図のどこかに印をつけてあります。あなたは船の図面におくわしいのでしょう？」
答「ええ」
問「青い色のところが特上の大きい部屋ですね？」
答「続き部屋です」
問「さて、あなたは九十四号室でしたね？」
答「その図を見せてください」

問「お見せしましょう。あまりお探しにならずにすむよう、私が指さしましょう。これです、A甲板の図面です。あなたがいらしたところはここですよ（と指さす）」
答「ええ、白い部屋ですね。続き部屋ではありませんわ」
問「そのとおりです。さて、ブルーメンソール氏の部屋をごらんください」
答「印のついているところでしょうね」
問「百三十八号室です。おわかりですね？」
答「百三十八号室。そうです」
問「この小さな特等室がおわかりですね、ブルーメンソール氏の部屋のすぐ後ろの？（と指さす）」
答「ええ」
問「それはあなたの小間使いの部屋だったのでしょう？」
答「そうですわ」
問「あなたの小間使いが、ブルーメンソール氏の部屋と隣り合わせに接続している特等室を取ったのは、どういう偶然なのでしょう？」
答「ほんとにただの偶然ですわ、スミスさん」
問「なるほど」
答「あなたは一瞬でもお考えではないのでしょうね、その――あたくしには遠まわしにおっしゃろうとなさっているのがわかるのですけれど――私がブルーメンソールさんとお親しいことから、私が小間使いをお隣の部屋に置いて、出来事にいちいち聞き耳を立てさせていたなどと？」

問「いや、考えていませんよ。でも、その部屋からブルーメンソール氏の部屋へ行けたのですね？」

答「おっしゃろうとする意味は、あたくしが小間使いの部屋を通ってブルーメンソールさんのお部屋へ伺ったということですのね。そんなふうに物事をおとりになるなんて、本当にあなたは策謀家《マキアベリアン》でいらっしゃるわ」

問「ブルーメンソール氏は百三十八号室でしたが、それは続き部屋でしたか？」

答「ええ、そうですわ」

問「で、その一部があなたの小間使いの部屋だったのですか？」

答「私の小間使いは部屋を一つとりました。でも、それがどなたの続き部屋になっていたのか存じませんわ。あたくしの知っておりましたことは、それがブルーメンソールさんの客室のお隣だったことですわ」

問「ブルーメンソール氏の客室へお入りになったことがありますか？」

答「ありますわ」

ほかに、彼女が思っていた以上に、こっちはいろいろな事実を知っているぞ、とわからせる質問をいくつかしたもので、彼女も、航海中は連夜、自分とブルーメンソール氏が他の船客たちと晩餐を共にしたことを認めた。ブルーメンソール氏と乗り合わせたのは、あくまで偶然の一致だと逃げ切ろうとしたが、例の写真が本物であることを認めたし、とどのつまり、乗船券の購入について、次のような事実が明らかにされたのである。

問「あなたがヨーロッパ号の乗船券をお求めになったとき、どの代理店からでした?」

答「そうですわねえ、長い話になりますわ」

問「私が短くして差し上げましょう。ベンジャミン氏のところですね?」

答「ええ、ベンジャミンさんのところでしたわ」

問「ブルーメンソール氏がご自分の券を求めた代理店が、ベンジャミンさんのところでしたね?」

答「ええ、あたくしが紹介して差し上げましたの」

裁判官は、このブルーメンソールの挿話から与えられた印象を率直に表明し、判決文の中で、ばれれば必ず汚名をかぶるとわかっているのに、あえて既婚男性、しかもニューヨークの〝夜の生活〟では知らぬ者のないような男と親しくしていたことを、非難したのだった。

この裁判は、他にも多くの点でユニークだった。中でも、ヴァンダービルト夫人の母親が、心を鬼にして娘に不利な証言をしたことがめずらしい。何年もの間娘の仕送りに頼って生活してきたにもかかわらずである。このモーガン夫人は、孫娘が母親を信じず、恐れていることを書き綴ったたくさんの手紙を、証拠として提出しさえしたのだ。

ヴァンダービルト夫人の父親は、裁判の始まる一年くらい前に死亡していたが、反対尋問のさい、この父親からある手紙を受け取っていた事実を、彼女は認めざるをえなかった。その手紙にはニューヨーク市の遺言検認裁判所へ提出するつもりの請願書が一通同封されていた。娘の行状やパリの豪華なアパートでの常軌を逸したその生活ぶりを厳しく難じていたのである。

スミス氏がただ一つ狙ったのは、ホイットニー夫人の主張、つまりこの子にとって一番の幸せはホイットニー夫人の監護を離れず、ロングアイランドのその別荘で、健康的な、戸外で遊べる、子供らしい生活を送れること、病気の世話も学校へ行くこともみんなホイットニー夫人がしてやれるのだから、という主張が、全面的に正しいとされる状況をつくり出すことにあった。このために彼は、ヴァンダービルト夫人にたいし、ご両親があなたに対立なさったのも、ひとえにお孫さんのためを思えばこそだろう、他にどんな動機があるか、あったら言ってみてほしい、と迫った。とくに説明を要求したのは、この子の監護者としてヴァンダービルト夫人に年額四万八千ドルの養育費支給を認めたニューヨーク遺言検認判事の前に、父親が彼女の生活ぶりをぶちまけるような挙に出たことについてである。彼女の説明はただひとつ、自分の母親が金銭に心を動かされたからだというものであり、おそらくそれもホイットニー夫人が背後からそそのかしたのだろうとほのめかしたのである。

スミス氏「あなたの父上が遺言検認裁判所へ提出するつもりだというお手紙と一緒に送

ってきたと、あなたがおっしゃる書類がこれですが、一節を読ませていただこうと思います。よく注意してお聞き願います」

（読む）「パリ市内に、前記グローリア・M・ヴァンダービルトは、十五、六室から成る大規模なアパート暮らしを営み、十二人ないし十五人に及ぶ召使いを雇い、生活ぶりはまことに贅のかぎりをつくせるものにして、招宴する友人の多くは風評芳しからず、当裁判所の指示により前記児童の養育・教育・生活費として支給されおりし金額のほぼ全額を不当かつ不正に消費したること(1)」

問「もちろん、あなたはこれに反対なさいましょう？」

答「あたくしとしましては、父がそこに書いておりますようないろんな贅沢の中で、あの子もあたくしと一緒に暮らしていたのですから、あたくし本当にわかりませんわ、どうしてそれがあの子のためにならないのか。十五の部屋に十五人の召使い――つまり各部屋に召使いは一人ずつということですけれど――気前よくお金をつかった宴会とか、いろいろおっしゃいますが、あたくしはそれがあの子のためになると申し上げますわ」（自宅に大勢の召使いを住み込ませるのは、フランスの習慣である。）

問「そんな気前よくお金をつかった宴会がどうしてお子さんのためになるのです？」

答「あの子だって楽しんだでしょうし、お友だちも楽しませたでしょう」

問「四歳の子どもがですか？」

答「あの子には小さなお仲間たちがいましたの。ホイットニー夫人にお子さんたちがいますでしょう」
問「ついさっきおっしゃったのは、気前よくお金をつかう宴会が、お子さんのためになる、ということですよ。そうでしたね？」
答「いいえ、あたくしは、今お読みになったあの一節全体で申し上げたのですわ」
問「それで、どんなふうにお子さんのためになるんでしょう？」
答「あの子はパーティを開きたければ開けましたわ。いいえ、私があの子のために開いてやれましたわ」
問「夜遅くまでお子さんを起こしておいたんじゃないでしょうね？」
答「夜とは申しませんでしたわ」
問「あなたのご宴会はいつだって夜だったのではありませんか？」
答「そうかしら？　昼食会、あれは夜の宴会でしょうか？　お茶、あれは夜ですかしら？」
問「晩餐会はおやりじゃなかったのですか？」
答「晩餐会もやりましたわ」
問「お子さんはその席にいらっしゃいましたか？」
答「いいえ」
問「では、それがお子さんのためになったのですか？」
答「あの子は私がつくってやったお友達から、ためになるものを得たと思いますわ」

問「四歳の子どもが？」
答「ええ」
問「あなたは本気でそうおっしゃるのですか？」
答「ええ」
問「お子さんが大きくなったときに役立つお友達を、お子さんのために、そのときつくってやっていた、とおっしゃるんですか？」
答「あの子がパリへ行くときに、ええ、そうですわ」
問「そのお友達には、ヨーロッパで爵位とか称号をお持ちの方々がいらしたんですか？」
答「パリにお住まいの方々がいらしたわ。フランス人、イギリス人、スコットランド人、ドイツ人、スイス人、たぶんイタリアのかたも。称号は存じませんけれど」
問「あなたは、それが将来お子さんのためになると期待なさったのですか？」
答「ええ、しましたとも。なぜいけないのかしら？」
問「お子さんの養育費の中から、どのくらいの額をホーエンローエ公爵の接待においでした？」
答「あたくしを侮辱なさっています。あたくし、ホーエンローエ公爵をおもてなしなどいたしません。あたくしはパーティを開きましたが、とくに公爵のためではございません。それは他の方々と一緒にお見えになったかもしれませんが」

スミス氏「お父上が送ってよこしたとお認めの文書から、もう少し読んでみます」（読みあげる）「前記児童がビアリッツに滞在中、当地の大邸宅もしくは山荘において、母親は同様の遊蕩三昧に耽り、前記児童にとり家庭たるべきところへ風評悪く品性卑しき者たちを出入りさせ、パリにおいてもビアリッツにおいても、母親ならば本能から、また義務感から、当然なすべき世話、心配り、気遣いを欠きしこと」

問「ここはお読みになりましたね？」

答「ええ、読みました。でも父はあとでその意見を取り消しましたわ」

問「あなたはついさっき、父上があなたのお子さんの育て方とパリでの暮らしぶりを全面的に認めていらした、とご発言でしたよ」

答「あら、あたくしとしましては、父が、その書面に述べておりますことを、あたくしと妹の前で取り消したと繰り返すしか、仕方がございませんわ。とにかく、それは母がそそのかしたと断言できますわ。もう一つ申し上げますけれど、ホイットニー夫人はこの書類のことを全部知ってらしたんです。あたくしがお話ししましたから。それに母、つまりモーガン夫人が私から子供を取り上げようとしていることもお話ししました。お話ししたのは一九三四年の七月でしたわ。そうですわ、ホイットニー夫人にお話ししたのです。今そう言いながらあの人の顔を真っ直ぐに見つめられますわ。父が最後に言い遺したことの一つに、生涯でただ一つ後悔しているのがあの書類だという言葉がございまして、このときは妹も同席しておりました」

問「どういう機会でまた、そんな会話をホイットニー夫人と交わされたのです？」

答「あら、あたくしはただ、あの人にお話ししてかまわないと思っただけですわ。あたくしはホイットニー夫人を信用しておりましたもの。でも、それが間違いだったのですわ。申し上げられるのはそれだけです。あたくしはホイットニー夫人に、父が母にそそのかされて書類を書いたこと、でもその後何度もあたくしと父は会っていることをお話ししました。父が亡くなるときあたくしは枕もとにおりましたけれど、あの書類のことは一度も口にされませんでした」（これは彼女が前に述べた父の臨終の言葉についての供述と矛盾する。）

問「父上がご意見を取り消されたことは、ホイットニー夫人におっしゃいましたか？」

答「憶えておりませんわ。お話ししたにちがいないと思いますけど」

問「母上がお孫さん、つまりあなたのお嬢さんを、大変かわいがっていらしたことはご存知でしたね？」

答「母は不自然にあの子をかわいがっているのですわ」

問「それはどういう意味です？」

答「ヒステリックなかわいがり方ですわ。母は何でも誇張するのです」

問「お孫さんの幸福以外に、母上があなたに反対する証言をなさった動機を、何かお考えになれますか？」

答「ええ、考えられますわ」

問「ぜひお聞かせください。どんな動機でしょう？」

答「申し上げにくいことですが、母の動機はただ一つ、金銭しか考えられないのです」
問「母上があなたの敵にまわられる動機として、一体何で金銭などが関わってくるのですか？」
答「それはホイットニー夫人にお尋ねになるほうがよろしいわ」
問「あなたのお答えはそれだけですか？」
答「あたくしから申し上げるのはとてもつらいことです。でも言わなくてはなりませんね。たとえ母には不利になりましても。あなたがそうしろとおっしゃるんですから。母は年に四万八千ドルの養育費が入るものであの子の後見人になりたがっているのですわ」
問「では、モーガン夫人があなたからお子さんを引き取ろうとなさる動機は、月額四千ドルが手に入るからだ、とお考えなのですね。それでよろしいですか？」
答「ええ、そのとおりですわ」
問「本気でそうおっしゃるのですか？」
答「ええ、本気ですわ。母はお金に目がくらんでいるのです」
ホイットニー夫人は、三人の子のほか孫が八人いて、そのみんなのために、自分の田舎の屋敷の周囲にそれぞれ家を建ててやっており、ずいぶん裕福な婦人とみられていたのである。反対尋問の最後には、以下のような問答があった。
スミス氏「ひとつ、こんなことをお尋ねしたいのです。重要な質問です。ホイットニー夫人が八人のお孫さんをお持ちのことはご存知ですね？」

答「ええ、存じてます」

問「三人のお子さんが生まれてからずっと、大家族の面倒をみてこられたことも、ご存知ですね？」

答「いいえ、それは存じませんわ。あの人が大家族の面倒をみていらしたことが、どうだとおっしゃるんです？」

問「いかがです、あの人は大家族の面倒をみてきたのですね、ちがいますか？」

答「どんな大家族ですの？」

問「子どもが三人にお孫さんが八人。これはかなり大きな家族ではありませんか。このごろでは？」

答「あの人が全部養育なさってるのかしら？　それぞれお母様方と一緒に住んでらっしゃるんじゃなくって？」

問「ホイットニー夫人が、田舎に、ご自分の住居に近く三軒の家を三人のお子さんに建ててておやりになり、ご自分の母屋で八人のお孫さんを育てていらっしゃるのを、ご存知ないのですか？」

答「いいえ、存じませんわ。あたくし、そんなお家へ伺ったことがございません。お子さんとかお孫さんのことなど、何ひとつ知りませんわ」

問「お孫さんが八人おられるのはご存知でしょう？」

答「あなたがそうおっしゃるんなら、そうなのでしょうよ」

問「これらの子供たちみんなの幸せに関心をもっておられることは、ご存知ないのですか?」

答「知りませんね。あの人は何をしているんですか? 孤児院でも経営していますの? 母親たちはめいめい自分の子供の世話をみないのですか?」

問「あなたは私の質問をよく聞いていらっしゃらない」

答「そんなばかげた質問にはお答えできません」

問「私が何をお尋ねしようとしているのか、おわかりではない」

答「おっしゃったことにはお答えしてますよ、今までずっと」

問「ではひとつ、ホイットニー夫人が、ご自分の家族や、西八番街の私設美術館や、彫刻家としてのご活動のほかにも、たくさんの責任を引き受けてらっしゃることにご留意いただき、またこうした活動のすべてをお考えのうえでですな、ホイットニー夫人がご兄弟のお子さんを監護しつづけようとなさる動機として、その幸せを願う気持ちのほかに、何があるのか、この法廷でお話しねがえませんか?」

答「あたくしから申し上げるのは、とてもむずかしいことですわ」

問「当然でしょうな」

答「でもちょっと待って。あたくし、このことは申し上げたいの。もしホイットニー夫人が、八人のお孫さんに私の娘も育てるのだと言い張るのなら、あの人は子育てマニアってことですわ」

問「では、あなたのお答えはこうですね——母上はお金に目がくらんでいるとお考えだし、ホイットニー夫人は育児に憑かれていると。これでよろしいですか？」
答「いいえ、ちがいます。それはあなたがおっしゃってることよ」
問「そうおっしゃったのではありませんか？」
答「いいえ、あたくしには、なぜホイットニー夫人が娘を育てたがるのか、全く理由がわからないのです。あの人の動機がわからないのですから、理由を申し上げられるわけがございませんわ。あの人の頭の中までわかるなどとうぬぼれはいたしません」
問「ホイットニー夫人の慈善事業についてはご存知ですね？」
答「ええ」
問「博愛家のご婦人が、ご兄弟の子供の保護者になろうとする動機に、その子の幸せのほか、何か裏があるなどとお考えになれますか？」
答「このニューヨークには、私の子以上にホイットニー夫人のお世話を必要とする幼児がいますわ」
問「あなたは、私たちの関知しない他所事《よそごと》を持ち出そうとなさるのですか？」
答「あなたこそ、いろんなことを言わせようと思って、いろんなドアをお開けになってるのよ」
問「どのドアをお開けになろうとかまいませんし、ご自分の責任でどんなことをおっしゃろうと結構なのですが、私はただ今こんな質問をしているのです——ホイットニー夫人がご兄弟の子供の面倒を見なければとお思いになった動機として、もしあなたがそれは子育てマニアだと非難なさるのでなければですな、子供の幸せということ以外にどんなものが考えられますか?」

答「いいえ、ホイットニー夫人は繰り返し私におっしゃいましたわ、それにこの証人席でも証言なさいましたけれど、あたくしが酔っ払ったりレディらしくない様子など、一度だって見たことがないと。それにあの人のお母様もあたくしを好いてくださり、敬意を払ってくださってもいるって。ですからあたくし、本当にわかりませんの、どうしてホイットニー夫人が娘を欲しがるのか。

いまだにあたくしには謎ですわ。あたくしに言えますのはただ、もし娘が、ホイットニー夫人と二年間暮らしたために、あたくしを思い浮かべると身がすくむような精神状態になっているのであれば、娘をホイットニー夫人から引き離すべきよい機会だということだけですわ」

第15章 レオナード・キップ・ラインランダーへの反対尋問

黒人妻アリス・ジョーンズ・ラインランダーにたいし婚姻取消を求めた悪名高い裁判での、リー・パースンズ・デイヴィスによる反対尋問

レオナード・キップ・ラインランダーが、黒人妻アリス・ジョーンズ・ラインランダーにたいして提起したあの悪名高い婚姻取消訴訟は、近年最も広く世間の関心を呼んだ裁判の一つである。このとき原告に反対尋問したのは前ウェスチェスター郡地方検事リー・パースンズ・デイヴィスだったが、同郡の同僚たちの間で、彼の反対尋問家としての並々ならぬ技倆を、いやがうえにも見せてくれたと、もっぱらの評判だったものである。

ラインランダーは、人も知るニューヨークの名門の後継ぎで、二十二のときに、黒人を父、白人を母とする二十五歳の娘アリス・ジョーンズと、秘かに結婚したのだが、それより前、成年に達するまでの数カ月間、すでに人目をはばかる関係をつづけていたのである。アリス・ジョーンズは結婚許可証に〝白人〟と明示されていた。

二人は新聞記者たちにこの秘密の結婚を知られるまでは、しばらく幸せに暮らしていたのだ。やがて各紙の第一面に、でかでかと大見出しが出た。いわく〝ラインランダー、ムラートと結婚〟、いわく〝上流名士黒人女性と結婚〟、等々。

この破局後の一週間というもの、ラインランダーは花嫁と一緒に彼女の両親の家で生活をつづけていたのだったが、それから彼の家族の代理と称する連中に誘拐されてしまった。この失跡の数日後に、詐欺を理由とする婚姻取消が提訴されたわけである。

この若い夫の主張は、妻は皮膚の色が淡《うす》くて、黒人の特徴が全くといっていいほどみられず、それにつけこんで、結婚する前は純粋な白人と自称していた、というものだった。裁判で、被告側は、この妻が黒人の混血であることは認めたが、そのような自称をしていたことは全面的に否認した。さらに、そんな自称の有無とはかかわりなく、原告は結婚前ニューヨークの有名ホテルで彼女と同棲していたのだから、真相は知っていたはずであり、そんな自称を信じたなどありえない、と主張した。

原告側の訴訟代理人（前ニューヨーク州上級第一審裁判所判事アイザーク・N・ミルズ氏）は、依頼人の神経がまいっており、精神異常の状態である、ということを主張の根拠にした。

デイヴィス氏は、この裁判で、いろいろと特異な状況を克服していかなければならなかったのだが、中でも次の二つは格別だった。一つは人種的偏見であり、いま一つはラインランダーの言語障害であって、昂奮すると吃《ども》るのであり、ときどき証言を中断しなければならないほどひどいものだった。

主尋問でラインランダーが登場すると、もうそれだけで陪審の同情を引くというありさまで、原告側代理人が最初から狙っていた印象、つまりここにいるのは、気の弱い、世の中の悪を知らぬ上流のお坊っちゃんで、年も上なら世間ずれもした、大胆不敵な黒人娘の、罠にかかったのだという印象を与えたのだった。

デイヴィス氏は慎重に反対尋問を始めた。ラインランダーの扱い方はまことに親切をきわめ、思いやりに充ち、我慢強く質問をつづけたので、証人へ集まった陪審の同情もしだいに弱まり始め、とうとう克服したと確信できるまでになった。

こうなると以後は戦術を変えたのであり、質問の調子は、証人に向かって語気を強めても、またときには荒らげたりしても大丈夫、というところまで漕ぎつけたことを感じている、と思わせるものになっている。

陪審にたいし、ラインランダーの精神がはっきり機能していること、たとえ新聞記者やカメラマン連中が駆けまわっている満員の法廷で証人席に坐っているというストレスの下でも、しっかりとしていることを証明するために、デイヴィス氏は彼の証言を、うっかりしたようにみせかけて実は故意に間違えて引用してみせた。するとラインランダーは、自分の弁護士に精神異常のラベルを貼られていたことを忘れ、即座に訂正したものである。

徐々に、かつ着実に、ラインランダーの精神が正常なのだというつぼを繰り返しおさえ、一時離れてもすぐまたそこへ戻るというふうにして、デイヴィス氏はラインランダーから、自分の確信にもとづいて行動してはいないこと――つまり告訴状に述べたいくつかの申し立てを自分では真実と思っていないことの言質を取ろうとしたのである。

さて、こんなわけで、反対尋問が始まったときは、証人席の証人は精神欠陥者、陪審は明らかに彼とその家族に同情を寄せている、という状況だった。

デイヴィス氏「ラインランダーさん、あなたは吃られるということですから、私はできるだけ温和にあなたとお話ししたいと思っています。私の言うことがおわかりですか?」

答「わかります」

問「で、もしお尋ねしても、わからなければ、どうぞご遠慮なく私にそうおっしゃってください。このことはよく憶えていてくださいますね?」

答「はい」

問「質問は、はっきりとあなたにわかるように努力いたします。あなたの精神状態は、いかがです、大丈夫ですか?」

答「大丈夫だと思います」

問「あなたがお悩みなのは、吃るということですね? そう思ってよろしいですか?」

答「そうです」

問「そこに坐っていらして、ラインランダーさん、精神状態は大丈夫でしょうか?」

答「ええ」

問(同情的に)「ミルズ判事や陪審の人たちに、精神障害だなどと思われたくないでしょうねえ?」

答「ええ」

問「陪審の方々に精神が正常ではないなどと思われたくないでしょうね?」

答「ええ」
問「あなたがお困りなのは、言葉に不幸な障害があるということだけですね?」
答「ええ」
問「一九二一年には、あなたの精神状態は大丈夫でしたか?」(これは彼が被告に出会った年である。)
答「ええ」
問(やや語勢を強く)「その年、あなたは自分が何をしているのか、いつも、ご自分でわかっていらっしゃいましたか?」
答「ええ」
問(さらに語勢を強め)「ミルズ判事は、あなたが一九二一年には自分で自分のしていることがわからなかった、と言っておられる。陪審の方々には、そういう言葉から印象を受けてもらいたくない、とお思いですね?」
答「ええ」
問「一九二一年にさかのぼっても、あなたがお困りだったのは、吃ることだけだったのですね? それで間違いありませんか?」
答「そうです、ええ」
問「ふだん以上に吃るというときがおありですか?」
答「ええ」

問「今はどうでしょう――かなりはっきりとお話しになれますか？」
答「たぶん、ええ」
問（かばってやるように）「ふだんよりも吃るのは、昂奮なさったときなのですね？」
答「そうです、ええ」
問「この方は（と被告を指さして）あなたの奥様ではありませんか？　ここに坐っている、この方は？」
答「そうです、ええ」
問「ではラインランダーさん、あなたは一九二四年の十一月二十日に、奥様を置き去りになさいましたか？」
答「しました」
問「それで、どなたがあなたとご一緒でした？」
答「私の弁護士ジェイコブズ氏です」
問「あなたがたお二人は、ぴったりとカーテンを閉ざした自動車に乗り込んだのですね？」
答「ええ」
問「で、ジェイコブズ氏が、あなたを急き《せ》立てて、自動車に乗り込ませた。そうではありませんか？」（わざと言葉を証人の口に注ぎ入れるようにして発言を促す）
答「私が自分からそこへ行ったんですよ」

問（鋭く）「私はそんな質問をしましたか、ラインランダーさん」
答「あなたは誰が私を急き立てたのか、と質問しましたよ」
問「もう一度私の質問を申します。（力を入れて）ジェイコブズ氏があなたを急き立てて自動車に乗り込ませたのですか？」
答「いいえ」
問（すばやく）「何ですって？　お答えは「ええ」ではないのですか？」
答「自分から急いで乗り込んだのです」
問「ご自分から急いで？」
答「ええ」
問「ではあなたは、そこの証人席に坐っていらして、そういう区別がお出来になるのですね？」
答「ええ」
問「あなたの精神状態は、今非常にはっきりとしていらっしゃる。そうですね？」
答「ええ」
問「では自動車に乗り込まれて、その後どこへ急がれました？」
答「ジャマイカへ行きました、ロングアイランドの。モワック通りです」
問「それはどのようなところですか？」
答「高級下宿ですね」

問「前にそこへいらしたことがおありですか？」
答「いいえ」
問「誰があなたをそこへ連れていったのです？」
答「私の弁護士です」
問「それはジェイコブズ氏ですか、ここに背を向けて坐っておられる？」
答「そうです」
問「その高級下宿には、どのくらいご滞在でした？」
答「一晩です」
問（重大な発見をしたという調子で）「じゃあ、あなたはこの州を出られたんですねえ？」
答「ええ」
問「奥様を置き去りになさり、ニューヨーク州の外へ出られるまでの間に、宿泊なさいましたか？」
答「その夜泊まったわけです、ええ」
問「奥様のアリスさんを置き去りになさったのは何時ですか？」
答「午後の四時頃でした」
問「奥様を置き去りにした場所から、ジャージー（わざと証言を誤って引用する）の高級下宿へお入りになるまでに、途中どんなところにお泊まりでした？」
答（即座に）「ジャージーではありません。ジャマイカですよ」

問（これは確かに明敏な頭脳の持ち主ですよ、というように陪審へ眼を投げて）「ああ、そうですね、私の間違いです。あなたが正しい。あなたは私の誤りを訂正してくだすったのですね？」

答「ええ、しました」

被告側の主張は、ラインランダーが妻と一緒に幸福な生活を営んでいたのに、家族が無理やり妻を捨てさせ、婚姻取消訴訟を起こしたのだ、というものだった。そこで反対尋問は次のようにつづけられたのである。

問「それから、どこへいらしたのです？」

答「ワシントンへ行きました」

問「どなたとご一緒でした？」

答「ジェイコブズさんが一緒でした」

問「ワシントンからニューヨークのロバート・トリートへ引き返しましたね？」

答「そのとおりです」

問「そのロバート・トリートからロングアイランドのメルローズへ直行なすったんですか？」

答「そのとおりです」

問「どうやって行かれました？」

答「汽車で行きました」

問「メルローズへの途中、どこかに立ち寄られませんでしたか?」
答「ええ」
問「どこです?」
答「地下鉄です」
問「どの地下鉄です?」
答「九番街、だったと思います」
問「それからメルローズへ行かれたんですね?」
答「それからホテルへ戻ったのです」
問(声を強め)「あなたは今、ストロングの証言を思い出したのでしょう?」
答「そうです」
問「それはたった今思い浮かんだのですか?」
答「ええ」
問「ロングアイランドのメルローズへ直行したのではなかったのですね?」
答「ええ、直行しませんでした」
問「ついさっきは、直行したとおっしゃいましたね?」
答「ええ」
問「それからストロングの証言を思い出したので変えたわけですか?」
答「ええ」

問「では私もお訊きしてかまわないですね、地下鉄の駅で何をなさったのか」
答「訴訟状に署名しました」
問「訴訟状に署名なさった。あなたは世間の目を避けておいででしたね？」
答「ええ、そうです」
問「こんな名前を汚すようなことはおいやだったのでしょう？　どうですか？」
答「ええ、いやでした」
問「こんないきさつが新聞に出てしまった後、世間というものを少し恐がっておいででしたね？」
答「ええ」
問「ニューヨークには、どんな場所だってあるでしょうに、これほど重要な書類に署名するのに、地下鉄の駅などを選んだのは誰なんです？」
答「私は命じられたとおりにやっただけです」
問（いかにも驚いたという調子で）「あなたは命令にしたがったとおっしゃるんですか？」
答「ええ」
問「私たちが知ろうとしてきたのはそれですよ。誰の命令にあなたは従ったのですか？」
答「ジェイコブズさんです」
問「どこであなたに命令されたのでしょう？」

答「ロバート・トリートでです」
問「ジェイコブズさんが、ストロング氏と一緒にニューヨークへ行きなさい、と言ったのですか？」
答「ええ」
問「それで彼の指示に従ったわけですか？」
答「従いました」
問「それで署名をされた。何に署名しているのかご存知でしたか？」
答「知ってました、ええ」
問「その意味がわかってらしたんですか？」
答「わかってました」
問「で、それに誓約なさったさい、一字一句に誓約なさったのですか、本心から？」
答「そうです」
問「おや、あなたはこの書類に署名したくなかったのではありませんか？」
答「したかったのです」
問「あなたが最初にこの婚姻取消訴訟状に署名しようという気におなりになったのは、何日のことでしたか？」
答「憶えていません」
問「奥様を置き去りにして、どのくらい経っていました？　それともその前のことでしたか？　この訴訟状にはじめて署名しようとお思いになったのは、その後でしたか前でしたか？」
答「後でした」
問「どのくらい後でしたか？」
答「二日です」
問「二日後ですか。では、奥様にたいする訴訟状に初めて署名しようと思われたときは、どこにいらっしゃいました？」
答「ワシントンにいました」
問「それで、その前にジェイコブズ氏と話し合いを幾度かなさいましたか？」
答「ええ」
問「それでは、あなたがこの女性を置き去りになさったときには、婚姻取消の訴訟状に署名しようという気持ちはなかったのですね？　ちがいますか？　イエスかノーでお答えください」
答「それはお答えできませんよ、先生」
問「答えられないのですか？」
答「イエスかノーでは答えられません」
問「訴訟状に署名したかったのですか？」
答「ええ」

問「じゃあ、その質問にもイエスかノーで答えられるはずでしょう？」

答「あんなふうに質問されると、答えられませんよ」

問「ではお訊きしましょう、あなたは十一月の二十日に奥様を置き去りになすったのですね？」

答「ええ」

問「十一月の十九日には、婚姻取消訴訟状に署名しようという気持ちがおありでしたか？　イエスかノーでお答えください」

答「それは答えられません、先生、イエスとかノーでは」

問「お答えになれない。では、十一月十九日に、訴訟状に署名するという問題について、何かお考えになりましたか？」

答「いいえ」

問「ジェイコブズ氏は、十一月の十八日にその家においでしたか？」

答「はい、みえました」

問「二十日にもみえたのですね？」

答「はい」

問「その二十日が、初めて奥様にたいする婚姻取消訴訟状に署名しようと思われた日でしたね？　間違いありませんか？」

答「その——」

問（一語ずつ、ゆっくりと力をこめて）「二十日が、最初の日ですよ、あなたの証言によれば。それで間違いありませんね？」

答「十九日には、心のなかじゃ充分疑っていたんです」

問「何ですって？」

答「十九日には、疑念がありました」

問「ではお訊きしますが、奥様の血管に黒人の血が流れていることを、一九二四年の五月ごろまでは、本当にはっきりとは知らなかったのですか？」

答「三月ごろまではです」

問「一九二四年の三月ですか？」

答「はい」

問「じゃあ一九二四年の三月までは、疑ってらした、ということになりますね？」

答「一九二五年です」

問「一九二五年ですか。ご訂正を感謝します。あなたの精神状態ははっきりと活動していますね？」

答「ええ」

問「では、これが正しい答えですね。一九二五年の三月まで、あなたは、奥様に黒人の血が混じっているかどうかを、疑っていらした。そうですね？」

答「ええ」

問「そしてあなたは、一九二四年の十一月二十四日に、この訴訟状原本に誓約なすったのですね？　これをごらんください」

答「はい、誓約しました」

問「それでこの内容をご存知でしたね？」

答「はい」

問「そして英語で書いてあるその意味もおわかりでしたね？」

答「ええ」

問「この訴訟状の第三項に誓約したことを憶えておいでですか？　「前記婚姻への前記原告の同意は、詐欺により得られたること。前記婚姻に先立ち、被告は原告にたいし、自分は白人であって黒人ではなく、黒人の血は全くないと説明し、また語り、原告はこの説明を真実と信じ、そのため前記婚姻を同意するにいたり、このような説明にもとづいて前記婚姻に入ったものであり、原告は婚姻後にこの説明の全く虚偽であることを発見したこと。」これにあなたは誓約なさったのですね？」

答「しました、ええ」

問「これは真実なのですか、それとも真実ではないのですか――あなたが誓約なさったこの項目ですが？」

答「真実です」

問「では、黒人の血は全く流れていないという奥様の説明が完全に嘘だと知っていた、ということを十一月二十四日に誓約なさったわけですね？　どうです、時間をかけてよくお考えください」

答「それは答えられませんよ、先生」

問「答えられない？　よく時間をかけて、どうぞ。項目をお読みになって――」

答「今のところ私にはとても」

問（証人に訴訟状のコピーを手渡しながら）「さあ、第三項のところです、ご自分で読んでください。読み終わりましたか？」

答「はい」

問「あなたが陪審の方々におっしゃったのは、奥様に黒人の血が流れていることを、一、九、二、五、年の三月まで疑っていた、というのでしたね？」

答「ええ」

問「そして、一九二四年十一月に確認されたこの訴訟状では、奥様が白人の血統だとおっしゃったとき、それが全くの嘘であるとおわかりになっていたことを誓約なさっていますね？」

答「ええ」

問「どっちが本当なのですか――奥様に黒人の血が混じっていたことを、一九二五年の三月まで知らずにいた、あるいは納得していなかった、というのが本当なのか、それとも、置き去りにした四日後の十一月二十四日には知っていたのか、どっちなんです？」

答「私は、その――」

問「ああ、ちょっと待ってください。私の質問に真っ直ぐ答えていただけますね？　どっちも本当だ、などありえないことはおわかりでしょう？　簡単明瞭に言います、十一月二十四日、あなたは奥様が嘘をついていると誓約なさいましたね？」

答「はい」

問（語勢を強め）「白人の血しか流れていないという奥様の主張は嘘だと？」

答「ええ」

問「そしてあなたは、奥様に黒人の血が流れているかどうか、一九二五年の三月まで疑っていた、と陪審の方々にお話しなさった。これは本当ですか？」

答「ええ」

問「さあ、どっちが本当なんです――黒人の血が入っていることを一九二四年十一月二十四日には知ってらしたのか、それとも一九二五年三月までずっと疑っていらしたのか、どっちが真実なのです？」

答「私は三月まで疑っていました」

問「それは正しくないのではありませんか？　時間をかけてよくお考えください、そしてイエスかノーでお答えください。あなたは、奥様が純粋の白人だとおっしゃったときそれは全くの嘘だったと、十一月二十四日に訴訟状の中で誓約なさってますね？」

答「ええ」

問「それなのに陪審の皆さんにはおっしゃった——もう一度繰り返しますが——黒人の血が流れていることを一九二五年の三月まで疑っていたと。そうでしょう?」
答「ええ」
問「この二つの供述が矛盾し合うことはおわかりでしょうね?」
答「はい」
問「そして、どちらも真実などということはありえないのも、おわかりでしょうね?」
答「ええ」
問「では、どちらが真実ですか? じっくり考えてください。私はあなたに親切でありたいと願っているのですから」
答「私ははっきりとした——」
問「いや、あの二つの供述のどっちが本当か——一九二五年三月のほうか、それとも訴訟状のほうか、とお尋ねしているんです。あなたはどっちも本当ということはありえないとおっしゃいましたよ」
答「三月のほうです」
問「三月のほうが本当ですか。じゃあ、あなたは、この電話ボックスでの訴訟状原本にある嘘偽りの事実を誓約したことになる。それが事実ですね?」
答「いや、私は心の中で充分疑っていましたから——」
問「心の中で充分疑っていらした、それで奥様が嘘つきだと、誓って断言できた。そうですね、ふつうの日常英語でいえば？　これがあなたの説明ですか？」
答「新聞に出ていたんです」
問（皮肉に）「どなたか、新聞のことを質問なさったのですかな？」
答「いいえ」
問「じゃ質問に答えてください、どうぞ」
答「そうです」
問「あなたはその訴訟状を、署名するまで全然読んだことがなかったんじゃないですか？」
答「読みましたよ」

＊

問「あなたはアリス・ラインランダーに、小さなアパートを一つ整えておやりでしたか？」
答「はい」
問「家具をそこに置きましたね？」
答「ええ」
問「それを彼女にあげたのですね？」
答「ええ、やりました」

問「それであなたは、このジェイコブズ氏にメモを渡して、彼女からそれを取り上げさせたんですね？」
答「私はそんなことをしませんでした」
問「では、彼があんなことをしたのは、あなたの指示もなしに、勝手にやったということですね？」
答「ええ」
問「彼はあなたの奥様の家具を——たいした物じゃなかったけれども——取り上げて、アパートの外へ運び出し、彼女の手に触れられぬところへしまいこんだことを、あなたに言いましたか？」
答「はい」
問「彼はあなたにそのことを言ったのですね？」
答「事後にですが」
問「どのくらい後です？」
答「一月ばかり後でした。よく憶えてません。しばらく間があったんです」
問「あなたはそれを戻すように彼に指示しましたか？　イエスかノーでお答えください」
答「いいえ」
問「じゃあジェイコブズ氏は、奥様の家具を勝手に自分で取り上げたんですねえ？」

答「そうです」
問「彼がこの事件を指揮しているようですねえ——あなたの指示なしに事を行なって？」
答「いつもそうとはかぎりません」
問「彼は何度あなたの指示なしに事を進めました？」
答「何度といわれるとわかりませんが」
問「あなたは彼が誰の事務所で働いているかご存知でしょう？」
答「父の事務所です」
問「で、ジェイコブズ氏は、あなたの父上の事務所に何年勤続していますか？」
答「十一年です」
問「あなたはこの訴訟で、奥様の親展の手紙の束を、手放されましたか？」
答「はい」（ミルズ判事は、この妻の書いたきわめて私的な性質の手紙を、ひどく長々と読み上げ、訴訟記録にとらせていたのである。）
問「あなたがそうしたのですか？」
答「私がしたのではありません」
問「その手紙は、あなたが最後にごらんになったときはどこにありました？」
答「四十八番街の私の部屋です」
問「そして何にしまってあったのです？」

答「トランクの中でした」
問「鍵をかけてありましたか?」
答「そう思います、ええ」
問「ところが、手紙は消えていたのですね?」
答「ええ」
問「あなたの知らないうちに?」
答「そうです」
問「こういうことはすべて、あなたご自身の意思でなさっていたのですね? 奥様のアリスさんを置き去りにしたときも、ご自分の意思からだった、とおっしゃったでしょう?」
答「言いました、ええ」
問「この訴訟状もご自分の意思で署名なさったのですね?」
答「そうです」
問「どんな圧力もなかったのですね?」
答「ええ」
問「でも、あなたが指図しないのに奥様から家具を取り上げたのは、あなたの父上の事務所で働いているジェイコブズ氏でしたね?」
答「ええ」

問「誰があの手紙をあなたのトランクから出したのですか?」
答「ジェイコブズさんです」
問「あなたの知らないうちに?」
答「そうです」
問「しかも、あなたの許可もなく?」
答「そうです」
問「お父上の家ですね、あなたの部屋があったのは?」
答「そうです」
問「あなたは、彼があなたのトランクから手紙を取り出したことに文句をおっしゃいましたか?」
答「訴訟状に署名してからはしません」
問「おっしゃったのですか? イエスかノーでねがいます。彼があなたの同意も許可もなく、奥様の私的な親展の手紙を、あなたのトランクから取り出したことに、文句をおっしゃいましたか?」
答「まあ言いました」
問「それは、訴訟状の原本に署名なさった後ですか前ですか?」
答「後です」
問「どのくらい後でした?」

答「数カ月後です」

問「何カ月です？」

答「何カ月かは憶えていません」

問「ジェイコブズ氏があなたの許しもなく取り上げる前に、その手紙をごらんになった最後のときはいつです？」

答「十一月の上旬ごろです」

問「十一月の上旬が、手紙をごらんになった最後ですね？」

答「ええ。最後ではありません、メルローズで見ました」

問「誰がそこへ持っていったのです？」

答「ジェイコブズさんです」

問「彼はいつメルローズへ運んだのです？」

答「十二月ごろです」

問「その手紙のどれかをお読みになりましたか？」

答「ええ」

問「手紙を全部読まれたんですか？」

答「いいえ」

問「あなたがメルローズで読まれたのは、どの手紙です、ジェイコブズ氏が、その——引き出した後で？　ああ、引き出した、というより、彼はあなたのトランクから盗んだわけですね、率直に言って？」
答「いや、ちがいます」
問「彼はあなたの同意も得ずに取ったのでしょう？」
答「彼にはそうする権利があったんです」
問「おや、彼にはそうする権利があったのですか？」
答「そうです」
問「彼にはあなたの家財や手回り品をあさって欲しい物は何でも取ってかまわない権利があったのですか？」
答「ええ」
問「そうなんですか？　本当にあなた、そう信じていらっしゃるんですか？」
答「そうです」
問「あなたが結婚する前に奥様からもらった個人的な手紙を、あなたの許しもなく取ったのでしょう？　え？　あなたの許しは全くなしに？」
答「彼は私の弁護士ですから」
問「一体どんな許しを与えたのですか、あなたのトランクをあさったり、化粧箪笥の引き出しをあさったりして、こういうごく内密な手紙を持ち出すのに？」
答「ああいう特別な場合ですから、彼が自発的にやったんですよ」
問「ああ、彼が自発的にやったんですか？」

答「そうです」

問「するとあれは、彼が自発的にやった二度目の行為ということですね？　一度目はあなたが指示しないのに奥様の家具を取り上げ、次にやったのは、この訴訟記録に何日にもわたってくりひろげられてきたこういう内密の手紙を、全部取り上げることだったのですね？　それに間違いありませんか？」

答「はい」

問「彼は今でも父上の事務所で働いていますか？」

答「ええ」

問「この手紙が裁判で使われることに、あなたは反対なさいましたか？　イエスかノーでねがいます。よく時間をかけてお答えください」

答「反対しました、ええ」

問「裁判で使われることに反対なさったのはいつでした？」

答「九月中のことです」

問「今年の？」

答「はい」

問「それは、手紙が裁判で使われることを初めて知らされたときですか？」

答「ええ」

問「その後反対なさいましたか？」

答「それは私のためになることでした。許さないわけにはいかなかったのです」
問（大いに語気を強め）「あなたのためになるのだから、手紙を公開の法廷で陪審に提出しなければならない、と言われたんですね？」
答「はい」
問「今年の九月に？」
答「そうだったと思います、ええ」
問「それからはもう、反対はしなかったのですね？」
答「ええ」
問「それからは喜んで使わせたわけですね？　もう反対はしなかった、とおっしゃいましたよ。進んで使わせたのですね？」
答「ええ、その後は」
問「ご自分のためとあらば、他人がご自分のお腹を這いずり回るような気持ちであっても、手紙を読ませてかまわない、とお思いだったんですね？」
答「ええ」
問「そしてあなたは、この女性に、手紙はみんな人目に触れぬようしまっておくと約束なさっていたんでしょう？」
答「ええ」
問「だがあなたは、これを法廷で記録にとらせるのが自分のためになるからといって、進んで彼女への約束を破ろうとなさった。そうですね？　ちがいますか？」
答「私は、自分の弁護士の助言に従ったまでです」
問「あなたは男なんでしょう？」
答「ええ」
問「そして紳士なのでしょう？」
答「そうあろうと努めています」
問「では、男として、また紳士として、あなたは、自分のために利用できるからといって、それを人目に触れさせずにしまっておくと彼女に約束したのを、平気で破った。そうですね？」
答「はい」
問「それでもなお、あなたは自分を男と考えますか？　イエスかノーでお答えください。そう考えますか？」
答「はい」
問「あなたは奥様と文通なさっていらした間、奥様の手紙は全部神聖に保管すると、何度も約束なさいましたね？」
答「はい」
問「神聖《セイクリッド》という言葉は秘密《シークレット》という意味でお使いですね？」
答「はい」

問「そして、それらの手紙をよく管理するという意味ですね？」
答「はい」
問「そして、他人にはけっして見せない、という意味ですね？　え？」
答「はい」
問「そうおっしゃったとき、あなたはそういう意味でおっしゃったんですね？」
答「そうです」
問「では、手紙をお使いになったとき、あなたは約束を破ったわけです。そうでしょう？」
答「破ったのではありません――」
問「あなたは陪審のみなさんにおっしゃったんですよ、自分のためになると聞かされて、弁護士に進んで使わせたんだと。ついさっき、そうおっしゃったでしょう？　ゆっくりお考えください。ここにいらっしゃる十二人の方々にそうおっしゃいませんでしたか？」
答「弁護士があれを使ったんです」
問「でもあなたは、裁判長とこの十二人の方々におっしゃいませんでしたか、弁護士がそれを使うのがあなたのためだと助言したとき、進んで公開の法廷で使わせようと思ったと？」
答「それを防ごうとしても、私の力にはあまったのです」
問「ご自分の訴訟を管理することは、あなたの力にあまった、とおっしゃるのですか？

それがあなたのお答えですか?」
答「ええ」
問「あなたは、被告側弁護人が、陪審のみなさんにした冒頭の弁論を、お聞きになりましたか?」
答「はい」
問「それであなたは、自分の訴訟なのに、それを防ぐ力がなかったのですね?」
答「はい」
問「ついさっき、陪審のみなさんにおっしゃいましたね、自分の利益になると助言されて、喜んで手紙を使わせたと?」
答「はい」
問「その供述の意味は、本当にわかっておいででしたか?」
答「ええ、わかっていました」
問「すると、あなたは、喜んで手紙を使わせた、またそれを止めさせようとしたが無力だった、そのどちらでもあった、というわけですか?」
答「ええ」

*

問「奥様の血のことで初めて何か質問なすったのはいつです? それとも、そんな質問を奥様になすったことがおありなのですか?」
答「尋ねてみたことなどありません」
問「結婚なさる前に、誰かに奥様の血のことで質問なすったことがおありですか?」
答「いいえ、ありません」
問「それは確かでしょうか?」
答「はい」
問「この血という問題を、奥様に持ち出されたことは一度もないのですね?」
答「はい」
問「そのお答えも確かですね?」
答「はい」
問「あなたはこれにも誓約なさいましたか、〝原告は被告の姉エミリーが黒人男性と結婚し、前記ニュー・ロッシェル市またはその近辺に夫婦として同居している事実を知り、このため被告にたいし、その氏素姓を何らかの方法により問い質すに至ったものである。〟これに誓約なさいましたか?」
答「しました」
問「どっちが本当なのでしょう、この問題を奥様に持ち出したことはないというこの法廷でのご証言と、訴状の記載事項で誓約なすっているように、奥様に話されたというのと? どっちが真実です? お選びください。どっちです?」

答「みんなが私にその問題を持ち出したのです」
問「みんながあなたにそれを持ち出したのですか？」
答「はい」
問「では、エミリーが黒人男性と結婚したことを聞いたもので、あなたがその問題を持ち出した、という訴状の記載事項に誓約なすったとき、じつは、それは偽りだったのですか？ イエスかノーでねがいます。ゆっくりとお考えください、急ぐことはありません、これは非常に重要な問題ですから」
答「みんなが私に持ち出してきたことなんです」
問「エミリーが黒人男性と結婚したことを聞いたので、あなたがこの問題を持ち出したと、この訴状の記載事項に述べられていますが、じつはそれが偽りだったということですね？」
答「ええ。私が持ち出したのではありません」
問「では偽りだったのですね、誓約なさっているのに？ さて、こんどはお答えになりやすいよう簡単にお尋ねしましょう。率直に申し上げて、ラインランダーさん、それは真実ではなかった、そうなんでしょう？」
答「弁護士の助言に従って、あれに署名したんです」
問「じゃあ、弁護士の助言に従って、嘘に誓約なさったわけだ。それがあなたのご説明ですね？」

答「いや、そうじゃありません」
問「この問題はあなたが持ち出した、というあの記載は、真実ではないのでしょう？　イエスかノーでねがいます」
答「ええ、真実ではありません」
問「そしてあなたの説明は、弁護士に従ったまでだというのですね？」
答「ええ」
問「それは確かにミルズ判事ではなかった。ジェイコブズ氏だった。そうですね？」
答「はい」
問「すると、真実ではないとわかっている記載に、奥様の不利になるよう誓約なさったわけだ、ジェイコブズ氏の助言に従って。そうですね？」
答「私は彼の助言のとおりにしたのです」
問「彼の助言ですね。それは真実ではないと彼におっしゃいましたか？　奥様の血の問題は、あなたが持ち出したのではないと、彼におっしゃいましたか、どうぞ率直に、ラインランダーさん、おっしゃいましたか、おっしゃいませんでしたか？　率直にお答えください」
答「言わなかったと思います」
問（驚いて）「言わなかったと思う？　じゃあなたは、血の問題を持ち出したと彼におっしゃったこともない。そうですね？」

答「はい」
問「それであなたは、彼がどこからその情報を入手したのか、ご存知ありませんか？
あなたからではないでしょう？」
答「そうじゃないと思います」
問「彼はどこからそんな偽りを聞きこんで訴訟書類に記入したんでしょう、ご存知ありませんか？」
答「知りません」
問「彼はあなたのためにこんなことを作りあげたのでしょう？」
答「彼は私に助言してくれました。ええ」
問「あなたは、誰が血の問題を持ち出したかに関する訴状中のこの記載が、訴答の場においてどんなに重要な意味をもっているか、認識しておいでしょうね？」
答「はい」
問「あなたは、ご自分が血の問題を持ち出したのだと、彼に一度もおっしゃったことがないのですね？」
答「ないと思います。ええ」
問「そして、誰かがそれを持ち出すとすれば、奥様のご家族以外では、知っているのはご自分だけでしたね？」
答「ええ」

問「そして、彼は、あなたからそれを聞いて書類に書き入れたのではなかった――弁護士である彼は――ちがいますか？」
答「ええ、彼は私から聞いたのではありません」
問「そこで、わかった事実はこうなります――ジェイコブズ氏はこの訴訟の訴答において事実ではない記載をした。そんなことは、一度もあなたは話したことがない、と。そうですね？」
答「そうです」
問「あなたは、この訴状原本の確認手続を取った公証人のストロング氏の前で、この諸条項に誓約なさったのですね？」
答「はい」
問「あなたはこれを読み通されたのですね？」
答「読み通しました、ええ」
問「そして、お読みになって、それが理解できましたね？」
答「ええ」
問「さて、この真実ではない重要な部分まで読み進んだとき、あなたは断固ジェイコブズ氏の注意を促したのでしょうね？」
答「いや、そうしませんでした」
問「ただ署名をし偽りなのに誓約なさったのですか、彼が書類を準備して署名を求めたから？　それで間違いありませんね？」
答「私は助言されたんです」
問「あなたがそれを読み終えると、彼が署名なさいと助言したのですね？」
答「ええ」

＊

ミルズ判事は、冒頭陳述でも、審理中でも、自分の依頼人がこの世の悪を知らぬ若者で、世間ずれした女にひっかかったのだ、という争点を強調していた。原告が訴状の諸記載事項が実際にはすべて偽りであるということを認めさせられてしまった後、尋問はこんなふうに続いたのである。
問「さて、あなたはアリスさんに初めてお会いになって間もなく、あなたの自由意思から恋に陥ちたとおっしゃっておられる。間もなく、とはどのくらい後のことです？」
答「数週間です」
問「二週間くらいですか？」
答「はい」
問「そしてあなたは、ご自分の意思から好きになられたのですか？」
答「はい」
問「一人の女性があなたを追いかけるには、二週間ではあまり長い時間だったとはいえませんね?」
答「ええ」
問「実際のところ、あなたのほうがアリスさんを追いかけたのではありませんか、率直に言えば?」
答「あのときはそうでした、ええ」
問「あなたは彼女の愛を得ようとしていらした、あなたの愛のお返しとして。そうですね?」
答「ええ」
問「そしてあなたが彼女に会って二週間後に求愛なさったとき、あなたはそういうことのできる一人前の男でしたか? どうです?」
答「はい」
問「そしてあなたは、本気で結婚する考えもなく一人の女性と関係を結び、相手からも愛を求めていたわけではありませんね?」
答「そんなことはしません」
問「さて、あなたの捧げるこの愛に、アリスさんが応えてくれたのはいつでした?」
答「ほぼ同時でした」
問「すると、彼女に会って二週間以内に、愛していると告白なさったのですね?」
答「そうしたと思います、ええ」

問「それで彼女のほうもあなたへの愛を告白しましたか?」
答「はい」
問「それから求婚が始まったわけですか?」
答「はい」
問「結婚しようと思って?」
答「はっきりとそう考えていたわけではありません」
問「ははあ、じゃお二人は何のために愛し合われたのです? 一時のなぐさみに愛し合われたんですか?」
答「いや、ちがいます」
問「何のために求愛なさったんです?」
答「好きだったからです」
問「求愛なさりながら、どんなことを考えていらしたんです? ただのなぐさみではなかったとすれば。何を考えていらした?」
(答えなし)
問「ラインランダーさん、それはもうわかったことにしていいでしょう。次へ移りますと、ミルズ判事があなたのことを、とても子供なんだといっているのをお聞きになりましたか?」
答「ええ」

問「頭が弱いと？」
答「ええ」
問「彼がそういったのをお聞きになりましたね？」
答「ええ」
問「私たちは二つのことを処理してきましたよ、そうですね、率直に言って、この訴訟の二つの問題を処理しましたね？　あなたは頭が弱いなんてことはない、そうでしょう？」
答「私たちは、たぶん処理したのでしょう」
問「あなたは今私の言ったことをお認めにならなかったのですか？」
答「いや、認めたんです」
問「あなたは原告として、私は被告側弁護人として、あなたは頭が弱いというジェイコブズ氏の説を抹消したわけですね？　私たち二人で？　私たち両人の間では、そんな説をこの訴訟から抹殺しましたね？」
答「ええ」
問「で、あなたは、この訴訟の原告として、そんな説を抹殺したいとお思いなのですね？」
答「ええ」
問「あなたは被告側の冒頭陳述をお聞きになりましたか？」

答「はい」

問「被告側が、あなたは誰かほかの人間に操られている、と主張したのはお聞きになりましたか？」

答「聞きました」

問「あなたはそれも認められたわけですね？」

答「操られるとはどんなふうにでしょう？」

問「では申し上げますと、訴状の記載事項はすべてジェイコブズ氏が書かれたのでしょう？」

答「ええ」

問「あなたは何ひとつおっしゃってはいないのに？」

（答えなし）

問「そしてあなたは、ジェイコブズ氏がそうしろと言ったので、それに誓約なさったのでしょう？」

答「ええ」

問「それにジェイコブズ氏は、あなたの同意を得ずに手紙を盗んだのでしたね？」

答「ええ」

問「そしてあなたは、ジェイコブズ氏がそうしろと言ったので、その手紙を訴訟に持ち出したのですね？　それに間違いありませんね？」

答「はい」
問「そこで次に原告側の申し立てで私たち両人が問題とするのは、あなたが子供っぽくて世の中を知らないとしている点です。あなたがアリスさんと出会われたとき、世の中のことはまるで知らないというほどではなかったのでしょう、率直に言って?」
答「私は子供っぽかったのです」
問「そうだったのですか、え?」
答「そうでした」
問「あなたはスタッド・ポーカーやストレート・ポーカーのやり方を知ってらしたのでしょう?」
答「ええ」
問「賭けてやることも?」
答「ええ」
問「アリスさんに出会われる前に、酒を飲まれたことはおありですね?」
答「飲んだかもしれません、ええ」
問「アリスさんに求愛なさいましたね?」
答「ええ」
問「そのやり方をご存知でしたね?」
答「ええ」

問「そういうことについては、子供ではなかったのですね？」
答「それは――」
問「ねえ、私たちはこの反対尋問で、原告側が陪審の方々へ提出した二つの申し立て条項を処理してきました。ここで今、三番目の条項にさしかかっているわけです。あなたは、女性にたいして愛の行為ができるということに関するかぎりは、世の中のことを知らなかったわけではありませんね？」
答「いや、私は世の中のことを知りませんでした」
問「あなたは、どうやって女性を愛すればいいのか、知らなかったのですか？」
答「ええ」
問「それではですね、女性の手の取り方はご存知でしたか？」
答「ええ」
問「女性の体へどうやって腕を回すかは、ご存知でしたか？」
答「ええ」
問「女性とのキスのしかたはご存知でしたか？」
答「ええ」
問「私にはわかりませんが、ほかにいろいろとすることがあるのでしょう。あなたはそうしたことを全部知っておられた。私は品位ある愛のことをお話ししているのですよ」
答「はい」

問「品位ある愛には、多くの行為はないものでしょう?」
答「ええ」
問「で、あなたはアリスさんに出会われたときそうしたことをご存知でしたね?」
答「はい」
問「すると、あなたの場合に関するかぎり、そうしたことに子供ではなかったわけですね? あなたはご自分の主張が台なしになると思って、ためらっていらっしゃるんですね? それともただ、考えてみたいだけのことですか?」
答「いいえ。私は知っていました」
問「どんなふうにしてアリスさんを愛されました? いいですか、私はただあなたがどんなふうに子供だったのか知りたいだけなんです」
答「私たちは自動車でドライブしたんです」
問「さあ、自動車で走り回っている人間がすべて愛の行為をしているというのなら、この社会は愛の洪水でしょうがね。あなたの愛の行為はどんなことだったのです? それを私はお尋ねしているわけです。なぜ私がこんな質問をしなくてはならないのかは、おわかりですね、ラインランダーさん?」
答「ええ」
問「そこで、あなた方は自動車で走り回った、それはけっこうですが、さて、あなたはどんなふうに愛の行為をお始めでした?」

答「片腕を彼女に回したのです」
問「自動車の中で？」
答「ええ」
問「すると、アリスさんへのあなたの最初の愛の行為は、片腕を回すことだったのですね？ それに間違いありませんか？」
答「そうだったと思います、ええ」
問「彼女に腕を回したとき、あなたは何とおっしゃいました？」
答「憶えていません」
問「そういうことを人は忘れられるものでしょうか？」
答「ええ」
問「じゃ忘れてしまったのですね？」
答「そうです」
問「彼女に何かおっしゃった憶えは？」
答「全く記憶がないのです」
問「何ですって？」
答「そのことでは全く記憶がないのです」
問「次にとった愛の行動はどんなことです、彼女、つまりみなさんがあなたを罠にかけたとか、かけようとしたとか主張なさるアリス・ラインランダーさんにたいしてですね？」
答「キスしたと思います」
問「ああ、キスをなさった？」
答「そうです」
問「その同じ夜にですね？」
答「そうだったと思います、ええ」
問「アリスさんに、愛しているとおっしゃいましたか？」
答「言わなかったと思います」
問「つまり、愛していればこそ、腕を回し、キスしたのだ、というわけですね？」
答「彼女が好きだったのです。魅かれていたのです」
問「ああ、あなたは彼女が好きだったのですか？」
答「ええ」
問「でもあなたは、そのとき、真実の愛という考えはお持ちじゃなかった。そうですね？」
答「ええ」
問「そのときは娯しかったのですね、女性を抱いてキスするのが、娯しかったのですね？」
答「ええ」

問「そうするのにスリルを感じたでしょう？」
答「ええ」
問「あなたの心の内で、あなたの片腕を彼女に回させたものは、何だったのです？」
答「人間の本能です」
問「じゃ、あなたが彼女に片腕を回したとき、その同じ人間的本能というものがあなたを促した、というわけですね、つまり、だれか異性にそうすれば、スリルめいた気分だろう、と本能が？」
答「ええ」
問「すると心のなかでは、自分が何をしているのか、わかっておいでですか？」
答「はい」
問「キスをなさっているときも、同じふうでしたか――同じことでしたか？」
答「ええ」
問「彼女にキスをなさる前に、あなたの内部にあるその何かが、そうすると楽しいぞと教えてくれていた。そうですね？」
答「ええ」
問「初めて愛を告白なさったのはいつでした？」
答「それから数週間後です」
問「あなたが愛を告白なさったとき、彼女はその愛に応えてくれましたか？」

答「はい」

問「彼女にその言葉を語った——つまり、愛の告白をした最初の男性は、あなただった。そうですね？」

答「私が最初の男だった、と思います、ええ」

問「あなたが主導権を握っていたのですね？」

答「はい」

問「あなたは彼女を愛していましたか？」

答「愛していました、ええ」

＊

陪審の評決は被告に味方した。ラインランダー青年は、ほとんどその直後に、どこか西部の都市に身を隠した。一年かそこいらしてリノで離婚訴訟を起こした。夫人も同時に別居を請求する訴訟を起こしたが、彼女が再婚すると否とにかかわらず月額四百ドルを生涯払う信託基金が作られた時点で取り下げ、夫の離婚を認めた。

第16章　セシル・バレット夫妻への反対尋問

マリー・S・リヴィングストン夫人から提訴された裁判でのロイド・ポール・ストライカーによる反対尋問

この訴訟は、すでに昔から確立定着している法の原理を、どうやって事態の新しさに適用したらよいかを示すものだ。この種のものとしては、筆者の調べえたかぎり、これがニューヨーク州の各裁判所での最初の判例となっている。この裁判を担当した弁護士だけでなく、裁判長となった上級第一審判事にたいしても、たくさんの照会状が、州内外の弁護士たちから寄せられ、法曹界ばかりか財界も、よく定着した法理をここに収録したような事態にどうやって適用すればよいか、深い関心を寄せていたことが、よくわかるのである。

筆者はとくに次の点を強調したいと思う。すなわち、リヴィングストン夫人との株の売買に関わったバレット氏の誠実さは、終始疑問の余地がなかったこと、しかし、いかに非のうちどころのない、正直そのものといった証人でも、熟練の反対尋問家に、へたな入れ知恵をされた答え方をすれば、裁判官や陪審の信用を失うものであり、これがそのめざましい実例であるということだ。

被告は共同出資者たちと一緒に、有名な証券会社スペンサー・トラスク社を作っている人物だが、このバレット氏が、バー・ハーバーという避暑地で原告と知り合い、バレット家とリヴィングストン家は交際を始めた。やがて金融の動静やスペンサー・トラスク社の注目株が話に上るようになった。

リヴィングストン夫人は五児の母親だった。末の息子は一九二五年の二月に生まれ、父親のリヴィングストン氏は同年四月十二日に死亡したが、その三週間前にバレット氏がこの末子の名付け親になっていた。バレット氏はリヴィングストン氏の死後〝お悔みを言いに〟同夫人を訪問し、「ご主人に亡くなられ、五人のお子さんと取り残されたことは本当にお気の毒です」と言い、お役に立つことがあれば何でも喜んでするとと申し出たのである。そして死後一カ月あまり経った同年五月十五日に、同夫人宛てに次のような手紙を書いた。〝私は商売の問題で意見を押しつける気持ちはさらさらないのですが、あなたが長女のデニスのために投資してやろうかと思っているお金が多少あるの、と私に話されたことを憶えています。

そしてピューリティ・ベーカリーズ社の七分配当優先株をすすめて〝これなら百パーセント安全ですし、ご満足もされましょう〟と書いたのである。

そうこうするうち、夏も過ぎ秋になって、リヴィングストン夫人は五人の子たちと外国で暮らそうと決心した。そうする前に同夫人はバレット氏を訪ね、〝白紙委任状〟を書いたわけである。そのとき預けた有価証券は七万ドル以上と評価され、その中にはインディアナのスタンダード石油のような株も入っていた。そこでバレット氏は、その有価証券類を売って、いろんな他の株に買い替えてやったのだが、それがじつはスペンサー・トラスク社所有の株であり、つまり彼は自分と共同経営者の持株を彼女に売ったことが判明したのである。それらの株を売ることで同社は利益を得たのだ。これに関してバレット氏は質問を受けた。

問「あなたはご自分と共同経営者たちとでその株を売って利益を得たことを、リヴィングストン夫人に話したことがおありですか？　どうです？」

答「いいえ、ありません」

リヴィングストン夫人への手紙には、その株が会社の所有であったことに直接言及する記述は一切なかったのである。リヴィングストン夫人も、裁判で、スペンサー・トラスク社の持株を売りつけられたとは知らなかった、と証言した。

被告側の主張は、被告バレットが株の売買を公示する回状を原告に送っているし、また手紙でも同社が株を売買したり公示したりしていることを報せているから、リヴィングストン夫人としては、その買った株が被告たちの持株であることを充分通知されていた、というものだった。

同夫人は商売のことなど全く未経験の女性だった。法廷は〝彼女が会社の財務とか株式市場のやり方に通じていない〟ことや、ウォール街の売買の実際に全く無知であったこと、また被告から送られた通知を見ても疑問が頭に浮かぶようなタイプの人ではなかったことが、よくわかったのである。この種の通知は、彼女にとって、〝意味がどっちにもとれるような、曖昧な、不確かなもの〟だったことが、はっきりしたのだ。

原告側の根拠は、ウェント対フィッシャー事件（243 N.Y. 439, 443）で明示された法律上の主張にあり、引用されたその文意は次のようなものだった。

〝双方の利益に役立つべきであるとするなら、打ち明けたとは、真実を全くありのままに、いかなる曖昧さも保留もなく、さらけ出したのでなければ、法的に有効とはいえない。〟

原告はさらにダン対英国事件（L.R. 18 Eq. Cas. 524）で英国法廷が明示した論旨も根拠にしていたが、これは次のようなものである。

〝代理人は、その売買において自分が利益を得ようとしていることを、またはその売買に自分も加わろうとしていることを、本人に告げるだけでは不充分である。彼はあらゆる実質的な事実を本人に告げなくてはならぬ。余すところなく打ち明けなくてはならぬ。〟

法廷は、バレット氏がリヴィングストン夫人との取引において終始誠実だったことは認めたものの、ウェント対フィッシャー裁判でカードーゾ判事の述べた次のような論旨を採用して、リヴィングストン夫人の勝訴とした。

〝最後にわれわれは、仲買人たちが誠実に行動したこと、その購入条件が当時としては最高のものであったこと、またもし不当な点が何かあったとしても、損害を及ぼすようなものではなかった、という主張を聞いた。これは自分の義務を忘れた受託者の全く不充分な弁解である。法は「その契約あるいは取引が公正であったか不正であったかを問うてやまないのである――」〟

カードーゾ判事はさらにつづけて
〝この妥協をゆるさぬ厳格さによってのみ、法の全き誠実さは浸触瓦解に抗しえてきたのだ〟と述べている。
被告とその共同経営者たちが、その持株を原告へ売りつけたことを一切無効とする判決が下され、原告の勝訴となった。この判決は控訴審で確定したが、その意とするところは、前記の〝双方の利益に役立つべきであるとするなら、打ち明けたとは、真実を全くありのままに、いかなる曖昧さも保留もなく、さらけ出したのでなければ、法的に有効とはいえない〟であった。

この裁判で、被告たちは、通常の個人間の信託の場合は、受託者がその受益者との間で売買することは、取引としてはきわめて異例であって、正直な受託者なら、自分の財産を売っているのだということを、念には念を入れて説明しなければ、と思うはずである、と認めた。したがって、原告側にとって重要なことは、被告がウェント対フィッシャーの判例にあるような義務を課されているばかりか、原告への信託に関する最高の義務があったことを、示すことだった。この点をめぐって、バレット被告はストライカー氏に反対尋問されたわけである。
問「さて、この株があなたの推奨によって買われることになった、ということでは疑問の余地はありませんか？」

答「まったくありません」
問「そこでバレットさん、あなたはご自分にすべてを一任してきたこのご婦人に、大きな責任をお感じでしたか？」
答「ええ」
問「保留も制限もない委任をされたのですね？」
答「ええ」
問「それについては間違いありませんね？」
答「ありません」
問「ご友人の未亡人が、五人の子と外国暮らしをするので、あなたに一切無条件で委任されたということ、したがってあなたにかけられた信頼は非常に大きいことを、あなたはご自分の良心に銘じておられましたか？」
答「はい」
問「そしてまた、彼女に誠実たるべき大変大きな義務を負うているとも？　それは感じておられませんでしたか？」
答「いや、誠実たるべき義務などとは」
問「何ですと？」
答「いったいどうして私が、彼女にそんなものを負わなけりゃならんのです？」
問「あなたは彼女から委任されたことをなさるのにですな、誠実でなければならん、とは感じておられなかったのですか?」
答「ああ、もちろん、感じていましたよ。私はまた、何か特定のことで彼女に義務を負うていると言われたのかと思ったので」
問「ではその点を完全にはっきりさせましょう」
答「けっこうですね」
問「あなたはこのご婦人の仕事をなさるにあたって、最高度の誠実をつくさねばならぬという強力な義務を課せられていることはご存知だったのですね、バレットさん?」
答「いかにも」
問「主尋問のさいに、あなたは、彼女の場合は例外であり、今までの全経験を通じてこれに類した取引はたった五例しかない、と供述なさったと思います」
答「一例です」
問「一例ですか。すると一九〇五年に経営者となられて以来、こんな重い義務・責任をお引き受けになったのは、これが二度目である。それで間違いありませんか?」
答「完全に委任されたのはこれで二度目です」
問「おわかりでしょうか、バレットさん、誠実たるべき義務とは、公正・率直たるべき義務であり、また取引先にたいして真実を言うべき義務である、ということは?」
答「ええ、わかっています」
問「それも一切の真実をですよ?」

答「いかにも」

問「はっきりとした、曖昧なところのない、どっちにもとれるようなことのない、言葉でですよ？」

答「ええ」

この反対尋問の結果、被告たちが原告に負っている義務に関しては、少しの疑問も残らぬこととなった。

この裁判で決定的な争点は、信頼と信任の問題だった。問題の株が売買されたのは原告が五人の子と外国にいる間のことだった。

被告バレットは、彼女への手紙には、個人的なことを多く書いた。名前をつけてやった子への愛情を述べたり、自分の妻の健康について書くことも多かった。また妻からの親しい伝言を添えた手紙も多かったのだ。これらの表現はすべて、両人の間の信頼関係を実証し強調するものだった。

被告の妻バレット夫人が、証人に立って、夫バレット氏とリヴィングストン家の人々が交歓する折には自分も同席したこと、また話題にされる株は〝特選株〟と呼ばれるもので、スペンサー・トラスク社が扱っているものであることがふつうだった、と述べた。

この信任関係をできるかぎり小さなものにしようとバレット夫人は努め、主尋問では次のように証言したのである。

「あの、私が申し上げたいと思いますことは、リヴィングストン家の人たちが私どもにお持ちの友情は――それとも括弧つきのいわゆる友情と申したほうがよろしいでしょうか――それは私の夫を金銭面で何か利用できるかもしれない、といいますか、利用できそうだということが、根本にはあると私ははっきり感じていた、ということなのでございます。ですから、何と申しますか、急き立てられている、というふうに私は感じておりました」

バレット夫人への反対尋問で狙ったのは、このように表現された感じというものが、後で考えたことにすぎず、少なくともバレット氏に関するかぎりは信任関係があった事実を確認し強調するような、温かい友情を立証してみせることだった。さらに狙いは、もし〝急き立てる〟といったことがあったとすれば、それはバレット家の側からであり、リヴィングストン家の側からではないことを立証してみせようというところにあった。

ストライカー氏による反対尋問

問「バレット夫人、あなたのご証言から考えますと、あなたはリヴィングストン家の人たちから、かなり急き立てられているとお感じだったのですね?」

答「そのとおりですわ」

問「一九二四年の夏の間、リヴィングストン夫人と何度お会いになりました?」

答「そう、いろんな機会にお会いしましたわ」

問「しょっちゅうですか?」

答「あら、しょっちゅうというわけではございません。たぶん週に三度、翌週には二度、というふうでしたわ」
問「先方はバー・ハーバーに別荘を持っていたのですね？」
答「そうです、すてきな別荘ですわ」
問「そしてあなた方は貸別荘に泊まっていらしたのですね？」
答「そうです」
問「で、先方があなたがたを招待するたびに、あなたは歓待される動機には裏があるとお感じでしたか？」
答「あの、なぜかと申しますと――」
問「裏の動機をお感じでしたか？　イエスですか、ノーですか？」
答「それはイエス・ノーでは答えられませんわ」
問「では、あなたのお好きなようにお答えください」
答「なぜと申しますと、営業面のお話がよく出たからですわ」
問「なるほど。それであなたは、招待されるたびに裏があるとお感じになったのですね？」
答「それは、あなただってお感じになったろうと思いますわ」
問「私は今、あなたがお感じになったことをお尋ねしているのですよ」
答「でも、あなたもそうでしょうし、私もそう、私たちだれもがそうだろうと思いますのよ」
問「どうか、私がどう感じるかなど言い合うのはやめましょう。それは実際の話、密接な関係はありませんのでね」
答「そうですわね、密接な関係は」
問「では私の質問にお答えいただけますか？」
答「ええ、そういたしますわ」
問「裏の動機がある、というのがお感じになったことですね？」
答「そうですわ」
問「歓談する機会は一度もなく、リヴィングストン家の人たちはすぐさま商売の話をした、ということでしょうか？　あなたがおっしゃったのはそういうことでしょうか？」
答「あら、いいえ、商売のお話をしないときもずいぶんございましたわ」
問「わかりました。でも、商売の話になるといつも、スペンサー・トラスク社の特選株のことが持ち出された。それで間違いありませんか？」
答「私が耳にしましたのはそれだけですわ」
問「で、リヴィングストン家の人たちは、そのスペンサー・トラスク社特選株に大いに関心を持っているようだった、というわけですか？」
答「そういうわけではありません。あの人たちは主人がどんな株に関心を持っているか聞きたがっていらして、それで主人がお話ししたのがそういう株だったわけですわ」

問「で、次にリヴィングストン家の方たちとお会いになると、また同じ質問が出るというふうだったのですね？」

答「あら、いいえ、いつも同じ質問ってわけじゃございませんわ。もちろん、そうじゃございません」

問「では一回おきとか、そんな程度でしょうか？」

答「一回おきだったかどうかわかりませんが、商売の話題になりますと、きまって出るのがスペンサー・トラスクの特選株でしたわ。あの方たちが目をつけてらしたのがそれだったことは、全く明らかですわ」

問「それじゃあなた方がリヴィングストン一家に招かれたのも、ただ利殖の機会を与えてやれるからだった、ということですか？」

答「はじめのうちはそうじゃなかったと思いますわ。でも、私どもが株の仕事でずいぶん成績を上げているのがおわかりになると、そうなっていったわけですの」

問「こんなふうにお考えになれませんか、バレット夫人、もしリヴィングストン氏がこういうすばらしい機会に何とかしようと思えば、バレット氏を事務所に訪ねて、「特にきみの推奨する優良株は何かね？」と言えたろうと。バレット氏は何か極秘の特別な情報をリヴィングストン一家に提供している、とお考えになりませんでしたか？」

答「そう、電話はしたかもしれません。私は存じませんが」

問「あなたの眼の前で、ご主人がリヴィングストン家の人たちに何か格別内密な話をされたことはありませんか？」
答「商売のことで？」
問「ええ」
答「なかったと思いますわ。ありません。リヴィングストン氏は主人の奨める株をお尋ねになったし、主人は自分の知っていることを話してあげました。それがあの特選株だったのですわ」
問「リヴィングストン夫人の動機には裏があるとお感じになりながら、おつきあいを続けるのは、さぞかしおつらかったでしょう？」
答「そうですわねえ、ほかのこと以上につらかったというわけでもありませんわ。主人は『このことはおまえにも想像がつくだろう』と言っておりました」
問「なるほど。で、ご主人がおっしゃったこのこととは何のことです？」
答「あの方たちが私どもを利用してひと商売なさろうとしてらしたことですわ」
問「じゃ、あなたはご主人があの一家に会うのを止めさせようとなすってらしたのですね？」
答「いいえ、会うのをやめさせようとしたわけではありませんわ」
問「でもあなたは、ご主人があの一家に会うのがお嫌だったのでしょう、あの一家は自分の利益のためにうるさくせっつくとお感じだったのですから？」
答「嫌だったのじゃありませんわ」

問「そんなふうにお感じになった後も、あの一家とお会いになっていたんですか?」
答「夏の間だけですわ、あのバー・ハーバーではそれがふつうの慣わしですから」
問「バー・ハーバーは、とても大きな避暑地ですね?」
答「とても大きいですわ」
問「バー・ハーバーでお知り合いになられたのは、あの一家だけですか?」
答「ああ、ちがいますわ」
問「――ご主人がリヴィングストン夫人の息子さんの名付け親になってほしいと頼まれたことはご存知でしょうか?」
答「ええ、知っておりました」
問「それにも裏があるとお思いでしたか?」
答「私は驚いてしまいましたわ」
問「それには裏があるとお思いだったのですね?」
答「絶対にそうですわ」
バレット夫人は、リヴィングストン氏の死後、リヴィングストン夫人と初めて会った場所がやはりバー・ハーバーであると証言した。
問「ではバー・ハーバーで彼女とお会いになった。それでよろしいですか?」
答「はい」
問「それが未亡人となった彼女に会われた最初であると?」

答「ええ、未亡人になりになって初めてです」
問「別荘へ訪問なさったのですか？」
答「そうですわ」
問「お悔やみを言いに？」
答「ええ」
問「それは心からでしたか？」
答「そうですとも。私はご主人がたいそう好きでした」
問「でもあなたは、彼の動機には裏があると感じていらしたのでしょう？」
答「いいえ、奥様ほどではありませんでしたわ」
問「なるほど。すると裏があったのは夫人だけでしたか？」
答「私はご主人にもあるし、奥様にもあると感じておりました」
問「でもあなたは彼がお好きだったのですね？」
答「ええ、彼は私のいとこでしたから」
問「でも、彼の動機には裏があると思ってらしたんですね？」
答「私はあの夫婦二人とも裏があると感じておりました」
問「では、彼もやっぱり裏があると？」
答「でも、奥様よりは、はるかに少なかったのですわ」
問「でも彼にもあると思われたのでしょう？」

答「いいえ、彼にはあるとしましても奥様よりはるかに少ないと思いますの」
問「では、リヴィングストン氏は許す、裏の動機は主としてリヴィングストン夫人のほうにあった、とおっしゃるのですな?」
答「主として。ええ、そうです」

リヴィングストン夫人が外国にいる間、バレット氏は次のような手紙を送っている。

〝夏には帰国なさるお心づもりをまだお持ちでしょうか。と申しますのも、もし帰国なさらない場合には、どこかの海水浴場でご一緒になれたら、みんなお互いに、とても愉しかろうと思うのです〟

〝――グラディス(バレット夫人)が私とともに、ご一家の皆様にくれぐれもよろしくと申しております。〟

〝アフェクショネットリー・ユアズ[*1]〟

また別の手紙では、

〝近況はこれだけです。私がグラディスと落ち合う前に、あなたとグラディスが生きた現実の姿でご一緒になっていてほしいものです。もしかなわぬ望みとあれば、この夏の間、短期間でもよい、どこかでみんながご一緒できるようにしたいものですね〟

さらに別の手紙には、

〝グラディスと子供たちみんなからも、お会いするまでくれぐれもよろしくといってます〟

さらにまた別の手紙では、

〝グラディスも今あなたにお手紙を書いていたようですから、自分の近況は自分で書いたでしょう〟

また別の手紙に、

〝グラディスも、私が今お便りしていると知れば、くれぐれもよろしくと申すでしょう、ご病気のご快癒を心から祈り申し上げます――〟

バレット夫人にたいするこの反対尋問は、バレット氏を次のようなジレンマに陥れることとなったのである。すなわち、彼の温かい友情の表現が、本心からのものであったか、それともじつは偽りであったか――もし本心からのものだとすれば、信任関係のあったことに疑問の余地はないのだし、もし偽りだとすれば、リヴィングストン夫人の利益を守ってやっていたのか、それとも偽の友情の仮面をかぶり、安心させておいて欺していたのかという問題をつきつけられるわけである。

原告の勝訴ときまり、この判決は控訴審でも、また今年の一月の上告裁判所でも、全員一致で確定したのである。

第17章　エイダならびにフィービ・ブラッシュ姉妹への反対尋問

精神病患者として十年間州立キングズ・パーク病院に監禁された損害賠償を求め、ロングアイランドのハンティントンの著名な医師二人を訴えた裁判での、ジョージ・W・ホワイトサイドによる反対尋問

この事件で被告になったのは、ロングアイランドのハンティントンの有名な医者二人である。彼らは二人の姉妹から二十五万ドルの損害賠償を請求されたのである。この医者たちが精神異常という偽りの診断書に署名したために、姉妹は州立キングズ・パーク病院に十年間監禁される結果となり、やっと人身保護手続によって完全な正常人として解放された、というのが申し立て理由だった。

この事件は四度にわたって、それぞれ構成メンバーの異なる陪審の前で審理されたのである。最初の裁判は原告側の冒頭陳述だけで却下されてしまった。二度目の裁判は一年半後に開かれ、陪審は一万ドルの損害賠償を評決したものの、控訴で破棄となった。三度目の裁判は五日間にわたったが、陪審の意見が割れて評決が出なかった。四度目の裁判は、最初の裁判から二年半後に開かれ、やはり五日かかって一ドルの損害賠償を評決したが、この一ドルでさえ裁判長は破棄を命じたのである。

この最後の裁判では、姉妹は七十三歳と六十歳になっていた。二人はほぼ全生涯をハンティントンで過ごしてきたといっていい。独立戦争前のロングアイランドでは指折りという旧家の末裔であって、豊かな資産を父親から受け継いでいた。

彼女らが異常とされた病状は、ふつう偏執病《パラノイア》として知られるものであり、その主要な症状は著しい被害妄想である。

被告側弁護人ジョージ・W・ホワイトサイド氏の主張は、監禁について裏に隠された動機などは全くない、ということであり、この二人の姉妹は長い間被害妄想に苦しんできたのであって、当時の民生委員スミス氏なる人物が、何らかの施設に二人を監禁するのが、地域社会にとって一番いいと判断したのだ、というものであった。彼はハンティントンの名の通った市民たちから寄せられる数々の苦情を考慮した結果、そういう結論に達しただけのことであると。

偏執病患者というものは、法廷に立つと、反対尋問者がその愛してやまぬ妄想を暴露できないかぎり、立派な証人と見えるのが一般なのである。有名な事件が昔あった。何日も反対尋問を重ねたあげく、外見的には至極まともだったその証人が、キリストの存在を信じるかと問われるや、直立して、非常に印象的な口調で叫んだものだ、「私こそキリストである」と。

この特異な裁判でホワイトサイド氏は簡潔な、しかも非常に怜悧な方法で、反対尋問を行ない、姉妹の特異な妄想を裁判官と陪審に暴露してみせ、これでは精神病院に監禁するのも当然と思わせることに成功した。

主尋問では、姉妹の証言は終始完璧に平静な精神状態から行なわれているとみえたが、州立キングズ・パーク病院での生活に触れられると、にわかに昂奮し始め、自分たちが悲鳴をあげて救いを求めているのに無理やり髪をひっつかんで椅子の中へ押しこまれた様子や、抗議すればするほど腕をねじあげられ髪は引っぱられ、ついには妙な風体の男が入ってきて床に投げ出され、首を膝で押さえられて窒息死しそうになり、その間に医者が注射器を出して腕に突き刺した様子を語りだしたのである。

ホワイトサイド氏は、反対尋問に立つと、まず問題の医者たちは原告の家からせいぜい二区画ばかりのところに住んでいたのに、キングズ・パーク病院へ監禁される前の十五年以上もの間、姉妹二人ともが、一度も彼らに声をかけたことすらなかった、という事実を明らかにすることから始めた。

ホワイトサイド氏が尋問している間、法廷に居合わせたある人間は、〝鍵をさしこんで廻すと、ドアがぱっと開いて、それがまるで、何かの強力なバネで自分から開いたようであり、そこにいきなり現われたのは、狂った人間が手探りしながらよろめき廻っている、とでも表現するほかはない異様なかたまりだった、といおうか〟と書いている。

ホワイトサイド氏

問「あなたが二十四年の間話しかけたことがなかったリンゼイ博士についてですが——

彼があなたに不利な診断を下したのは悪意をもって故意にしたことだと主張なさる根拠を、ひとつお聞かせねがえないでしょうか」

答「ああそのことですか。あの人には結婚適齢期の娘さんがいらして、その娘さんがスィーム氏にずっとまつわりついてらしたんですの。でもスィーム氏は私とたいそう仲が良かったものですから、あの先生はひどくご立腹だったようですわ。ですから私は思いましたの。あの人たちは私を追い払いたいのだと」

問「そのスィーム氏というのは、どんな方だったのです？」

答「あら、若い牧師さんでしたわ——というより、ハンティントンの長老派教会の牧師さんでした」

問「結婚していたのですか？」

答「いいえ、独身でしたわ」

問「あの先生があなたにたいして悪意ある行動に出たと主張なさる根拠は、先生に適齢期の娘さんがおられて、あなたのお考えでは、その方があなたの町に住む独身の、結婚相手として適格の牧師さんスィーム氏を追いかけていたこと、そしてこの若い牧師さんがあなたにたいしてとてもやさしい思いやりをみせるもので、先生のご一家が憤慨していたこと、それが根拠だとおっしゃるのですね」

答「まあ、あたくしはそんなふうに見ました」

問「スィーム氏は現実にやさしい思いやりをあなたに見せた、といいますか、あなたに結婚を申し込まれたことがあるのでしょうか？」
　答「あら、あの方は、適齢期の若いご婦人方のリストを当時もってらしたのよ。それで私に結婚するときは持参金が欲しいとおっしゃったので、私は申し上げましたの、それなら私とではだめですわねって」
　問「あなたに求婚なすったのですか？」
　答「そうした言葉ではっきり申し込まれたわけではございませんけれど」
　問「あなたのお宅に訪ねてこられたことは？」
　答「私はお招《よ》びしたことはございませんから」
　問「質問をくりかえします――あなたのお宅に訪ねてこられたことはありましたか？」
　答「いいえ」
　問「すると、スィーム氏は、実際にはあなたを訪問したことが一度もなく、またあなたに求婚したことも一度もなかった、ということでしょうか？」
　答「そうですわ」
　問「それでもあなたは、スィーム氏が結婚という観点からあなたに大いに関心を抱いているとお考えになり、またそれが二十四年の間会ったことのなかったリンゼイご一家に、あなたを憎ませる原因となったのだろう、大切な牧師さんを横取りされそうだというわけで――そうお考えなのですね。これで間違いはございませんか？」
　答「まあ、そんなふうに私には見えましたの」

問「そんな理由でリンゼイ先生たちは、あなたを精神病院に監禁したのだ、とお思いなのですね？」

答「そうですわ」

問「このスィームという方が、いつロングアイランドのハンティントンへ来られたのか、陪審の方々に教えてはくださいませんでしょうか」

答「一八九八年でしたわ」

問「その十二年後にリンゼイ先生はあの診断書に署名なさったわけですが、あなたにはそんなふうに思えたのですね？」

答「あんなひどいことをなさる理由は、ほかにはけっして考えられませんわ」

問「ではもう一人の先生――ギブスン博士についてですが、あなたは監禁されるときまで十五年の間会ったことがなかった、とおっしゃいましたね。それで間違いはございませんか？」

答「私の憶えておりますところでは、そうですわ」

問「ではひとつ、この先生が悪意をもってあなたの精神状態を診断なさった、というご判断の根拠となる事実がもしあれば、お話しいただけないでしょうか？」

答「それじゃお話しいたしますわ――ギブスン先生は、衛生のお役所にいらしたんです。そして私どもの裏にロジャーズという方が住んでらしたのですが、そのお宅の下水溜めのせいで私どもの井戸が渇れてしまいました。一九〇一年のことです。それでギブスン先生のところへ行って苦情を言いましたが、全然とりあってくださらず、渇れてはいるが棒で測れば三・四インチの水はあるとおっしゃるんです。どうしても取りあってはくださらなかったのです」

問「それで、ギブスン先生があなたに悪意をもっていたとおっしゃるその理由は、キングズ・パーク病院に監禁される九年前の、その下水溜めに関係があるのですね?」

答「ええ」

問「そのほかに何かありますか?」

答「そうですわね、つけ加えたいと思いますわ。あの方は衛生のお役人として職務をお果たしにならなかったもので、私どもにいつ訴えられるかわからないと思って、それで追い払ってしまおうとなさったんですわ」

問「言葉を換えますと、ギブスン先生は、あなたがたが法の裁きを求めることを、はっきりと自覚しておられた、というのでしょうか?」

答「だれだって、あの方たちが不法行為をそのままにした以上、私が告訴しようと思えばできるってことはちゃんとわかっていたはずだ、と思うのじゃございません?」

問「で、あなたに訴えられやしないかと、九年の間、たえずあなたを恐れていた、とおっしゃるわけですか?」

答「ほかには理由など考えられませんわ」

ここでホワイトサイド氏は、この二人の婦人が特に悪意を働いた人たちとしてリストした〝黒・赤顔名簿〟なるものを取り出して、この証人の教会の牧師C・ハーバート・カーター師が、彼女に不快を働いたかどうか質問したのである。すると彼女は自宅の芝生に坐っていたらカーター博士が前を通りすぎたと答えた。

問「そのときカーターさんの顔は、どんなふうに見えました？」

答「ひどく怒っていて、にこりともなさいませんでした」

問「ああ、で顔の色は？」

答「顔の色は、今は憶えておりませんわ」

問「ご注意を申し上げますが、あなたは前の裁判でこの質問に答えておられます。憶えていらっしゃいますか、「なぜカーターさんを迷惑な方と申しますのか、陪審の方々におわかりいただけるよう、ご説明いたしますわ。私たちがキングズ・パーク病院へ連れていかれる前のこと、あの方はお子さんたちを自動車に乗せて私の家の傍へこられ、私が芝生に出ておりますと、車を近づけながら頭を突き出されました。それが黒・赤のお顔でした。天蓋を持ち上げんばかりに頭を宙へ突き出して、大わめきにわめかれるんです。私はそれを公安妨害と申しますの。だって私のほうは何もしていなかったんですもの。もし私のほうがそんな振舞い方をしたのであれば、あの人に正気でないと言われてもしかたはございません。でもあの人たちのほうが私にそんなことをなさっておいて、何ともお思いにならないのです。これはどういうことでしょう？」こんなふうに答えていらっしゃいますよ」

答「今憶い出しましたわ」

この後、姉妹で作成したこの町の悪意ある人々のリストを見せられると、証人は自分が書いたものだと認めた。

問「さて、このリストには名前が載っています、ハンティントンの居住者の。そうですね？」

答「ええ」

問「〝苦しめる人・迷惑な人〟と標題がついていますね？」

答「ええ」

ホワイトサイド氏はこの名簿を使って、証人がなぜその名前をリストしたのか、一人一人その幻想的な理由を引き出しにかかったのである。

エドおよびザビーナ・カールという名前を見て、ホワイトサイド氏は、この二人がハンティントンの住人であるかどうかと尋ねたうえで、〝苦しめる人・迷惑な人〟のリストに載せるに足るどんなことがあったのか、もしあれば、話してくれないかともちかけ、ある日曜の朝、教会へ出かけようとしていたところへ、この二人が自動車を乗り廻してやって来、彼女が外へ出ると「ふりかえって笑い声をあげ、その顔が黒・赤に変わった」という苦情を引き出した。こうして〝苦しめる人・迷惑な人〟のリストにある名前を順ぐりに取り上げていったのである。

問「例えばF・サミスさんです。この人はあの教会の長老の一人ではなかったのですか？」

答「そうです」
問「この人にたいしてはどんな苦情がおありでしたか？」
答「あの人は私どもの家の前で妙な男の人たちと立ち止まり、私どもの家を指さして談笑を始めました。また私たちをキングズ・パーク病院へ連れていくのに、他の自動車なら料金はたった五ドルなのに、あの人は二十五ドルも請求しましたわ」
リストにあるさまざまな人々について一人一人尋ねてみると、答えはほとんど同じだった。ある者はよく「自動車に乗ってきて顔を黒・赤にして笑った」のであり、ある者は「カメラを芝生に置いて、そんな権利などはないのに私たちの芝生を撮った」のであり、またある者は家を通過するさいに「自動車に跳び乗ったり跳び降りたり、黒・赤の顔で笑った」のだった。「よく角に立って家を指さした」者もあった。ハンティントンの地方紙の一つの論説委員も同じようなことをよくやったし、市の元警察部長は家を通り過ぎるさい一区画先まで聞こえるような大声でしゃべったのだった。最後に家の前で蒸気ローラーで仕事をしていたイタリア人労働者たちについては、「あの人たちは日曜日にはきまってあそこへやってきて、いつもおしゃべりして、七日分の週給をもらってるなどと言ってるんです。そして私たちの散歩道に突っ立って、私たちをスパイしていたんですわ。それで報酬をもらっていたにちがいありません。私たちは、あの人たちが硫酸を顔に浴びせようとしているのを勘づきました」と答えた。
問「言い換えますと、ギブスン博士やJ・アブナー・スミスさん、それに他の方たちもみんな、あなたがたを傷つけようと陰謀をめぐらしていたのですね。それで間違いありませんか?」

答「みんなあの下水溜めをめぐる陰謀に加わっていたんですわ」

問「下水溜めのほかにも陰謀のたねになることが何かありましたか?」

答「必要ありませんわ、ほかのことは。それだけで充分でしたわ」

原告に一ドルを払え、という評決が出た。

第18章　マルティネス嬢への反対尋問

マルティネス対デル・ヴァレの有名な婚約不履行裁判での、ジョゼフ・H・チョートによる反対尋問

どんな問題の研究であれ、技術の習得であれ、現代的な方法は、あの帰納法というものなのだ。わが米国の法学部のやり方をみればわかることで、法理論を理解させるために、広い範囲にわたる実例を研究させているのであって、ただ教科書の勉強だけというやり方はとっていない。

すでに指摘したように、この方法は反対尋問の技術をマスターするためにも唯一の道なのだ。自分で実地に経験を積んでいくわけだが、しかしそれに加えて、反対尋問の大家たちや、経験が豊かで安心して見習えるような人たちの方法を学ぶことが大切である。

だから筆者は、反対尋問技術を学ぼうとする者にとっては、有名な反対尋問家たちが、有名な裁判で、重要な証人たちを実際に尋問した方法のうち、好例をいくつかえらび、都合よく多少濃縮した形で見せてやれば、きっと役に立つだろうと信じるわけである。

こうした理由のほかに、この種の実例は人間とはいかなるものかを考えるうえにもおもしろい、という理由から、私はいくつかの著名な裁判で重要な証人を反対尋問した実例を、

以下にご紹介しておくのである。

証人が脚色した、あるいは偽りの、供述を行なったということを、立証してみせる必要がよくあるものだが、その場合、その反対尋問がすぐれているか否かの真の標準は、ある論点でどれくらい効果があったか、ということではない。その証人の全供述を検討して、その矛盾や非現実性を暴露してやり、その結果全面的に破綻させることで陪審に及ぼす全体的な効果いかんにあるのだ。実際に行なわれた反対尋問から手短に引き抜いても、だから、反対尋問家の仕事のこの部分を完全に示すことはできないわけである。

実際、反対尋問技術の真の大勝利はめったに得られるものではない。大演説よりもはるかに稀なことなのだ。出廷する私たちだれしもが、ときどき、爆発するような雄弁に接して喜ぶことがあるものだが、何カ月も法廷へ出入りしながら、すぐれた反対尋問であると少しでも言えそうな例に、ついに一度も出会えずじまいだった、ということだってある。しかも、反対尋問が見事に成功して、欺瞞をさぐり出し、あるいは無実の罪を晴らしてやれる喜び以上の喜びは、ないといっていいくらいだ。

裁判の歴史で最もすぐれたものといわれる反対尋問のなかには、字面からではほとんど理解できなくなっているものもある。今日の読者にとっては、キャロライン王妃の裁判でイタリア人の証人マヨッキを反対尋問したブルーアム卿の勝利などは、想像してみても全くわからない。なにしろこの証人は、きわめて鮮明な記憶をもっていることは明々白々なのに、長々と質問をくり出されても、終始「ノン・ミ・リコルド（記憶にありません）」で押し通したからである。

九十年前のことだったが、この反対尋問は〝歴史はじまって以来弁論技術の最大傑作〟という名声を得て、〝記憶にありません《ノン・ミ・リコルド》〟は、虚言癖を意味する英国の日常家庭語となった。この同じ裁判でウィリアムズがルイーズ・デモントにたいして行なった反対尋問も、これに劣らず有名だったが、しかもなお、この二つの反対尋問を文字面で見たって、全然おもしろくも何ともないし、参考にもなるまい。英国の王妃がイタリア人の近侍との不義の関係を罪に問われて裁判にかけられた当時の、騒然たる世の関心は今日ではすっかりなくなっているのだ。

弁論を成立させる多くのものが、弁士や事件と死をともにするわけである。同様に、反対尋問者の態度、証人の態度、場面のドラマ性は、記録された文字だけ読んでもわからないものなのである。以下にご紹介する反対尋問の成功例を完全に味わうためには、読者諸兄は、ご自分の想像力をフルに開放なさることが必要である。傍聴人の詰めかけた法廷の様子、その昂奮、静寂、期待、熱心な顔、裁判官の沈黙と威厳、それらをありありと思い描かなくてはならない。もしその場のリアルな雰囲気をいささかなりとも実感したいのであれば。

マルティネス対デル・ヴァレ

ニューヨークの裁判所の年報中もっとも輝かしい裁判の一つは、ユージェニー・マルテイネス嬢がファン・デル・ヴァレにたいして提起したあの有名な婚約不履行訴訟であった。原告への反対尋問はジョゼフ・H・チョートが行ない、それを聞いた弁護士たちは、チョート氏のあらゆる反対尋問中、恐らくこれが最も輝かしいものであろうと考えている(1)。

この裁判は一八七七年の一月に、ニューヨーク郡の上級第一審で、ドナヒュー判事が担当した。原告の訴訟代理人はウィリアム・A・ビーチ氏、被告側弁護人はチョート氏だった。裁判は一週間つづき、法廷の常連たちを大いに昂奮させたのである。日刊紙から引用すれば、〝満員の法廷内に立ち入れない者はみな一日中ホールに立ちつくして、有名な原告を一目でも見られやしないかというかすかな望みを捨ててはいない。原告の美しさ・優雅さは、社会の各層から沢山の讃美者を惹きつけ、みな万端都合をつけて、外聞の悪さもかえりみずに通いつめている。〟

法廷では、婚約不履行裁判ほど一般受けし、また陪審にとっても興味のあるものはないのだ。この種の裁判は、弁護士たちの応酬を目のあたりに見、反対尋問や弁論を聞こうとやってくる熱心な傍聴人に、つねに最も大きな満足感を与えるものだ。ビーチ氏は、ヘンリー・ウォード・ビーチャー事件で九日間にわたる大弁論をやったばかりであり、その彼が、この種の訴訟を手がけるのはこれが最初だと陪審に語ったチョート氏と戦ったのだ。しかも、〝烏の濡れ羽色の黒髪に、長い優美な睫毛が影を落とす憂愁のまなざし、桃色の顔の色つや、うっとりと見とれてしまう姿〟のまさに二十一歳という本当に美しいスペイン女性が、金持ちの中年のキューバ人銀行家に誘惑と婚約不履行の賠償五万ドルを請求したのだから、この事件へ寄せた世人の関心の強さは容易に想像がつくだろう。それがまた、両訴訟代理人にとっては、全力を尽くさせる刺激剤として働いたにちがいないのである。

原告と被告は、彼女がある日氷に滑って二十九番街とブロードウェイとの角にあるギルシー・ハウスの前で転ぶまでは、お互いに全く見たこともなかったのである。デル・ヴァレ氏は跳んでいって彼女を助け起こし、彼女の部屋へ送りとどけ、彼女の母親から友人となる許しを得たのだった。ところが半年後には、二万ドルの手切金で示談にしようとしたものの、この悪名高き裁判の被告となっていた、というわけである。

チョート氏は、陪審にたいし、それを愚かな行為とはいかなるものかを示すじつに好例である、と語ったのである。この現代に、倒れた女性を助け起こすとは！　彼の言葉をそっくり引用すれば――

「さて私は、世のあらゆる良きサマリア人[*1]にたいして、一言ご忠告を申し上げたいと思う。この陪審席にどなたか良きサマリア人がいらっしゃればですが、この行為、歩道に倒れたご婦人方を助けにいくという行為にたいしてですね。私としては、依頼人は二度とこんな愚行をしまいと考えております。またこの裁判の運営にあたられたどなたも、このような状況で倒れた美女の救助に赴こうとはけっしてなさるまい、と考えておる次第です。良きサマリア人のたとえ話が、善男善女にとり、キリスト教徒的行為の模範例として挙げられていることは私も知っております。だがみなさん、この事件にはあてはまりません。なぜといって、ジェリコへ赴き強盗どもの中に倒れたのは〝ある男〟であり、女ではなかったのであります。また良きサマリア人自身も男性だったのでありまして、女性が氷に滑ったら行って助けよとは一言も命じられてはいないのです。みなさん、これはあの〝舗道の妖精たち〟の使い古してきた手管なのであります。わが大都市ニューヨークにおいても、うぶで未経験の他所者にたいして、何百回となく使われてきたのであります。」

チョート氏は、有利な事件を引き受けたものだ、決着はきわめてはっきりしている、と思っていたが、ただひとつ、克服できぬ障害があるのを感じていた。美女を敵にまわしているということなのだ。〝美と雄弁とが手を握り合えば、陪審の前にどんな事実を持ち出してみせようと、抗しがたい〟のである。

裁判が始まって間もなく、チョート氏は陪審にたいし、原告の訴訟代理人は学識のある人物で、聞く者をひきこまずにはいない雄弁と力量の持ち主であるから用心してほしい、と警告しておいたのである――「わが法曹界のベテランの一人であり、その才能と業績については、同業者のひとしく誇りとする人物であります。私が性関係の訴訟と呼んでおりますこの分野では、長年の経験からまさに第一人者なのであります！　みなさんも、あのオルフェウスの竪琴に岩も木もなびかざるをえなかったのと同様、彼の雄弁に揺り動かされざるをえないでありましょう！」

ビーチ氏の番がまわってくると、こんなふうにチョートの警句に応えたのである。

「この裁判を進めるにあたって、弁護人は私個人にあてつけた発言をなさるのが適当とお考えになられた。（ここでチョート氏は顔をまわした。）私にはこれは全くの儀礼的なお心から出たものとは受け取れなかったのであります。あまりに誇張された、いやらしいほどのお世辞でありますために、皮肉や諷刺の性質を帯びておりました。これは法廷でよく用いられるトリックなのでありまして、陪審にたいする相手側弁護士の平明簡潔な弁論の力までも減殺してやろうというものです。この学識ある弁護士の儀礼には、ふさわしいお返しが必要ですが、正直なところ、私にはその能力が全くありません。この紳士への公平な評価は、彼の輝かしい能力を適当な絵具で描き上げる言葉を持ち合わせていないのです。私はこの学識ある紳士を正当に描写する言葉を他人から借用せざるをえません。したがって学識・教養をもち、彼のノートをとっている友人たちから資料を仰ぐほかなさそうですが、ここに一つ、友人の物したじつに適切な文章がありますので、これを採用します。(ここで読み上げる)〝雄弁にして機智に富むチョートは、その典雅なる頭を真っ直ぐに立てて坐し、その間、碧眼はキューピッドさながらの面ざしに柔和な光を投げていたのである。〟(大笑い)どうぞこれをお受け取りください。(チョート氏は微笑しながらその新聞の切り抜きを受け取った。)

私の学識ある友人は、何と完璧に描写していますことか! まさに神のごとき姿ではありませんか! 何たる美しさ! 流行の人間像の鋳型であり、つややかなる光沢を放っております!(笑) 万人環視の的! ああ、かかる天下り給いし神と、私ごときがどうして太刀打ちなどできましょう!(笑) 彼はオルフェウス的魔力を私に付与なさりたいようですが、どうしてどうして、私などたとえ伝説の楽人にあやかろうとしたところで、彼の石の心を動かすことは絶対に不可能であります！　彼こそが天上からオルフェウスの竪琴を持ち降ろしてかき鳴らすのであります！　どうしてみなさんが彼に抵抗できましょうか？　同様の武器・同様の努力をもってしては、私にどんな希望があるというのでしょう？　もしこの哀れな、踏みつけにされた女性の訴訟が、彼と私の知恵くらべや言い合いに左右されるのならば、全く絶望的でありますが、なお私としてはみなさんのご理解に訴えたい素朴な申し分、実際的な事実、ならびに考えがいささかあるのでして、これによってみなさんの有罪評決を希望し、かつまた確信しておるわけであります。」

マルティネス嬢は自分のために証人に立って、供述した。

「私は次のような事情でファン・デル・ヴァレと知り合ったのです。一八七五年の一月十四日か、その頃でした。二十九番街を歩いておりまして、ブロードウェイの近くへまいりますと、氷のかけらを踏んで滑り、歩道に転んでしまいました。踝《くるぶし》をひどく捻挫したのです。どうしていいかわからず、ふと気がついてみますと紳士に抱え上げられておりました。そして馬車を呼んで家へ送ってくださったわけです。家へ入るときも手を貸してくださり、お見舞いにまたお訪ねしてもいいかとお訊きになりました。母に聞いてみますと、いいと申しました。彼は翌日訪ねてきて三十分か四十五分ほど私と過ごして、自分は人格者だし地位もある人間だが、やもめで、二十八番街の西五十五番地に住んでいるとおっしゃいました。私と会えてよかった、私から強い印象を受けた、ともおっしゃいました。そして、もっと親しくなりたいとも。それから、夜分に訪問して劇場へ連れ出してもいいかとお訊きになりました。私は、継父が特別私にやかましいので、夜分男の方々と外出することは許さないだろう、でも母が同意した以上、午後の訪問はさしつかえありません、とお話ししました。彼は週に三、四度訪ねてこられ、ときにはお子さん方のうち幼い方を二人連れてこられたり、また公園へドライブにおさそいになったりもしました。

はじめてお知り合いになってから三週間ほど経った頃に、私が大好きになったとおっしゃり、私に結婚をお申し込みになりました。そして奥さまが亡くなってもう三年になること、面倒をみてくれる母親のいない四人の子供と全くの独り暮らしであること、もし私が彼のような老人のために青春を犠牲にできるなら、私と結婚して幸せにしてくださること、また自分は金銭に不自由のない紳士だから、私の欲しがるものは何でも買えるし、もし申し込みを受けてくれれば、私には継父の厳しい躾を我慢する必要がなくなるし、個人教授などをしながら細々と生計を立てていく必要もなくなること、などをお話しになったのです。そして私が彼の人格とか地位とかを照会したければと、ニューヨークに在住する数人の方々の名を教えてくださったのですが、その中には継父が個人的に存じ上げている方々もいらっしゃいました。

私はデル・ヴァレ氏に本気なのかどうかとお尋ねしました。私はよそさまと比べれば貧しいほうでございましたし、継父の事業がつまずいて社交界には出ておりませんでしたから、そう申し上げたのですが、彼ほどの富と地位のある紳士にはもっとふさわしいご婦人がいくらでもいらっしゃるのに、なぜ私をお選びになるのか、不思議だったわけでございます。すると本気だとお答えになり、一度財産目当てのご婦人と結婚なさったことがおありで、二度とそんなことはしないとおっしゃるのです。そして私の母に相談して一日も早く答えを出してくれとおっしゃるのです。私を一目見た瞬間から恋してしまい、私なしにはすまされないとおっしゃいました。母が同意しましたので、私は結婚をお約束しました。デル・ヴァレ氏はそれからデルモニコ[*2]へ連れていってくださり、食事をすませますと、六番街の宝石店へ行って、紫水晶《アメジスト》の指輪を婚約指輪に選んでくださいました。その指輪は大きすぎましたので、小さくするために預けました。二、三日後に私の家へ訪ねておいでになり、その指輪を私の指にはめておっしゃったのです、「その指輪をその指にはめていてください、私が別の指輪とはめ替えるまでは。」

　この指輪を贈ってくださってから三度目にお会いした折、デル・ヴァレ氏はご家族に面倒なことがあって、〝和解〟とそれを呼んでいらっしゃいましたが、そのために結婚を公表すると厄介なことになりそうなので、公表は見合わせたほうがいいとおっしゃるのです。それで今すぐ秘密に結婚しようとお急き立てになるので、私はひどく驚いて申しました、「もし何か面倒事がおありなら、なぜ結婚なさるの？　私は何も不都合がなければ、と思っていますのに。その〝和解〟はどのようなことですの？」ご返事は「ああ、不都合は何もありません。キューバに〝和解〟事件が一つあるんですよ。その関係者があなたに面倒をおかけするかもしれない。だから公然と結婚するのは都合がよくないのですよ。」

　私はデル・ヴァレ氏に申し上げました。結婚を秘密にはしたくないこと、ですから婚約を解消してもかまわないことを。その一日か二日後、レストランへ食事に連れていってくださり、そのとき私は婚約指輪を同封したお手紙を渡して、隠れた結婚ならいたしませんと申し上げたのです。この手紙には私は封印をいたしました。そしてお別れしてから開いてください、とお頼みしました。五、六日すると、また訪ねていらして、お体の加減がよくないようでした。私のお手紙のせいだとおっしゃって、「なぜあんなお手紙を書いたんです、ユージェニー？　私が言った何でもない和解のことを、そんなに大仰に考えるのだとしたら、私を愛していなかったんじゃありませんか？　和解はすっかり済んでますよ。指輪を元通り受け取ってください。そしていつどこで結婚したらいいのか、言ってください」とお訊きになりました。ですから私は、けっして心変わりしたわけではなく、もしその〝和解〟が済んだのであれば、指輪を受け取りはいたしますが、秘密の形での結婚はいやです、と申し上げたのです。すると彼は私の指に指輪をはめて「では、いつどこで結婚したらいいか言ってください」とおっしゃいました。で、最終的な日取りは、その秋ということになりました。

こんなやりとりがありましたのは、一八七五年の三月はじめ頃でしたが、それから四月の二十八日まで、デル・ヴァレ氏はほとんど毎日いらして劇場やら何やらへ連れていってくださり、私の家族みんなから、もっとも継父だけは別でしたけれども、公認の求婚者として親しく受け入れられました。ただ、夜分の訪問ができないというご不満はしょっちゅう口になさり、二十八番街の自宅に住んでお子さん方の世話をみてくれないかとおっしゃいました。私がおことわりしますと、もし子供の面倒を見てくれるなら田舎に屋敷を一つ手に入れよう、そうすれば子供たちもたっぷり空気を吸って運動できるから、と提案なさり、もうすぐ結婚するのだから、子供たちと親しくなってほしいとおっしゃって、もし本当に愛しているのなら、疑う必要はないはずだ、立派な意向でしょう、と付け足されるのです。

私はそんな思いつきを笑いはしましたものの、結局は家を出て彼の家族とご一緒に田舎へ行くことに同意したのです。私が生徒を全部手放すわけだから、と彼は毎月百ドル受け取ってほしいと言い張りました。そして、結婚することになっているのだから、この提案に不穏当なところは全くないし、実家へ帰るときも自分の妻としてふるまってほしい、と口説かれました。私は、継父が、もし私と結婚するような男がいれば、だれであろうと私もろとも射殺すると脅したことを、前にお話ししていましたので、すぐに家を出るように勧められたのですが、その夏の別荘をまだ手に入れてなかったもので、とりあえず私はホテル・ロイヤルへ行き、そこで数日間仮名を使って過ごすことになりました。そのホテルには五週間滞在いたしました。その間家へは戻らぬように説得されました。そして七月の一日までにはポキプシーに別荘が見つかり、彼と四人のお子さんとご一緒にそこで暮らすことになりました。

私にたいする彼の態度は、このときまでは、本当にいつだって望みうる最高のものでしたわ――いつも親切で思いやりがあって、何くれとなく気を遣い私を慰めてくださいました――その言葉にも、行為にも、私を妻にしようという意図のほかは何もないと思えました。ポキプシーの別荘はとてもすばらしい大邸宅でした。ハドソン河を眺望し、美しいお庭がぐるりと見渡せ、別荘として望みうるものは何もかもそろっていました。デル・ヴァレ氏は私にこの家の鍵をくださって、ここの管理は一切私にまかせるとおっしゃいました。

ポキプシーに来て六日後でした。彼は無理やり私の寝室へ押し入ってきました。私は自分の権利としてすぐに結婚することを主張いたしました。すると彼はキューバの和解事件を片付けられなかったのだ、どうか分かってほしいと言い、一生の友人でありたい、などと言い出したのです。そして状況がこうなっては私も実家へは戻れないだろう、いつでも何なりと私のしたいことをかなえてあげると言うのです。事態をありのままに受け入れるのが一番いいのだ、世間ではごくふつうのことなのだから、と口説きにかかったのです。私には帰るべき家がありませんでした。こんな事情を母へ報せる勇気もありませんでした。最初は、できることなら死んでしまいたいと思いました。三カ月後、つまり夏の終わる頃ですが、彼の私への態度がすっかり変わりました。私は何度もそのわけを説明してくださいと頼みました。彼の言うには、召使いたちのおしゃべりを防ぐためにわざと冷たく見せかけているので、例の和解の片をつけるためにキューバへ行こうと思うから、私には、実家の両親のもとで待っていてほしい、ということでした。私は九月の六日にそういたしました。ニューヨークへ戻ってからお手紙を出しましたが、ご返事は一度もなく、それ以来お会いしたことはございません。」

〝この麗人が証人席で供述している姿〟については、チョート氏みずからが陪審に向かって描写してみせた言葉以上に、鮮やかなものはありえまい。まさに才気煥発の表現である。彼によれば、それはどんな新聞記者の筆も及ばぬ模範演技だった、ということになる。

「みなさん、この裁判が始まってから今まで、彼女のきりりとした知的な面ざしに、恥じ入る紅《あか》み、苦しみの兆候を、一度でもごらんになりましたか？　けっしてなかったはずです。尋問中、要所にやってくると、衰弱といいますか、くずれ落ちるといいますか、私はそう呼ぶほうがよかろうと思うのですが、とにかくそういう風情が見られました。ハンカチが目に当てられる、するとわが学識ある友人たる原告訴訟代理人は「水、水」と大声で叫び立てる。それをまた彼の有能にして愛すべき陪席弁護士がくりかえす。まるで裁判官が焔に包まれでもしたような大騒ぎだ！（笑）　しかしその場が過ぎれば、日蝕よろしく、彼女のお顔がハンカチで一瞬かくされただけにすぎなかったことがわかる——つまり、彼女の涙は終始乾いた涙であったことがです！　ひとすじの筋肉も乱されはしなかった。彼女は目をきらきらさせ、輝くばかりに微笑みつつ、軽やかな口調でいきさつを語り進め、ついに最後までこの調子を貫いたのであります！

英国の大小説家たちは、これら傷つき血を流す婦女誘拐の犠牲者たちが、法廷に立って世人注視の中へおかれる情景を、何よりも好んで描写したものであります。

みなさんは、かのウォルター・スコットが、またジョージ・エリオットが、裁判の試練を受けながら坐り通している彼女らの姿をどのように描いているか、お忘れではないはずです——打ちのめされ血を流している無垢の女性たちが、天国から降りかかるのか地獄から立ち昇るのか、病菌に萎えているあの姿をです。とてもとても、威厳まばゆいばかりの裁判官席へなど、眼を上げることができないのであります（笑）、ただそこにいることさえ耐えがたい重荷であり悲しみであると思われます。しかし、みなさん、もし未来の小説家がここで見聞したことから描写するとなれば、全く違ったものとなりましょう。彼は、明るい魅惑的な微笑、燦然たる眼ざし、この恐ろしい試練の始めから終わりまでけっして乱れることのなかった沈着平静さを、省かないはずであります。微に入り細を穿って語ったあの熱意、あの興味、あの愉し気な様子はどうでしょう！　このようないきさつを、ここにお集まりの聴衆を前にして、事細かに語ることのできるこの女性の精神状態、心理状態とは、いったいいかなるものでありましょうか！」

彼女の訴え全体については、次のようにチョート氏は述べたのである。「スペインの海を荒らす略奪船が、本国へ向かうインド貿易船を追跡し乗り込むさいの貪欲さと活気も、この裕福なキューバ人を陥れ、捕虜にしようとしたこの一家のそれには到底及ばなかったのであります。困窮していた一家にとってはまさに〝大当たり〟だったのであります。」

この訴訟で処理さるべき大きな事実問題が、被告の原告にたいする婚約不履行が本当にあったかどうかであることは、おわかりだろう。もしなかったとなれば、他の一切は消えてしまうことになるだろう。他の事柄はすべてただの付随的なものにすぎなかったからだ。相反する証言は折り合うわけがないのであって、一方の側が全面的に真実で、他方が全面的に偽りだったのだ。だから陪審は、どちらが真実かを評決するために呼ばれていたわけだ。原告と被告が二十九番街とブロードウェイの角で出会ってから三週間後に、結婚の約束が本当にあったのだろうか？

原告は、三週間後に被告から結婚を申し込まれて受諾したと述べ、また馬車でデルモニコへ食事に連れ出され、六番街の宝石店へ行って婚約の保証として指輪を買ってもらったと述べた。それが彼女の言い分だった。もし陪審がそれを信ずるなら彼女の勝ちとなるだろう。信じないなら、負けとなるだろう。彼女の供述によれば、結婚を約束した直後に貰ったその指輪こそ、決定的証拠なのだった。その契約を結んだという以外に、どんな意味がこの指輪にありうるのかと。チョート氏がマルティネス嬢の反対尋問に立ったとき、この裁判の状況は以上のとおりだった。

チョート氏はこのとき、特殊な尋問方法を採用して成功したのだったが、その何よりの証拠は『ニューヨーク・サン』紙の次のような論評だろう、〝ジョゼフ・チョート氏の精力的な反対尋問も、原告の証言を揺がせなかったのである。マルティネス嬢に供述をくりかえさせ、しかもいっそう詳細に述べさせる結果に終わったのである！〟この記者は反対尋問技術へのひどい無知ぶりをさらけ出したわけである！　この記者はチョート氏の微妙な方法を全く見抜けず、マルティネス嬢はこの試練によく耐えぬいたように見えながら、自分を守るためにしたはずの証言に照らしてみると、知らず知らずのうちに、そして彼女の言葉に耳を傾ける大多数の者にははっきりとわかるように、彼女の訴えが完全に無となるように口車に乗せられていたのだ、ということに気づかなかったのだ。

チョート氏の反対尋問スタイルと鋭く対照的なのは、サー・チャールズ・ラッセルが証人ピゴットの反対尋問で採用したスタイルである。これは後の章で紹介するが、ピゴットが証人席を下りたとき、聴衆は、〝粉砕された〟と判断したものだった。だが、マルティネス嬢が証人席を下りたとき、聴衆は〝粉砕された〟とは気がつかなかったのである。ところがじつに見事に粉砕されていたのであって、そのためチョート氏は、この裁判の結果については以後全く何の不安も抱かなかったのである。総括弁論のさい、チョート氏はこの反対尋問に触れて、次のように謙遜な言葉を吐いている。「私はみなさんのご注意を、手短に彼女の自画像へ向けていただきました——つまり、彼女の生い立ちや経歴を私たちに教えてくれる彼女の証言や手紙類へです。」それから彼は、反対尋問中に彼女が何の疑念も持たずに認めたことをよりどころにして、少しずつ、少しずつ、彼女の主張全体を引き裂いていき、粉々にしてしまったのである。

「さてみなさん、私は辛く悲しい思いで申し上げますが、このご婦人は自分の申し立て、自分の手紙、自分の証言、そして妹さんの証言に助けられて、自分がいかなる人間であるか、この裁判の記憶が生き残るかぎり生きるであろうような仕方で、はっきりと立証したのではないでしょうか？」

その反対尋問を始めるにあたって、チョート氏はまず原告を陪審に紹介しにかかったのであるが、それは一連の短い簡単な質問によって彼女の生まれて以来のニューヨーク生活の具体的な姿を引き出すという方法だった。

彼女の答えたのは、現在二十一歳であること、ニューヨーク市に生まれたこと、両親はフランス人であること、実父はブドウ酒の商人だったが、彼女が七歳のときに死んだこと、その二年後に母親がヘンリックという人と再婚し、この継父と裁判が始まるまでの十四年間生活を共にしてきたこと、ある寄宿学校で教育を受け、卒業後は語学の個人教授をしていた、等々だった。

チョート氏は原告のデル・ヴァレ氏宛ての手紙を一通持っていた。知り合ってまだ数週間のころのものだった。この手紙でマルティネス嬢は、継父が自分に言い寄るもので家庭生活がめちゃめちゃであることを嘆いていた。

次のような手紙である。

私はあなたに、秘密をお手紙で打ち明けるお約束をしたと思います。今それをしようと思うのです。私が九つのとき父が亡くなりました。母は叔父と再婚いたしましたので、この人は実の父ではないのです。長くなりますから手短に申しますと、この父《パパ》が私に恋慕して、私にとっては命よりも大切なものを奪おうと、自分にできるあらゆることをしてきたのです。私が幼かった頃からずっと、いやらしいことを言って私を苛めてきましたけれど、今でもやめないのです。この父のせいでどんなに不幸で惨めだったか容易にご想像いただけると思います。なぜと申しまして、私は父の望むような仕方では父を愛しておりませんし、父の欲しがるものを与えることはできません。それくらいならいっそ死んだ方がましですもの。貞操を汚されずにすんだのは、ただただ神様のおかげです。神様は私が困っているときいつも見守っていてくださいました。なぜって、ああ、私は何度も何度も試練を受けてきたんですもの！　でもそれが神の御意志《みこころ》なのです。私はいつだって良い女の子であろうと努めたのです。さあ、もうあなたに秘密をお話して、私は心が軽くなりました。それではさようなら。どうぞ私のいつわりない気持ちをお汲みとりくださいませ。そして小さなお嬢さま方へくれぐれもよろしく。

ユージェニーより

（ご注意）日曜の午後一時に、二十八番街とブロードウェイの角でお会いいたしますわ。

チョート氏の意見ははっきりしていて、これは人をかつぐ手紙であり、狙いはただひとつデル・ヴァレ氏の同情を引き出し、彼の子供たちの家庭教師として住み込めるように彼を仕向けることであり、こうして身近にいれば、自然結婚を申し込まれる結果になるだろう、と考えてのことだ、というものだった。この手紙の内容が嘘であると考え、また原告の主尋問での供述から判断して彼女はこの手紙をすっかり忘れてしまったのでなければ、破棄されたものと思っているらしいので、チョート氏は原告にたいし、次のような簡単だがきわめて頭のよい手法で最初の罠を仕掛けたのである。

チョート氏「あなたが寄宿学校からお家へ戻られて、母上がヘンリック氏と結婚なさったのをお知りになり、そのあと、あなたは何という名前で呼ばれました？」
マルティネス嬢「ユージェニー・ヘンリックですわ、いつも」
チョート氏「で、いつマルティネスという名前に戻られました？」
マルティネス嬢「ヘンリック氏の家を出たときですわ」
チョート氏「そのときまではずっと、彼の苗字で呼ばれていらしたんですね？」
マルティネス嬢「いつもそうでした」
チョート氏「父上はあなたと妹さんにとても厳格な躾をなさったのですか、あなたのご記憶では？」
マルティネス嬢「そうですわ」
チョート氏「その厳しい躾は、いつから始まったのです？」
マルティネス嬢「私がはじめて父を知ったときからですわ」
チョート氏「で、それがとても厳格だったのですね？」
マルティネス嬢「ええ、とても」
チョート氏「あなたにたいしても、妹さんにたいしても？」
マルティネス嬢「ええ」
チョート氏「あなたがたの品行とかお行儀について、たいへん厳しく監督したのですか？」

マルティネス嬢「とてもとても厳しいものでした」
チョート氏「それはどんなふうなかたちをとったのでしょう?」
マルティネス嬢「お友だちをつくらせないようにするのですわ。父は私たちとおつきあいしてもよい方は一人もいないと思っていたのです」
チョート氏「では、父上は、あなたがたを人の世の道からつねに外れないように、たいへん厳しくしてらした、というわけですか?」
マルティネス嬢「本当にそうでしたわ」
チョート氏「これはつまり、あなたのご一家はぴったりとまとまっていた、ということですね? みなさんの気持ちがぴったりと結びあって?」
マルティネス嬢「本当にぴったりと結びあっていましたわ。私たち以上によくまとまっていた家族はとても少ないだろうと思いますわ」
チョート氏「みんなが、お互いに愛し合って?」
マルティネス嬢「いつだってそうでしたわ」
チョート氏とこのご婦人が、こんなふうに親し気に問答しながら、お互いに微笑みかわしている情景は、すぐ思い描けるだろう。そしてこの原告が、すっかり警戒を解いたところで、次のように質問したのである。チョート氏の声を法廷で聞いたことのある誰もが、容易に想像できるだろう。あの鳩のようにやさしく甘く丁寧な調子だったにちがいないのだ──

チョート氏「あなたの継父についてですが、この父上をあなたはお好きだったし、父上もあなたをかわいがっていらした、ということですね？」
マルティネス嬢「ほんとに父が大好きでしたし、父も私たちをとてもかわいがってくれましたわ」
チョート氏「で、その躾の厳しかったことは別にすれば、父上はあなたに親切だったのですね？」
マルティネス嬢「ええ、とても」
チョート氏「そしてやさしかったのですね？」
マルティネス嬢「とてもやさしく、とても親切でした」
チョート氏「思いやりがありましたか？」
マルティネス嬢「いつも私たちの幸せにたいへん心を配ってくれたのですが、身の周りにいる方たちと私たちがおつきあいするのはいやがりました。私どもは自分の本来の階層に立ちまじって生活する環境にはいなかったわけですの」
チョート氏「父上がはじめて結婚の問題を持ち出された、あるいはあなたの結婚に反対された、あるいは結婚問題を考えられたのは、いつです？」
マルティネス嬢「私が十六か十七のころでしたわ」
チョート氏「で、もしあなたが結婚なされば、あなたを射ち、あなたと結婚する相手も射つ、とおっしゃったのは、それからですね？」

マルティネス嬢「父はそう申しました」
チョート氏「それは、ふだんのやさしさや親切さからいって、例外だったのですね？」
マルティネス嬢「ええ」
チョート氏「そして、唯一の例外だったのですね？」
マルティネス嬢「唯一の例外でした」
チョート氏「そのなさぬ仲である父上は、もうご存命ではありませんね？」
マルティネス嬢「存命しておりません。去年の十月に亡くなりました」
ご注意ねがいたいのは、この時点でチョート氏は、父親が獣のように求愛するのだと言い、家出をほのめかした例の手紙を、証人に突きつけなかったことである。多くの反対尋問者は、それを総括弁論までとっておく代わりに、この場で取り出して証人に突きつけ、内容の矛盾をあばいたことだろう。そうした場合の効果を研究してみるとおもしろい。この手紙を取り出せば、証人は陪審の面前でたちまち信用を失ったことだろう。証言との矛盾は、裁判中おそらく他の時点では発揮できなかったろうような威力を、陪審にたいして存分に発揮したことだろう。したがって『サン』紙の記者も、原告は〝揺がせ〟られなかった、などとは書かなかったはずなのだ。だが、一方では証人に反対尋問を開始した時点の警戒心を取り戻させ、以後の証言のなかで彼女が気をゆるして踏み込んだ落とし穴の多くを、避けさせる結果となっていたにちがいないのだ。この反対尋問を終えるまでには、チョート氏だって、証人を警戒させ、しかし同時によ、ろ、め、か、せ、て、やれる機会が、いくらでもあったはずである。どっちのやり方がいいかは、論議の存するところだ。訴訟の性質と証人の性格しだい、というほかはない。

英国の法廷弁護士であり、勅選弁護士でもあったリチャード・ハリスは、弁護に関する名著を何冊も書いているが、その中にこんな言葉がある。〝私はよく観察した結果、心ならずもこんな結論に達したのである。すなわち、六件のうち五件まで、私ならば、その訴訟そのものではなく、弁護士を支持するだろうと。〟これは、婚約不履行事件の場合、特に真理なのである。ただ、被告側弁護人が原告の女性を不必要に攻撃するという馬鹿なことをやったために、陪審がこの中傷に腹を立てて彼女に有利な評決を出す、といった場合は別だが。チョート氏がこの切り札を総括弁論用にとっておこうと決めたのは、このような配慮が何かあったのかもしれない。

このやり方は、この種の訴訟では、たぶん二つのうちより安全策なのであろうが、私としては、大多数の訴訟においてははたしてそのほうが賢明であるかどうか、大いに疑問だと思っている。というのも、チョート氏がしたように総括弁論で切り札を使いこなせる弁護士はきわめて少ないことを思わずにはいられないからである。

もしマルティネス嬢が〝彼は私に恋慕して、私にとっては命よりも大切なものを奪おうと、自分にできるあらゆることをしてきたのです——私が幼かった頃からずっと、いやらしいことを言って私を苛めてきました〟云々と継父のことを書いた自分の手紙を突きつけられたとすれば、自分の宣誓した証言とのつじつまを合わせられる方法を考えつくことは難しかったろうし、チョート氏は以後、証人にたいして優位に立ちつづけたろう。

そのうえ、陪審というものは、きまって証人が反対尋問されている間に、嘘を言っているか本当のことを言っているか自分の意見をきめてしまうものなのだ。もしその意見が証人に有利なものであれば、総括弁論でそれを揺り動かそうとしても手遅れという場合が多い。だから、尋問している間にその証人の正体を陪審にはっきり見せてやり、さらにできれば、証人にたいする偏見を陪審の心証に最初から植えつけてしまうのが、ふつうは賢明なやり方なのである。こういう場合には、総括弁論など全然不要であって、最終弁論はただ形だけのものとなることが多い。多くの弁護士は、きらきらするような総括弁論をしたくて、切り札をとっておくが、陪審員というものは、ひとたびある意見を抱いてしまうと、どんなに雄弁をふるっても、容易なことでは変えないものなのである。これはあらゆる法廷弁護士の経験することである。

チョート氏の弁論のこの部分が、最後の議論まで置き去りにされたために、どんなにひどく平板なものになりおわったかの証拠としては、総括弁論の中でこの問題に触れた発言の全文に、読者の注意を促すだけで足りよう。すなわち「彼女の手紙が陪審へ読みあげられましたが、この手紙は三月十五日に彼女から被告へ渡されたものでして、彼女にたいする継父の野蛮な行為を打ち明けております。私が彼女を反対尋問しましたさいにも、私はこの手紙を持っていたのでありまして、その内容を念頭に置いておりました。ですから私は彼女とその継父との関係について、いろいろと質問したのでありまして、彼女は父親がいつも親切で慈愛深く、思いやりがあり、やさしかった、と答えたのであります。」
例えばサー・チャールズ・ラッセルならば、この要点を反対尋問で決着つけてしまったろうが、チョート氏はそうする代わりに、静かに次の質問へ移ったのである。それは自分の依頼人にとって、また自分の弁護のよりどころにとって、決定的重要性をもつ問題だった。

チョート氏「あなたがはじめて被告デル・ヴァレ氏にお会いになったのは一月の何日か、日付ははっきりしていますか?」

マルティネス嬢「一月の十五日――十四日か十五日か、そのどちらかでしたわ。木曜日でした。歯医者に予約をしてありましたの」

チョート氏「その年のカレンダーによれば、木曜日は一月の十四日のようです」

マルティネス嬢「じゃその日ですわ」

この質問がきわめて重要だった理由は、〝婚約指輪〟だと原告のいうその指輪が購入された宝石店の会計簿を、チョート氏は手に入れていたからである。その記帳によれば、指輪は一月の十五日に買われていたのだ。つまり、原告と被告がはじめて出会った翌日である。そうなると、その前に知り合うか恋愛関係を結ぶ機会があったことになる。あるいは、結婚を申し込んで婚約指輪を贈る――これは原告が自分で供述したところでは、もう一つの指輪と取り替えるまではめていてくれという明白な意思表示とともに贈られたわけだが――可能性があったことになるのだ。

チョート氏が後で展開するつもりでいたデル・ヴァレ氏の供述では、原告と会って、彼女が気に入り、彼女を家まで送り届けてやり、その翌日また会って、二人が知り合いまた彼が彼女を助けてやったささやかな記念として指輪を贈らせてくれと申し出、ソラーリの[*3]個室で昼食をした後、ある宝石店へ行って、二人が出会った日の記念として紫水晶《アメジスト》の指輪を一つ彼女に選んでやった、ということだった。この指輪を、原告は後に婚約指輪にすりかえようとしたのであり、彼女はデル・ヴァレ氏とはじめて知り合って三、四週間後に、そしてまた結婚してくれと何度も頼んだ後で、贈られたのだと主張していたわけである。

チョート氏「この木曜日、一月の十四日に、デル・ヴァレ氏とはじめてお会いになったわけですが、それは何時頃でした？」

マルティネス嬢「午後の二時半頃でしたわ」

チョート氏「時刻をお決めになる手だてはおありですか？」

マルティネス嬢「ええ。三時に歯医者の予約をしてありました」

チョート氏「その歯医者の予約を前もってしてあり、そこへいらっしゃる途中だったのですね？」

マルティネス嬢「そこへ出かける途中でした」

チョート氏「氷を踏んで転んだのはブロードウェイと二十九番街の角でしたね？」

マルティネス嬢「そうですわ」

チョート氏「転ぶ前に被告をごらんになりましたか？」

マルティネス嬢「いいえ」

チョート氏「そして以前に彼を見かけられたことも、一度もおありではなかったのですね？」

マルティネス嬢「一度もお見かけしたことはございませんでした」

チョート氏「この転倒で気絶なさいましたか？」

マルティネス嬢「本当に気絶しかけましたわ。あたくし横に倒れまして地面に臥せておりましたの、デル・ヴァレ氏が助け起こして下さったときは。あたくし憶えておりますが、その近くに何か鉄柵のようなものがありまして、デル・ヴァレ氏が馬車を呼んでくださる間、それに凭れておりました。それから馬車へ助け入れてくださり、家まで送っていただいたのですわ。馬車の中で、じつはブロードウェイをずっと私の後をつけていらしたのだとお話しになりました」

チョート氏「どんな目的で後をつけていたのかは、おっしゃったのでしょうか？」

マルティネス嬢「いいえ、ただ後をつけていたとだけおっしゃったのです」

チョート氏「それであなたは、何のために後をつけていたのか、お訊きにならなかったのですか？」

マルティネス嬢「お訊きいたしませんでした」

チョート氏「あなたを家まで送り届けてくれたのですね？」

マルティネス嬢「ええ。そして家に着きますと、私を助けて家へ入れてくださいました。

私は踝を挫いていたのです。彼は母に私の事故のことと、家へ送り届けてくださったことを説明なさいました。母がお礼を申しますと、私の怪我の様子を見舞いにもう一度訪ねてもいいかとお訊きになりました」

原告は、全くの他人に馬車で送ってもらったのは、怪我がひどかったからだと説明していたのである。しかし、この事故の翌日に、指輪を買った宝石店の店員たちは、原告と被告が三十分以上もの間、指輪を選ぶために一緒に店内を物色していたことを、はっきり憶えていたのだ。

原告をさらに逃れがたい矛盾へ追いこむために、チョート氏は同じ要領でつづけたのである――

チョート氏「あなたはその怪我のせいで、かなり不自由になられたのでしょう？」

マルティネス嬢「ええ」

チョート氏「どのくらいの間？」

マルティネス嬢「そうですわね、二、三日でしたわ」

チョート氏「踝の挫傷ですね？」

マルティネス嬢「踝がとても痛みましたの。冷たい水で湿布いたしまして、二日間ベッドに臥《ね》ておりました。三日目に足を引きずりながらお部屋の中を少し歩けるようになりました。四日目には歩きまわれましたわ」

チョート氏「外出できるまでにすっかり快癒なさるには、どのくらいかかりました？」

マルティネス嬢「そうですわね、五日目に外出いたしましたわ」
チョート氏「その前には外出なさらなかったのですか？」
マルティネス嬢「その前には外出いたしませんでした」
チョート氏「では、怪我のために五日間お家に閉じこめられていらしたんですね？」
マルティネス嬢「ええ」
チョート氏「すると、その最初の日、つまり一月十五日（これは例の指輪を買った日である）には、あなたはご自分の部屋に閉じこめられて、ベッドに寝てらしたのですね？」
マルティネス嬢「ええ、そうですわ。ベッドの上で背を凭せていました。病気のときのように寝たきりだったのではございません」
チョート氏「母上の家で以外に、はじめてデル・ヴァレ氏と一緒におられたときは、いつだったのでしょう？」
マルティネス嬢「はじめて彼と一緒に外出したとき、という意味でしょうか？」
チョート氏「そうです」
マルティネス嬢「それはお会いした次の週でしたわ。木曜日、十四日にお会いして、次の週のいつでしたか、ご一緒に外出しました」
チョート氏「それはどこでしたか？」
マルティネス嬢「デルモニコへお食事にまいりました」

＊

チョート氏「例の指輪は彼から贈られたただ一つのプレゼントだったのですか？　それとも最初のプレゼントだったのですか？」

マルティネス嬢「あら、いいえ、けっしてそうじゃありませんわ」

チョート氏「彼からの贈り物をお受け取りになり始めたのはいつでした？」

マルティネス嬢「はじめてご一緒に外出した日ですわ。そのときデルモニコの店へ行ったのですが、本をいただきましたわ」

チョート氏「そのとき贈られたのはどんな本でした？」

マルティネス嬢「あら、題名は忘れましたわ。ヴィクトル・ユーゴーの『レ・ミゼラブル』だったと思います」

チョート氏「そのとき以来、一緒に外出なさると、何か贈られたというわけですか？」

マルティネス嬢「本をくださるとか、キャンディを買ってくださるとか。お食事がすみますと、よくお菓子屋さんに立ち寄って、何か買ってくださいました」

チョート氏「はじめて結婚の話が出たときまで――彼と出会ってから三週間くらい後だったとあなたはおっしゃるわけですが、そのときまで、一緒にデルモニコとか他のレストランへ何度お出かけでした？」

マルティネス嬢「そうですわね、平均して週に二度か三度でしたわ」

チョート氏「デルモニコ以外にはどこへ行かれました？」

マルティネス嬢「デルモニコ以外のレストランへご一緒にまいりました最初は、婚約したときでした。そのときあの指輪をくださったのです――あの指輪を買ってくださったときですわ」

チョート氏「そのときはどの店へ行かれました？」

マルティネス嬢「私たちは大学通りのどこかへ行きましたわ。何番街だったかは正確には存じません」

チョート氏「大学通りのどちら側でした？」

マルティネス嬢「クリスターン書店の反対側でしたわ」

チョート氏（微笑しながら）「ソラーリという店ではありませんか？」

マルティネス嬢（ためらいながら）「そうだったのでしょう」

チョート氏「指輪を贈られる前に何度その店へいらっしゃいましたか？」

マルティネス嬢「指輪をいただく前には、一度も行ったことはありません。その店へまいりましたのは、そのときが最初でした」

チョート氏「あなたは五十六番街に住んでおられるのですから、大学通りまではずいぶん道のりがありますね。どうしてまたそんなところまで？　その店へ行くと約束なさったんですか？」

マルティネス嬢「彼が私を連れ出しにいらしたんですわ」

チョート氏「訪ねてきてあなたを連れていったのですか？」
マルティネス嬢「ええ。彼は訊きにいらしたのではありませんの？　私が彼を夫として受け入れたかどうか、私が母に相談したかどうか、そして私がどんな返事を心に抱いているのかと？　私は結婚いたしますとは言っておりませんでしたのよ。彼が馬車でそのレストランへ連れていったのはそのときですわ。そしてその後で指輪を買ってくださったのです」
チョート氏「同じ日に？」
マルティネス嬢「ええ同じ日にですわ」
チョート氏「あなたがはじめて彼と知り合った日と、このソラーリでの食事——つまり婚約と指輪の贈呈との間には、何週間かの相当の日数があった、というわけですね？」
マルティネス嬢「できるだけ正確に申しますと、三週間くらいですわ」
チョート氏「その指輪を買った宝石店はどこにありました？」
マルティネス嬢「六番街でしたわ。どの通りの近くだったかはわかりません。私はその日寒気をおぼえて疲れておりましたの。ソラーリを出てから歩きましたので、かなり長いこと歩いたような気がしました」
チョート氏「その店の名は憶えておいでですか？」
マルティネス嬢「憶えておりません」
チョート氏「私が言えば心当たりがおありでしょうか？」

マルティネス嬢「いいえ、店の名前は全然わからなかったのです」

この宝石商は被告側の証人となって、次のように証言したのである。帳簿の記入によれば、マルティネス嬢の来店は一月十五日であり、そのさい例の指輪を買っているのだが、その指に大きすぎたので小さくするように注文し、三日後に一人で来店して受け取り、そのさいデル・ヴァレ氏宛ての手紙を托して、デル・ヴァレ氏が代金の支払いに来たら渡してくれるように頼んだと。これをチョート氏は、総括弁論で次のように皮肉に解説したのである。「ところがデル・ヴァレ氏はそれを彼女の指にはめて、別の指輪と取り替えるまでこのままにしているように、と言ったのだそうで、この甘い思い出を彼女は心中いつくしんできたようであります。はじめて会って三週間後に婚約のしるしとして指輪を贈られたという申し立てが、消えてしまいますと、あとはもう、その指輪を被告に返したとか、それをまた被告が原告に返したとかなど、すっかり消えてなくなることは、誰にもわかることではありませんか？」

チョート氏「この宝石店へ行かれたのは、そのとき一度きりですか？」

マルティネス嬢「そのときっきり行ったことはございません」

チョート氏「それに間違いありませんか？」

マルティネス嬢「絶対間違いありませんわ」

チョート氏「その一度っきりとおっしゃるのは、デル・ヴァレ氏とご一緒のときだったのですね？」

マルティネス嬢「あのお店へまいりましたのは、あれが生まれてただ一度ですわ」
チョート氏「あなたはダイヤの指輪をごらんになったのでしたね？」
マルティネス嬢「そうですわ、でもデル・ヴァレ氏が紫水晶《アメジスト》のほうがいいとおっしゃったので、その紫水晶にいたしました」
チョート氏「その二つには、値段に相当の開きがあったのでしょうか？」
マルティネス嬢「ございましたわ」
チョート氏「その紫水晶の指輪の値段をご存知ですか？」
マルティネス嬢「四十五ドルだったと思います」
チョート氏「ダイヤのほうは何百ドルもしたのでしょうか？」
マルティネス嬢「百五ドルでしたか、百十ドル、百十五ドル――わかりませんわ」
チョート氏「ほかの宝石は何かごらんになりましたか？」
マルティネス嬢「デル・ヴァレ氏はほかに何か欲しいものがあるかとお訊きになりましたけれど、私は申しませんでした」
ここでチョート氏は、矛盾に追いこんでやる証拠を、突きつけてやることはしない、というこれまでの方針から逸脱し、はじめて、彼女が二度目に宝石店を訪れたさいに置いていったデル・ヴァレ氏宛ての手紙を、証人に見せたのである。しかし証人はその筆蹟が自分のものではないと言い張ったので、次のように質問していった(2)――
チョート氏「ねえマルティネスさん、あなたのご記憶を少し新たにさせてください。この宝石店へ行かれたのは一月十五日、つまりデル・ヴァレ氏と知り合われた翌日ではなかったのですか？」

マルティネス嬢「あら、いいえ、けっしてそうじゃございませんでしたわ」

チョート氏「それは確かなのでしょうか？」

マルティネス嬢「絶対に確かですわ。だって私は、はじめてデル・ヴァレ氏とお知り合いになった翌日は、自分の部屋にこもりっきりでしたもの」

チョート氏「ではあの店へは一度きりしかおいでにならなかったのですか？」

マルティネス嬢「そうですわ。あのお店を知ろうとも思いませんでしたし、ですから今も存じませんわ。あのお店のことは、名前もそのほかのことも、何も憶えておりませんわ」

チョート氏「あの指輪が大きすぎるということで、何か面倒があったのではありませんか？」

マルティネス嬢「ええ、あの指輪は私のはめたい指には大きすぎたのです」

チョート氏「それで、小さくする注文をなさったのですか？」

マルティネス嬢「そうです」

チョート氏「小さくさせたら、その指輪を受け取るのに、どんな取りきめがされたのでしょう、もしあればおっしゃってくださいませんか？」

マルティネス嬢「取りきめなど何もありませんわ。デル・ヴァレ氏がただ、今度訪ねていらっしゃるときに持ってきてくださるとおっしゃっただけで、そして持ってきてくださったのです」

チョート氏「それはいつごろでした？ 二月でしたか？」

マルティネス嬢「たしか二月の第一週だったと思いますわ。正確な日付はわかりません」

チョート氏「さて、もう一度あなたのご記憶を新たにさせてください。あなたはご自分で宝石店へ行かれ、その指輪を受け取られたのではありませんか？」

マルティネス嬢「あたくしが自分で？」

チョート氏「あなたがご自分でです」

マルティネス嬢「私があの宝石店へまいりましたのは、あれが生まれてただ一度ですわ。それにあのときは私が指輪を選んでいる間デル・ヴァレ氏がご一緒でした」

＊

被告の代理人として、チョート氏は、二人の証人を予定していた。一人はルイス氏であり、この人は原告の住んでいたところからすぐの角を曲がって、四十四番街から九番街に出たところで店を構えていた。もう一人はクランク夫人といい、この人は五十六番街の原告の家からやはり角を曲がったところに住んでおり、この二人ともが、原告は郵便物を必ずそこに置かせる習わしであったこと、そしてその手紙はいろいろな紳士方から来たものであり、その中にはF・Hと署名したホテル・ロイヤルにお勤めのフレデリック・ハモンド氏のものもあったことを証言しようとしていた。チョート氏はまた、原告がデル・ヴァレ氏と知り合って間もない一月二十二日付のデル・ヴァレ氏宛ての手紙を入手していた。それには、〝もしお手紙をくださる必要がある、とお考えの場合には、「一番街一〇六〇番地J・クランク気付ハワード嬢」と宛名をお書きくだされば届きます〟とあった。チョート氏は以上のことを踏まえて次のように質問したのである――

チョート氏「あなたは、実父の姓であるマルティネス、あるいは継父の姓であるヘンリック以外の姓をお使いになったことはおありですか[3]？」

マルティネス嬢「ありませんわ」

チョート氏「あなたは「一番街一〇六〇番地J・クランク気付ハワード嬢」の宛名で手紙を受け取ったことがおありですか？」

マルティネス嬢「全くありませんわ」

チョート氏「一番街の一〇六〇番地はご存知ですか？」

マルティネス嬢「存じません。どのへんか全然わかりませんわ」

チョート氏「一番街の何番地あたりが、五十六番街のあなたのお家から近いか、ご存知ないのですか？」

マルティネス嬢「存じませんわ。私は一番街へ行ったことが一度もございません」

チョート氏「あなたは九番街の「C・ネルソン夫人気付ハワード嬢」の宛名で手紙を受

け取ったことがおありですか？」
マルティネス嬢「全然ございません」

ここでふたたびチョート氏は、証人の嘘をとっちめているのだが、なぜ手紙をこの時この場でつきつけてやらなかったのか、理解に苦しむ。チャンスをすてているのだ。陪審の面前で大きな打撃を与えてやれたはずである。そうする代わりにチョート氏は、被告が証言したさいにこの手紙を証拠として提出するだけで満足し、したがって陪審は、その問題点が総括弁論までまったくわからず、しかもそのときにはもう頭がほかのことで一杯になって(4)いたため、彼女のこの重大な言い抜けも、おそらくほとんど注意されずに終わったのである。

＊

チョート氏「デル・ヴァレ氏が指輪を持ってきてお会いになられたさい、どなたがご同席でしたか？」
マルティネス嬢「だれも同席いたしませんでした」
チョート氏「あなたがどうおっしゃったか忘れましたが、その指輪を彼にお返しになるまで、どのくらいはめていらしたんです？」
マルティネス嬢「それはまだお話ししてませんわ」
チョート氏「では、今お話しねがいたいものです」

マルティネス嬢「私は婚約を解消したときにお返ししたのですわ――指輪をいただいて、それから一週間かそれくらい後でしたわ」
チョート氏「では、二度目に婚約なさる前につづいた最初の婚約というのは、たった一週間だったのですね?」
マルティネス嬢「ええ、そうだったと思います」
原告は、この反対尋問が始まる前に、陪審にたいし、証拠として、被告との婚約を解消し、指輪を返すという手紙の贋の写しを読んでいた。実際には、そんな手紙はデル・ヴァレに渡されてはおらず、原告は、この写しと称するものを、チョート氏が持っている例の本物の手紙、継父の獣のような求愛を訴えて、一人になってから読んでほしいと要求したあの手紙とすりかえてしまったのである。
チョート氏「さて、あなたは、別れるまで開封しないことという但しつきで手紙に指輪を入れてお返しになった事情を、証言なさったわけですが、あなたのいる前では開封するなと要求なすった真意は何でしたか?」
マルティネス嬢「もし私の真意をお話しすれば、受け取ろうとなさらないのがわかっておりましたからですわ。彼としては婚約を解消などけっしてなさらないでしょうし、私のほうとしては解消を決心したことをわかっていただきたかったのです。それが私の真意でした」
チョート氏「その手紙に指輪が入っていることは、外からはっきりわかったのではありませんか？」
マルティネス嬢「そうですわ。それで彼は、何なのかとお訊きになりました」
チョート氏「その手紙はどこで手渡されました？」
マルティネス嬢「私たちがお食事をしておりましたさいです」
チョート氏「どこでです？　さっきあなたがおっしゃったソラーリではありませんか？」
マルティネス嬢「ええ、そうですわ」
チョート氏「それからは何度そこへ行かれました？」
マルティネス嬢「婚約後は、よく行きましたわ」
チョート氏「婚約後のいつも行く店だった、というわけですか？」
マルティネス嬢「ときにはデルモニコへも行きましたけれど、ソラーリのほうが多かったのです」
チョート氏「で、そのお手紙を手渡されたのもその店だったのですね？　そのお手紙をお書きになったのは、その店へ行かれるどのくらい前でした？」
マルティネス嬢「キューバに和解問題があるとお話しになった翌日に書いたものですわ。その日に私は婚約を解消しようと心を決めましたの」
チョート氏「もしよろしければ、彼がその和解の話を持ち出したときに何を言ったのか、全部お話しいただけないでしょうか」

マルティネス嬢「それは、私たちが馬車で家へ帰ります途中だったのですわ。彼がいつ結婚したらいいだろうと訊くので、私はわからないとお答えしたのです。私としましては、当分結婚のことはまだ考えておりませんでした。すると彼は、結婚するときは内密にして誰にも知られないようにしたい、と言ったのです。このニューヨークには友達が多すぎるし、人の口がうるさいから、今すぐ内密に結婚してくれないかと言ったのです」

チョート氏「彼は〝和解問題〟として、自分にはすでに妻がいることは話さなかったのですか?」

マルティネス嬢「話しませんでしたわ」

チョート氏「あなたのいわれるその〝和解問題〟というものを、彼は何か説明したのでしょうか?」

マルティネス嬢「彼はただ「ああ、秘密など何もありませんよ。キューバに一つ和解しなければならないことがあって——ちょっとしたごたごたがね、ぼく自身がよく事情を知ってるもんで」と言っただけですが、内密に結婚するほうがいいと言われたのです」

チョート氏「あなたはキューバに奥さんがちゃんと生きているのだとは思わなかったのですか?」

マルティネス嬢「思いませんでした」

チョート氏「男が結婚できないということはですな、もしその男がある女性を愛しているとすればです——彼はあなたを愛したと言っているわけですが——その障害とはすでに妻がいるということ以外に、何が考えられるでしょう？」
マルティネス嬢「それは、彼にはたぶん、どなたか結婚の約束をした女性があって、でなければ結婚しなければならない事情の女性があって、そんなわけでほかの女性とは結婚できないのだろう、と思ったのですわ」
チョート氏「彼はそのようなことを何かほのめかしたのですか？」
マルティネス嬢「ただ私がそのとき受けた印象を申したのです――私が考えたことですわ」
チョート氏「そのほかに印象は受けなかったというのですね？」
マルティネス嬢「ええ、受けませんでした」
チョート氏「彼をもう一度受け入れようとお決めになったのは、そういう印象をお持ちだったせいですか？」
マルティネス嬢「全然ちがいますわ。彼が和解問題の片はついたと言って。それで私はまた彼を受け入れ婚約したのですわ」
チョート氏「あなたが彼をまた受け入れたとき、あなたのお考えになったその和解問題の性質は、彼がキューバで別の女性と親しくして結婚の約束をしていた、ということですね？」
マルティネス嬢「ええ、そのようなことでした」
チョート氏「では、あなたが指輪をまた受け取ることになさったとき、キューバの女性との関係を清算したものとお考えだったわけですね。彼をもう一度お受け入れになったとき、彼が別の女性と手を切ったばかりだということが、障害になるとは思われませんでしたか?」
マルティネス嬢「いいえ、全然」
チョート氏「気にはなりませんでしたか?」
マルティネス嬢「いいえ。気にいたしませんでしたわ。だってあたくし彼を信じておりましたもの」
チョート氏「デル・ヴァレ氏はこの当時、どのくらいの頻度であなたを訪問されました?」
マルティネス嬢「週に四度か五度でしたわ」
チョート氏「あなたとお母様は、この紳士の訪問や婚約のことを、あなたの継父に秘密にしていらしたんですか?」
マルティネス嬢「そうしておりました」
チョート氏「その理由は、もしあなたが結婚などしようものなら、あなたも相手の男も射殺すると、父上が脅しておられたためでしょうか?」
マルティネス嬢「ええ、そうですわ」
チョート氏「父上は武器を用意されていたのですか?」
マルティネス嬢「さあ、いいえ、用意してはいなかったと思います」

チョート氏は突然考えを変え、例の継父のきわめて道にはずれた行為を打ち明けた手紙を持ち出すのがよいと思ったようである。これはしかし、時機としてはまずかったのである。たとえ少しだけ持ち出すのであっても。したがって次のような弱い、効力のあまりない質問となり、かえって急速な後退を余儀なくされる結果となってしまった。

チョート氏「あなたはデル・ヴァレ氏に、継父からひどい仕打ちを受けていると訴えたことがおありでしょうか？」

マルティネス嬢「そんなことは一度もありませんわ。父はけっして私にひどくしたことはございませんもの」

チョート氏「ひとつこの署名をごらんになっていただきたいのです。今お渡しするこの紙にある署名があなたのものかどうか確かめていただきたいのです」（と一枚の紙を証人に渡す）

マルティネス嬢「私の署名かどうか、ちょっとわかりませんわ」

チョート氏「ご判断としてはどうです？」

マルティネス嬢「私の署名ではないと思いますわ。私の署名には似ていません」

＊

チョート氏「あなたは二月か三月に指輪を同封したとおっしゃる手紙の写しを、証拠として提出なさいましたが、それがどうしてあったのか、教えてください」

マルティネス嬢「わかりませんわ。ただ、ある日、本の中から写しがみつかっただけのことです。私は写しを取るなど、したことがなかったのです」
チョート氏「いつどこでその手紙の写しをお取りになったのでしょうね？」
マルティネス嬢「あの手紙をデル・ヴァレ氏へ送った後で、写しを取りなどはいたしませんでした。でも書いた紙がだめになったんですわ、インクのしみか何かがついて。それで写しが後で見つかることになったんですわ！」
チョート氏「では、どうして写しが手に入ったか、ちゃんと正確にご存知じゃないのですか」
マルティネス嬢「ええ、私の机の引き出しに入っていました。それだけです。でも私は手紙を全部写しを取っていたわけではございません」
チョート氏「でもついさっきは、その写しがどうして手に入ったのかわからない、とおっしゃいませんでしたか？」
マルティネス嬢「ええ。でも、どうして写しが手に入ったかわからない、とは申しませんでしたわ」
チョート氏「この写しは、指輪を同封した実物と、どんな点が違っていました？」
マルティネス嬢「違っておりません。私が申し上げたのはただ、インクのしみがついたので、それを引き出しに入れて書き直し、それでインクのしみのついた紙がそのままかなり長い間引き出しの中にあった、ということだけですわ」

チョート氏「そのしみは紙のどのあたりにあったのですか？」
マルティネス嬢「二枚目ですわ」
チョート氏（その手紙を証人に手渡しながら）「どのあたりにしみがあります？」
マルティネス嬢「あら、この写しにはしみが全然ありませんわ」
チョート氏「ああ、しみのついたほうをお出しになったんですね？」
マルティネス嬢「いいえ、ちがいますわ。私はしみがついたのを引き出しに入れておいたんですわ。それを送ったりはしませんでした」
チョート氏「じゃしみがついたのはどこにあります？」
マルティネス嬢「家にありますわ。私はこうした手紙の写しは家に置いてありますの」
チョート氏「それでは、そのしみのついた写しから、また写しを取られたわけですか？」
マルティネス嬢「ええ、取りました」
チョート氏は〝じゃしみがついたのはどこにあります？〟などと余計な質問をしてしまったのだ。そのために、〝家にありますわ。私はこうした手紙の写しは家に置いてありますの〟と答える機会を与えてしまい、せっかくこの贋造された写しについて質問してきた効果が、完全にゼロとなってしまった。彼女の返事は嘘だったが、そのしみのついた写しの提出を求められれば、一晩で簡単にでっちあげられたろう。チョート氏は目的を達したのに、それをほっておかなかったために台無しにしてしまったのだ。

チョート氏は尋問中ひとつの問題から別の問題へ跳び移り、それから判然とした理由もなくまた同じ問題へ戻っている。これは意図してやった手法かもしれない。それとも、裁判が長引き白熱している場合によくあるように、ふと新しい着想が浮かんで、一見すでに論じつくされたとみえる前の問題へ戻ったのかもしれない。陪審員にとっては、一度に一つの問題を論じつくすほうがはるかに理解しやすかったであろう。並の陪審員には、一つの問題から別の問題へと注意を分散させられるのはたいへんなことで、問題点を残らず把握し、その問題について前に言われたことをすっかり憶えていろ、と要求されても、それは無理というものである。こういう間違いは、あらかじめ反対尋問を完全に考えぬいておかなければ避けがたいことだが、もちろん、即戦即決を強いられることもあるから、完全に考えぬいておけといわれたって、実際上不可能な場合もあるのだ。

デル・ヴァレ氏が原告に家出をさせてホテル・ロイヤルに仮名で泊まらせておき、田舎に別荘を借りてからは結婚まで子供たちの家庭教師として、月々百ドルの給料で同居させた[5]、というのが原告の申し立てだった。

彼女は、デル・ヴァレ氏の目的は、婚約する相手の男を、だれであろうと射殺するという継父の脅迫から逃げることにあった、と証言していた。しかし、デル・ヴァレ氏の言い分では、マルティネス嬢は自分でホテル・ロイヤルへ行ったのであり、そのあとで彼女からそこにいること、継父が言い寄るので家を出たこと、恐くて家へは戻れないことを知らされたのである。そして田舎で彼と一緒に生活し、彼の子供たちの家庭教師をさせてほしい、と頼みこんできたというのだった。チョート氏が次のような反対尋問をしたのは、明らかにこうした事実を念頭においてのことだった——

チョート氏「さてマルティネスさん、あなたは四月の二十八日にそのホテルへいらしたというのですね?」

マルティネス嬢「そうです」

チョート氏「どこから行かれたのです?」

マルティネス嬢「私の家からですわ」

チョート氏「そのホテルにはどなたかお知り合いがおられたのですか?」

マルティネス嬢「いいえ」

チョート氏は、原告がホテル・ロイヤルに勤めるフレデリック・ハモンドという男を知っており、この男がホテル・ロイヤルの彼女の部屋にいるところを客室係のボーイたちが数度にわたって見ており、その都度彼女の寝室のドアには鍵がかかっていた、という事実を示す準備ができていたのである。次いで被告の証言もまた、ハワード嬢の名で原告宛てにたくさんの手紙が一番街その他のいろいろな郵便受けに送られており、封筒にある差出人の名は、F・H(フレデリック・ハモンド)の組み合わせ文字であることを明らかにしていたのだ。

チョート氏「あなたはホテル・ロイヤルのマネージャーたちのどなたかを、ご存知でしたか？」
マルティネス嬢「存じませんでしたわ」
チョート氏「あなたのお名前をそのホテルで記帳なさいましたか？」
マルティネス嬢「私はただ〝ミス・リヴィングストン〟というふうに名前を言っただけです。記帳はいたしませんでした。記帳されたものと思いますけれど」（ホテルの帳簿に書かれていた〝ミス・リヴィングストン〟という名は、フレデリック・ハモンドの筆蹟だった。）
チョート氏「だれに〝ミス・リヴィングストン〟という名をおっしゃったのです？」
マルティネス嬢「そこに部屋を取る前に会った男の方にですわ。私は前日、部屋を取り決めにまいりまして、その方が私の名前を訊き、部屋を見せてくれたので、私は〝ミス・リヴィングストン〟と名乗って、その方がそれを記入したのです」
チョート氏「その男の人は誰でした？」
マルティネス嬢「名前も存じませんし、何をなさっている人かも存じません」
チョート氏「あなたはフレデリック・ハモンドという人をご存知ではありませんか？」
マルティネス嬢「私の領収書にはそんなふうな署名がありました、ハモンドと。デル・ヴァレ氏はこのホテルのマネージャーのどなたかがお知り合いだとおっしゃってました。私に行くように提案なさったのがあのホテルだったのですわ」
チョート氏「彼の提案で行かれたわけですか？」
マルティネス嬢「彼の提案でこのホテルへ行ったのですわ」

チョート氏「彼はフレデリック・ハモンドのことをあなたにお話ししたのでしょうか？」
マルティネス嬢「いいえ、お話しなさいませんでした。彼はただ、マネージャーに知っている人がいるとおっしゃっただけですわ」
チョート氏「あなたの領収書にハモンドという署名があった、とおっしゃるのですね？」
マルティネス嬢「ええ、そうです」
チョート氏「あなたが〝ミス・リヴィングストン〟だとおっしゃったその男性の名が、それだったのですか？」
マルティネス嬢「本当にあたくし存じませんの」
チョート氏「前に見たことのある人でしたか？」
マルティネス嬢「生まれてから一度も見たことのない人でしたわ(6)」
チョート氏「で、あなたは、ホテルの帳簿に、どんなふうにして、また誰の手で、あなたの名前が記入されたのか、ご存知ないわけですか？」
マルティネス嬢「存じませんわ。その男の方はただ私の名前を訊いたのでお答えしただけです。そのお部屋が気に入ったので、明日まいります、と言ったのです」
チョート氏「では、その両日とも一人で行かれたのですね？」
マルティネス嬢「そうです」

チョート氏「二度とも被告とはご一緒じゃなかったのですね?」
マルティネス嬢「ご一緒じゃありません」
チョート氏「あなたにぴったりの部屋を選んだのですね?」
マルティネス嬢「そうですわ。一番上の階でした。客室はその部屋だけでした」
この部屋は小部屋の寝室で、マルティネス嬢は富裕な婚約者の要求でこんなふうな部屋の取り方をしたことになっていた。これは後で明らかにされたことである。この点について、チョート氏は総括弁論に述べている――
「デル・ヴァレ氏の寛大な金銭を惜しまぬやり方に、これはふさわしくありません。おおまかで、贅沢な人です。ソラーリでは最も高価な食事を彼女に取ってやっています。最上等の亀料理《テラピン》に、ワインも彼女に選ばせています。ところがここはホテル・ロイヤルの四階、四フィートに十フィートという小部屋です――みなさん、ここは帳簿に彼女の名前を記入したフレデリック・ハモンドにこそふさわしいでしょう!」
チョート氏「このリヴィングストンという名前は、被告が選んでくれたのですか?」
マルティネス嬢「彼はただ仮名を使うように――何かほかの名前で泊まるようにと言っただけです――それで私はリヴィングストンという名前を選んだのです」
こうした質問の狙いを、総括弁論では次のように明かしている――
「さてみなさん、お見かけしたところでは、全員が既婚者でいらっしゃる。(笑) みなさんがこの婚約という苦労を耐えぬいてこられた。彼がどんな人間でありましょうとも――

極悪非道の男であれ、その大悪党から大天使にいたるどこに属する男であれ——そして私はみなさんのご判断と常識、またみなさんの良心におまかせしますが、いやしくも自分の妻とし子供たちの母親とするために選んだ女性、心から愛する婚約者を、長期間であれ短期間であれニューヨークのホテルに仮名で暮らさせるような男が一体いるものでしょうか？

原告は〝リヴィングストン〟なる名前でこのホテルへ行きました。うまい名前を選んだものです！　デル・ヴァレがその名前を選んだのではないと彼女は言っています。彼女はすでに、ハワード家の血筋だと主張できるような名で世渡りしておりましたが、こんどはリヴィングストンという名門と縁組関係があると主張したわけです」

チョート氏「あなたは仮名でそこへ行くよう彼から言われたとき、反対なさらなかったのですか？」

マルティネス嬢「反対いたしませんでした」

チョート氏「あなたは知らないホテルへ仮名を使って一人で行くことを、喜んでなさったというわけですか？」

マルティネス嬢「ええ。短い間のことでしたから」

チョート氏「すみませんが、そんな状況の下で、この知らないホテルへあなたを行かせたものは、何だったのか、もう一度正確におっしゃっていただけませんか？」

マルティネス嬢「それは、デル・ヴァレ氏が、そうするほうが私のためにいいだろうと提案なさったのですわ。彼は私の継父と私の失踪のことでごたごたを起こしたくなかったわけですし、私も、父が前からしょっちゅう脅しておりましたような暴力沙汰を万一起こして彼にいらない迷惑をかけたくなかったのです。それで私に、どこかのホテルに部屋を取って、お父さんがどうするか見なさい、と提案なすったんですわ」
チョート氏「もしあなたが仮名であれば、お父様はどうやってつきとめられます?」
マルティネス嬢「それは、私が家を出ましたとき、父はきっと何か知っていたろうと思いますわ」
チョート氏「すると、その計画は、父上には当然知られているだろう、というものだったんですか?」
マルティネス嬢「何を当然知られているだろう、とおっしゃるのですか?」
チョート氏「あなたが家を出てしまった、ということです」
マルティネス嬢「ああ、もちろんですわ」
チョート氏「そのホテルへ行ったことも?」
マルティネス嬢「いいえ、ホテルへ行ったことではありませんわ。父が私の家出を知ったとしますと、私の心配は父が探偵を雇って私を捜し出すだろうということでした。そしてもちろん、もし探偵がデル・ヴァレ氏のお宅に私がいるのを発見すれば、その結果がどうなるか私にはわからなかったのです」

チョート氏「どんな結果をお気づかいでした?」

マルティネス嬢「父がデル・ヴァレ氏を殺し、そして私を殺すのではないかと思っておりました」

チョート氏「それよりもむしろ、あなたはこんなふうにしてそのホテルへ行くことを喜んでらしたのではありませんか?」

マルティネス嬢「ほんとにそうですわ。デル・ヴァレ氏がそうしろとおっしゃったんですもの(7)」

チョート氏「あなたが家出をなさったために父上が何かなさったかどうか、ご存知でしょうか?」

マルティネス嬢「ええ、ヘラルド紙に尋ね人の広告を出したことを存じております」

チョート氏「その広告をデル・ヴァレ氏にお見せになったのですか?」

マルティネス嬢「お見せしましたわ」

チョート氏「それはヘラルド紙に出ていたのですね?」

マルティネス嬢「そうですわ」

チョート氏「五月二日つまりあなたがそのホテルへ行かれて五日ほど後のヘラルド紙に出たその広告というのは、今私があなたにお見せしているこの新聞の中にあるのですね?」

マルティネス嬢「ええ」

チョート氏「そうしますと、五月二日以後は、父上がその尋ね人広告を出されたことをご存知だったのですね？」

マルティネス嬢「存じてました」

チョート氏「父上が〝悲しみに堪えず、万事お前のいいように〟という気持ちでおられるとわかったあとは、もうあなたもデル・ヴァレ氏も射たれるという心配はなかったのではありませんか？」

マルティネス嬢「いいえ、とっても心配でしたわ。父の言うことは信用できなかったのです。心とは裏腹なことばかり言ってましたから」

チョート氏「父上の言葉には信用がおけないという良くない評判があった、という意味でしょうか？」

マルティネス嬢「全然そうじゃありませんわ。でも私は、もし私が結婚したら私と夫を射ち殺す、といつも脅していたことを知っておりましたし、また〝万事私のいいように〟させやしないとわかっておりました。それで私は家へ戻らなかったのですわ」

チョート氏「あなたはこの広告に返事を出されましたか？」

マルティネス嬢「出しませんでした」

チョート氏「悲しい思いでおられる父上には何の意も払われなかったのですか？」

マルティネス嬢「払いませんでした」

チョート氏「父上を慰めようとは全然なさらなかったのですか？」

マルティネス嬢「いたしませんでした。私はデル・ヴァレ氏を愛しておりましたし、デル・ヴァレ氏と行動を共にして、彼を信じきっておりましたの。私には父など関係がなかったのです。父にはほかに慰めてくれる人が大勢いましたから」

チョート氏「ホテル・ロイヤルにご滞在中、デル・ヴァレ氏と中央公園へお出かけになりましたか？」

マルティネス嬢「ええ、よくあの公園へ行って歩きまわりましたわ。私が外出できる機会はそれだけでしたから——彼が私を連れていってくれたのです」

チョート氏「そういうとき、あなたは彼にどんなことをおっしゃいました。憶えておいでですか？」

マルティネス嬢「これといって特別なことは何も」

チョート氏「継父があなたにたいして獣のようにふるまっていた、とはお話しになりませんでしたか？」

マルティネス嬢「いいえ、そんなことは一度もお話ししたことがございませんわ」

チョート氏「継父が虐待するので家出をしてホテルへ行かなければならなかった、とお話しになりませんでしたか？」

マルティネス嬢「そんなことお話ししたことは一度もございません」

チョート氏「そういうことを誰かにお話しになったことは？」

マルティネス嬢「私がそんなことを誰かにお話しするはずがありません。だって父はけって私を虐待したことがありませんもの」

後にクワッケンボス夫人が被告側証人として、ポキプシーのデル・ヴァレ氏の夏の別荘を訪ねたら、〝家政婦のヘンリック嬢〟として原告を紹介されたこと、そして会話をして、そんなにお若いのに家政婦とは驚いたわ、と言ったことを証言した。そのさい原告は「私には特異な家庭の事情がありまして、それをお話しすれば奥様もおそらく違ったふうにお考えになられますでしょう」と答えたという。そして話したのが、自分の母親が叔父と結婚したこと、その継父がたえず自分に言い寄るため家庭生活が非常に不幸だったことであり、この告白をするにあたって、原告は「そういう理由で私はここにまいりましたの、奥様。私の母がデル・ヴァレ氏にお願いして私を家から連れ出していただいたのです」という言い方をした。要するに原告は、クワッケンボス夫人にたいして、自分が家庭に留まることは不可能だったこと、貞操を守る戦いにほとんど精根を使い果たしてしまったこと、母親がデル・ヴァレ氏に懇願して自分を連れ出してもらったことを語ったわけだ。チョート氏は、総括弁論でこの証言に触れて次のように言ったのである――

「みなさん、彼女は継父のしつこい求愛によって家から追われる結果となったこと、また母親がデル・ヴァレ氏に懇願して家庭教師兼家政婦として彼の家へ連れていってもらったことを、話したのであります。みなさん、これはたとえ一晩中消しゴム製の靴をはいて踊ったとしても、消し去ることはできません！」

＊

チョート氏「取り決めがととのって彼の家族がポキプシーの夏季別荘へ移ったのは、いつでしたか？」
マルティネス嬢「六月の一日です」
チョート氏「あなたはデル・ヴァレ氏とその子供さんたちと一緒にポキプシーへ直行なすったんですか？」
マルティネス嬢「そうです」
チョート氏「さて、ポキプシーのデル・ヴァレ氏の別荘にあなたが滞在なさった最初の週の終わりまで、つまりあなたがさきほどおっしゃった六月の六日まで、ずっと――これは彼と知り合われた一月十四日からということですが、彼はいつも変わらず親切で礼儀正しかったのですね？」
マルティネス嬢「ええ、いつも」
チョート氏「あなたにたいする彼のふるまいには、無作法のかけらもなかった、というわけですか？」
マルティネス嬢「全くありませんでしたわ。いついかなる場合にも、侮辱的なふるまいなど露ほどもなさったことはございません」
チョート氏「彼の側には無作法なふるまいに出る気配が全くなかったのですね？」

マルティネス嬢「全然。ただの一度もありません。気配など少しも」
チョート氏「その六月六日の出来事についてですが、私の理解しているところでは、あなたは朝食後二階のあなたの部屋へ行って横になられたのですね？」
マルティネス嬢「そういたしました」
チョート氏「で、私の理解しているところでは、それがあなたのいつもの習慣だったと？」
マルティネス嬢「ええそうですわ。ただ毎日の習慣だったのではなく、日曜日にはよくそうしていたのですわ」
チョート氏「その日曜日には、何時に朝食をおとりになりました？」
マルティネス嬢「午前十一時でしたわ」
チョート氏「どうして日付をはっきりおっしゃれるのでしょう？」
マルティネス嬢「一人の女の生涯で、けっして忘れられない日だからだと思います(8)」
チョート氏「で、あなたはポキプシーでの最初の日曜日だったとはっきりおっしゃるのですね？」
マルティネス嬢「そうです」
チョート氏「その日のその時刻に、家にいたのは誰々ですか？　あなたとデル・ヴァレ氏のほかは誰々でした？」
マルティネス嬢「下のお子さんが二人とアルヴァレス氏、それに召使いの人たちですわ」
チョート氏「召使いの人たちは何人いました？」
マルティネス嬢「七人いました」
チョート氏「で、あなたの部屋はどこにありました？」
マルティネス嬢「私のお部屋は、家族の方たち、デル・ヴァレ氏やお子さんたちのお部屋と同じ階で、保母さんと下のお子さん二人——お子さんはそれで全部ですが——のお部屋の隣でした」
チョート氏「で、その朝、朝食にはどなたがおられました？」
マルティネス嬢「子供さんたち、アルヴァレス氏、デル・ヴァレ氏、それに私ですわ」
チョート氏「朝食がすんだのは何時でした？」
マルティネス嬢「十一時半か十二時に十五分前か、たぶん十二時頃でしたわ。憶えておりません」
チョート氏「そして朝食がすむとすぐにご自分の部屋へ行かれた、というわけですが、どのくらい間がありました？」
マルティネス嬢「間をおきません、直後ですわ」
チョート氏「一人で行かれたのですね？」
マルティネス嬢「一人で行きました」
チョート氏「で、何をなさいました？」

マルティネス嬢「ベッドで横になって本を読んでおりました。子供さんたちの声が階下で聞こえました。子供さんたちはベランダにいたのです。保母さんと一緒に家を出ていくその声が聞こえました」
チョート氏「ずっとベッドの上にいらしたんですか?」
マルティネス嬢「おりました。その本がおもしろくて、ひきこまれて読み出していたのです」
チョート氏「最初にベッドの上で横になってから、昨日あなたが非難なさったことをデル・ヴァレ氏がし終えるまで、ずっとベッドの上におられたのでしょうか?」
マルティネス嬢「そうです」
チョート氏「するとベッドからは全然お出にならなかったわけですか?」
マルティネス嬢「そうですわ。彼が入ってきたとき、私は半ば身を起こしたのですわ」
チョート氏「あなたの部屋のドアは、家の中心部へ開くようになっていたのですか?」
マルティネス嬢「そうです」
チョート氏「ドアは閉めてありましたか?」
マルティネス嬢「閉めてありました」
チョート氏「鍵はかけてありましたか?」
マルティネス嬢「かけていませんでした」
チョート氏「デル・ヴァレ氏があなたの部屋に現われる前、何か物音が聞こえませんでしたか？」
マルティネス嬢「聞こえませんでした。ただ、子供さんたちの声が遠のいていくだけでしたわ」
チョート氏「暑い日でしたか？」
マルティネス嬢「ええ。六月の六日ですから」
チョート氏「窓は開け放っていましたか？」
マルティネス嬢「ええ」
チョート氏「デル・ヴァレ氏はドアをノックしましたか？」
マルティネス嬢「しませんでした」
チョート氏「ドアが開く音は聞こえたのですね？」
マルティネス嬢「聞こえました」
チョート氏「彼が入ってくるのは見えましたか？」
マルティネス嬢「見えました」
チョート氏「そしてあなたはベッドに横になったままでいらした？」
マルティネス嬢「横になっていました」
チョート氏「ベッドから起き上がらなかったのですか？」
マルティネス嬢「ちょうど起き上がろうとしたところだったのです」
チョート氏「誰が押しとどめたのですか？」

マルティネス嬢「彼が私のところへやってきて、ベッドのわきに腰を下ろしたのです」
チョート氏「彼はドアを閉めましたか？」
マルティネス嬢「閉めました」
チョート氏「彼がそうしている間に、あなたは起きようとなさったのですか？」
マルティネス嬢「起きようとしました」
チョート氏「ではなぜ起きなかったのです？」
マルティネス嬢「起き上がれなかったからですわ。私が半ば身を起こす前に彼は私のところへ来ました」
チョート氏「おっしゃる意味は、彼が入ってき、姿を現わし、ドアを開け閉めているとき、あなたはベッドから跳び起きる間がなかった、ということですか？」
マルティネス嬢「ありませんでした。だって、彼が入ってきた音を聞きつける前に、すでに半ばは、部屋の中へ彼の体は入っていたのですもの。私はそのとき本に読み耽っていましたし、彼のドアの開け方はとても物静かでしたから」
チョート氏「ベッドから跳び起きようとする間もなかったのですか？」
マルティネス嬢「それは、よくわかりませんわ。時間をしらべたわけではありませんから」
チョート氏「その朝、彼はどのくらいの時間、あなたの部屋にいたのです？」
マルティネス嬢「正確にはわかりませんわ」

チョート氏「一時間いたとか、二時間とか、あるいは三十分とかは、おっしゃれるでしょう?」
マルティネス嬢「そうですわねえ、一時間ほどでしたわ」
チョート氏「彼が部屋にいる間、あなたは叫び声を立てましたか?」
マルティネス嬢「いいえ、悲鳴などあげはいたしませんでした」
チョート氏「悲鳴をあげようとはなさらなかったのですね?」
マルティネス嬢「ええ、悲鳴をあげようとはいたしませんでした。私は彼に忠告してあげました」
チョート氏「大声で話されたのですか?」
マルティネス嬢「それは、家中に聞こえるほどではありませんが、だれかが部屋の中にいたら、聞こえたでしょう」
チョート氏「低声《こごえ》で話されたのですね?」
マルティネス嬢「私が今お話ししているよりも低声でしたわ」
チョート氏「家の中か外かにいる誰かに、声を聞かせようという努力は、何もなさらなかったのですね?」
マルティネス嬢「ええ。私はデル・ヴァレ氏を恐れてはおりませんでしたもの。私を殺したり傷つけたりしに、部屋へ入ってくるなど考えませんでしたから」
チョート氏「あなたのご供述によりますと、彼が何のために来たのかは、しばらくしてからわかった、ということでしたね?」
マルティネス嬢「はい」
チョート氏「そして彼が目的を達する前でしたね?」
マルティネス嬢「はい」
チョート氏「で、そのときあなたは低声以上には声を高められなかったのですか?」
マルティネス嬢「さあ、たぶん、高めたのでしょう」
チョート氏「高めたのですか?」
マルティネス嬢「高めたと思います」
チョート氏「では、悲鳴をあげましたか?」
マルティネス嬢「悲鳴はあげませんでした」
チョート氏「大声で叫びましたか?」
マルティネス嬢「叫びはしませんでした」
チョート氏「階下にいる召使いのだれかとか、玄関とかベランダにいるだれかへ、聞こえるだけの大声で話されましたか?」
マルティネス嬢「だれかに聞こえたとは思いません」
チョート氏「なぜ叫ばれなかったのです?」
マルティネス嬢「なぜって――彼がそうするなと言って」
チョート氏「おお、彼がそうするなと言ったからですか?」

マルティネス嬢「ええ」
チョート氏「では、それは彼への服従の精神だったわけですな」
マルティネス嬢「あなたのご想像におまかせしますわ」
チョート氏「『ご想像におまかせします』ですか？　では、そう考えることにしましょう。ところで、彼が部屋に入ってきたとき、何か悪い目的があったとは思わない、とおっしゃっていますね？」
マルティネス嬢「ええ、そうだったとは信じられません」
チョート氏「そして今もそうお考えですか？」
マルティネス嬢「あら、今はちがいますとも」
チョート氏「そのときはそう考えなかったのですね？」
マルティネス嬢「ええ、彼が部屋へ入ってきたときにはそう考えませんでした」
チョート氏「彼の側に悪い目的があることを示すようなそぶりは全くなかったのですか？」
マルティネス嬢「ええ、なかったと思います」
チョート氏「彼の側に何か良くない意図がある、とお気づきになるまで、どのくらいの時間がありました？」
マルティネス嬢「十五分くらいでした」
チョート氏「ひょっとして良くない意図があるのでは、と思われるまでですよ？」

マルティネス嬢「でも私は、あのとき良くない意図が彼にあるとは思いませんでしたもの」
チョート氏「その朝、あなたは正装していらっしゃいましたか？」
マルティネス嬢「正装していました」
チョート氏「彼が部屋へ入ってきたときも正装していましたか？」
マルティネス嬢「正装しておりました」
チョート氏「朝食のときのままでしたか？」
マルティネス嬢「そっくりそのままでした」
チョート氏「あなたはベッドの上で横になっていらした。彼はどこにいたのです？」
マルティネス嬢「彼もベッドの上にいました」
チョート氏「あなたの傍に腰をかけて？」
マルティネス嬢「ええ」
チョート氏「で、あなたと彼は、会話をなさったのですね？」
マルティネス嬢「そうです」
チョート氏「その間に、あなたは着物を一部脱いだ状態になられた、と思うのですが、それはいつでした？」
マルティネス嬢「私が着物を一部脱いだ状態になったとどうしておわかりになるのです？」

チョート氏「あなたの供述なすったところから、私はそう判断するのですよ。失礼はおゆるしください。で、あなたはそうなったのですか、それともならなかったのですか?」

マルティネス嬢「いいえ、私は着物を脱いだ状態になどはなりませんでした。ただデル・ヴァレ氏が私のベルトをはずしただけですわ。私は化粧着を羽織っておりまして、黒い絹のベルトを締めておりましたの」

チョート氏「ベルトを締めておられたんですね? それはどんなふうに留められていました?」

マルティネス嬢「ただ、ホックとその留め金だけでですわ。黒い絹のリボンのベルトでしたから」

チョート氏「で、そのホックがはずれたのですね?」

マルティネス嬢「はずれたのではありません。デル・ヴァレ氏がはずしたのです」

チョート氏「彼がベルトのホックをはずしたとき、あなたは何をなさいました? 大声で叫ばれましたか?」

マルティネス嬢「いいえ、大声で叫び立てなどはいたしません。叫びなどは全くしなかったと申し上げましたでしょう」

チョート氏は急所をおさえたのである。すると、もしここで切り上げておけば、総括弁論のとき、生涯でもざらにない名弁論を打てる、という考えがさっと胸中をよぎったのだ。以下にそれを引用しておけば――

「陪審のみなさん、これはルクレティアと、剣を持って現われたタルクイニウスとの物語ではないのであります。ああ、けっして、剣などはどこにもありはしなかったのです。この両人は言葉を交わし合ったというのですが、内容については一言の説明もありません。そして、しばらくすると彼が彼女のベルトをはずし、それですべては終わったというのであります！　ベルトをゆるめられたとたんに、彼女は全くくずおれたというのでありますす！　みなさん、ひとつ質問を呈します。陪審室へお持ちいただき、答えをお出し願いたいのでありますが、このような状況で、ただホックをはずされ、ベルトをゆるめられただけで、一人の女性が、全くくずおれてしまうものかどうか、という質問であります。もしそのベルトの背後にきわめてだらしのない女の素質がかくされていなければ、でありますす！　きちんとした家庭生活が、そこでは営まれていたのであります。いったいなぜ彼女は大声で叫ばなかったのでありましょう？　なぜ彼女は、持ち前のあのやさしい声を少しばかり高めなかったのでしょうか？　無言の誘惑です、彼女自身の供述からすれば！」

*

チョート氏「さてマルティネスさん、あなたは、ポキプシーへ行かれたことを父上にいつか知られてしまった、とおっしゃいましたが、結婚の計画についても知られている、とわかってらしたんですか？」
マルティネス嬢「ええ、父は知っていたのです」

チョート氏「父上は拳銃《リヴォルバー》をもってやってきましたか？」
マルティネス嬢「いいえ、まいりませんでした」
チョート氏「父上はあなたに会おうと努力なさったのでしょうか？」
マルティネス嬢「いいえ、いたしませんでした」
チョート氏「デル・ヴァレ氏に会おうという努力はなさったのでしょうか？」
マルティネス嬢「いたしませんでした」
チョート氏「しばらくして、父上はポキプシーに姿をお見せでしたね？」
マルティネス嬢「ええ、まいりました。私がポキプシーにいて、デル・ヴァレ氏と婚約したことは、母が父に明かしまして、理性的に行動してほしいと、だめを押したのですわ」
チョート氏「で、父上は理性的に行動なさったのですね？」
マルティネス嬢「そうですわ」
チョート氏「父上は訪問をしにこられたのですか？」
マルティネス嬢「そうです」
チョート氏「デル・ヴァレ氏はご在宅でしたか？」
マルティネス嬢「ええ」
チョート氏「で、あなたはいらしたんですか？」
マルティネス嬢「おりました」

チョート氏「父上とデル・ヴァレ氏が会われているところをごらんになりましたか?」
マルティネス嬢「見ました。私が父をデル・ヴァレ氏にご紹介したのです」
チョート氏「万事なごやかで愉しい雰囲気だったのですか?」
マルティネス嬢「とても愉しい雰囲気でしたわ、本当に」
チョート氏「で、父上は夕食までご滞在でしたか?」
マルティネス嬢「おりましたわ」
チョート氏「何か脅迫なさいましたか?」
マルティネス嬢「しませんでしたわ」
チョート氏「何か暴力は振るいましたか?」
マルティネス嬢「いいえ振るいません」
チョート氏「では、あなたの恐れていらしたことは一切、根拠がないことだったのですね?」
マルティネス嬢「全くありませんでしたわ」
チョート氏「結局のところ、もしあなたがデル・ヴァレ氏と結婚したら、父上は脅迫を実行したろう、と思っていらっしゃるのでしょうか?」
マルティネス嬢「きっとそうしたろうと思っております」
チョート氏「しかもなお、父上は喜んでやってこられ、あなたがデル・ヴァレ氏の家で暮らしていることを知りながら、デル・ヴァレ氏やあなたと、一日すごされたわけですか？」
マルティネス嬢「ええ」
チョート氏「婚約したのに？」
マルティネス嬢「ええ」
チョート氏「父上はあなたに結婚を思いとどまらせようとなさったのでしょうか？」
マルティネス嬢「しませんでした」
チョート氏「しかもなお、あなたは、もし結婚すればあなたとデル・ヴァレ氏を父上は射殺したろうとお考えなのですか？」
マルティネス嬢「間違いなくそうしたろうと思いますわ」

＊

チョート氏「マルティネスさん、あなたはデル・ヴァレ氏宛てに九月八日付の手紙をお書きになりました[9]か？」
マルティネス嬢「書きました」
チョート氏「私が今あなたにお見せしているこの手紙でしょうか？」
マルティネス嬢「それは、そう見えますけれど、でも確かにそうだとは申し上げませんわ」
チョート氏「ちがう、と証言なさるのですか？」

マルティネス嬢「いいえ、そうではないと証言するつもりではございませんけれど」
チョート氏「この手紙に、あなたは〝私はあなたのお家でとても幸せでした〟と書いていらっしゃいますね？」
マルティネス嬢「ええ」
チョート氏「それは真実でしたか？」
マルティネス嬢「全く真実ですわ」
チョート氏「その間、彼の家で〝とても幸せ〟だったというのは、真実だったのですね？」
マルティネス嬢「六月の六日、あの日曜日までですわ、ついさっきお話ししましたように」
チョート氏「すると、四日間のことだったのですか？」
マルティネス嬢「ええ、でもかなりの間ですわ」
チョート氏「あなたは一日の夜にそこへ着いたのですね？」
マルティネス嬢「そうですわ」
チョート氏「すると、あなたの幸せは、六日の朝に終わったわけですね？」
マルティネス嬢「ええ、そうです」
チョート氏「〝私はあなたのお家でとても幸せでした〟とお書きになった意味は、そういうことだったのですね？」

マルティネス嬢「そうですわ。それにまた、例の和解問題が未解決だと聞かされたときまで、という意味でもございました」
チョート氏「ははあ、あなたはそのときまでとても幸せでいらしたんですな?」
マルティネス嬢「ええ」
チョート氏「〝あなたと過ごした幸せなたくさんの時間を、いつも思い出すことでしょう〟とあります。この〝幸せなたくさんの時間〟とはどういう意味でした?」
マルティネス嬢「どういう意味だったか、とおっしゃるのですか?」
チョート氏「ええ、どんな時間という意味でした?」
マルティネス嬢「デル・ヴァレ氏とご一緒にすごした、幸せだった時間のことですわ」
チョート氏「六月六日より前の、ですか?」
マルティネス嬢「ええ」
チョート氏「すると、それ以後の時間は全然ちがうのですね?」
マルティネス嬢「全然ではなく、たくさんはなかったということです」
チョート氏「じゃ、この手紙を書かれた目的は、六月一日の午後、つまりあなたが到着なさったときから、六月六日の朝までは、たくさんの幸せな時間を彼と一緒に過ごさせてもらった、ということを感謝するためだったのですか?」
マルティネス嬢「そうです」
チョート氏「〝そしてあれは私が今までに知った唯一の幸せな時間でした〟とあります。

これはどういう意味でした？——六月のその四日間の時間と、それ以前のあなたの生きてこられた全部の時間を比べて、という意味ですか？」
マルティネス嬢「それまで私の生きてきました全部の時間と比べて、という意味でした——私は生まれてから一度だって幸せではありませんでした」
チョート氏「その四日間のようには、ですか？」
マルティネス嬢「ええ」
チョート氏「では、婚約なさったときから、六月一日までは、その四日間ほど幸せではなかった、ということになりますが、それはなぜだったのでしょう？」
マルティネス嬢「あら、私はデル・ヴァレ氏と婚約しましたが、思うようにお会い出来ず、ことに夜はたまにしかお会い出来なかったので、幸せいっぱいという気持ちではなかった、と思っております。私はしばられておりましたもの」
チョート氏「しばられていた、とおっしゃるのは、デル・ヴァレ氏とお会いになる機会のことでしょうが、でもあなたは週に八度お会いになっていたし、毎日彼とご一緒に時間をすごした、と証言なさったでしょう？」
マルティネス嬢「毎日というわけではありませんわ」
チョート氏「では、お会いになったときはいつも、といいましょうか？」
マルティネス嬢「ええ」
チョート氏「しかもあなたがた二人きりでおすごしだったのでしょう？」

マルティネス嬢「ええ」
チョート氏「そして、あなたにたいする彼の態度は非の打ちどころがなかったのでしょう?」
マルティネス嬢「非の打ちどころがありませんでしたわ」
チョート氏「では、なぜあなたは、彼とすごした六月の二、三、四、そして五日だけが、それまでにやはり一緒にすごした時間と比べて、はじめて幸せを知ったときです、などとおっしゃったんです?」
マルティネス嬢「それはただもう、父の私への態度やふるまいが、いつだって私を不幸にしていたからですわ」
チョート氏「つまり、もし父上に知られたらあなたも婚約者も殺されるという恐怖でしょうか?」
マルティネス嬢「そうです」
チョート氏「六月の二、三、四そして五日の四日間も、やっぱりその恐怖はおありだったでしょう?」
マルティネス嬢「いいえ、少のうございましたわ」
チョート氏「でも、八月に父上が再訪なさるまでは、その恐怖は消えなかった、と証言なすったじゃありませんか」
マルティネス嬢「そうですわ。消えはしませんでした。でも、以前ほどには感じなかったのですわ」
チョート氏「ははあ、父上はニューヨークだし、あなたはポキプシーだから、というわけで？」
マルティネス嬢「ええ」
チョート氏「〝あなたのご恩にどうお報いすればよいのか、この地上ではとてもかなわないことです、神様におまかせしようと思います〟とありますが、ご恩にお報いするとは、何にたいしてです？」
マルティネス嬢「ああ、私はそのお手紙を書く前に、デル・ヴァレ氏とお話をいたしましたの」
チョート氏「私は今、この手紙の意味をお訊きしているのですよ。あなたは、ご恩にお報いすることはこの地上ではとてもかなわないから、神様におまかせする、と言っておられますが、ひっくるめて彼のしたこととは何だったのです？」
マルティネス嬢「そこに書きましたことは、全然そのつもりはなかったのですわ」
チョート氏「おや、あなたは全然そのつもりもなく書いた、というのですか？」
マルティネス嬢「ええ、そうなのです。私はただデル・ヴァレ氏をずっとお友達にしておきたかっただけですわ」
チョート氏「あなたは今も、そのつもりもないことを書く習慣がおありなんですか？」
マルティネス嬢「そんな習慣などけっしてありませんわ」

チョート氏「しかし、これは全然そのつもりがなかったことなのでしょう？」
マルティネス嬢「あら、そのつもりのところもありますわ、そうでないところもありますけれど」
チョート氏「では、どのくらいがそのつもりだったのです？　〝ご恩にどうお報いすればよいのか、神様におまかせしようと思います〟というところは、そのつもりだったのですか？　それとも〝この地上ではとてもかなわないことです〟というところが、そのつもりだったのですか？　どっちの部分がそのつもりだったのです？」
マルティネス嬢「どちらもそのつもりではありませんでした」
チョート氏「あなたはデル・ヴァレ氏がニューヨークへ来てあなたに会う手筈だったことは、わかっておいでしたか？」
マルティネス嬢「わかっておりました、たしかに」
チョート氏「それでは、この手紙をいつお書きになったのかおわかりになりましたね？」
マルティネス嬢「わかりました」
チョート氏「書き出しはこうなっています、〝私は二度とあなたにはお目にかからないかもしれません。〟これはどういう意味でしたか？」
マルティネス嬢「私は彼の言葉を疑っておりましたし、私をあんなふうに扱ったのですから、二度と会うべきではないだろう、と思っていたためですわ」

チョート氏「彼の言葉をあなたは疑ってらしたし、あなたは全くそのつもりもないことを手紙に書いてらした。これは、その当時のあなたがたの関係の実態を、象徴していませんか？」

マルティネス嬢「それは、当時の私たちの関係というものは、本当に、定義するのはたいへんむずかしいと思いますわ」

チョート氏「書き出しの文章を終わりまで読んでみましょう、〝でも、お与えくださった数々のご親切に、お礼を申し上げずには、あなたのご家庭をとても立ち去れない気持ちでございます〟」

マルティネス嬢「デル・ヴァレ氏はいつも、とても親切にしてくださいましたわ。いつも」

チョート氏「あなたのご滞在中始めから終わりまでの彼の行状すべてをひっくるめて、彼のもろもろの親切にたいしては、お礼を述べて立ち去るのが、当然の義務だとお考えになった。そういうことでしょうか？」

マルティネス嬢「ええ」

チョート氏「で、そういうつもりでお書きになったのですね？」

マルティネス嬢「あら、いいえ、正確にはそういうつもりではありませんでしたわ」

チョート氏「〝私はあなたのお家でとても幸せでした〟これはそのつもりでしたか？」

マルティネス嬢「私は彼のお家でとても幸せでしたし、またとてもみじめでもありました」
チョート氏「あなたがニューヨークへ戻ったあと、デル・ヴァレ氏はあなたに会いに来られませんでしたか？」
マルティネス嬢「いらっしゃいませんでした」
チョート氏「で、それ以来、あなたはこの法廷で会うまで、一度も彼にお会いになったことがないのですね？」
マルティネス嬢「ございません」

＊

チョート氏「先日お話しになったソラーリへお出かけの折には、あなたがたはいつも、ウェイター以外にはだれもいない個室をおとりになっていたのですか？」
マルティネス嬢「私たちは個室をとっておりました」
チョート氏「いつも同じ室でしたか？」
マルティネス嬢「いいえ、いつも同じ室とはかぎりませんでした」
チョート氏「ソラーリでは何室くらい、違う個室をおつかいになったと思われます？」
マルティネス嬢「いくつ、となるとわかりませんけれど――たぶん、二室か三室でしょう」
チョート氏「そういう場合、デル・ヴァレ氏のあなたへの態度は、母上のお家や、路上や、オペラとか昼の劇場《マチネー》のような公共の場所でのそれと変わりませんでしたか？」
マルティネス嬢「個室にいるときも、家で母が同席しないときも、いつも同じでしたわ。彼はしょっちゅうキスなさるのが習わしでしたけれど、昼の劇場《マチネー》とか路上ではけっしてキスなさいませんでした。私たちのおつきあいのしかたは、ですから、ちょっと変わっていたにちがいありません」
チョート氏「ほかの点では、同じだったわけですか？」
マルティネス嬢「いつも、とても丁重でしたわ」
チョート氏「彼のキスについてですが、もちろんあなたは反対なさらなかったのですね？」
マルティネス嬢「全然」
チョート氏「ソラーリでのそうしたご面談――つまり、あなたがたがそこへ行かれ、個室をおとりになったさいのことですが、ふつう、どのくらい時間がかかりました？」
マルティネス嬢「時間はさまざまでしたわ。二時に着いて四時までいたこともありますし――もう少し早く着いたこともありましたし」
チョート氏「二時間くらいですね」
マルティネス嬢「二、三時間ですわ」
チョート氏「その間あなたがたは何をしていらしたのです？」
マルティネス嬢「食べておりましたわ」

チョート氏「何ですって、その間ずっと食べていらしたんじゃないでしょう？」
マルティネス嬢「その間じゅう食事しておりましたわ」
チョート氏「二時間食べつづけておられた！　じゃあ、そのころあなたはお肥りになっていたでしょうなあ！」
マルティネス嬢「あら、それはたぶん、あなたの食事のなさり方が、私よりもずっと早いからですわ」
チョート氏「あなたはその間じゅう食べていた、とお思いなのですね？」
マルティネス嬢「あら、あたくしは、ひっきりなしにむさぼり食べていた、とは申しておりませんわ」
チョート氏「でも、かなり絶え間なく食べておられたんでしょう。食べることだけだったんですか？」
マルティネス嬢「まず最初に食事をいたしまして、それからデザートをとる前に、三十分ほどコースの横道にそれまして、デザートでまた、そうですね、一時間ほどかかりましたわ」
チョート氏「その〝横道にそれ〟た間、あなたがたはふつう何をなさいました？」
マルティネス嬢「よくおしゃべりいたしましたわ」
チョート氏「デル・ヴァレ氏はどうやって英語をあやつったんです？」
マルティネス嬢「とてもお上手でしたわ、本当に。すばらしくお上手でした」

チョート氏「あなたがたはソラーリで英語の練習をなさったのですか?」
マルティネス嬢「ええ、よくいたしましたわ」
チョート氏「あなたがたがソラーリの個室でお会いになって、かなり時間をかけられたのは、それだったのですね――英語の練習というか英会話の勉強ですね?」
マルティネス嬢「私たちよく言葉の規則についてお話ししましたわ」
チョート氏「そうやっている間に、彼の英語は上達しましたか?」
マルティネス嬢「上達したと思いますわ」
チョート氏「で、あなたはそのために出来ることは何でもなさったのでしょう?」
マルティネス嬢「それはそうですわ」
チョート氏「会話の本を持っていかれさえしたのでしょう?」
マルティネス嬢「二人とも持っていきましたわ」
チョート氏「そして彼は、そういう機会に自分の英語を進歩させようと大いに努力なさったのですね?」
マルティネス嬢「努力なさったと思いますわ」
チョート氏は、総括弁論で、次のようにこの部分をとり上げている――
「みなさん、私がここで明らかにしようと努力しておりますことは、原告・被告両人の行為は、婚約という観念を確証するものではない、ということであります。と申しますのも、このソラーリという店についてみなさんがお聞き及びの評判からしましても、またこの法廷でソラーリの名が口にされるたびに現われる反応からみましても、私は、そこが紳士淑女たるものの結婚を前提とした求愛のためにおもむく場所ではない、という私の意見を、みなさんが支持してくださるだろうと思うわけであります。この場所についてご存知のことからして、もしあなたが若い女性と知り合い婚約なさった場合、結婚を前提とした求愛のために行かれるのはソラーリでしょうか？　私たちの全員、陪審員のどなたもが、〝ノー〟と言うことでしょう——そしてみなさんは、ご自分を判断なさるごとくに被告を判断なさるのではないでしょうか？

被告は心をくすぐられ、気を惹かれ、そして嬉しくなったわけであります。ここに彼の母国語をしゃべる女性がいたのです。彼らはそれぞれ片言の英語とスペイン語とで、何とか話が通じ合えたのです。彼にはそれが何より気に入ったのでありまして、だからこそ連れだってソラーリへ出かけたのであります！

さて、みなさん、私はソラーリにつきましては、ここで証言から明らかにされたこと以外、何も知らないのです。しかし、私の理解できますかぎり、人々はあらゆる目的でソラーリへ行くのであります。男女ご同伴で行きますし、また、女連れ、男連れ、観劇の一行、家族の一行、昼興行《マチネー》帰りの一行——あらゆる種類のご一行連中——そして本件の両人もそこへまいったのであります。しかし本件の審理によって、ソラーリは面目を一新し、新たな名声を獲得したようであります。それはもはやただのレストランではありません。もはや、肉や酒を飲み食らって身心を爽快にし愉しませる場所にとどまらないのでありまして、今や知識の泉を飲みに行ける場所として、私の依頼人ならびに美しい原告によってお引き立てを蒙り、お披露目をいただいた新しい学校として有名になったのであります。（笑）ご両人は『英会話案内』を持っていらしたのです。

あの美しい原告は、あの店で〝横道〟にそれたと述べたのであります。彼らは飲んだり食べたりいたしました――彼女は二時間ぶっつづけに飲食したと思っておりますが、私が白状させましたところ、途中で〝横道〟にそれていたことが判明しました。この〝横道〟で何が行なわれたのかは、正確にはわかっておりません。一つには、この『英会話案内《ガイド・トウ・カンバセイション》』がございました。しかし、この〝案内《ガイド》〟で行ける範囲には限界があったわけであります。といいますのは、両人とも〝姦通《クリミナル・カンバセイション》〟の初歩にすら行き着けなかったことを、一致して認めているからでありまして、これはソラーリでの会合の歴史との関連において考慮すべき非常に重要な問題点なのであります。」（大爆笑）

*

チョート氏「二月のはじめからポキプシーへ行かれるまでの婚約期間中、デル・ヴァレ氏と連れ立っていらして、その友人とか知人の誰かにばったり出くわす、といったことがありましたか?」
マルティネス嬢「何度かございましたわ」
チョート氏「そうした折、あなたは紹介されましたか?」

マルティネス嬢「いいえ。でも、あるとき、昼の劇場《マチネー》で何人かのお友だちとご一緒しましたわ⑽」

チョート氏「その場であなたは紹介されたのですか？　もしそうなら、その人たちの名前は？」

マルティネス嬢「紹介はされませんでした」

チョート氏「この婚約――とあなたはおっしゃるわけですが――の期間中に、彼はあなたを誰かに紹介した、ということは少しでもあったのでしょうか？」

マルティネス嬢「私たちの婚約期間中にですか？」

チョート氏「ええ」

マルティネス嬢「いいえ、なかったと思います」

チョート氏「では、彼があなたを妻にする女性として誰かに紹介したことは、確かになかったのですね？」

マルティネス嬢「ありませんでした。私はどなたへも紹介されませんでした」

チョート氏「ポキプシーにいらした間、だれか訪ねてこられたかたは？」

マルティネス嬢「何人もみえましたわ」

チョート氏「その人たちにあなたは紹介されましたか？」

マルティネス嬢「されました」

チョート氏「だれが紹介したのです？」

マルティネス嬢「デル・ヴァレ氏です」
チョート氏「どんなふうに?」
マルティネス嬢「お子さんたちの先生とか、家庭教師、そんなふうにですわ」
チョート氏「その間じゅう、妻にする女性として誰かに紹介したことは一度もなかった、というわけですね?」
マルティネス嬢「ええ、彼は誰にも知られたくないのだ、と言ってました」
チョート氏「それはいつ言ったのです?」
マルティネス嬢「クワッケンボス夫人がお見えになるのを待っている間にそう言いました」
チョート氏「それは婚約してから三カ月ほど後だったことになりますね?」
マルティネス嬢「そうです」
チョート氏「すると最初の三カ月間は、だれにも婚約を知られたくないのだ、という気持ちを、彼は口に出さなかったわけですか?」
マルティネス嬢「婚約について誰かに知らせるというようなことは、一言も言いませんでした」
チョート氏「では彼の側で何らかの隠しだてをしたわけではない、ということですか?」
マルティネス嬢「ええ。私の側でも隠しだてはいたしませんでしたわ」

チョート氏「彼は隠したかったわけでもない、ということですね？」

マルティネス嬢「私のほうもですわ」

この問答が、チョート氏に、総括弁論で、次のように原告へ止《とど》めの矢を放つ機会を与えたのだ——

「さてみなさん、もし彼女の一家が私の依頼人の「ヴァージニア合弁会社」を自分たちのものにできれば、それは彼女の一家にとって莫大な利益となったことでしょう。彼らには生計の手だてが全くなかったのであります。そんな彼らには、彼が財宝を積んできてくれた宝船と見えたのです。この婚約がもしあったのだとすれば、世間《ワールド》はそれを知ったはずであります。といって私は『ワールド』紙——同紙はあらゆる消息に通じていますが——をさしているわけではなく、ヘンリック一家とマルティネスの家族をとりまくあらゆる世間をさしているのであります。彼らは三国一の花婿殿をつかまえたのに、それを告発しようと法廷へ連れ出した、というニュースがひろがったはずなのであります！」

陪審は二十六時間熟慮したすえ、原告の勝ちとし、損害賠償額を五十ドルと評価したのである。

第19章 ヘンリー・W・タフトによる反対尋問

アンドルー・F・ケネディの遺言に関する訴訟での、鑑定人チャールズ・ダナ博士、フレデリック・ピーターズン博士、およびスミス・エリー・ジェリッフ博士にたいする反対尋問

アンドルー・F・ケネディは、一生妻帯せず、死に先立つ三十五年間を、ニューヨーク市内の男性服専門店の経営に費やした人物である。店は非常に繁盛していたが、六十七歳のときにケネディ氏は脳卒中で倒れたのである。病院へ運ばれ、重患リストに載せられた。右半身が麻痺し、言語機能も一時的に喪失し、死ぬまで病院生活を送ったのだ。

一九一七年の十二月十一日、入院してから三週間経ったころである、ケネディ氏は遺言書を作成した。翌一九一八年の一月五日に、遺言書の補足書を作成した。この遺言によって、彼は、約五十万ドルと評価されるその事業を使用人中の三人に譲り、他のめぼしい財産は友人たちと他の使用人たちへ遺すことにしたのだ。二人の甥と二人の姪への遺産は少額で、唯一の最近親者へも相続財産が与えられたが、これはほとんど価値のないものといってよかった。

一九一八年の一月二十九日の夜、ケネディ氏はひそかに入手していた剃刀で咽喉を切り、

一月三十日に死亡した。

二人の甥は遺言書の検認に異議を申し立てたが、その理由の一つは、ケネディ氏が、遺言書とその補足書を作成した当時、遺言能力を欠いていた、というものだった。この事実を立証するために、異議申立人たちは、三人の有名な精神分析医を証人に立てたが、三人が三人ともケネディ氏に会ったことはなかったのである。彼らの証言は、一つの長い仮説的な問いにたいする答えというかたちで述べられた。その質問には、しかし、検認申請者側の証人が述べた特定事実は含まれていなかったのである。その特定事実とは、(a)ケネディ氏と、その財産の大部分を遺贈された使用人その他の人々との関係、(b)入院当時のケネディ氏の事業上の問題への関心ぶりや活動ぶり、(c)遺言書の作成に先立って遺言書に書きこむ諸条項を詳しく自分の看護師に語ったこと、(d)看護師たちや医者たちが証言した入院中の彼の行動、一般的な肉体条件、および精神能力、の四つだった。

この三人の鑑定人、チャールズ・ダナ博士、フレデリック・ピータースン博士およびスミス・エリー・ジェリッフ博士にたいする仮定的質問は、異議申立人側を代表してチャールズ・H・タトルが行なったものである。これらの医者たち全員が、遺言者には有効な遺言書を作成する精神能力がない、あるいは自分の財産を処理しようとするその方法を理解する精神能力がない、という意見を述べた。ダナ博士は当時、この種の訴訟で最も優秀な鑑定人だった。精神・神経科医として第一人者だったが、本質的には正直な証人であって、反対尋問者の切先をかわしながら、できるかぎり自分の側の立場を守ろうと努力したのである。しかし、彼は自分自身にも自分の職業にもきわめて誇り高い人間だから、扱い方を心得た弁護士が正しく扱えば、必ず正直な意見を証言させることができる人物だった。タフト氏が行なった反対尋問のやり方が、まさにこれだったのである。

タフト氏「ダナ先生、入院当時遺言者の担当看護師は、毎日の半分を彼に付き添っていたと立証されています。検認を申請中のこの遺言書を作成する直前、彼はこの看護師に、紙に書かれた遺言の重要項目をたくさん読んで聞かせたのであります。その内容をあなたにお伝えいたします。すなわち、財産の主要部分は彼の三十年以上にわたるコートラント街での事業でしたが、これを――タトル氏から尋問されたあの仮定的質問の諸条項からおわかりでしょうが――使用人中の三人に遺贈したのでした。これは憶えていらっしゃいますか？」

答「はい」

問「さて、その遺言書に署名する直前、彼はこの看護師に言ったというのです。すなわち、その事業はクロウリー嬢とデヴィニー氏およびネイジェル氏の所有とし、家の中にある物は何であれこの三人の間で分配すべきこと、と。またこの看護師の言葉によれば、「私は二人の姪についてお話しなさるのを聞きました。ハリエットとキャサリンにそれぞれ二万五千ドル、甥には千ドル、そしてドミニックに――苗字は存じませんが、二千五百ドル、もう一人お店の男の方に二千五百ドル、またもう一人の方に五百ドル、それからもう一人に百ドル、とおっしゃってました。レイト嬢へ五千ドルともおっしゃいました。私が憶えているのはそれだけです。」遺言書作成前に看護師へもらしたというこれらの遺産配分は、実質的に言って、遺言書の主な条項については正しいことが、あなたにもおわかりだろうと思います。もしこの証言が正確であるとするなら、すなわちそれは、遺産配分をする彼の現実的能力に関する先生のご意見に何らかの関係が出てくるのではありませんか？」

答「そんなことがありうるとは思いませんね。あなたのおっしゃることが正しくないか、それとも仮定的質問が正しくないか、どちらかですよ。私が申しあげるのは、はっきりと発語できず、一度に一つか二つの単語しか話せない、といわれているような人間が、ある者には何千ドル、またある者にはこれだけ、というふうに割り振りたいと思っても、あなたがおっしゃるようなやり方で自分を表現することが依然可能である、などとは私にはとても考えられない、ということです。それは、もちろん、もしそれが事実であれば、私だってあなたのご意向どおりに認めますよ。換言すれば、もし彼が全く正常であり、理性的であり、自分の行為の性質を理解できた、ということが立証されれば、それだけで充分である、ということです」

問「では、もしそれが事実であるとすれば――つまり遺言執行の当日、彼がこれらの条項を看護師にそっくり話したということですが、それならば先生は、彼には遺言書を作成する精神能力が充分あったとご判断なさいますか？」

答「条項をそっくり話した、というだけでは不充分ですよ。それらをすべて自発的に話し、かつその問答のしかたや発言ぶりによって、自分の事業をあますところなく心得ており、また自分がそれをどのように処分しようとしているのかわかっており、誰にそれを配分するつもりか名前をはっきりあげた、ということが明らかであれば、イエスです。あなたが私におっしゃったことには、そうだという証拠がありませんよ。看護師の方は、彼がそう言ったとおっしゃるが、しかし彼がそう言ったなどありえないでしょう」

問「しかしあの看護師さんは宣誓して証言したのですよ、彼は言ったと」

答「それで?」

問「ですからあなたは、それが事実であると仮定しなくてはならず、もしそれが事実であるとすれば、あなたのご意見は彼には能力があったということになると思うのですが?」

答「それはですね、タフトさん、物事はもう少し違った見方をしなくてはいけませんよ。私の言う意味はです、たとえ彼がそんなふうに言ったとしても、彼がはっきりとわかるように文章を口にし、また特定のはっきりとした条項を作成したのか、それともまた、その看護師が彼に言った事柄へ彼がうなずき、それを彼女が自分流に解釈したのか、それを知らなくてはならぬ、ということです。もし看護師さんが正しく、しかも彼がはっきりと発語して「私はこれによってジョン・ジョーンズにはこれだけ、スミス氏にはこれだけの金を贈りたい」というふうに話していった証拠があれば、私も彼は自分が何をしているのかはっきりとわかっていた、と申しますよ。もしそういうことがあなたのご質問のご趣旨であればですが?」

問「ええ、そういう趣旨ですよ。そこでひとつ、お考えいただきたいのですが、もし彼が連日、コートラント街の事業に注意し、店員たちと会い、彼らから報告を求め、数字を報告させて、常時自分の事業と接触していたとしますね、その場合、先生のご判断は何らかの影響を受けるのではありませんか?」

答「それは、どの程度そうしたかが問題でしてね。仮に、ただ店員たちに会い、日常の決まりきった業務に同意を与える、というだけなら、変わりませんね」

＊

問「入院後死亡するまでの六週間か、あるいは八週間、彼が自分の商売の取引や事務処理に、どんなことをしたか、について大きな重さをおかれるのですね? では、先生がもしその点を今調査しておいでになるところだと仮定しますと、彼はどの程度まで自分の事業に注意を払ったか、また払いえたかを明らかにしようとなさいますでしょう?」

答「ええ」

問「では、もし、実際に、主だった店員たちを病院へ呼びつけてその日の取引を報告させ、看護師に電話をさせて日常業務を指示していたことが、もし立証されれば、先生はそうした事実を、自分の事業の処理能力の有無を判定するうえに、決定的な重要性のあること、とみなされますか？」

答（なお抵抗して）「いや、必ずしもそう思いませんね。人間が精神的に弱くなり、意気消沈しているときには、できるだけ、前からの仕事をつづけさせて、決まりきった日常業務に多少とも興味を失わせないようにしておくのがよいものです」

問「でも、こうした場合、脳卒中で倒れる前にし慣れてきた業務を、正確にやるとしたら、ご判断は影響を受けましょうか？」

答「もし彼が健康だったときにした同じ仕事を正確にするならば、イエスですね」

問「仮に彼が不動産の持ち主であるとします、そして賃借人《テナント》の賃借料を値上げしようと自分で決めた場合、これは彼の精神状態をご判断なさるうえに助けとなりましょうか？」

答「いや、そうは思いませんね。それは賢明じゃないでしょう。そんなやり方は愚かですよ。何かを示しているとは全然いえませんよ、そんなことじゃ」

問「さきほど先生は広告のことをお話しになりましたね？」

答「私は、かなり精神の衰弱した人間でも、広告の改訂くらいはできるものだ、と思うのですよ。ごく当たり前の日常業務ですからね。何を広告したいのか自分で承知していますから、広告文面に手を加えたって、格別その人間の精神状態を云々する材料にはならないと思うのです。じつは非常に重症であるかもしれない。そういう場合だってあるのですよ」

問「しかし、もし彼が自分の意志で弁護士を呼び、遺言書を作成したいと言って、遺言書に書き入れたいと思うことについて、自分から進んで弁護士に詳しく指示するとします、これはご判断に影響しましょうか？」
答「もし彼が本当にそうし、自発的に希望条項を語るのならば、ですね。しかし私は、この人物の精神状態は悪化していたわけですから、そんなことが起こりえたとは簡単に立証できないだろうと思いますよ。タフトさん、あなたはずいぶんいろいろと仮定の質問をお出しになるが、私の頭ではそうやすやすと仮定できないことばかりですよ」
問「では、もし卒中で倒れた二十日後に、自分から進んで顧問弁護士を呼び寄せ、自発的に、誰からも入れ知恵などされず、自分が書いてもらいたかった遺言条項に関する資料を弁護士に与えたとしますと、先生はどうおっしゃいます？」
答「そういう仮定を出されるならば、そうですな、彼の精神は理性的であり正常であると仮定しているのですからな、それは」
問「もし、そういう証言が真実であれば、先生のご判断に影響しましょうか？」
答「ええ」
問「先生が今まで彼の能力に関してお述べになったことが影響を受ける、ということでしょうか？」
答「それはそうです。実際問題として彼は正常であると仮定されますからな。したがって、私としては、正常でなかった、などとは言えないわけです」

＊

問「ひょっとして、先生は、彼の分別をご判断なさるさい、彼の遺言の条項に影響をお受けになりませんでしたか？」

答「多少は」

問「別の言い方をしますと、正常な人間が作成する遺言書はふつうどういうものであるか、という先生のご判断が、この人物の遺言作成能力をご判断なさるさいの一条件として先生に働いた、ということですね？」

答「そうです」

問「では、この遺言の諸条項中、どれが異常と思われるのか、ひとつおっしゃってみていただけませんか？」

答「それらの条項について、一つ一つ質問していかれるおつもりでしょうが、私はあまり満足にお答えできなかろうと思いますよ。一人の人間が、ある人物の精神状態に関して、鑑定家あるいは専門家として意見を決めようというのですからな。私は個別に項目を拾ってどうこういうのではない。例えば、ある人間が異常であるとわかるのは、顔全体の表情から経験でわかるわけです。ある一事が私に影響を与えるということは、つまり私は認める、ということですよ。これは金持ちが遺書をつくるという場合ですが、もし知力がしっかりしているとすれば、自分の状態を、充分能力を認められた人間たちに証明させることなど完全に可能だったはずで、ところがそれをしていないのですからね。彼の遺言は、医大を出てやっと半年という若い医者の認証を受けている。私の理解するかぎり、この遺言書は、財産の処分に関しては、血縁関係者にたいして不公平であり、かなり意外なものであり、不自然ですよ。そのために私は、必ずしも異常であるとはいえないものの、相当に彼の精神は悪化している、と思ったわけですよ」

問「では、この遺言は、精神が正常な状態にはない人間のもののように思える、とおっしゃるのですね？　どういう点でしょう？」

答「またあなたは一つ一つ質問しようとなさる。それは、彼が血縁に不当な仕打ちをした、と私が考えているからですか？　あるいは店員に過分だと考えているからですか？——その両方でしょうねえ」

問「では、当然与えるはずだとお思いになるだけの遺産を、血縁者へ与えなかった、と思っていらっしゃるせいだと？」

答「私は、正当か不当かという問いに証言するために、ここにいるのでしょうか。私はそういうことに関する鑑定人ではありません。しかし申し上げましょう、私が状況を理解できますかぎり、あれは正常な遺言ではない——完全に正常な精神状態にある人間の遺言ではないと」

問「すると先生は、彼の正常・異常のご判断に影響をお受けになったのですね？」

答「そうです」

問「彼の遺言の条項によってですね？」
答「それが一要因であると思いますね、ええ」

ダナ博士の証言につづいて、ピータースン博士がタフト氏に呼び出され、ダナ博士と同じような仮定的質問を受けたが、その答えは異議申立人側にきわめて有利なものだった。タフト氏はすでにダナ博士から得ていた承認を意識し、またピータースン博士の職業上の高い地位を充分考慮し、賢明にも関係のある質問は何ひとつせずに証人席から退出ねがったのである。

ピータースン博士につづいてはジェリッフ博士が証言した。ジェリッフ博士は当時ニューヨークの法廷にはじつに頻繁に姿をみせた鑑定人であって、反対尋問するにはたいへん危険な証人として知られていた。しかしタフト氏は、何とかして直答は避けようとあらゆる手だてを講じる証人を、じつに巧妙に扱ったのであり、このジェリッフ博士がもし遺言者の付添医師として呼ばれ、その患者の遺言書作成の精神能力を調べることになったら、どのようなことをなさったでしょうか、というふうに問い詰めていったのである。そうして、自分ならばその患者自身だけでなく、主治医や付添看護師たちや、また患者と話をした使用人たちや友人たちをも、調べるだろうと認めさせたのだ。言い換えれば、タフト氏が遺言者の遺言書署名当時の正常な精神状態を証言させようと呼んでいたそれらの人たちの証言を、この医者は認めたわけである。

結びとして、この三人の医者の証言にもかかわらず、遺言検認判事は、陪審の評決に付すべき問題点は何ひとつないとし、この遺言の認証を受け容れたのであり、したがってこの三人の鑑定人の証言を実際上無視したことは、注目に値するだろう。なお控訴裁判所へ控訴されたが、これは無駄に終わった。

第20章　リチャード・ピゴットへの反対尋問

パーネル委員会でのサー・チャールズ・ラッセルによる反対尋問

英国裁判史上、有名な反対尋問のなかでも、最も劇的な成功を収めたものの一つは、おそらく、このピゴットへのサー・チャールズ・ラッセルの反対尋問だろう。ピゴットは、チャールズ・S・パーネルと六十五人のアイルランド系国会議員たちを、英国支配の転覆を狙い、殺人さえ辞さぬ、無法な団体に所属するとの理由で、名を冠した査問を行なったさいの主要証人である。

このラッセルの反対尋問は、前の章で述べたマルティネス事件で、チョート氏が原告の反対尋問につかった方法とはたいへん対照的である。マルティネス嬢を反対尋問している間、終始チョート氏は、彼女の書いた手紙を握っていることを入念に隠しとおし、総括弁論のさいはじめて持ち出して彼女を破滅させてやろうと狙ったのだった。しかしサー・チャールズ・ラッセルがここで採用した手法はまさに反対であって、ピゴットをしてある絶対的な発言をさせ、どうしても引っこみがつかなくなるよう、巧妙に仕向けたのち、さて不意に、大家らしいやり方で自筆の手紙をピゴットに突きつけてやったのだ。まことに致命的だった。

これはまた、打撃を与えてやれる手紙を、その不正直な証人がうまい言い訳を考えて逃れられないように利用するにはどうしたらよいか――実際未熟な反対尋問者なら、つい言い逃れる機会を与えてしまうことが多いのだが――その重要性を示す好例でもある。この決定的な点についてはすでに、正しい「反対尋問の手順」に関する章で注意をひいておいた。ピゴットへの反対尋問は、サー・チャールズ・ラッセルが、この技術分野をあますところなく心得ていたことを示すものだ。というのも、彼はその打撃となる手紙をほんの一部だけピゴットに読んでやって、質問の鋭い切先を証人に情容赦なく突き刺し、そうやって血を流させた証人を、またひきずり出して別の部分を突きつけてやる、というふうな手順を繰り返し、とうとうピゴットをめった切りにしてしまったからである。

パーネルにたいする主な嫌疑で、ピゴットへの反対尋問中私たちの興味をひく唯一のものは、パーネルが手紙を書いたということだった。『タイムズ』紙がこの手紙を入手したと申し立て、複写《ファクシミリ》で発表していたのだが、その中で彼は一八八二年五月六日のダブリン市フェニックス公園でのアイルランド担当大臣フレデリック・キャヴェンディシュ卿と同次官バーク氏の殺害犯人を許容する発言をしている、というのだった。その一節に曰く、〝私はバークが受けるべくして受けた報いであることを認めざるをえない〟と。

この手紙の公表は、当然議会にも国全体にも大きな騒ぎをひき起こした。パーネルは下院で、その手紙が偽造されたものであることを声明し、後に、その複写の手紙の真贋を問う選抜委員会の設置を要求したのである。政府はこの要求を拒否したが、『タイムズ』紙の告発一切を調査するために、三人の判事を委員とする特別委員会を設置した。

筆者は、ラッセルの伝記を書いたオブライエン氏に、またしても多くを負うてこの有名な事件の詳細を語ることができたのである。法廷論争を描いてこれほど見事な文章は稀である。この論争の何カ月かを、ラッセルとともに、そしてオブライエンその人とともに、現実に生きているような気になれる。とはいえ、私たちとしては、このラッセルの伝記者の軽妙なペンが光を当ててみせた裁判速記録からの引用で、ピゴットへの反対尋問を再生することに満足しなければならぬ。

オブライエン氏は、〝パーネルの弁護こそ、ラッセルの人生での大事件〟であったと書いている。この弁護を引き受けるために、ラッセルは、『タイムズ』紙に、それまで多年受け取っていた顧問弁護料を返したのである。『タイムズ』紙はその問題の手紙をアイルランド忠君愛国同盟幹事長ヒューストン氏から買ったのであり、そのヒューストン氏はピゴットから買ったということであった。だが、ピゴットはどうやってそれを手に入れたのか？　それが解明されるのは時間の問題であり、人々はピゴットが供述した証人席へ入る日を、そしてサー・チャールズ・ラッセルがその彼を反対尋問する日を、首を長くして待ったのだ。オブライエン氏は書いている、〝主尋問でのピゴットの供述は、この手紙に関するかぎり、事実上次のようなものであった。すなわち彼は、パーネルに罪を着せられそうな書類を漁るためにアイルランド忠君愛国同盟から雇われていたのであり、その複写の手紙は他の手紙とともにパリでクラン・ナ・ゲール[*1]の一員《エージェント》から買っていたのだ。この連中は、それが自分たちの利益になるなら、パーネルを傷つけることに異議など全くなかった……〟

　その一週間というもの、あるいはそれ以上もの間、ラッセルは蒼い顔をし、疲れ、心配そうで、落ちつきがなく、悩んでいるようだった。短気で怒りっぽく、ときには不快げだった。昼食の席にいても、三十分前になると、すっかり気分が悪くなったようにみえ、知らない者ならば、まさかこの人が最も恐るべき法廷弁護士であろうとは夢にも思わず、かえって初めて弁論要旨を手にした若い陪席弁護士のような態度だと思ったろう。ところが今や、すべては一変したのだ。彼が立ち上がってピゴットと面つき合わせたとき、彼の姿は穏かさ、落ちつき、力づよさを絵に描いたごとくであって、短気やいらだちの気配などどこにもなく、病気、不安、心配の痕跡など完全に一掃されて、かすかな血の色が顔を明るめ、眼は火花を発し、愉しげな微笑が口辺に浮かんでいたのだ。頭を誇らしげに証人席へめぐらすその全体の挙措動作が、勇気、決意、自信を示していた。満員の法廷がしんと静まりかえるなか、大変に丁重な態度で彼は切り出したのである。
「ピゴットさん、委員の方々からお許しを得ましたので、その紙に単語をいくつか書いてみていただきたいのですが、よろしいですか？　たぶん腰を下ろされますね、書くためには」そして一枚の紙が証人へ手渡された。彼は一瞬おどろきをみせた、と私は思った。これは明らかに、予期しなかったことが始まった証拠である。彼はためらい、困惑している様子だった。たぶんラッセルはそれに気づいたのだろう。とにかく、急いでつけ加えたのだ――

「腰をおかけになりませんか?」

「ああ、いや、けっこうです」とピゴットはややうろたえて答えた。

委員長「しかし、私もお坐りになったほうがいいのではないかと思いますよ。このテーブルで、普通のやり方でお書きになれますよ――いつもなさるようにして」

ピゴットは腰を下ろし、平静を取り戻すとみえた。

ラッセル「〝生計《ライブリフッド》〟という単語を書いてくださいますか?」

ピゴットは書いた。

ラッセル「ちょっと行をあけて、〝見込み《ライクリフッド》〟と書いてくださいますか?」

ピゴットは書いた。

ラッセル「ご自分の名前を書いてくださいますか? 〝転向《プロスィライティズム》〟という単語を書いてくださいますか? そして最後に――いまのところ私はこれ以上ご面倒は願わないつもりです――〝パトリック・イーガン〟と〝P・イーガン〟をお書きくださいますか?」

彼はこの最後の二語に特別強勢をおいて発声したのだ。まるで何か重要な意味があるかのように。それからピゴットが書き終わると注意深くつけ加えたのである、「一語忘れていました。下の方におねがいします、ずうっと空けて、〝ためらい〟と書いてください」それからピゴットが書こうとした途端に付け加えたのである、まるでそこが一番大事な点だというように、「hは小文字でね」と。ピゴットは書き、ほっとした様子だった。

ラッセル「すみませんがその紙をいただけませんか？」

ピゴットは吸取紙を取り上げてその紙の上に置こうとした。その出鼻へラッセルは鋭く声をはりあげたのだ、「吸取紙はあてないで、どうぞ」口早のこの鋭い大声がピゴットをぎょっとさせた、と私にはみえた。書いている間に落ち着きを取りもどしたとみえたのだが、またしてもうろたえ、あがってしまった様子でその紙を渡したのだ。法務長官は鋭くそれを見て言った、いかにも点数をあげてきた人間らしく、「委員のみなさん、もしご異存なければ、これは写真に撮ったほうがいいと考えますが」

ラッセル（キッと法務長官へ身を向け、怒りのまなざしで、腹が立ったときに出るアルスター[*2]訛りで）「そんな要求などで私の反対尋問の邪魔をしないでください」

法務長官はこのとき、ほとんど気づかなかったのである。だが、十分か十五分ばかりのさきほどのやりとりで、もうラッセルは、決定的な優位に立っていたのである。ピゴットはパット・イーガン宛ての自筆の手紙の一つに、〝ためらい（hesitancy）〟という単語をhesitencyと綴っていたのだ。例の罪を着せようとした手紙にも同じ語の同じ綴りのまちがいがあったし、ラッセルへ手渡したその紙でも、ピゴットはやはり同じくaをeと綴っていたのだ。実際、アイルランド議員たちに手がかりを与えたのは、この単語のピゴット流の綴りだった。パット・イーガンは、罪を着せようとした手紙の一つにこの単語がeと綴られているのを見て、パーネルに手紙を書き、要するに「ピゴットは偽造者である。あなたが書いたとされているあの手紙で、〝ためらい〟のaがeと綴られている。これはピゴットがいつもこの語をそう綴るのだ。」と言っていたのだ。〝その紙を写真に撮るほうがいい〟などとラッセルの反対尋問を邪魔したとき、法務長官は夢にもそうしたことを知らなかったのである。こうして戦闘の第一ラウンドは終わったのだ。

ラッセルは以前の丁重な態度で質問をつづけていき、ピゴットのほうも今はすっかり落ち着きを取り戻して、自分の立場を守ろうと決心した人間の顔つきにふたたび戻っていた。

ラッセルは予備的な問題をいくつか長々と処理したのち（約三十分は立ちづめだったろう）、この証人と取っ組み合ったのである。

ラッセル「〝パーネル主義と犯罪〟というあの論文がはじめて発表されたのは一八八七年三月七日でしたか？」

ピゴット（頑固に）「知りません」

ラッセル（友好的に）「では、その日だったと仮定なすって結構ですよ」

ピゴット（うっかりと）「そうだったのでしょう」

ラッセル「ではあの手紙、罪を着せる手紙ですが、あれが公表される計画だったことはご存知でしたね？」

ピゴット（断固）「いや、全然知りませんでしたね」

ラッセル（鋭く、そしてアルスター訛りをひびかせて）「何ですと？」

ピゴット（あつかましく）「いや、絶対に知りませんでした」

＊

ラッセル「パーネル氏と土地同盟の指導者たちを重罪で告発する手筈だったことを、ご存知なかったのですか？」

ピゴット（決然と）「私は、実際にそれが始まるまで知らなかったのです」

ラッセル（ふたたびアルスター訛りで）「何ですと？」

ピゴット（挑戦的に）「現実にそれが公表されるまでは知りませんでしたね」

ラッセル（ちょっと間を置いて、証人をひたと見つめ）「誓えますか？」

ピゴット（攻撃的に）「誓えますとも」

ラッセル（両手である身振りをして委員席の方をふり向き）「結構です。それに間違いないのでしょう」


それから一息入れて、ラッセルは、自分の前にある棚の下へ両手を差し入れ、紙を数枚引き出した──ピゴットも、法務長官も、委員たちも、法廷内のだれもが、その間一心に彼をみつめていたのだ。息をひそめ、身じろぎひとつせず。全反対尋問をつうじて劇的な場面はいろいろあったが、私はこの場面が最も劇的だったと思う。それからラッセルは、一通の手紙をピゴットに渡して穏やかに言ったのだ――

「それはあなたの手紙ですか？　わざわざお読みにならずとも結構です。あなたの手紙かどうかおっしゃってください」

ピゴットはその手紙を受け取り、まるで読んでいるかのように眼へ近づけた。

ラッセル（鋭く）「わざわざ読まなくて結構です」

ピゴット「ええ、そうだと思います」

ラッセル（しかめっ面で）「どこか疑問の点がございますか？」

ピゴット「いいえ」

ラッセル（委員たちへ向かって）「みなさん、この手紙はアンダートン・ホテルから出されたもので、証人からウォルシュ大司教へ宛てられております。日付は三月の四日、つまり、例の論文〝パーネル主義と犯罪〟がはじめて発表される三日前であります」

ついで彼は読みあげたのである――

「親展」

「猊下――ここに申し上げます事の重大さが、このような手段で御意を得ようとする無礼への申し開きとなろうかと存ずるしだいであります。手短に申し上げます。パーネル一党の議会での影響力を粉砕する目的で準備中のある計画の詳細を、私は知らされました」

これだけ読み進んだところでラッセルはピゴットをふりかえって言ったのである。

「準備中のある計画とは何でしたか？」
ピゴット「思い出せません」
ラッセル（決然と）「委員の方々の方を向いてその答えを繰り返してください」
ピゴット「思い出せません」
ラッセル「誓えますか——三月の四日に書いたのですよ、二年足らず前の？」
ピゴット「ええ」
ラッセル「それが何のことを言っているのか、おわかりにならない？」
ピゴット「わかりません、本当に」
ラッセル「教えてあげましょうか？」
ピゴット「ええ、どうぞ」
ラッセル「ほかにもいろいろあったが、これはとくにあの罪を着せようとする手紙に言及したものでしょう？」
ピゴット「え、三月四日にですか？　いや、あの手紙はまだ手に入っていなかったと思います、三月の四日では。二年前のことですね？」
ラッセル（静かに、かつ丁重に）「あなたを混乱させたいわけでは全然ないのです、ピゴットさん」
ピゴット「その手紙の日付を、おっしゃっていただけませんか？」
ラッセル「三月四日です」

ピゴット「三月四日ですか」
ラッセル「あなたのご印象では、その手紙はその日付ではまだ手に入ってなかったのですね?」
ピゴット「ああ、そうです。それより前に手に入っていた手紙も何通かありました」
ラッセル「では、何通かはその日付より前に手に入っていたことを思い出されたのですから、さっき私が読んでお聞かせしたあの一節は、それらの手紙をさしていたのではありませんか?」
ピゴット「いや、あれは『タイムズ』紙に出るはずの記事をさしていたように思えますよ」
ラッセル（射るように証人を見つめ）「これから出る記事のことなど何も知らなかったとあなたはおっしゃったでしょう」
ピゴット（困惑して）「ええ、言いました。今、間違いに気づいたんです——つまり、私は何かそういうことを耳にしていたにちがいない」
ラッセル（厳しく）「じゃ、同じ間違いを二度となさらないように、ピゴットさん。〝さて〟とあなたは書きつづけていますよ（と大司教宛ての手紙のつづきを読む）〝今はあまり詳しく申し上げるわけにはまいりませんが、この計画と申しますのは、パーネル氏とその支持者数名が、アイルランドで起こった殺人事件・暴行事件の共犯者であることを立証すると称するある文書を公表することでございまして、これが行なわれますと、政府が彼らにたいして刑事訴訟手続をとることは百パーセント間違いありません。〟」

読み終えるとラッセルは手紙を下へ置き、（証人をふりかえって）言った、「誰からそうした話を聞かされました？」

ピゴット「全然思い当たりませんね」

ラッセル（指でその紙を力強く叩いて）「しかし、これは例の罪を着せんがための手紙をさしていますよ」

ピゴット「私にはそんな記憶がありません」

ラッセル（力をこめて）「そうではなかったと誓えるのですか？」

ピゴット「そうではなかったと誓うつもりはありません」

ラッセル「そうだったと思うのですか？」

ピゴット「いや、そうだったとは思いません」

ラッセル「これらの手紙は、もし本物ならば、パーネルの共犯を立証するだろうと思いますか、それとも立証しないと思いますか？」

ピゴット「立証することになるのはまず間違いなかろうと私は思っていたのです」

ラッセル「では、そういう当時のご判断を思い出されたようですから、お尋ねします。あなたはそれらの手紙を——他にもいろいろあったでしょうが、とくにそれらの手紙を、共犯関係の立証資料、あるいはそう称されている資料として、言及なさったのではなかったかどうかです？」

ピゴット「ええ、それは念頭にあったかもしれませんね」
ラッセル「それはまず疑問の余地がなかったのではありませんか？」
ピゴット「そうでしょうな」
ラッセル「そうだったろう、とお思いなのですな？」
ピゴット「そうです」
ラッセル「この手紙に書いておられる（と読みあげる）、〝猊下に誓って申し上げますが、私はすべてを承知したうえでお話ししているわけでございまして、私の申し上げることの真実であることは、いかなる疑問の余地もなく、証明できる立場に私はおるわけでございます。〟これは本当だったのですか？」
ピゴット「ほとんどありえないことですなあ」
ラッセル「するとあなたは、偽りを書いたのですか？」
ピゴット「自分の話に力を与えたくて書いてしまったのだと思いますね。本当に知っていて保証したというわけではないと思います」
ラッセル「自分の話に力をつけてやろうとして嘘の供述をつけ加えたのですな？」
ピゴット「ええ」
ラッセル「あの手紙は本物であると信じておられますか？」
ピゴット「信じております」
ラッセル「当時はいかがでした？」

ピゴット「信じていました」

ラッセル（読む）「〃さらに猊下にお誓いいたしますが、私はこれからの計画にどうすればうまく対抗でき、最終的には打破できるか、その方法を指摘できるのでありま す。〃もしあの文書が本物であり、かつまたあなたが本物なりと信じておられるなら、いったいどうしてあなたは、この計画にうまく対抗し最終的には打破する方法を指摘できる、などと猊下に断言できたのです？」

ピゴット「それは、申し上げているとおり、あの当時私は実際のところあの手紙など念頭にはなかったのでして。今思い出そうとしているわけですが、どうしてもそのウォルシュ大司教宛ての手紙というのが、まるっきり思い出せませんな。私の記憶は、当時の状況に関しては本当に空白ですよ」

ラッセル「あなたは大いに熟考なさり、思慮なさったあげく、ついさっきおっしゃったばかりなんですよ、罪を着せる手紙も、ウォルシュ大司教宛ての手紙も、両方とも憶えていたと」

ピゴット「ありうることだ、私はそうしたのかもしれぬ、と申し上げたわけでして。しかし今私が申し上げているのは、その内容が完全に記憶から消え失せているということですよ」

ラッセル（きっとして）「どうあってもお答えいただかなくてはなりませんよ。その手紙が本物であるとするなら、あなたが、その計画にうまく対抗し最終的に打破する方法を指摘できると猊下に断言できたのはなぜです。その根拠となったのはどのような手段でした？」

ピゴット（お手あげのていで）「考え浮かびません、本当に」

ラッセル「ああ、考えてごらんなさい。本気で考えなくてはいけないのですよ」

ピゴット（ありありと困惑・苦悩の顔で）「私にはできません」

ラッセル（証人を見すえつづけて）「やってみるんです」

ピゴット「できません」

ラッセル「やってみなさい」

ピゴット「無駄ですよ」

ラッセル（力を入れて）「では、全く説明できません、というのが委員の方々にたいするあなたの答えである、と受け取ってよろしいのですな？」

ピゴット「全くできないのです、本当です」

ラッセル（先を読む）「〝誓って申し上げますが、猊下、私はこのことをどなたか一党の方へお伝えいただけないものか、という以外に何の下心もございません。そうなりませば私はその方へ詳細をお話しし、証拠をお見せし、来るべき攻撃をどのようにすれば効果的に迎え撃てるか案をお出しできましょう。〟これにたいしてはどうご説明いただけますかな、ピゴットさん？」

ピゴット「全く何ひとつ思い出せない、ということ以外は何も言うことがございません」

ラッセル「この来るべき攻撃というのは何のことでしたか？」
ピゴット「たぶん来るべき公表のことでしょう」
ラッセル「効果的に迎え撃つとは、どんなふうにしてだったのです？」
ピゴット「全然思い当たりません」
ラッセル「手紙が本物だとすれば、それを効果的に迎え撃つにはどんな方法がありうるか、今でもなお頭に浮かびませんか？」
ピゴット「浮かびません」
ピゴットは今や、懸賞試合でラウンド毎にノックダウンされ、第六ラウンドを終えた男のようにみえた。だがラッセルは彼に全く情け容赦なかったのだ。もう一つ別の個所を引用しよう。

＊

ラッセル「〝パーネル主義と犯罪〟の中で告発している罪状——手紙もその一つですが、それらの罪状が何であれ、あなたはすべて真実であると信じていたのですか？　それとも嘘であると思っていましたか？」
ピゴット「告発が何にたいしてだったのか私は知らないと申し上げているのですよ、どうして答えられますか？　私は大司教宛てのその手紙も全く思い出せないし、手紙の中で言われている事情も何ひとつ思い出せない、と申しているのです」
ラッセル「まず第一に、あなたはこのことを知っていましたね。いいですか、あなたはたくさんの手紙を入手し、その代金を払った、ということです」
ピゴット「ええ」
ラッセル「そして、あなたはすでに証言していらっしゃるのだが、それらの手紙は、もし本物なら、その差出人ということになる一党の人々を、重要参考人にするだろう、というわけですよ」
ピゴット「ええ、重要参考人にするでしょうね」
ラッセル「あなたはそれを重要な告発事項だとみておられたと思いますが？」
ピゴット「ええ」
ラッセル「その告発事項をあなたは真実であると信じていましたか、それとも嘘であると思っていましたか？」
ピゴット「その告発は真実であると信じていました」
ラッセル「真実であると信じておられた？」
ピゴット「そうです」
ラッセル「さて、この一節を読んでみましょう〔ピゴットの大司教宛ての手紙から〕
〝付け加える必要はまずあるまいと存じますものの、私はこの一党を告発された事項については本当に有罪であると考えましたので、猊下に彼らを守る活動にご助力をお願いしようなどゆめゆめ思ってはおりませぬ。ただ私といたしましては、証拠は明らかに有罪でありますから、もしイングランドの陪審へ付されました場合、有罪判決はまぬかれがたいだろうということだけは、是非お伝えしなければと思った次第でございます。〟これは何かおっしゃることがありますか、ピゴットさん」

ピゴット（途方にくれて）「それを書いたとき、私の念頭にはあの手紙のことなどは絶対にあったはずがない、としか申し上げられません。なにしろ私としては、あの手紙がそんなふうに私に書かせるほどの大変な告発事項を含んでいたとは、思っておりませんのでして」

ラッセル「しかし、これまで供述なさったかぎりでは、あなたが事を起こされるについて関わりをお持ちの犯罪容疑はそれだけだったのでしょう?」

ピゴット「そうです、私が申し上げているのはそれです。私の念頭にはきっと何か他のことがあったにちがいありません、今は思い出せないのですが——他の容疑事項があったはずです」

ラッセル「どんな容疑事項です?」

ピゴット「わかりません。今はわからなくなっています」

ラッセル「では、ひとつ私が思い出させてあげましょう、あの容疑事項——つまり罪を着せる手紙ですが、あの手紙については何もかもご存知だったわけですよ」

ピゴット「そうです、もちろん」

ラッセル（ピゴットが大司教に宛てたもう一通の手紙を読みあげる）「〝猊下から一言のお返事もいただけなかったことにはいささか落胆いたしました。と申しますのも、まことに僭越ながら、そのような光栄を期待申し上げていたからでございます。私にはけっして他意はないのでございまして、ただただ猊下と意を通じておられる方々へふりかかる大きな危険を、できることなら、未然に防ぎたい一念からお手紙をさし上げたわけでございます。同時に、もし猊下がそんなことには介入したくないとお思いならば、あるいはその方々が私から話を聞くことなど拒絶するだろうとお考えならば、私としましては、このような状況において自分のなすべき義務を果たしたのですから、それだけで満足でありますす。これ以上は、猊下にお手数をおかけいたしません。ただ私の名前を外部へお洩らしにならぬよう、再度お願いするのみでございます。そうしても誰の益にもならず、私の前途が大きく傷つくだけであろうと思うからであります。パーネルの一党を打倒せんとする計画について、私はそのあらゆる細部を知りえたとはいいましても、けっして参加いたしたわけではございませんので、いっそうこの点をお願い申し上げる次第でありますす。〟」

ピゴット（混乱・狼狽の面持ちで）「ええ」

ラッセル「これにたいするご言い分は？」

ピゴット「私の念頭にはあの手紙がなかったということが、これではっきりわかると思います」

ラッセル「あの手紙がご念頭になかったということが、これであなたにはっきりわかる、といわれるのなら、では何がご念頭にありました？」
ピゴット「何かもっとずっと重大なことだったにちがいありません」
ラッセル「それは何だったのです？」
ピゴット（どうしようもなく、大粒の汗が額から顔面をしたたり落ちる）「それがわからないのです、全く思い当たりません」
ラッセル「あの手紙よりもはるかに重大なことだったにちがいないのですね？」
ピゴット（ぼんやりと）「はるかに重大な」
ラッセル（活き活きと）「それが何であったのか、ごく間接的な言い方で結構ですから、何かきっかけになるようなことを委員の方々へおっしゃっていただけますか？」
ピゴット（絶望的に）「わからないのです」
ラッセル「でなければ、それを聞いた人の名をどうぞ」
ピゴット「わかりません」
ラッセル「では、いつそれをお聞きになったのです？」
ピゴット「いつそれを聞いたか」
ラッセル「では、どこでそれを聞きました？」
ピゴット「どこでそれを聞いた」
ラッセル「そんな恐ろしいことを——それが何であれ——誰かに話したことがおあり

ですか?」

ピゴット「いいえ」

ラッセル「依然あなたお一人の胸中に閉じこめ、密封しておられる、というわけですか?」

ピゴット「いや、私の胸の中から消え去ってしまいました、それが何であったにしろ」

この答えを聞くとラッセルは微笑して委員席を見、それから腰をおろした。嘲笑のさざなみが法廷じゅうに行き渡り、人々の声がざわめいた。私のまわりに立つ人々は顔を見合わせて「すばらしい」と言い合った。委員たちは立ち上がり、群衆はうっとりしていた。群衆に混じっていた一人のアイルランド人は、「粉砕されたな」と言ったが、この一語に、満場の気持ちが表現されていたと私は思う。

ピゴットへの反対尋問は翌日完了し、以後彼は全く姿をみせなくなったが、後日罪を告白した手紙をパリから送ってきて、自分の偽証を認め、パーネルの手紙であると申し立てた手紙をどうやって偽造したか、その詳細を述べたのである。それによると、窓ガラスの裏に本物のパーネルの手紙を置き、字句をなぞったというのであり、またそうやって偽造した手紙を六百ポンドで売ったということだった。委員会は告白を読んだのち、それが偽造であったと「答申し」、『タイムズ』紙はその複写の手紙を撤回したのである。

偽証罪でピゴットの逮捕状が発付されたが、ピゴットはマドリッドのホテルにいるところを警察に探知されると、身の回り品をとりまとめる時間をくれといって室に入り、自分の頭を射ち抜いて死んだ。

第21章　某博士への反対尋問

カーライル・W・ハリス事件でのフランシス・L・ウェルマンによる反対尋問

米国の刑事法廷記録の中でも、私が担当する巡り合わせとなったカーライル・W・ハリスの訴追と断罪ほど、この地方のあらゆる階層に、大きな人間的興味をかき立てた事件は、まずないといってもよいくらいである。

裁判が済んでも、なお何年かは、ハリスの生命は国に奪われはしたが、実は無罪だったのだ、という話が、人々の間で、おそらくは特に女性たちの間で、ひろく信じられたのである。彼らは裁判を傍聴したわけではなく、ただ世間話を聴いたり、新聞の記事を読んだりしただけなのであったが。

この章では、この裁判での決定的な点について、被告人側の証人に立った米国の最も著名な毒物学者の一人が証言した事実を論じ、またこの学者を反対尋問してすっかり面目を失墜させ、それがこの裁判全体の転回点となったいきさつを、お伝えしようと思うのである。彼は証人席を退出するとフィラデルフィアの自宅へ帰り、公の席で、ニューヨークの経験を話してくれといわれ、「ニューヨークへは行きましたがね、ただ馬鹿にされて舞い戻ってきただけですよ」と語ったそうである。

また、事件の内幕についても少しお伝えするつもりだ。――裁判にはけっして現われなかった事実をである。その当時は地方検事に知られていなかったから、あるいは証拠となりにくかったから、ではなくて、こうした事件ではよくあることだが、証拠についての厳しいルールというものが、それをただ披露しただけでもう罪の有無を決めてしまいそうなある種の事実を陪審の耳に入らないようにする、という理由からだろうと私には思える。例えば、殺人の犠牲者の語ったことは、たとえ死の床をとりまく証人たちへ向けられた言葉であっても、その犠牲者が、自分はもう生きられないとはっきりさとり、回復の希《のぞ》みも期待も一切すててしまったということを、言明したのちに、自分がどのようにして殺害されたのか、あるいはどうしてそんな目にあったのかを話したものでなければ、陪審に披露してはならぬというルールがある。このルールのおかげで、今までじつに多くの被告人たちが、犯行には全く疑問の余地がないにもかかわらず、無罪放免とまではいかなくとも、刑罰を軽減されてきたのだ。

カーライル・ハリスは、良家の息子であって、生まれも育ちも申し分なかった。二十二歳のとき、ちょうどニューヨーク市の医大を優等で卒業したばかりだったが、ヘレン・ポッツ嬢殺しの容疑で起訴され、裁判にかけられたのである。このポッツ嬢は、ニューヨーク市四十番街のミス・デイ女子寄宿学校に在学する、若く、美しく、頭のよい才媛だったのである。

ハリスは、一八八九年の夏にポッツ嬢と知り合い、その冬じゅう彼女に執心したのだった。翌春には、彼女は医者の叔父のところへ行って四カ月の胎児を堕ろし、自分がじつは仮名をつかって密かにハリスと結婚していたことや、学生の夫が自ら堕胎させたことを、母親に白状しなければならなかった。

ハリスが呼びつけられ、妻の言うとおりであると認めたものの、結婚の公表はどうしてもしぶったのである。このときからずっと、娘の死んだ日まで、悲嘆にくれた母親は、何とかハリスに結婚を公表させようと、手のかぎりをつくしたのである。とうとう母親は、一八九一年一月二十日付で、次のような手紙を彼に書いた。〝あなたがたの内密の結婚の記念日、二月八日に、教会の牧師さんのところへ行って、キリスト教の結婚式をあげてもらわなくてはいけません。――もうこれ以外に私を納得させ、気持ちを鎮める道はありませんよ。〟

まさにその日、ハリスは、薬局で六個のカプセルを注文したのである。おのおのキニーネ四・五グレイン[*1]にモルヒネ六分の一グレインを入れ、それを箱に収めて〝学生C・W・H、就寝前に一個〟と書かせた。ポッツ嬢が前からひどい頭痛を訴えていたので、このカプセルを四個、お薬とみせかけて与え、それからポッツ夫人へ手紙を書いたのである。〝もしご心配を納得させる方法が他にどうしてもなければ〟彼女の条件に同意すると。そしてあわただしくオールド・ポイント・コンフォートへ旅行に出てしまった。カプセルを飲んだって快くなる代わりに悪くなる一方だわと妻から聞かされても、彼は依然説きすかして服用をつづけさせたのだ。死ぬ日、彼女は母親にカーライルのくれたこの薬のことで文句を言い、カプセルが一個残った箱を窓から投げ捨てるとだだをこねた。母親は娘をなだめすかしてその最後のカプセルを飲ませようとしたから、娘もそうすると約束した。彼女のルームメイト三人は、ちょうど当夜交響曲のコンサートにでかけて留守だったのだが、戻ってみるとヘレン・ポッツは眠っていた。だが起こすと、彼女は〝とっても美しい夢〟をみていたと言ったのである。——彼女は〝カールの夢をみていた〟のだった。それから感覚が麻痺した感じで恐いと訴え、私を眠りこませないようにしてほしいと頼んだ。そしてハリスがくれた薬を飲んだことを繰り返して言い、彼が有害なものをくれるなんて、ありうると思う？　と訊いたのである。それから間もなく深い昏睡状態に陥り、呼吸数は一分間にわずか二回となった。医者たちが十一時間かかりきりだったが、ついに意識を取り戻すことなく、永久に呼吸が停止したわけである。

五十六日後に屍体の解剖が行なわれ、みかけは健康体だったが、胃内容物の化学分析ではモルヒネが検出された。しかしキニーネはなかったのである。薬剤師が調合したときは、モルヒネの二十七倍量のキニーネを、どのカプセルにも入れたはずなのである。

このおどろくべき発見が、次のような起訴理由をみちびき出した。すなわち、ハリスはカプセルの一個をすっかり空にし、四・五グレインのキニーネの代わりに、致死量のモルヒネを入れ（肉眼では粉末のキニーネとモルヒネは同一物に見えるのだ）、この致命的なカプセルを他の無害な三個と一緒に箱に入れて、毎夜一個ずつ飲ませたというのだ。そうしておいて彼はニューヨーク市から逃げ出したのである。いつの日か殺人者の烙印を押されるとも知らずに。

妻が死んだ直後に、ハリスは医大仲間の一人を訪ねて語っている。「ぼくは自分で調合させたカプセル六個の中、四個を彼女にやっただけなんだ。二個は取り除けてあるから、完全に無害なことがわかるだろう。どんな陪審もあのカプセルでぼくを有罪にはできないよ。分析すればいいんだ。無害が証明されるだけだよ」

分析されたが、実際処方どおりに調合されていたことが証明されたのである。しかし、犯人が犯行を匿そうとして用いる手段は、まさに内心深く秘めた罪を顕わすために神の御《み》意《こころ》がとり給う手段にほかならぬことがしばしばなのだ。ハリスは、真に自分を有罪ならしめるものが、そのカプセルを手もとに取っておくこと自体であろうとは、全く予見できなかったのである。ポッツ嬢は、彼がくれたカプセルを全部飲んでいたのだから、もし残っていたカプセルが分析されなかったとすれば、薬剤師のおそるべき間違いではないと、確信をもって言えた人間は一人もいないはずである。ハリスがカプセルの一個を空けてモルヒネに詰めかえたとき、彼はみずから薬剤師となっていたわけなのだ。

ハリスがヘレン・ポッツを妻と認めようとはしなかったことが争点となった。彼が内密に結婚したことは、友人との会話で「他の方法では彼女を陥れてやれなかったから」と語っており、いわば彼自身の口から、法廷に明らかにされたわけである。彼はニューヨークへ彼女を連れていって、仮名で市会議員立ち会いのもとに結婚したが、こうして目的を達してしまうと、結婚の証拠である偽りの証明書を燃やしてしまった。とどのつまり、彼女を妻として認知しなければならぬ日取りを決められた彼は、切羽つまって殺害を計画したのだ。

前ニューヨーク判事フレデリック・スミスが、大いなる威厳と公正をもって裁判にあたった。被告人側弁護人はジョン・A・テイラーと後にニューヨーク地方検事となったウィリアム・トラヴァーズ・ジェロームで、両人とも有能だった。

ジェローム氏による起訴側化学鑑識主任ウイットハウス教授への反対尋問は、きわめて見事な仕事であって、八時間にもわたって米国の法廷ではめったにみられぬような専門的知識や研究成果を披露してくれた。もしこの証人が難攻不落の立場にいたのでなければ、必ずやこの攻撃の前に屈していたにちがいない。こうした長時間にわたる専門的な尋問は、やれといわれてもちょっと実行不可能ではあるが、化学知識のような、弁護士の素養とはひどくかけ離れた分野で尋問しなければならなくなった反対尋問初学者にとっては、手本となるものだ。

被告人側の抗弁は、全面的に医学証言から成るもので、モルヒネを死因とするわれわれの理論に疑いを向けさせようと狙っていた。われわれの証人にたいする彼らの反対尋問も、したがって自然死――心臓病、脳腫瘍、卒中、てんかん、尿毒症といったものをひき出そうとしていたのだ。実をいえば、抗弁の論点があまり多方面へ枝を拡げすぎることは、大きな弱点となるものなのだ。彼らは死因として可能性のあるものを次第に捨てていき、結局二つにしぼらざるをえなくなった。すなわち、モルヒネと尿毒症の二つである。こうして争点は次のような疑問に結着した――死因はモルヒネの大量服用だったのか、それとも、ハリスが投薬したカプセル中に許容量として含まれていた六分の一グレインという少量のモルヒネによって、潜伏していた腎臓病を併発し、尿毒症による昏睡を引き起こしたせいだったのか？　前者であればハリスは有罪であり、後者であれば無罪だった。

ヘレン・ポッツは深い昏睡状態で死んだ。この昏睡はモルヒネによるものだったか、それとも腎臓病によるものだったか？　当市の権威者たちの多くは、モルヒネ説を支持したのである。これに応えて被告人側も多数の若い医師を証人に立てることができた。後年は有名になったが、当時は経験が浅く、証人としてはほとんど役に立たない連中だった。ジェローム氏は、しかし、著作業績からいっても三十年に及ぶ臨床経験からいっても、この問題に権威ある発言をするには、米国に医師多しといえどもこの人を措いてはないという内科医の協力を確保していたのだ。

主尋問でのこの医者の証言は、次のような意味のものだった――この問題について広く文献にあたった結果、考えられるところから言っても、またこの問題に関する専門家の通説と思われるものから言っても、そしてまた〝自分自身の経験に拠って申し上げても〟現在生きているいかなる医師も、モルヒネによる昏睡と腎臓病による昏睡とを区別できない、と。刑法の理論によれば、死が自然の原因によるか毒物の使用によるか判別できぬ場合、陪審は、疑わしきは罰せずで被告人を無罪釈放としなくてはならないのである。

この裁判では、ここがまさに岐《わか》れ目なのだった。もし陪審員の誰かがこの証言を信用すれば——何しろこの証人は非常に穏やかな、良心的な、印象深い態度で、自分の意見を説き聞かせたのであるから——よくて陪審の評決不一致、とうてい有罪判決などはありえまい、という状況だった。ハリスがカプセルを与えたことは確かな事実である。しかし、もし彼の妻がモルヒネ中毒で死んだのでなければ、彼は妻の死について無罪なのだ。

以下の反対尋問は、省略が多く、また記憶による部分もある。この証人はいくら専門的な質問をぶつけたってびくともしまいし、そんな問題に立ち入れば逆にこっちがやすやすとやられるだろうことは目にみえていた。彼はすでに深い印象を与えてしまっていた。全法廷が固唾をのんで彼の言葉に聴き入っていたのだ。まず丁寧な態度で接することだ。そして、できることなら、最も手薄なところで自己矛盾へ陥れてやらなければならない。

反対尋問者としては、素早い一撃を放って、もしそれが効いたら着席してやろう、と心を決め、口火を切ったのである。最初の一打はやや的を外したけれども、二発目で陪審員も傍聴人もどっと爆笑した。そのため証人は大困惑のていで退席し、被告人側弁護士連中さえがっかりしたようだった。閉廷時刻まで二時間も余していたのに、翌日まで休廷を願い出たのだから。

検察官（穏やかに）「先生は、ヘレン・ポッツ嬢がモルヒネで中毒死したのではないと陪審に納得させたいのですね？」
証人「そんなご質問には証言しません」
検察官「死因は何だったのでしょう？」
証人「死因が何であったかについては証言しません」
検察官「私の理解しますところでは、モルヒネの症状は、確信をもって証言できないものである、というご意見を述べていらっしゃいますね。それで間違いございませんか？」
証人「できないと思いますね、確信をもっては」
検察官「先生は検屍をして腎臓病でない場合以外は、モルヒネ中毒と診断なさったことがないとおっしゃいますが、それで世間を押し通りたいとお思いなのですか？」
証人「そうではない、私はそんなことは言わなかった」
検察官「じゃあなたは、モルヒネ中毒を症状だけにもとづいて診断なすったことがおありですか。イエスか、ノーかで答えていただきたいのです」
証人（口論する調子で）「そんな質問にイエスかノーで答えることは拒絶します。その〝診断〟という言葉は二つの意味に使われるのですよ。医者は患者のところへ赴けば〝診断する〟といわれることをしなくてはならないが、これは病名を確定する診断とはちがいますよ」
検察官「アヘン中毒かモルヒネ中毒の患者で、最近ご診断なさったのはいつでしたか？」

証人「どれが最近だったか、思い出せませんな」

検察官（突破口を見つけて）「私はその患者の名を知りたいわけではありません。おおよその日、つまり、何年のことだったか――ただしご宣誓にかけて、おねがいします」

証人「最近の例は数年前だったでしょう」

検察官「何年前ですか？」

証人（ためらう）「八年か十年ほど前でしたか」

検察官「モルヒネ中毒による死亡だったのですね？」

証人「そうです」

検察官「検屍はあったのですか？」

証人「ありません」

検察官「どうして死因がモルヒネとおわかりでした、もし、さきほどいわれたように、症状では判別できないとすれば？」

証人「薬剤師からその婦人がモルヒネを七グレイン飲んだと聞いたからですよ」

検察官「薬剤師からお聞きになるまで、全然ご診断はなさらなかったのですか？」

証人「私は人工呼吸にかかりました」

検察官「でもそれは、モルヒネ中毒の患者に施すものではありませんか？」

証人（ためらう）「そうです。もちろん、診断はしたわけですよ」

検察官「その以前に手がけられた患者は憶えておいででしょうか？」

証人「憶えています」
検察官「それはいつでした？」
証人「それよりも、またずっと昔でした。年月日ははっきりしません」
検察官「何年前でした、ご宣誓にかけて？」
証人「十五年くらいでしょう、たぶん」
検察官「ほかには？」
証人「あります、もう一人」
検察官「いつです？」
証人「二十年ほど前です」
検察官「あなたのご経験で憶えておられるのは全部で三例ということですか？」
証人「そうです」
検察官（一か八かやってみようと）「そのうちモルヒネが死因になったのは一例以上ございましたか？」
証人「いや、一例だけです」
検察官（少しばかり勝ち誇って陪審へ目をやり）「じゃ、要するにこういうことですな、あなたはこの二十年間にモルヒネ中毒死を一例手がけたことがある、と」
証人（低い声で）「そう、私が思い出せるのは一例です」
検察官（昂奮して）「それなのにあなたは進んでフィラデルフィアから出てこられ、あなたと反対の証言をしたニューヨークの先生方は、診断も結論も間違っているとおっしゃるのですね、この先生方は七十五にも及ぶ同様の事例を手がけていらしたわけですが？」
証人（困惑しきって、低い声で）「ええ、そうです」
検察官「あなたはヘレン・ポッツのことを耳になさったことはなかったのではありませんか、彼女の死後一年経つまでは。どうです？」
証人「そうです」
検察官「あなたはニューヨークの先生方が彼女に死ぬまでつきっきりで十一時間その症状を観察したと証言なさるのを、お聞きになりましたね？」
証人「ええ」
検察官「あなたは二十年間に一度の経験しかお持ちにならないのに、ここへおいでになり、実際に彼女をごらんになったあの先生方がモルヒネ中毒と診断できるのはおかしい、などというご発言を進んで記録させようとなさるのですね？」
証人（弱々しく）「ええ」
検察官「あなたはおっしゃいましたね、モルヒネ中毒の症状は確信をもって診断を下せないのだと？」
証人「ええ」
検察官「あなたはそのご意見がご自分の経験にもとづくものだとおっしゃった。ところがその経験とは二十年間にたった一度であることが今や判明したわけです」

証人「文献から得た知識にもとづいていますよ」

検察官（ほとんど軽蔑するような態度になって）「文献からとおっしゃるが、それもご自分の著書だけではないのですか？」

証人（昂奮して）「いいえ、断じてちがいます」

検察官（平静に）「でも、あなたは、文献をお読みになって得られた知識を、ご著書に具体化なさったと推測いたしますが？」

証人（やや心配げに）「そう努めましたよ」

ここで説明しておかなくてはならないのが、ヘレン・ポッツの担当医たちは、彼女の両眼の瞳孔がピンの先ほどに収縮していた、と証言していたことである。実際には瞳孔が認められぬまでに収縮し、しかも左右対称に収縮していたというのだが、これはモルヒネ中毒による昏睡には必ず現われる症候なのであり、他の死因にはけっして見られぬ独特のものであって、腎臓による昏睡では、片方の瞳孔が拡張してもう片方は収縮するという非対称的なものになる、という説明だった。

検察官（つづけて）「ひとつ、あなたの御著書から一六六ページを読ませていただきます。こう書いていらっしゃいますよ。（読む）〝私は考えてきたのである、瞳孔の不均等は〟――つまり左右対称に収縮していない場合ということですが――〝症例が麻酔によるものではない証拠であると〟――いいかえるとモルヒネ中毒ではない証拠、でしょう――〟しかしテイラー教授は、それ〔瞳孔の非対称的収縮〕が起こったモルヒネ中毒を一例記録しているのである。〟私の読み方に歪曲はございませんね？」

証人「ええ」

検察官「するとあなたは、テイラー教授が報告したその症例をお聞きになるまでは、両眼の瞳孔の左右対称の収縮がモルヒネ中毒を識別する症候であるとつねにお考えになってこられた。ところがこの報告に接したがために、ニューヨークの医者たちが実地にその患者を診たといってもモルヒネ中毒と断言はできないはずである、とおっしゃるわけですな？」

証人（質問の狙いがまるでわからぬまま）「ええ、そうです」

検察官（大音声で）「では先生、あなたは、十二分にその症例をお調べになったのでしょうか、テイラー教授のその患者が、片眼は義眼だったことを発見なさるまで[1]？」

証人（混乱して）「それは全く憶えておりません」

検察官「そういう症例であることがここで立証されました。フィラデルフィアへお帰りになったほうがいいですよ、先生」

聴衆はどっと笑い出し、その渦のなかを、検察官は着席し、証人は法廷から退出したのである。この出来事による効果たるや活字で再現することは困難である。だがこの証人が引き下がったために、被告側の主張は潰え去り、ついに回復することはなかったのである。

ハリスの有罪判決後一年とは経たぬうちに、ブキャナン博士がモルヒネによる妻の毒殺という同様の容疑で起訴され、裁判にかけられたことは、注目に値するおもしろいことである。

ブキャナン博士の場合は、ハリス裁判で医学証人たち（おそらくはとくに上記の証人と思われる）が反対尋問されていたころ、会食仲間《メスメイト》たちにブキャナンは語っているのだ。「ハリスは――ばかだったな。やつは薬の混ぜ方を知らなかったんだ。モルヒネにちょっとアトロピンを混ぜておけば、少なくとも被害者の片眼の瞳孔は広げてやれたろうに。そうすりゃどんな医者だってモルヒネが死因とは証言できなかったはずだよ。」これは証拠として提出された事実である。

ブキャナン事件が裁判にかけられたさい、彼の妻の遺体の胃、血液、腸内からモルヒネが検出されたが、瞳孔は左右対称に収縮してはいなかった。担当医たちは、遺体内容物の化学検査がつづけられてアトロピン（ベラドンナ）が紛れもなく含まれていたことが証明されるまでは、彼女の症例に断定的な診断を下せなかったのである。ブキャナンはハリス裁判で明らかにされたことを利用したのである。ただ、科学の裏をかくにはこうすればよかった、などと友だちにしゃべったのが、致命的な過ちとなった。化学者たちをすっかり警戒させ、結局ブキャナンを有罪にし、処刑させたものは、彼のこの発言だったのである。

カーライル・ハリスは、上訴裁判所が満場一致で有罪判決を支持した後でさえ、そしてまた静かに電気椅子に坐ったときでさえ、自分は無実だと言いつづけたのだった。

ハリスとブキャナンの事件に比すべき英国の最も有名な毒殺事件は、あのウィリアム・

パーマー事件である。この男も職業は内科医で、仲間をストリキニーネで毒殺し、その金を取って競馬の賭金を回収しようとしたのである。

パーマーも、ハリスやブキャナンと同じく、裁判中も、刑務所で死刑の執行を待っていた間も、克己冷静の態度を持した。死刑執行当日の朝、彼は朝食でいつものように卵を食べた。まるで旅行に出かけようとしているかのようだった。絞首台へみちびかれて、当時の英国の慣習どおり、神の御名にかけて、無実か有罪かと尋ねられた。彼は何も答えなかった。ふたたび同じ質問をされた。「ウィリアム・パーマー、全能の神の御名にかけて、あなたは無実ですか、それとも有罪ですか？」白い帽子《キャップ》が彼の顔をおおって引き下ろされるまさにそのとき、かすかな呼気で彼はささやいたのである、「有罪です」、と。かんぬきがガチャリと引かれた。

第22章　ジェリッフ博士への反対尋問

ジョゼフ・W・ハリマンの精神鑑定聴問でジョージ・Z・メダリーが行なった反対尋問

一九三三年三月十四日、ハリマン・ナショナル銀行および同信託会社の取締役会長ジョゼフ・W・ハリマンは、七十番街東二番地の自宅で就寝中に逮捕された。容疑は同銀行の預金者数名の口座をつくりかえ、そうして得た資金をつかって同銀行の株価を買い支えた、というものだった。

彼は一九三三年四月六日に起訴され、五日後には法廷で罪状認否を問われたのである。ウィリアム・ドノヴァン大佐を主任弁護人とする顧問弁護士団が、ハリマンの危険な肉体条件からみて、今すぐ罪状認否を問うことは死につながるおそれがある、と強く訴えたのだったが。

翌月、裁判中はリージェント療養所に監禁されていたハリマンが、突然失踪したという報せがあった。彼は一束のメモを残しており、その全部が自殺するという趣旨や、銀行を救うために自分は最善をつくした、あるいは自分は失敗した、自分としては他に方法がなかった、といった意味のものばかりだった。

彼の顧問弁護士連中、担当医たち、そして友人たちは、ハリマンのこの突飛な行動を精神異常の証拠とばかりにとびついたわけである。彼は一九二八年に息子に先立たれ、そのショックから立ち直れずにいた。前の年には女房から拳銃《リヴォルバー》を取り上げられている。自殺をするおそれがあるから、というわけだった。担当医たちは、いろいろな病気が複雑に絡み合っていると発表した。米国で最も優れた精神病医の一人スミス・エリー・ジェリッフ博士は、ハリマンが各種の病気の併発で苦しんでおり、そのために、記憶力も判断力も事業能力もそこなわれていた、と供述したのである。

ハリマンは翌日、ロングアイランドのロスリンにあるオールド・オーチャード宿泊荘《イン》にいるところを発見された。彼は金曜の夕方ロングアイランドのローカスト・ヴァレーに着き、ステージ・コーチ宿泊荘《イン》で夕食をしていた。新聞はこの夕食を念入りに報じ、四ドルのステーキを取ったなどと書いているが、それから彼はタクシーでオールド・オーチャード宿泊荘《イン》へ行き、仮名で泊まったわけである。彼の失踪劇は、警察からニューヨークへ一緒に戻ってくれといわれるや、不意に五十セントの果物ナイフで自殺を試みるという自暴自棄の行為でクライマックスを迎えた。しかし傷は表面だけの浅いものであって、二、三日の手当てで快くなった。

六週間後、顧問弁護士連中は、ハリマンを弁護する準備にかかったのだが、つじつまの合ったことは何ひとつ彼から得られなかった、と申し立てて、彼が精神異常であるという宣告を要求する請願書を提出したのだ。そのための聴問は、一九三三年七月八日に、ニューヨーク南部地区連邦判事キャフィの担当で開始のはこびとなった。

ジェリッフ博士が被告人側の花形証人になるだろうことは、かなりはっきりしていた。精神・神経科の領域での、国際的な名声といい、高度に専門的な研鑽や経験といい、抜群であって、文句のつけようがなかった。

同博士の証言によれば、はじめて被告人を診たのは一九三三年三月二十四日であったという。いろいろ調べていくと、ハリマンは一九二八年の息子の死の前後の出来事については、日付の記憶が全く不正確であることがわかった。話していて息子の死に触れると、必ず被告人は、証人の言い方をそのままつかえば〝感情の抑制を失った〟という。

ジェリッフ博士はまた、被告人の知覚神経をテストしたところ、両眼の瞳孔の反射機能が鈍く、不規則であったと証言した。検眼鏡で網膜を調べると、その血管が「まぎれもなく疾患の証拠を示していた。」すなわち動脈硬化症の証拠であって、これが血圧に変調を起こさせ、ひいては精神病の原因ともなるのだ、ということだった。ハリマンの平衡感覚はそこなわれていたし、また独特なもったいぶった歩き方は「脳血管の血行障害」を示すものだった。

それからこの証人は、実施してみたさまざまなテストや知能検査の結果について証言した。

被告人は各種の算術問題には正しく解答した。学校で習った知識についていろいろ質問すると、昔習ったことや昔の出来事のほうが、最近の出来事よりも、よく憶えているようだった。

単語を与えて簡単な文章を組み立てさせると、苦労をした。いくつか単語を落としたり、不必要に凝った文章になったりしがちだった。

諺の意味について訊いてみると、ハリマンの「知能的欠陥がくっきりと浮き出てきた」という。例えば〝ガラスの家の住人は、石を投げてはならない〟[*1]という諺の意味を訊くと「彼らは太陽に灼《や》かれるだろう」と答えた。

ハリマンはまた動物の区別も言えなかった。牡牛と馬のちがいを訊かれ、「両方とも家畜」と答えた。

一気につづけて一つの話をすることもできなかった。文章の書き出しを与えてつづけさせてみると苦労したし、自分の名前を逆に綴ったり、その他似たようないくつかの作業が困難だった。また広告の中から〝O〟というアルファベットを消させてみると、苦労したあげく、半分近くを消しそこねた。

同博士は、結論として、次のように証言したのである。すなわち、最近の出来事に関するハリマンの記憶は欠陥があること、観念の組み合わせがうまくいかないこと、一つの観念ともう一つの観念との関係がよく理解できないこと、飲酒癖が動脈硬化症の結果でもあり、知能の退化の一症候でもあること、自殺癖を示していること、感情を抑制できず会話中に関係のない冗談をまきちらす癖のあること、会話には一貫性が欠けていて繰り返しが多いこと、被害妄想のあること、自分の身に起こったことを笑い話や作り話にする傾向のあること、銀行の株価に関して妄想があること、この起訴されるに至った取引業務が何に関わっていたのか首尾一貫した理解のないこと、ロングアイランドのロスリンへの逃亡は混乱した精神状態を示すものであること、自殺の失敗は思考に連続性のないことを示すものであること、そして自分の弁護活動に理性的に協力する能力のないこと、である。

この証人への反対尋問を、ここに記録するのは、この法律の武器を達人が手にすれば、ジェリッフ博士のような国際的名声もあり法廷手続にも高度に専門的な訓練を経た鑑定人にたいしてすら、どんなに力を発揮するものか、模範的な実例であると思うからである。

この反対尋問をよく味わうために、はっきり念頭におかなくてはならないのは、黒白を決すべき争点というのが、ハリマンは自分にかけられた容疑事項を理解しているのかどうか、のただ一点にあったことである。

問「あなたがハリマンへこの訴訟のことをどのようにお話しになったのか、もう一度この点へ戻りたいと思います。そして、そのお話の内容をですね、思い出していただきたいのです。これは重要なことですから。あなたのご記憶は正常でしょうね？　その点について問題はないだろうと思うのですが。いかがですか？」

答「わかりませんね。それはあなたが決めることですよ」

問「結構です。では、犯罪の嫌疑をかけられているというこの苦痛な問題を、どうやって彼に納得させました？　何しろ彼は名士と目されてきた人物ですからな」

答「実際には、その——レジャー氏が私宛てに送ってよこした手紙に書いてあったことを、いくつか繰り返したわけです」

問「で、何と彼におっしゃったのです？　私が今知りたいのは、あなたがハリマン氏におっしゃったことですよ」

答「これから申し上げようとしているんです」

問「レジャー氏の手紙だったなどという言い方はやめてください。おっしゃったことをそのままお話しください」

答「すでに申したとおり、言ったことをそのまま繰り返せといわれても不可能です」

裁判官による質問

問「私たちは一語一句そのままを望んでいるわけではありません。お話しになられた内容をお聞きしたいのです」

答「私もそうしようと努めているわけです——」

問「まだ話してくださってはいませんよ」

答「その内容は、取引上のある処理が行なわれたということでした」

問「それでは何も意味がわかりません。どんなことをお話しになったのです？」

答「あることをしたために訴追されている、と彼に話したのです」

メダリー氏による質問

問「それはどんなことです？」

裁判官による質問

問「どんなことですか？」

答「つまり、伝票の数枚に彼が署名していること、そしてある口座から別の口座へ数度移し替えがあったことです。で、私は起訴事実を一つ一つ訊いてみたのですが、すでに証言したように、彼にはそのどれについても具体的な細かい記憶がないし——そんなことをしろと命令しなかったと言うのです。すでに証言しましたように、彼はそういった細かい業務のために年一万五千ドルから二万五千ドルも払って職員を雇っているのだし、そういう業務をちゃんとやってくれているだろうと当然思っているので、いちいち知ってはいないと言うのです。これはもう三度か四度申し上げたことです」

反対尋問の狙いは、そこで次のようなものとなった。

メダリー氏による質問

問「先生、こんなふうにお尋ねしたいと思います。ではあなたがハリマン・ナショナル銀行についてお話しなさっていることを、ハリマン氏は理解していた、これは明白ですね？」

答「ええ、彼は自分がハリマン・ナショナル銀行の頭取であることを理解していました。そして——」

問「そして、あなたが何について話しておられるのか知っていたのですね？」

答「ええ、知っていました」

問「あなたが信託会社の会計について話していることがわかっていたのですね？」

答「わかっていました」

問「ある預金者の口座について話していることがわかっていたのですね？」

答「それらの——つまり口座がどうこういうことは知らなかったのです。何も知ってはいなかったのです。それは部下の業務だと彼は言いました」

問「それらの口座のことを彼は知らなかった、とおっしゃっているのですか？　それとも、それらの口座の移し替えについて彼は知らなかった、ということですか？」

答「彼がどう言ったのか、私にはわかりません——それらの口座のことを聞いたことがあるかとは訊ねませんでしたから。ただそれらの口座の移し替えについては彼は知らなかったのです」

ハリマンが自分に嫌疑をかけられていることを充分意識していたこと、そしてこの医者との会話の中ではただ自分の罪を否認しただけであることが、この時点で全く明白となった。

ジェリッフ博士は、ハリマンが一つの問題に集中できないという理由で無能力であると証言していたのである。反対尋問の間じゅう、この証人は尋問されている問題からそれようとばかりしていた。次のように質問されたとき、法廷にはそれとわかる笑いのさざ波が起こった。

問「彼に他の質問をなさっているのに、彼のほうでは同じ考えを繰り返しているだけ、という現象は観察なさいませんでしたか——つまり、あることを質問しても、彼は別の問題へそれていってしまい、そこから離れようとしない、といったことは?」

答「ええ、それはしょっちゅうでした」

問「では先生、私が質問するときは、どうぞお尋ねしている問題からそれて別の方へ行っておしまいにならぬようお願いいたします」

そして尋問は、この医者の行なったテストへ移ったのである。

問「これを確かめておきたいので、ひとつご協力をお願いします。ハリマン氏はナショナル・エクシビション社のことを聞いたことがないとおっしゃいましたか? あなたはどうです、この名前にご記憶がございますか?」

答「ナショナル・エクシビション社というのは記憶にありませんね」

問「××氏は?」

答「今いきなり名前をいわれても」

問「ではハリマン氏について別のことをお訊きしたいと思います。彼には同じことを繰り返して言う習慣がありましたか?」

答「それはひどいものでしたよ」

問「同じことを何度も何度も言い、文章の切れ目で止めさせようとしてもできないほどですか?」

答「いや、そんなふうな言い方は、私はしませんよ」

問「それに近かったのでしょうか？」
答「いや、それに近かったとは言えませんが、しょっちゅう言葉を繰り返すのですよ」
問「それはごくふつうの老人の特徴ではありませんか？」
答「老人の特徴ではないかと？」
問「そうです」
答「どんな老人の？」
問「ごくふつうの老人です」
答「老人はそういったことをよくやります。ええ」
問「ある人間がそうするからといって、それだけで知的障害だとか、精神異常とか、衰弱とかの証拠にはなりませんね？」
答「それだけでは、ええ」
問「言い換えますと、もしある証人が法廷に立ってそのようなことをしても、あなたはその証人の精神能力が衰弱しているとはおっしゃいませんね？」
答「ええ、言いません。事実にもとづいて、そんなことは言いませんよ」

＊

問「一九三二年の四月に百六十万ドルの入金がありましたが、これについてハリマン氏にお尋ねになりましたか？」

答「いいえ、とくに百六十万ドルのことで質問はいたしませんでした。私はただ三十万ドルについて尋ねただけでして、これはすでに――」

問「一九三一年十二月のですね？」

答（つづけて）「――証言したことです。すでに申し上げたとおり、巨額の株が集まったということは別としてですね」

問「レジャー氏から、ハリマン氏の訴追はとくにハリマン信託会社の債務を銀行の個人預金者たちへ無断で移し替えたことである、とあなたは知らされたのですね？　当時あなたはそのことを知っていたのですか？」

答「私宛てのその手紙は四月五日付だったと思います。そのときはまだ起訴状が出されてなかったと思います。それで――」

問「つまりです、それは検察当局あるいは銀行監査官の申立事実であったことを、あなたはご存知だったのですか？」

答「手紙にあった文句は、検察当局がこれこれの申し立てをするだろう、ということだったと思います」

問「そうですか。ではひとつ、中立事項へまいります。検察当局が申し立てようとしていたのは、ハリマンが信託会社の債務を無断で預金者たちへ移し替えた、あるいは移し替えさせたことである、ということはご存知でしたか？　いかがです？」

答「私はその手紙から常識でそう思ったのです」

問「ははあ、ハリマン氏の注意をそれに促しましたか？」
答「とくにそういう言い方ではしませんでした」
問「ああ、なぜなさらなかったのです？」
答「彼に何を質問したかは、もう申し上げましたよ」
問「でも私は、なぜそうなさらなかったのか、わけが知りたいのです。彼の理解の程度を知るために調べていらしたのでしょう。どうしてそれを質問しなかったのです？」
答「すでに申し上げましたが、彼は業務については全然何も知らないと答えたわけですよ」
問「彼が否定しても、それに関連する特定事項を、あえて思い出させてやろうという努力はなさらなかったのですね？」
答「そのことはもう証言ずみだと思いますが。そうです」
問「前に証言なさったことはお気になさらないでけっこうです。私はあなたがなさったことを知りたいのですよ」
答「もうお話ししたと思いますが」
問「それらの債務を帳簿の上で預金者たちへ無断で鞍がえしたと検察当局が申し立てていることに、彼の注意を促しましたか？」
答「検察当局が、ある口座から別の口座へ移し替えた金が三十万ドルある、と申し立てているので、彼に説明を求めたところ、説明できなかったことは、申し上げたと思います」

問「彼は、説明できない、何も知らない、と言った、そういう意味でしょうか？」

答「彼は何ひとつ説明してくれなかったわけでして、したがって私はそれ以上何もわからなかったわけです」

問「彼が実際にしたことは、それについては何も知らないとあなたに言ったことである。そうですか？」

答「ええ、彼は、そんなことは何も知らない、何の報せも聞いていない、と言ったわけです。それから先ほど証言しましたように、自分には部下がおり、高給を払っている職員がいて、彼らが細かい業務を取りしきっていると言ったのです」

問「正常な人間が、嫌疑をかけられた事柄について、知らなかったとか知らされていなかったことを口実に偽りの反論をでっちあげるのは、普通はないことなのですか？」

答「いや、あるだろうと思います」

問「では、そういうことはざらにあるのだと、ご経験からご存知ではないのですか？」

答「いや」

問「ご存知ないのですか？」

答「いや、そういった経験はあまりなかったですな」

問「それならば、正常な人間が嫌疑をかけられた場合、知らないとか知らされていないとか虚偽の反論をでっちあげるのは、普通のこととはいえないとお思いなのですか？」

答「いや、それはありうると考えられますね」
被告人が同じことを繰り返して言う習癖については次のように処理された。
問「病人というものは医者に症状を訴えることが好きなものではありませんか？　完全な健康人はそんなことをしますかな？」
答「いかにも」
問「また友人や親類にも、うんざりするまで訴えるものではありませんか、実際問題として？」
答「たしかに」
問「完全な健康人はそんなことをしますか？」
答「たしかに」
問「それは「ねえ、手術の話を聞いてくれ」と言う気持ちと同じことじゃありませんか？」
答「たしかに」
この医者の検査メモにある、とくに重要でもない項目を、いくつか検討した後、尋問は次のように締めくくられたのである。
問「その後いつ彼にお会いになりました？」
答「この法廷以外では会っておりません」
問「では、グレゴリー博士が最近彼を検査なすったときは、お会いになりましたか？」

答「失礼しました、そうです、グレゴリー博士と一緒に二度ほど彼に会いました」
問「それは先週の金曜と土曜ですね？」
答「ええ、そうです」
問「六月二十九日以降、彼は快方に向かっているとごらんになりましたか？」
答「そうですね、六月二十九日以降ではなく、三月二十四日以降ですね、たしかに」
問「はっきりと快くなっていましたか？」
答「まあそう言ってよろしいでしょう、ええ。しかし、ある意味ではノーですね。つまり、外見的には、また一般的に言いますならば、グレゴリー博士との話しぶりは、前よりも持続性がありましたし、明瞭にもなっていました。ただ先ほど私が述べた繰り返しの癖は同じでしたが。それに滑稽な皮肉を言ったり、冗談話をしたりもあいかわらずで、法廷ではちょっと話せないだろうような話もありましたよ」
問「親しい人間にしか話さないといった種類の話ですね？」
答「精神病医に調べられている、という場合であることを考えますと、ふつうの人間ならまず言わないだろう種類の話ですよ、真面目な場合であることを考えますならばね。別の言い方をしますと、全く真面目な場でありますのに、じつに突拍子もない、クラブとか仲間の集まりでしゃべる類いの話ですよ」
問「あるいはまた、重役会でとか？」
答「でも、あなただって、そんな類いの話は裁判官に聞いてもらおう、などとお考えにならぬでしょう」

問「私たちはそんな話を聞く必要はありませんよ。どんな話か大体わかりますからね」

答「失礼ながら、あなたはお聞きになっていらっしゃらないわけですよ」

問「クラブとか、重役会議、弁護士、医者、法律家、政治家の集まりで、同じ類いの話が出ますよ」

答「ああ、そうですね、ある種の状況のもとでは。しかし、あんな状況ではまともじゃありませんよ」

問「それは不適当だったという意味ですか？」

答「明らかに不適当でしたよ」

問「しかし、正常な人間でも不適当なことをする者は大勢いますでしょう、べつに精神能力や知能が病に冒されたわけではなくとも？」

答「正常で通っている大勢の人たちが、まさにそういった種類のことをするのは、私も知っていますが」

問「ハリマンならずとも、私たちはそういうことをせずにはいられないものではありませんか？」

答「全体的に考えればそういうわけですが」

問「エイブラハム・リンカーンがよくそういったことをしたという話はお聞きになったことがありませんか？」

答「エイブラハム・リンカーンのことならブリル博士が専門家ですよ。彼にお訊きになるほうがいい」

問「それにダニエル・ウェブスターがやっぱりその種の常習者だったという話は？」

答「聞いたことがあります」

問「ですからいずれにせよ——」

答「しかし、ダニエル・ウェブスターがもしハリマン氏のような状況におかれれば、ハリマン氏がグレゴリー博士に話したのと同じことを言うだろうとは、とても思えませんよ」

問「つまり、ウェブスターは上院の議場ではそんなことをしなかったろうが、更衣室とか回廊ではしたかもしれない、という意味ですか？」

答「そうです。彼なら、自分の精神能力を検査されている場合にそんなことは絶対にしないだろうと思いますね」

問「ハリマン氏に、自分は今精神能力を検査されているのだと、意識させられましたか？」

答「それはわかりません。どの程度気づいていたのかは。あまりぴんときていなかったことは確かです。なにしろハリマン氏は、グレゴリー博士と会うとすぐセールスマンになってしまったんですから。あなただって、あの彼を見れば、グレゴリー博士に債券を売りつけようとしているセールスマン以外の何ものでもないと思われたでしょうよ」

問「それが異常のしるしですか？」
答「私の意見では明らかにそうですね、そういう状況の下では」
問「で、精神・神経科医は——ほかのお医者もすべてそうでしょうが、出来るだけ患者を気楽にさせようとするものではありませんか、患者がその場の物々しい空気に圧倒されてしまわないように？」
答「まったくその通りだと思います、ええ」
問「言い換えますと、患者にはただの個人的な、友好的な、親身な見舞いであると思わせるわけですね」
答「私たちはそう努めるわけです、患者をできるだけ気楽にさせようと」
問「患者を気楽にさせようとして、あなたは全くそのための適当な話をしてやったり、出来事を聞かせてやったりしたことはないのですか？」
答「それは患者しだいですね」
問「ときどきそうなることがおありですね？」
答「ときとしては、ええ」
問「ところで、ハリマン氏は三月二十四日の状態からみますと、今日ではかなり快くなっていますか？」
答「多少快くなっていると言えましょうね。かなりとは言えませんが」
問「歩行はいくぶんよいのでは？」

答「うんとよくなってはいませんね」
問「話題はつづけられますか？」
答「多少は、ですな。ときにはそうだったり、そうでなかったり」
問「グレゴリー博士に話しかけたときは、話をつづけたのですね？」
答「そうです」
問「銀行のこと、その状況といった話題ですね？」
答「ええ。銀行の話題、それがどんなふうにして発展したかとか、自分の貧しかった少年時代はどうだったとか、そんなことを話しつづけましたね」
問「そのさい、これは異常だとか精神能力が欠如しているとか思われるようなことを、何か言ったのでしょうか、つまり先週の金曜か土曜にですね？」
答「そう、私は誇張しすぎがあったように思いますね、自分を陥れようとする陰謀があるとか、人身御供として白羽の矢を立てられたのだとか、自分をつかまえようとしているとか言って」
問「それはつまり、金融界からそうされるという意味でしょうか、それとも検察がですか、あるいはまた大衆からということですか？」
答「金融界です」
問「つまり手形交換所ということですか？」
答「そうです」

問「手形交換所が彼の銀行を閉鎖したがったのですか?」
答「いや、手形交換所が彼をつかまえたがっている、と言ったわけです」
問「いままでその種の話を耳にされたことはありませんか? 新聞で、倒産したかさせられたかした金融業者や企業家が、そうした陰謀説を主張する記事を、読んだことはありませんか?」
答「あります」
問「例えばですね、ある有名な――」
答「一週間に一度は手紙が来るのですよ――」
問「ちょっと待ってください」
答（つづけて）「多かれ少なかれですね、まさにその種の苦情をもつ人たちからの手紙ですよ」
問「最近、ある大企業家ですが、銀行筋が自分を倒産させたがっている、と語っていましたね?」
答「ええ、新聞で読みました」
問「あなたは彼を無能力者とみなされますか?」
答「彼が実際にそう言ったのかどうか、私は知りません。私はただ新聞で読んだだけですから。しかし、このハリマン氏が言ったことなら私は知っていますよ。どんな言い方だったかも知っています。とくに、それが嘘ではない証拠としてあげた事柄を知っているわけです。どんなふうにして自分を陥れようとしているのか、じつにこまごまと話してくれましたが、その関係づけ、証拠が、あんまりささいなくだらないものでして、とても結びつくようなものではないのです」

問「手形交換所が彼に何をしようとしている、と言ったのです？　それをまた彼はどんなふうに証明しようとしたのです？」

答「彼が言ったことで私が一番よく憶えていますのは、そもそものいきさつが一九〇七年に遡るのであって、この年は金づまりがひどくて、この地の誰か財界人に援助を申し出た、というのですね。しかし、その人物に五十万ドル提供しようと申し出た、と言っていたかと思うと、それがいつか、五十万ドルを提供した、と変わっていましたし、一九〇七年というのが一九二七年になり、二八年になり、二九年になり、という具合です。そしてあの大恐慌の直前には、投機が非常に活発になって、ブローカーたちは証券を手形交換所へ持ちこんで、その日のうちに借りられるだけの金を借りてしまおうと押しかけたのだそうで、彼は、他の連中と一緒になって、あるいは他の連中から説得されて、スポークスマンになって、手形交換所はあんまり甘い汁を吸いすぎるな、と言ったのだそうです」

裁判官「あんまり何ですと？」

証人「あんまり甘い汁をです」

問「それは利益ということですか？」

答「つまり、ブローカーというものは、その日のうちに借りなければなるまいと思う金を、二十万ドルなり三十万ドル、あるいは四十万ドルなり、借りるわけですが、そのさい一定の歩合を上乗せし、その日の終わりにはその歩合を含めた金額が実際に借りた金額ということになるので、私の理解したところでは、手形交換所の中にも、その日の始めに申込書に記入した金額を借りた金額とするほうがいい、と考える人もいたようなのです。で、ハリマン氏は、当時のその種の手続に反対するスポークスマンとなって、実際に借りた金額にたいしてのみ請求に応ずるべきだと言い、立会場で論じ立て、投票で決を取ることになった結果、交換所側が負け、これが彼らをして彼を窮地に立たせようとした理由である、というわけです」

問「どんなふうにして窮地に立たせようとしたのか、あなたに言いましたか？」

答「特別には何も」

問「彼にお訊きになりましたか？」

答「いいえ」

問「手形交換所が新しい人間を頭取として送りこみ、ハリマン氏を頭取の地位から追った事実には触れていたのでしょうか？」

答「いや、そのことは取り上げられませんでした」

問「それが事実であることはご存知なかったのですか」

答「いや、だいたいは知っていました」

問「つまり、一九三二年の六月か七月に手形交換所筋からクーパー氏が頭取として送りこまれ、ハリマン氏は取締役会長という名目ばかりの名誉職にされたことですが?」
答「新聞でそのようなことを読んだと思います、ええ」
問「その事実をご存知だとすれば、彼の話は、ごくふつうの嘆き——たとえ錯誤はあっても、地位を追われた人間なら嘆くのは当たり前のことである、といった類いのものではなかったのでしょうか?」
答「嘆いたわけです、ええ」
問「ごく当たり前の正常な人間が、ささいな事実にもとづいて不当な目にあったと嘆くのは、異常なことなのでしょうか?」
答「私に言えますのは、ただ、私に与えられた材料と、その与えられ方が、はっきりと変則的であり、異常であり、当を得ていない、と私には受け取れたということだけです」
問「ちょっとハリマンのことを忘れて、もう一度一般論的におっしゃっていただきたいのです。ご経験やご観察からしまして、ふつうの、あるいは少なくとも無能力者ではない人間は、敗北した場合、とるに足らないようなささいなことをあげつらって、理由のない嘆き方をするものだ、とはいえないのでしょうか?」
答「いや、じつによくあることですよ」
問「自己破壊の想念は、必ず、無能力の証拠でしょうか?」
答「自己破壊を考えるということですか? いや、なりませんね」
問「その方向で何かやってみることは、必ず無能力者の証拠といえましょうか?」

答「一般的には、そういえましょう」
問「では、自殺しようとする人間は精神的無能力者である、とお考えですか？」
答「一般的には、そう考えますね」
問「そう言い切れますか？」
答「ええ、言い切れます。それはごく少数の例外はありましょう。でも私はそうした例に出会ったことがまだ一度もありません」
問「これまでにごらんになった自殺未遂者は、すべて精神的無能力だったとおっしゃるのでしょうか？」
答「私の会った人間、いやしくも私が調べた人間なら、すべて無能力者であるとわかりました、ええ」
問「無能力という意味ですが、それは自分で自分のことができない、日常生活のごくふつうのことに、ふつうの判断が下せない、ということでしょうか？」
答「いや、そういう意味ではありません。彼らが行なった行為について、私は言っているわけです」
問「では彼らが行なった行為以外では？」
答「しかし、問題は行為ですよ」
問「わかっています。自殺しようとした場合、あなたはその人間が自分のことを処理する能力がないとおっしゃるのでしょうか——自分のこととは、つまり、商売上の判断をすること、金を借りるべきか、あるいは貸すべきかどうかを決めたり、賃貸契約をすべきかどうかを決めたり、進むべきかどうかを決めたりですが？」
答「自殺しようとしている間は、能力がありません」
問「では、それが終わったら？」
答「あなたがおっしゃったような状態に戻るかもしれませんね、ええ、また戻らないかもしれません。自殺に至らしめるその病気の種類いかんでしょう」
メダリー氏「以上です」
法廷の決定は、ハリマン氏の精神が健全であり、したがって裁判を受けるべきである、というものだった。約一年後、五週間にわたる裁判の結果、有罪ときまり、ペンシルヴァニア州ルイスバーグの連邦刑務所で四年半の実刑を言い渡されて、現在服役中である。彼は控訴したが六週間後には取り下げ、刑に服す決心をしたのだ。

第23章　ベルヴュー病院事件

フランシス・L・ウェルマンによる反対尋問

一九〇〇年十二月十五日、『ニューヨーク・ワールド』紙に、トマス・J・ミノック記者の書いた記事が載った。その中で彼は、ベルヴュー病院の精神科病棟で看護人たちの衝撃的な残虐行為を目撃したと書いたのである。そのためイリヤールというフランス人の入院患者が扼殺《やくさつ》されたというものだった。このフランス人は十二月十一日火曜の午後四時頃、この病院に来た。アルコール中毒だったが、外見はふつうの健康体だった。それが二十六時間後、つまり十二月十二日水曜に死亡したわけだ。検屍の結果、額、腕、手、肩に打撲傷があり、肋骨三本と頸部舌骨（舌を支える骨）が折れ、また気管の両側に鬱血または出血のあることが判明した。検屍した医者は、首を絞めたのが死因であると報告した。新聞記者ミノックは記事を書くために精神異常のふりをして当時ベルヴューに入院していたが、退院の運びとなったのでさっそく、このフランス人が同病棟担当の看護人たちの手で、敷布を首に固く巻きつけるというやり方で絞殺されるのを、見たまま報道する、と書いたのである。この記事のうち、フランス人の死に至る出来事を描写しているくだりを引用すると——

水曜の夕食時、このフランス人イリヤール氏は食事を拒《こと》わった。すると看護人デイヴィスが彼に跳びかかった。イリヤールは食卓をぐるぐる逃げまわり、他の二名の看護人ディーンとマーシャルが行く手に待ちかまえて取り押さえた。彼らはイリヤールをベンチに押し倒し、デイヴィスが敷布を持ってこいと叫び、他の二人のうち一人が、どっちだったか私は憶えていないが、持ってくると、デイヴィスはロープのようにしてイリヤールの首に巻きつけた。ディーンは、イリヤールが押さえつけられているベンチの後ろにいて、その敷布の弛《ゆる》い両端をたぐりあげ、イリヤールの首をぎゅうとしぼっておいてから、手の中の両端を重ねて捩《ね》じり始めた。私は総毛立った。私はスペインの絞殺刑《ガロット》について読んだことがあり、その執行風景を絵で見たこともあった。それが今、ここで、目の前で行なわれているのだとはっきりさとったのである。デイヴィスは手の中の両端を捩じった。ぐるり、ぐるりと。片膝をイリヤールの背中にかけ、渾身の力で。瀕死の男の両眼は眼窩から膨れ上がってきて、見ている私は胸が悪くなったが、呪縛されたように眺めていたのだ。イリヤールの両手は、狂ったように、首の周りにぐるぐる巻かれたやつにつかみかかる。「やつの両手を下ろしておけ、できんのか?」とデイヴィスが激怒して叫び、ディーンとマーシャルがこの無力な男の両手をひっつかんだ。ゆっくりと容赦なくデイヴィスは敷布を捩じりつづける。イリヤールの顔が黒くなり始めた。ゆっくり舌が口の外へ垂れ下がっていた。マーシャルがぎょっとなった。「やめろ、やつは黒くなってるぞ！」と彼はデイヴィスに言った。デイヴィスは二振じほど戻したが、そうしたくない様子だった。やっとイリヤールは、わずかに呼吸を取り戻した。ほんのわずかだが。敷布は依然首のまわりに固く巻きついたままだった。「さあ、食うか？」とデイヴィスが叫んだ。「いやだ」と病人は喘いだ。デイヴィスは激怒した。「よし、じゃおれが食わせてやる。おまえが食うまで窒息させてやろうじゃないか」と叫ぶと、彼はまた敷布を捩じり始めた。イリヤールの頭は、デイヴィスが持ち上げていなかったら、胸に垂れ落ちたことだろう。彼の顔はまた黒くなり始めた。ふたたび彼らはぎょっとし、デイヴィスは操作をゆるめた。彼は敷布の撚りを戻したが、依然端はしっかりと握ったままだった。イリヤールが正気づくにはしばらく時間がかかった。やっと正気に戻ると、デイヴィスはまた、食べるかどうだ、と訊いた。イリヤールは、かすかな息だけでやっと「いやだ」とささやいた。私はこの男が今死にかけていると思った。デイヴィスは、またしても敷布を捩じり上げて、叫んだ。「ようし、こいつに食わせてやるか、でなければ息の根をとめて殺してやるかだ」彼は捩じりに捩じった。私は、この男の頸を折るつもりではないか、と思ったくらいである。イリヤールはとうとう意識を失った。デイヴィスはその彼を床に投げ出し、膝をかけたが、その膝がてこになって締めわざはなお強まった。彼は自分の指がすりむけるほど敷布を捩じり、それからこの三人の看護人は、力の脱けた体を浴室へ引きずっていき、衣服をつけたまま浴槽へ持ち上げて入れ、冷水をじゃあじゃあ浴びせた。このときにはもう死んでいたはずだ、と私は思う。彼は絞められたあげく死んだのであり、その仕上げのタッチは、彼らが彼の体を床に置いたときに加えられたのだ。図体の大きな屈強な男でも、あんな恐るべき絞め方をされては、とうてい生きられなかったろう。イリヤールはかぼそい体だったのだ。

上記の記事は、『ニューヨーク・ワールド』紙に発表されて数日後に『ジャーナル』の朝刊にも転載された。その他の地方紙も、すぐにこの話を報じたから、世人の昂奮と憤激がいかに掻き立てられ、高まったか、容易に想像がつくだろう。イリヤールの死亡当時その病棟を受け持っていた三人の看護人は、ただちに殺人罪で起訴され、主任看護人ジェス・R・デイヴィスは即座に刑事第一審裁判所で、判事カウイング氏と〝特別陪審〟を前に裁判された。この裁判は三週間つづき、陪審は五時間かけて熟慮したのち、被告人を無罪放免としたのである。

私がこの事件を引き受けるに至ったのは、ひとえに故オグデン・ミルズがこの事件に抱いていた深い熱意に因るものだった。彼は自分の名をもつ看護学校の評判を擁護したかったのである。

この事件には世間一般ばかりでなく、医者たちも強い関心を抱いたが、米国の刑事法廷ではじめて、精神病者と自他ともに認める二人の精神科病棟入院患者が、検察側証人として喚問され、証言することを裁判所が認めたから、なおさら関心をかきたてたのである。

二人のうち一人は、偏執病《パラノイア》として知られる精神異常者であり、もう一人の症状は一般的な麻痺《パリシス》だった。この二人の精神異常の証人と、検屍にもとづく医学証言は別として、被告人を有罪にする直接の証拠は、ミノック記者の供述以外何もなかったのである。ミノック記者が検察側の唯一の正常な証人であり、また事件の目撃者なのだった。争点はしだいに狭められて、この新聞記者が正しいのか、被告人が正しいのか、という問題、つまりどちらの証言が他のさまざまな証人たちの証言と符節が合うか、あるいは矛盾するか、という問題にしぼられたのだ。

もし、ミノックの証言が陪審に信用されることになれば、被告人がいくら反対しても当然効果はゼロだろうし、世間の偏見や憤激や昂奮があまりにも高まったために陪審は新聞記事を丸のみにしてしまうおそれがたいへん大きかったのである。ミノックへの反対尋問が、だから何よりも重要な決め手となった。彼の証言の効果を打破することが必須だったから、彼の反対尋問を担当する弁護人として、私は、きわめて周到精密な準備を重ねたのである。ここに抜粋した反対尋問は、前章までにいろいろと論じてきたことの例示という性格がある。

起訴した地方検事はフランクリン・ピアースだった。陪審への冒頭陳述で彼は言った、「この州の、いや、じつにこの国の歴史始まって以来、これほど重大な事件を陪審が托されたことはなかった、と考えます。」さらにつづけて「作り話《フィクション》――鋳造貨幣《ハード・キャッシュ》は一切ないのです、この事件には――ここにある事実は、かつて生み出されたいかなる小説《フィクション》をも超えるものです。証人たちは、かつて精神病者に加えられたあらゆる仕打ちのなかでも、最も恐るべきものを述べることでしょう。どんな小説家も、書こうとしても書きえなかったろう一冊であります。あまりにありそうもない奇っ怪な話であるために、原稿を出版社へ持ちこんでも突っ返されたことでしょう。」

ミノック記者が証人席へ歩み入ったとき、法廷は超満員だったが、昂奮はいやがうえにも高まっていたから、彼の一言一句が、居合わせた誰の耳にもはっきりと聞きとれたのである。主尋問での陳述は、明瞭冷静で、自分の目撃した犯罪の詳細を、正確に語ろうとする以外の気持ちは、みじんもなさそうだった。彼の経歴を知らぬ者はだれでも、これはおそらく頭のいい、誠実で勇気のある、そして記憶力の鋭い人間だと思ったろう。また、私たちの公立病院でなされている残虐行為を暴露したため、一躍、時の人となったことにも、ほくそ笑む様子はほとんどない、と。

彼の主尋問での証言は、実際上、新聞記事の繰り返しであって、細部をもっと詳しく述べただけのことだった。約一時間質問した後、地方検事はいかにも自信ありげに腰を下ろした。「反対尋問をどうぞ」。

ある人間の生命または自由が関わっている事件で、主要証人を反対尋問しなさい、と言われたときの、あのどきどきするほどの昂ぶりは、経験したことのない人には、想像もつくまい。もしミノックがこの反対尋問に耐え抜けば、看護人デイヴィスは——ミルズ看護学校を卒業したばかりで、前途有為な、上品な青年であり、これまた大変立派な娘さんと結婚するばかりになっていたのだが、少なくとも二十年は州の刑務所で重労働に就かなければならないのだった。

さて反対尋問を開始したが、最初の十五分は、この証人が完全な教育を受けた人間であり、二十五歳であり、聖ジョンズ・カレッジ、フォーダム、ニューヨーク、聖心《セイクリッド・ハート》アカデミー、聖フランシスス・ザビエルズ、ド・ラサール・アンスティチュートの卒業生であり、欧米を広く旅行していることを、明らかにすることにあてた。それからこんなふうに進めていったのである——

弁護人（親しみをこめて）「ミノックさん、あなたは去年の十二月に体験談をお書きになって、『ブリッジポート・サンデー・ヘラルド』紙に発表なさいましたでしょう？　今ここに、その記事をもっておりますけれども」

証人「あれは体験談ではありませんよ」

弁護人「この記事はあなたの署名がありますし、あなたの身の上話となってますよ」

証人「あれは催眠術をつかった想像の話なんです。作り話《フィクション》です、部分的には。しかし事実を扱ってはいるんです」

弁護人「つまり、フィクションと事実を混ぜ合わせて身の上話を書いた、という意味ですか？」

証人「そうです」

弁護人「言い換えると、事実をフィクションで飾り立てておもしろくなさったのですね?」
証人「そのとおりです」
弁護人「この記事の中で、十二歳のときにサーカスの一座にくっついて家出した、とお書きになったのは、飾り立てた部分でしょうか?」
証人「そうです」
弁護人「事実ではなかったのですね?」
証人「そうです」
弁護人「このサーカス一座と一年以上一緒にいて、ベルギーへ行った、とあるのは、実際問題としてあなたはベルギーへいらっしゃったことがあるので、少しは真実といえるわけですが、公認のピエロとしてそのサーカスにいたわけではない。これは思いつきというわけですか?」
証人「そうです」
弁護人「すると、ほかの事柄でも、この程度のささやかな真実は混ぜてあるわけですか?」
証人「そうです」
弁護人「ベルギーでは、ジェネラル病院で、有名なパリの催眠術師シャルコーに紹介された、とお書きですが、これは多少とも真実だったのですか?」

証人「いいえ」

弁護人「シャルコーがフランスの催眠術の草分けの一人であることはご存知でしたか？」

証人「彼が催眠術の草分けの一人であることは知っていました」

弁護人「シャルコーにジェネラル病院で紹介されたというのが事実でないとしたら、なぜまたあなたは、新聞に発表なさる身の上話にそんなことをお書きになったんです？」

証人「あそこに滞在中、シャルコーに会ったんです」

弁護人「ああ、なるほど」

証人「しかし、シャルコー本人ではありません」

弁護人「どのシャルコーにお会いになったんです？」

証人「女性です。シャルコーという名の。マダム・シャルコーと名乗っていました」

弁護人「じゃあ、この記事でシャルコーに会ったと書いていらっしゃるとき、それはあの有名なシャルコー先生のことだと読者に思わせようとなさったわけで、シャルコーという名のご婦人に実際に会われたのだから、部分的には真実だった、ということでしょうか？」

証人「そのとおりです」

弁護人（静かに）「つまり、そこには幾分なりと真実があったと？」

証人「そうです」

弁護人「あの記事で、シャルコーが痛みに耐える方法を教えてくれた、とお書きになったとき、それには多少とも真実がありましたか？」
証人「いいえ」
弁護人「実際のこととして、痛みを我慢する方法を習いましたか？」
証人「いいえ」
弁護人「この記事で、シャルコーが、痛みを我慢することに慣れるよう、ピンやナイフで少しずつあなたをつつき始めた、と書いていらっしゃるのは、全部フィクションでしたか？」
証人「そうです」
弁護人「肉体が痛みを感じなくなるよう、シャルコーは呼吸を一分間に二回に減らすことを教えてくれた、とお書きになったのも、フィクションですか？」
証人「純粋の想像です」
裁判官（さえぎって）「弁護人、それ以上こんな質問をつづけることを許しません。証人は自分でその記事がほとんど全部虚構であり、事実にもとづいているのは一部分だけだと認めています。正当な方法でならば最大限に許しますが、こういう方法では許しません」
弁護人「裁判官は問題の核心がおわかりではないのです」
裁判官「わかりませんな」
弁護人「この起訴は証人が書き、『ジャーナル』紙の朝刊に出た記事から始まったものです。被告人側の主張は、この新聞記事が事実と虚構の混じったもので、しかも大部分は虚構である、というところにあります。証人はすでに、ほんの数カ月前に発表された記事、つまり自分が書いて署名して売りこんだ身の上話を、大部分虚構であると認めているのです。証人自身の口から、身の上話とみせかけた記事をどんなに粉飾したか教えてもらうことは、陪審にとって有益ではないでしょうか。そして同様に、この起訴のもととなった記事についても、どの程度粉飾したか、推測を引き出せるのではないでしょうか?」
裁判官「この事件について発表された新聞記事に関する尋問は、最大限に許します。しかし、証人の身の上話の記事については一切の質問を認めません」
弁護人「あなたはご自分の写真を撮って身の上話の記事に載せませんでしたか。口と唇と耳とを縫い合わせて、痛みを感じていない、という写真ですが?」
裁判官「質問を認めません」
弁護人「シャルコー先生から指導を受けた結果、十字架にかけられて手足を釘づけされ、しかし痛みを感じないというあなたの写真を、あのみせかけの身の上話の中で公表なさいませんでしたか?」
裁判官「質問を認めません」
弁護人「これらの写真と記事を証拠として提出します」
裁判官(荒々しく)「認めません[1]」
弁護人「『ニューヨーク・ジャーナル』紙に発表なさった記事の中で、つまりあなたがお書きになり、たった今、証人席で供述なさった本件の出来事の記事ですが、その中で、あなたはご自分の首にシーツを巻きつけて、病院の看護人の手で絞殺されようとしている精神病患者の役を、自演なさったのではありませんか？」

証人「あの記事を私は書きました。しかし、あの写真のためにポーズをとりやしませんでしたよ。あれは誰か私に似た人間がポーズをとったんです」

弁護人（証人のところまで歩いていって、その新聞記事を手渡す）「あなたの写真の下にある言葉〝私が目撃した様子はこうだ、トマス・J・ミノック〟これはあなたの筆蹟の複写でしょうか？」

証人「そうです、私の筆蹟です」

弁護人「もう一度あなたの身の上話についてうかがいますが、あなたはこの同じテーマの空想記事を、全国の新聞にいくつくらいお書きになりました？」

証人「一つです」

弁護人「ニューヨークの数紙にお出しでしょう？」

証人「原作は一つですよ。以後は少し形を変えているだけのことです」

弁護人「その都度あなたは金のためにその記事に署名して新聞に売ったのですね？」

裁判官「認めません」

弁護人（不意に態度を変えて傍聴人席へ向かい、大声で）「コネチカットのブリッジポートの警察署長さんはいらっしゃいますか？（証人を振りかえって）ミノックさん、あなたはこの紳士をご存知でしょうか？」
証人「存じています」
弁護人「あなたが初めて彼と知り合われたときのことを陪審にお話しください」
証人「あれはブリッジポートのアトランチック・ホテルで妻と一緒に逮捕されたときでした」
弁護人「その女性は当時あなたの奥さまでしたか？」
証人「そうです」
弁護人「彼女はたった十六歳だったのでは？」
証人「十七歳だったと思います」
弁護人「あなたはこの十六歳の少女に麻薬をのませ、ニューヨークへ誘拐しようとしたために逮捕されました。これを否定なさいますか？」
証人（頑固に）「私は逮捕されましたよ」
弁護人（鋭く）「あなたはその逮捕の理由が今私の言ったとおりであることをご存知ですね？　イエスかノーで答えてください！」
証人（ためらいながら）「ええ、知ってます」
弁護人「あなたは起訴担当のF・A・バートレット検事の許しを得て、この州から出ていくという約束で裁判されずに釈放されたのでしょう？」
証人「そんなことは何も憶えていません」

弁護人「否認なさるんですか？」
証人「否認します」
弁護人「そのとき、あなたがたと一緒にもう一人青年がいましたか？」
証人「いました。大学の友人です」
弁護人「彼もこの十六歳の少女と結婚していましたか？」
証人（答えず）
弁護人（きびしく証人に向かって）「彼もやっぱりこの少女と結婚していたのですか？」
証人「ああ、いいえ」
弁護人「あなたは彼女と結婚していたとおっしゃる。結婚の日付をおしえてください」
証人（ためらいながら）「日付は憶えていません」
弁護人「何年ぐらい前です？」
証人「憶えていません」
弁護人「何年前だったかということで、一番記憶が確かなのは、どんなことでしょう？」
証人「憶い出せないのです」
弁護人「結婚なさったときのことを憶い出そうと努めてください」
証人「私は二度結婚したんです。民事婚と教会結婚と」
弁護人「私はサディー・クック嬢のことをお話ししているんです。あなたはいつサディー・クックと結婚なさったんです? またその結婚はどこに記録されてあるんです?」
証人「憶えていないんですよ」
弁護人「憶い出してみるんです」
証人「五年か六年か七年か十年前だったかもしれません」
弁護人「では、五年以内だったとは考えられない、というわけですが、あなたは今まだ二十五歳なんでしょう?」
証人「考えられないんです」
弁護人「あなたは十五歳で結婚したんですか?」
証人「そうではなかったと思います」
弁護人「あなたがたの結婚は、私がさっきからお話ししているブリッジポートでの逮捕から数年後だったことを、あなたはご存知なんじゃありませんか?」
証人「そういったようなことは全くわかりません」
弁護人（キッとして）「否認なさるんですか?」
証人（ためらいつつ）「ああ、いや、否認はしません」
弁護人「それではひとつ、あなたの結婚証明書と称するものを、お渡ししましょう。三年前のものですが。日付に間違いはありませんか?」
証人「今まで一度も見たことがありませんよ、それは」
弁護人「その証明書はあなたがたの結婚の時と場所と状況を正確に記述しています

か？」

証人「その質問にお答えすることを拒否します。私の妻を罪に陥れることになりそうですから」

被告側の反論は、要するに証人ミノックが話をでっちあげた、という主張にあった。すなわち、先に新聞に発表し、後に大陪審やこの法廷で証言した話を、である。彼にたいする反対尋問は、だから彼がこのような話をでっちあげては新聞社に売りこみ、後日法廷で証言せざるをえなくなれば、証言してみせる、といった種類の男であることを示そうと努力したのだ。

次に弁護人がやったのは、この証人が、いくつかの離婚訴訟で姦通の目撃証人になったことがあり、しかも同じ訴訟で両方の側の――はじめは一方の、次いで他方の証人になったことや、一時は私立探偵をやったりしたことを示す多くの事実を突きつけて、証人の注意を促すことだった。また彼に盗まれたり、恐喝されたり、トランプでいかさまをやられたりした人々を、傍聴人の中から次々に呼び出し、これらの嫌疑に関する質問をどんどんぶつけてやったが、彼はそのすべてを被害者たちの面前で否認したのである。裁判長は証人の言い分を聴取するに当たって、証人をその被害者たちと面つき合わせることは許すが、こういう傍系的な事柄で証人を反駁することは許さない、とあらかじめ弁護人に釘をさしていたのである。だから、ミノックはすぐにもとの挑戦的な態度へ戻ってしまった。

尋問は次の段階へ移り、証人が精神異常をよそおってベルヴューに潜りこんださい、ウォーズ・アイランドへ移されるという希望をもっていたのだが、結局は全治退院ということになるから、公立の精神病院の入院患者でいる間に目撃したことを、センセーショナルな新聞記事にしてやろう、という意図があったこと、またベルヴュー病院で担当医の一人フィッチ博士に仮病を見破られ、警察判事の前に引き出されて、公開の法廷で病院内のすべてが〝予期していたよりもはるかに良好〟だったし、〝自分には何の不満もなく文句のつけようがな〟かったと供述した事実を暴いたのである。

次いで入院中にいろいろな看護人と交わしたさまざまな会話について質問し、証人の心を本題からそらしてやった。それらの会話については、彼はことごとく否認した。この一連の質問は、イエスかノーかで答えさせた。こんなやり方で次第に私の望む核心へ接近してきたから、次のような質問をぶつけた——

弁護人「ゴードン看護人から、なぜ精神病患者として進んで監禁される気になった、と訊かれると、自分は新聞関係の人間で、精神病院のやり方を詳しく書く契約を日曜紙と結んでいたのだが、その新聞が契約をキャンセルした、とあなたはお答えになりましたか?」

証人「いいえ」

弁護人「でなければ、そのような意味の言葉はどうです?」

証人「いいえ」

弁護人「私は、あなたの退院直後の一時期、そしてあなたが身の回り品を取りに戻ってから後のことをお話ししているのですよ。そのときあなたはゴードン看護人に、百四十ドルで記事が書けるとあてにしていたんだ、とおっしゃいましたか？」

証人「いいえ、言いません」

弁護人「ゴードン看護人は、「あんたも今度は馬鹿な目にあったな？」と言い、あなたは「うん、だが何か書いてやろうと思うんだ、とんとんにできるかどうか見ていてくれよ！」とお答えになりましたか？」

証人「そんな憶えは全くありませんよ」

弁護人「でなければ、そんな意味の言葉は？」

証人「言いませんね」

以上の質問は、全部、次の重要な質問への伏線にすぎなかったのである。

弁護人（静かに）「当時、実際問題として、あなたは『ヘラルド』紙の編集局へ戻ったら書いてやれる何かを、ご存知だったのでしょう？」

証人「私は書くことが何もないのを知っていましたよ」

弁護人「当時あなたは、外に出たら書いてやろうと思う事実なり着想なりをつかんでいらしたのでしょう？」

証人「私が当時？　だって私は書くことが何もないのを知っていたんですよ」

弁護人（歩み出て、昂奮した様子で証人に指をつきつけ）「あなたは水曜の夜、シーツで人間が絞殺されるのを見たくせに、金曜の朝にはもう、書いてやれることが何もないのを知っていた、というんですか?」
証人(ためらいつつ)「連中が殺してしまった、とまでは知らなかったので」
弁護人「その患者が首にシーツを巻きつけて絞め上げられ、何度か失神して床に倒れるのを見たくせに、書くことが何もないのを知っていた、というんですか?」
証人「民生委員に会いに行って話さなくちゃならない、とは知っていたんです」
弁護人「だがあなたは新聞記者だった——詳しい記事を書くために精神病院に入った。ついさっきのご発言は取り消しますか——書くことが何もないのを知っていたというご発言を?」
証人「いや、取り消しませんよ。私はその男が死んだとは知らなかったんですから」
弁護人「あなたはその患者が窒息して意識を失うのを見た翌朝、その看護人が死体保存所《モルグ》へ電話して、検屍が行なわれたかどうか訊いているのを耳にした、と証言なさいませんでしたか?」
証人(おずおずと)「それは——ヘラルド紙と契約していた話が没になって」
弁護人「土曜の午後、ついに病院から出されて四時間とは経たぬうちに、その検屍の新聞記事を読んで、すぐさまこの患者が絞殺されるのを見たという話を書き、『ニューヨーク・ワールド』紙に売りこんだ、というのが真相じゃありませんか?」
証人「そのとおりです。そうです」

弁護人「民生委員のところへ行って、目撃したことを言うのが義務であると知っていた、とおっしゃってますが、行かれましたか？」

証人「いや、検屍の記事を読んで、その男が殺されたとわかったもので」

弁護人「そのかわりに『ワールド』紙へ行き、イリヤールがどんなふうにして殺されたかを話した、というわけですな？」

証人「ええ」

弁護人「そんなわけで、検屍の新聞記事を読んで三、四時間のうちにこの記事を書いたのですね？」

証人「ええ」

弁護人「『ワールド』紙の社説担当記者たちは、宣誓供述書の形をとらなければ拒わる、と言いませんでしたか？」

証人「ええ、そうです」

弁護人「宣誓供述の形をおとりになりましたか？」

証人「ええ」

弁護人「それは病院から出された当夜でしたか？」

証人「ええ」

弁護人「出来事はみんな、あなたの心に生々しかったのですね？」

証人（おずおずと）「何ですって？」

弁護人「病院で起こったことはみんな、そのときは生々しく憶えていらしたんですね？」
証人「それは、現在よりも生々しい、というほどではありません」
弁護人「今と同じくらい、ということですか？」
証人「そうです」
弁護人（言葉を切り、書類を繰って一枚を選び出し、証人へ歩み寄って手渡しながら）「この宣誓供述書をお取りください。金曜の夜に作って『ワールド』紙にお売りになったものです。この中に、あなたが今日ここで陪審の方々にお話しくださったやり方でデイヴィスがフランス人をシーツで絞めたことをお書きになっている個所を、私におしえてください」
証人（書類を受け取ることを拒んで）「いや、そんなことが書いてあるとは思いません。調べてみるまでもありませんよ」
弁護人（叫ぶ）「思いませんですと！　書いてないことをご存知なのでしょう？」
証人（そわそわと）「そうです、書いてありません」
弁護人「その宣誓供述書を作成なすったさい、それを忘れていらしたんですか？」
証人「そうです」
弁護人（声をはり上げて）「わずか三日前に、目の前で、一人の男が絞められるのを見た、首にシーツを巻きつけられて。そして床に気絶するのを見た。それなのに、あなたは忘れておしまいになった。その出来事を記事にし、それに関する宣誓供述書を『ワールド』紙に作ってやったさい、そのことを忘れていた、とおっしゃるのですか?」

証人(ぐずぐずと)「私は宣誓供述書を二通作ったんです。そのことは二番目の宣誓供述書の中に書いてあると思います」

弁護人「質問に答えてください、ミノックさん。『ワールド』紙への最初の宣誓供述書を作ったさいには、それを忘れていた、ということは疑問の余地がないのですね?」

証人「忘れていました」

弁護人(唐突に)「いつ憶い出されました?」

証人「検屍官の前で二番目の宣誓供述書を作ったときに憶い出したんです」

弁護人「で、その二番目のはいつお作りになりました?」

証人「数日後、たぶんその翌日か翌々日だったと思います」

弁護人(書類を繰って、また証人へ歩み寄り)「その検屍官への宣誓供述書を手に取って、シーツをつかって首を絞めたことがどこに書いてあるのか、陪審のみなさんへご指摘ください」

証人(その書類を拒んで)「それは――たぶん、そこには書いてないでしょう」

弁護人「さあ、書いてありますか?」

証人(依然、受け取ることを拒んで)「わかりません」

弁護人「念を入れてお読みください」

証人(読む)「そのことは何も書いてありません」

弁護人「そのときにもやっぱり忘れていらしたんですか？」
証人（混乱のていで）「きっとそうだったにちがいありません」
弁護人「あなたが記事にお書きの、こんな恐ろしい光景を目撃しながら、すぐに忘れてしまい、また、あの病院で起こったことを二度も宣誓供述していながら、その最中にも忘れていた、などと陪審の方々に信じてもらいたい――そういうおつもりですか？」
証人「記憶から脱け落ちていたのです」
弁護人「あなたはこの裁判で証人として証言してこられたのでしょう？」
証人「そうです」
弁護人「検屍官の前でも？」
証人「そうです」
弁護人「しかし、このシーツの件は、そのさい記憶から脱落していた、というのですか？」
証人「そうじゃありません」
弁護人（検屍の速記録を両手に取り）「あなたは検屍官の前で、シーツの件は口にせぬまま二時間にわたって証言し、それからは口実を設けて数日間出廷せず、その後出廷すると、今度はシーツの件を詳しく述べたことを憶い出しませんか？」
証人「そうです。そのとおりです」
弁護人「なぜ最初の日にはシーツの件を証言なさらなかったんです？」

証人「ああ、記憶から脱け落ちていたんです、忘れたんです」

弁護人「検屍官の前で証言を始める前に、『ワールド』紙のために作成した宣誓供述書を見たいとおっしゃったことは、憶い出せますか?」

証人「ええ、私は体の具合が悪かったので、記憶を新たにしておきたかったんです」

弁護人「今日はこんなにもすらすらとお話しくだすった光景が、そのときはすっかり記憶から消え失せていた、それで記憶を新たにするため、ご自分の宣誓供述書を見たかった、という意味でしょうか?」

証人「いや、消え失せていたわけではないのですが、ただ記憶を新たにしたかったわけで」

弁護人「というよりは、宣誓供述書の中で話をでっち上げていたもので、そのでっち上げた話の記憶を新たにするために宣誓供述書を見たかった、というほうが真相じゃなかったのですか?」

証人「ちがいます。それは真相じゃありませんよ」

これらの質問の狙いがどこにあったか、またその返答をどのように弁論に使ったかは、以下に引用する総括弁論の一部をごらんになれば、おわかりだろう。——

「陪審員の皆さん、そして、地方検事、あなたも反論はおできにならないだろうと私は考えますが、私の論点はこのようなものであります。すなわち、もしミノックが、精神病院から出てきたばかりだというのに、その最初の新聞記事を『ワールド』紙へ売りこみに行ったとき、このシーツの件を忘れているのであれば、またもし、その二日後に検屍官のところへ二度目の宣誓供述書を作成しにいったときも、やっぱりそれを忘れているのであれば、さらにまた二週間後、検屍の席で二時間も証言しながら一度もそれを口にせず、その二日後に再度呼び出されて初めて思い出した、というのであれば、引き出される推論はただ一つであります。すなわち、彼はそんな光景をけっして見はしなかった。なぜなら、もし見たのなら忘れるはずはないから、ということであります。この場合重要と思われますのは、彼が新聞記者《リポーター》であったこと、地方検事もおっしゃっているように〝現地取材のため〟あの病院へ潜入していたこと、であります。彼は皿を片づけるふりをしながら、その光景を見るために、部屋のそのあたりに立ちつくしていた、と言っております。彼は正気の人間でした。そこではただ一人の正気の人間でした。さて、もし彼がそんな光景を見ていないとすれば、それは起こらなかったからであります。もし起こっていないのならば、証人としてここへ喚問された精神病患者の方々も、そんな光景を見たはずはないわけです。論点がおわかりでしょうか？　反論がおできになりますか？　もう一度言わせていただきます。この男があの記事に書いているような事件を目撃しながら、それを忘れ去ってしまうなど、人間の頭では、とうてい信じられぬことです。退院した当夜、その記事を書き、『ワールド』紙朝刊に売るときにはそれを忘れている！　その二日後に二度目の重要な宣誓供述書を作成するさいにも、それを忘れている！　そのくせ他のことは書いているのです。そしてそのことだけはけっして触れていない。二週間後の検屍の席で証言していてさえ、それを言い落としている。こうした事実から、彼はそんな光景を全く見ていないということ以外、どんな推論を引き出せますか？——もし見たのなら忘れることなどありえないのですからね。もし彼が見ていないのなら、それは起こらなかった、ということになりましょう。彼はその現場にいたのであり、正気であり、まさにそれを報道する目的で、何であれそこで起こっていることを見守っていたのであります。そして、もしこのシーツの事件が起こっていないのならば、患者の方々もそれを見たはずがないわけです。これでミノックのみならず検察側の全証言の片がつくわけです。シーツ事件が現実にあったとご評決を下されるためには、あらゆる人間経験に矛盾するような何かを発見なさらなくてはなりません。つまり、この男ミノックが、記事に書いたような、シーツを使っての恐ろしい絞殺現場を目撃したとすれば、すぐにそれを忘れてしまうなど、到底ありえないということであります。」

『ワールド』紙と検屍官へ出した二通の宣誓供述書の内容が次に取り上げられ、まず最初の質問は、彼が今憶い出せるかぎりでは何が実際には起こったのか、ということだった。この返答を得たあと、宣誓供述書では何と言っているかに注意を促してやり、そのくいちがいを明らかにした上で、そのときの証言と今の証言のどちらが事実かと尋ねた。そして、目撃した記憶から今証言しているのか、それとも宣誓供述書の中ででっちあげた事柄を憶い出そうと努めているのか、どっちだと尋ねたのである。

弁護人「夕食のときのそのフランス人の状態はどんなでした？　あなたは、彼がしばらく歩きまわってから体が暖まって、陽気で快活になった、とおっしゃったが、そんなふうでしたか？」
証人「そうです」
弁護人「でもあなたは、宣誓供述書の中で、彼は夕食時にはひどく衰弱している様子だった、と述べていらっしゃる。本当にそうだったのですか？」
弁護人「でもあなたは、ついさっき、体が暖まって、夕食時には元気だった、とおっしゃいましたよ」
証人「ああ、そうです。衰弱している様子でしたよ」
弁護人「じゃあ、もう誘導しないつもりですが、ひとつ彼がどんなふうに食卓へ歩いていったかおしえてください」
証人「ああ、あなたがそんなふうに私を誘導したんです」
弁護人「宣誓供述書では何と言ったか憶えておいでですか？」
証人「ああ、ゆっくりとですよ」
証人「たしかに憶えています」
弁護人「何と言ったのです？」
証人「弱々しく歩いた、と」
弁護人「宣誓供述書に、少しでも彼の歩き方に触れた、という確信がおありでしょうか？」
証人「確信はありません」
弁護人「あなたがあんなにも生き生きと絵に見るように書いたシーツ事件は、水曜の午後何時ごろに起こったのです？」
証人「六時頃でした」
弁護人「その午後は、そのときまでに何か彼にたいする暴行があったのでしょうか？」
証人「ええ。彼は数回看護人たちに突き倒されました」
弁護人「彼らが突き倒したというのですね？」
証人「ええ、彼らはひどくおもしろがったんですよ。彼を後ろへよろけさせ、ひっくりかえすのが。それから立ち上がらせるんです。彼の膝は筋肉が硬直しているような感じで、後ろへよろけては倒れるので、彼らは笑ったわけです。これは午後三時前後でした」
弁護人「何度見たと証言なさいます、ミノックさん、彼が仰向けにひっくり返り、また看護人に引っ立てられては倒されるのを？」
証人「午後の間に四、五回ですね」
弁護人「で、彼はいつも後ろへ倒れたのですか？」
証人「そうです。彼は後ろへよろめく動作を繰り返したわけです。五フィートほどよろめいてバランスを失い、仰向けにひっくり返るのです」
証人に、この患者を立ち上がらせてはひっくり返し、また立たせるという経過を、詳しく述べさせた狙いは、以前に証言し、今は明らかに忘れている言葉とのくいちがいを、いっそうはっきりさせるところにあったのである。

弁護人「ではひとつ、検屍の席であなたが宣誓証言なさったうち、この点がどうなっているか速記録を読んでさしあげましょう。あなたはこう訊かれています、「水曜は食事前に何か暴行沙汰がありましたか?」これにたいしてあなたは「何も見ませんでした」と答えていらっしゃる。水曜の夜、六時の夕食までに何か暴行沙汰があったかどうか、と訊かれますと、こう答えていらっしゃる、「いいえ、火曜の夜からずっと暴行沙汰はありませんでした。水曜の夕食時、六時ごろまで、何も起こりませんでした。」検屍の席でのご供述と、今日ここでのご供述は、両方とも宣誓のうえですが、相違していますよ。どうご説明なさいます?」

証人「それは、私が暴行について発言したのを、検屍官の速記者が省略したのかもしれません」

弁護人「でも、私が今読んだお答えを、検屍官の前であなたは誓約なさったのでしょう?」

証人「したかもしれません、また、しなかったかもしれません。わかりません」

弁護人「もし検屍官の前で、暴行沙汰はなかった、水曜の夕食後まで何も起こらなかった、と誓約なさったとすれば、それを認めておっしゃったわけでしょう?」

証人「憶えておりません」

弁護人「検屍の席での証言を読み聞かされても、まだあなたは、看護人が患者を四、五回ひっくりかえし、立たせては笑ったというこの法廷でのご証言を、本当だと言い張るおつもりですか？」

証人「ええ、主張します」

弁護人「もう一度速記録から検屍官当人があなたにした質問を一つ読んでみましょう。質問「精神病院の事務室か大部屋にいたときに、イリヤールが倒れたりよろめいたりするのを見たことがありますか？」答「いいえ。一度も見たことがありません」これにたいするご言い分は？」

証人「そのとおりです」

弁護人「では、つい十五分前に、陪審の皆さんへ、彼がよろめいてひっくりかえるのを数回見たと証言なすったのは、どうなります？」

証人「検屍のずっと後に憶い出したんです」

弁護人「ずっと後に憶い出した！　では、さきほどの次の質問を読んでみます。質問「一度でも、彼が歩くか走ろうとして、転ぶのを見たことがありますか？」答「いいえ、彼が転ぶのは一度も見たことがありません」これにたいするご言い分は？」

証人「そうですねえ、よろめきのことは宣誓供述書に入れたはずだと思うんですが、後で、きっと検屍官の前で省略したんです」

反対尋問開始の時点では、弁護人としては、ほとんど一問ごとに裁判官と戦わなくてはならぬ有り様だったものだ。そして次から次へと質問は取り消されてしまった。尋問が進むにつれ、しかし、裁判官の証人への態度はすっかり変わっていったのである。裁判長はたえず苦虫を嚙み潰した顔で証人を睨みつけていたが、この時点でとうとう爆発した。

「一度だけ注意します、ミノックさん、あなたは弁護人の質問に答えるためにここにいるんですよ。答えられぬなら、そう言いなさい。答えられるなら、答えなさい。また記憶がないのなら、そう言いなさい。」

証人「あの、裁判長、ウェルマン氏は私の妻のことでひどい尋問をしたのですよ、そんな権利などないのに」

裁判官「あなたにそんなことを言い立てる権利などない。彼にはあなたを反対尋問する完全な権利があるんです」

証人（完全にカッとなって）「あの男は、法廷の外でなら、私にあんな質問をする勇気などないだろう。法廷に保護されていることを知ってやがるもんだから。でなきゃ、あいつの首をへし折ってやるんだが」

裁判官「あなたは自分のみじめさをさらけだしていますよ。質問に答えてください」

弁護人「この事件については記憶というものを一切お持ちではないようですな。ご自分がごらんになった記憶から証言なさってるんですか？　それとも出まかせに話をでっちあげてるんですか？」

証人（答えず）

弁護人「どっちなんです？」

証人（頑固に）「自分が見たことを話してるんです」

弁護人「そうですか、じゃこれを聞いてください。あなたは宣誓供述書の中でこう言ってるんですよ、〝床は一面に血の海だった。イリヤールの血だった。掃除人が火曜と水曜の朝にやってきてその血を洗い流した。〟これで間違いはありませんか？」

証人「そうです」

弁護人「ああ、私の理解するところでは、あなたは水曜日は昼まで寝ていたとおっしゃっていますよ。どうやって掃除人がその血を洗い流すところをごらんになれたんです？」

証人「掃除人たちは広間の向こう端にいたんです。病棟全部を洗ったんです。水曜の朝に見たんじゃない。火曜の朝ですよ、彼女らが床をこすっているのを見たのは」

弁護人「あなたはお忘れになったようですね。あの亡くなったイリヤールは、火曜の午後四時までは、まだ入院していなかったんですよ。これについてご言い分は？」

証人「じゃ、彼ではない誰かがやられたんです」

弁護人「では、宣誓供述書の中で、床の上にイリヤールの血が云々とおっしゃっているのは、じつはそのことですね。誰か他の人間たちが暴行を受けた、という意味だったのですね？」

証人「そうです――火曜に」

次いで、小さなことをいろいろと証言させたが、すべて被告人側にはもうわかっていることばかりで、一ダースばかりの公平な証人たちによって反論することができた。例えば、デイヴィス看護人が、イリヤールの殺された翌朝、少なくとも十二回は死体保存所《モルグ》に電話し、心配そうに検屍結果を訊いていたと、この証人は言ったが、現実には、死体保存所《モルグ》と精神病棟間に直接の電話連絡などは全くなかったのであり、死体保存所《モルグ》の係官たちは、イリヤールの検屍に関して電話がかかってきた事実はなく、またどこからも問い合わせなど全くなかったと証言してくれた。そのほかいろいろと小さな事実について、前の発言を確かめさせておいてから、ワイルドマン博士、ムーア博士、フィッチ博士、ホグマン判事、クランシーおよびゴードンの両夜勤看護人、ドワイヤー氏、ヘイズ氏、フェイン氏、グリースン記録係、スペンサー電気技師、ジャクスン守衛、そのほか後刻喚問した検察側証人数名によって論破したのである。

この時点までには、証人はもはやどうしようもない悪あがきを始めていたのだ。たえず前言と矛盾することを口走り、赤くなったり青くなったりで、答えるたびにぐずつき、前言を訂正してみるかと思うと、黙りこくってしまい、全く返答しなくなったりした。四時間経って彼は証人席を下りたのだが、完全に信用を失い、やつれ切り、惨めな存在となり果てていた。裁判官は翌日も出頭するように命じたのだが、二度とふたたび裁判には姿を見せなかったのである。

一週間後、彼の養母が被告人側の証人として喚問され、その朝フィラデルフィアにいる息子から受け取った手紙を裁判官に手渡した（これはしかし、陪審に見せることは許されなかった)。その中で彼は、ニューヨークの塵埃から永久に足を洗った、もう二度と戻らぬつもりだ、自分は破滅したと感じている、もし戻れば偽証罪で逮捕されるだろう、と書き、遠く西部へ行って人生を始めからやり直そうと思うから、金を送ってほしい、とあった。これは全く、筆者の経験したうちでも最も悲劇的な事件だった。

ミノックが失踪した後、新聞各紙は地方検事と手を結んで、何としても有罪判決を手に入れようと、この精神病棟の入院患者二名を証人として喚問したが、彼らはこの悲劇のセンセーショナルな新聞記事を何度も繰り返して回し読みしたために、とうとう病める頭の中では現実に自分の見た事実となってしまい、それに間違いないと進んで証言したのだった。しかし陪審は、検察側の唯一の正気の目撃証人が完膚なきまでに破滅したことをけっして忘れず、被告を無罪放免としたのである。

第24章 チャールズ・H・タトルによる反対尋問

1 〝証拠物件Q〟の話

以下の物語は、反対尋問を行なう場合に〝直感〟というものがどんなに価値が大きいかを、よく示してくれると思う。それにまた、どんなに頭のいい事業家でも、証人として反対尋問されればじつに見事に壊滅していくものだ、という好例でもあるだろう。

一九二一年に、以前ロシアに住んだことがあるという人物が、アメリカ国内でアルミの生産・販売をしている大会社を相手どって、販売手数料《コミッション》の支払いを請求する訴訟を起こしたことがある。担当はプラツェック判事だったが、訴状によれば、軍需用のアルミ千七百五十万ポンドをロシア政府へ売ってやった斡旋の手数料だというのである。

被告側は全面的に否認したが、とくに重点的に主張したのは、斡旋とか実質的な便宜供与は一切行なわれなかったこと、原告の申し立てているような契約は全くされなかったこと、それどころか問題のアルミは英国政府へ売ったのであってロシア政府ではないこと、その仲介者はJ・P・モルガン社であって原告ではないこと、であった。

裁判では、被告側弁護人は、英国政府がこの問題の真相究明に尋常ならざる関心を示し、その秘密文書《ファイル》を裁判に提供してもよいといっている事実を発表して、劇的効果をあげた。この被告側弁護人はまた、これらの文書《ファイル》は、したがって証拠として差し押さえたり提出したりできないので、タイプしたコピーを三組つくらせ、一組は裁判官用、一組はタトル氏（原告の訴訟代理人）用、残る一組は自分用としたことを強調したのである。それから、英国政府の代表として喚問した証人を通じ、この文書《ファイル》の原本を提示したうえで、これらのコピーに証拠受理の印をつけさせた。そしてタトル氏にそのタイプコピーの一組を配布したのだが、たいへんに大部なものだった。

そのたくさんの手紙のコピーをめくってみたタトル氏は、ふと一通に目を惹かれた。ふつう使われる習慣的な結びの文句がそれにはなく、段落が終わったままになっているのだ。通常なら、急いでいる折でもあり、手紙の量たるや膨大なものだったから、こんな省略は気づかずに過ぎたかもしれないのである。ところが〝直感〟というやつが何か臭いとかんづかせたのだ。ちょうど英国政府代表がその文書《ファイル》の原本を持って法廷を退出する直前、タトル氏は、何気ないそぶりで原本を調べる機会をつかみ、とくに前述の手紙を注意して見たのだ。そのコピーというものには〝証拠物件Q〟と印がつけられていたのである。タトル氏はこの証人を反対尋問するために呼び戻し、それからこの手紙のコピーと称する別の二組の中のそれぞれが同一物であるかどうかの確認を求め、この三枚の各々の最後の段落を証人に大声で読み上げさせたのである。その段落はもちろん各コピーとも同じだった。問題のアルミを英国政府が自分のために買ったことが事実であるという印象は、この手紙で確認されたと思われたものだ。

ところが、次いで彼は、英国政府のファイルにある原本の、最後の段落を大声で証人に読み上げさせたのである。その最後の段落は、コピーからは脱落していた。それは、問題のアルミが実際は、ロシア政府が英国の信用で戦争目的に調達するものであることを、述べていたのだ。

この致命的な暴露と、明白な欺瞞の意図が、裁判の帰趨についてのあらゆる疑問を一掃してしまった。タトル氏は、このいわゆるコピーが、被告側弁護人の事務所ではなく別の事務所で作成されたものであることを明らかにして、この弁護人への嫌疑を晴らしてやったのである。陪審は被告にたいし十七万五千ドルを支払えという評決を下した。

2　X氏への反対尋問

この訴訟の他の争点をめぐって、被告である会社の社長が反対尋問された。この人物を仮にX氏と呼んでおくが、この反対尋問は、いかに大会社の最高首脳であっても、また主尋問では有利な印象を陪審に与えていても、証人席で述べた自分の話に、もともと矛盾や不整合が内在・潜在していれば、そこを分析されて、木端みじんになってしまう、というめざましい実例である。

問「Xさん、あなたは、はじめて原告にお会いになったのが一九一六年の五月十九日で、場所はムーア・アンド・シップリーの事務所だった、とおっしゃっておられますね？」

答「それが最初だったと憶えています」

問「では、それ以前に彼を見た憶えは全くおありではないのですね？」

答「どういうことです？」

問「それ以前に彼を見た記憶はおありですか？」

答「いいえ」

問「彼はそのときにあなたへ紹介された、とおっしゃるのですね？」

答「ええ」

問「そのさい彼は全く見たことのない人間として紹介されたのでしょうか？　あなたは全然彼が何者かおわかりではなかったのですか？」

答「ええ」

問「以前に見たことのある人間としてではないのですね？」

答「ええ」

問「彼が以前あなたの事務所へ訪ねてきたことはありませんでしたか？」

答「そういうことは知りませんね」

問「彼が以前あなたの事務所であなたに会った、ということはありませんでしたか？」

答「そんな記憶はありませんね」

問「さて、この手紙、一九一六年四月二十四日付の原告宛ての手紙、原告側第三号証ですが、これは何日に書かれたとおっしゃっているのでした？」

答「一九一六年五月十九日ですよ」

問「その日、あなたはご自分の事務所へお戻りになってから、これをお書きになったのですね？」

答「口述筆記させました、ええ」

問「で、あなたは、会談でお作りになったメモから口述なさったのですか？」

答「というか、まあ、記憶からですねえ」

問「会談の席では、メモをとったり、ふつうの字《ロングハンド》で案を書いたりは、全くなさらなかったのですか？」

答「文字で案を書いたりはしません。メモを取ったのかどうだったのかは憶えていません」

問「わかりました。ところであなたは、裁判の前に、宣誓して尋問を受けたことを憶えていらっしゃるでしょうか？」

答「ええ、尋問されました」

問「で、あなたはラウルストーン氏、ここにいる私の陪席弁護士に、尋問されたのですね？」

答「ええ」

問「あなたがそこにお持ちの四月二十四日付の手紙について、訊かれたことを憶えておいでですか?」
答「訊かれましたね」
問「何ですって?」
答「それについて訊かれましたよ」
問「そうですね。こんなふうに訊かれたのを憶えておいでですか、「ムーアさんが原告をあなたに紹介したのでしょうか、それともその逆でしょうか?」と?」
答「ええ、憶えています」
問「ではご自分のお答えを憶えておいでですか、「ムーアが彼の事務所で私に紹介したのですが、原告はその前に私の事務所へ来たことがありました」と?」
答「ええ、憶えてます」
問「その答えを憶えていらっしゃるんですね?」
答「憶えています」
問「そのお答えは真実でしたか?」
答「私の知り、かつ確信しているかぎり、そのときは、それが真実でした、ええ」
問「といいますと、そのときには、原告があなたの事務所に来たことがあると思っておられたんですか?」
答「そう思っていました」

問「いつごろ彼があなたの事務所に来たと思っておられたのか、憶えておいででしょうか？」

答「私はそのときは思っていたわけです、これらの手紙は日付通りの日に書かれたものだとばかり。ですから私がこれらを書くために、彼は当然私の事務所に来たことがあるはずだ、と推測したのですよ」

問「ところで、あなたが尋問を受けた日は一九一八年の四月十七日か、そのころでしたか？」

答「思い出せません」

問「それは第一ページにある日付ですよ」

答「なるほど」

問「そこで、例の取引についてのご記憶は、そのとき、今と同じくらいにはっきりしていたのではありませんか？」

答「いや、そうじゃなかったですね」

問「おっしゃる意味は、それらの手紙をお書きになったこと、つまり三通とも一緒にお書きになり、日付は遡って記入なさったことを、そのときはすっかり失念していた、ということですか？」

答「そのときはそうだったのですよ」

問「だから、四月二十四日と日付を記入してある手紙を、四月二十四日の手紙として見せられたとき、あなたはご自分の事務所で彼に会ったときめこんでおしまいになったのですね？」

答「私としては、当然のことだと思ったのですよ、私があの手紙を四月二十四日に口述筆記させたのだから、彼が来たにちがいないと」

問「この供述録取書が取られたあと、あなたはご自分の証言を読みかえし、署名し、誓約なさった。それで間違いございませんか？」

答「読みかえしましたよ、ええ」

問「では、いつ読みかえして署名なさったか、憶えておいでですか？」

答「私は何度も読みかえしたんです。しかしいつ署名したのだったかは憶い出せませんね」

問「つい先月署名なさったことは憶えておいでですか？」

答「つい最近だったことはわかっているのです、ええ」

問「では、先月だったのですね？」

答「そうだったと思います、ええ」

問「さて、それを読みかえされた際、そして誓約なさって当法廷の文書《ファイル》に綴りこまれる前にですね、もちろんそれを全部読み通されたのでしょうね？」

答「ええ」

問「では、先月誓約なさったとき、「ムーアが彼の事務所で私に紹介したのですが、原告はその前に私の事務所へ来たことがありました」というお答えにも誓約なさったわけですね？」

答「誓約しました」

問「その証言を訂正なさらなかったのですか？」

答「訂正しませんでした。そんな権利があることを知らなかったのですよ」

問「それをよく考えてみる時間が、一年もおありだったのですよ。しかも本件はそのとき、裁判開始のまさに直前ではありませんでしたか？」

答「その一年は、それを考えることのほかに、しなくてはならない仕事がありましてね」

問「ではひとつ、今お読みした問答のつづきを取り上げましょう。〝問「いつでした？」答「四月二十四日付の手紙を書いたころです」〟これは憶えておいでですか？」

答「ええ」

問「〝問「それは午前中でしたか、それとも午後でしたか？」答「全くわかりません。前に言ったように、彼は私の事務所に来たはずです。でなければ私はあのような手紙を書かなかったでしょうからね」〟これは憶えておいでですか？」

答「ええ」

問「〝問「どんな用事で彼は来たのです？　それはご存知ですか？　彼はそれを言いましたか？」答「アルミの件ですよ」〟これは間違いございませんか？」

答「ええ」
問「〝問「彼はアルミの件で来たのですね？」答「ええ」〟これはどうです？」
答「ええ」
問「〝問「そのとき、誰かが彼をあなたに紹介したのでしょうか？」答「いや、彼は名刺を差し出したんです」〟どうです？」
答「ええ」
問「さて、よろしいですか、一九一八年四月のこの尋問のさいにおっしゃっているとおり、四月二十四日にはじめて彼の名刺を見たのであれば、その同じ日付の手紙の中に、彼が名刺を差し出したことを示唆する言葉が全くなかったというのは、おかしくありませんか？　それとも書いてあったのでしょうか？」
答「いいえ」
問「名刺云々は、何か別のことをお考えになって、そう思われたのではありませんか？」
答「そうかもしれません」
問「よろしいですか、彼がその日名刺を差し出したのですとおっしゃったとき、何かご記憶がありましたか？　何か情景が眼に浮かびましたか？　原告が入ってきてあなたに名刺を差し出した光景を、ぱっと眼に浮かべられたのですか？」
答「何を思っていたのだったか、今は憶い出せません」

問「その名刺という思いつきを、どこから得られたのか、おわかりになりませんか?」
答「わかりません」
問「〝問「彼は一人で入ってきましたか?」答「彼は私の事務所へ入ってきました、ええ、一人でしたよ」〟さて、以上が一九一八年四月に尋問をお受けになった時点での、このことに関するあなたのお答えと、四月二十四日付のあの手紙についてのご説明でしたね?」
答「ええ」
問「そして一九二一年の四月にこの供述録取書に誓約なさった時点でも?」
答「ええ」
問「では、Xさん、そうすると他の二通の手紙、つまり一九一六年五月十六日付のと、一九一六年五月十八日付のとは、みんなあなたが、五月十九日の午後に、あなたの事務所でお書きになった、あるいは口述筆記をさせた、というのですね?」
答「そのとおりです」
問「あなたがそのような手紙をお書きになり、原告へ渡したことについて、ムーア・アンド・シップリーの事務所では何か話題になりましたか?」
答「ええ」
問「そうした手紙は、原告の得意先へ見せるためのものだったのですか?」
答「彼は注文を取れそうな連中に手紙を見せてやりたかったのです、ええ」

問「そこでお訊きしたいのですが、なぜあなたは、例の手紙の日付を四月二十四日に遡らせ、またもう一通は五月十六日へ遡らせたのです?」

答「原告が私に言ったところでは、これらの手紙の中で概略を述べているような相場情報を、彼はエクスポート・アンド・インポート社から得て得意先へ提供していたのだそうで、そこへ私が以前原告にアルミはほとんど売れてしまったと説明したことがあったのに加えて、また売れたわけですので、彼としては得意先へ、売れた理由を説明するものが何か欲しい、ということでした」

問「で、彼はその会談の席で海外電報を打ったと言いませんでしたか?」

答「いいえ」

問「相場を伝える電報ですよ?」

答「いいえ」

問「彼は、自分が得た相場の情報にもとづいて提示価格をもう作成したと言いましたか?」

答「彼はそんなふうな言い方はしませんでしたね。アルミの相場付けをやっているのです、とは言いましたが、私が彼に提示した価格で相場付けをやっているとは言いませんでした」

問「そうですか、でも彼にアルミの価格を提示なさったことがおありでしょう?」

答「ありませんでした」

問「では、彼とシップリーが同席しているところで、アルミの価格提示をなさったことがありませんか？」
答「ありません」
問「このときより以前にですよ？」
答「ありません」
問「すると、あなたはムーア・アンド・シップリーへはアルミの相場付けなど一度もしたことがなかった、しかし原告へは一ポンド当たり六十六セントという価格を提示して、その手紙の日付を四月二十四日へ遡らせた、とおっしゃるのですね？」
答「彼らの要求に応じたまでですよ」
問「もしあなたが、四月二十四日の、あるいはその前後の相場を、直接にしろ誰かを通じてにせよ、実際には原告に提示していなかったとすれば、それは原告が誰かをだますことを可能にさせるかもしれぬ、とはお考えにならなかったのですか？」
答「全然。彼はこういった相場情報を、ムーア・アンド・シップリーから得ている、と言ってましたから」
問「でも、彼はあなたからそういった相場を聞いたのではない、とおっしゃるんでしょう？」
答「どうしてそんなことが私にわかったでしょう？　ムーア・アンド・シップリーが価格提示をしていないなどということが、どうして私にわかったでしょう？」

問「私はまた、ついさっき、彼にもムーア・アンド・シップリーにも価格提示をなさったことがないと、おっしゃったと思ったもので?」

答「いや、私はご質問を誤解したんです。私としては、ムーア・アンド・シップリーが、私から相場を聞いていた誰かブローカーか何かから、こういった相場を聞いていた、ということ以外は何も知らなかったわけですよ」

問「それらの数字は、あなたが四月二十四日かその頃に価格提示をなさった数字と値段であると、お認めになりますか?」

答「認めません」

問「それは当時のアルミの市場価格だったのですか?」

答「ええ」

問「その数量で一ポンド当たり六十六セントがですか?」

答「ええ」

問「だからあなたとしては、彼が四月二十四日現在の相場についてあなたから多少とも情報を得ていたかどうかは知らなかったけれども、その数量にたいして四月二十四日現在の相場を提示した手紙を書き、その日付で署名をし、進んで彼にお渡しになった、というわけですね?」

答「そうしました」

問「では、五月十六日付の手紙を、五月十八日付とか十九日付とかになさらなかったのはなぜです？　ご説明を聞かせてください」
答「私はそのころアルミを多少売っていたわけです。で、原告に手持ちのアルミを少し処分したと話したところ、彼はそのことを手紙に書いてくれないかと言ったわけで、書いたんです」
問「約六万ポンドお売りになったのですね？」
答「手紙の中にそう書いてあるわけです」
問「では、事実だったのでしょうか？」
答「わかりません」
問「おわかりにならない。では、その会談の折、あなたが売ったという事実は、誰が口にしたのでしょう？　六万ポンドという数字を口にしたのは誰です？　それとも、そういった数字は、その会談では全く口にされなかったのでしょうか？」
答「誰が言ったのだったか、憶い出せません。しかし、どうも私が言ったらしい気がしますね」
問「すると、あなたが六万ポンド売ったことは、あなたがその会談の折に口に出されたわけですか？」
答「そうらしいですな」
問「なのに今、それが確かかどうかは憶い出せないのですか？」
答「もし私がそう言っていれば、確かにそうでしょうが」

問「しかしあなたは、こういう売買を現時点では憶い出せないのですね？」
答「ええ」
問「ところで、これらの手紙は、得意先へ見せるという目的で書かれはしたのだが、あなたがサポージュニコフ将軍に面会なさった折、その手紙が提示された憶えはない、とおっしゃっているると理解いたしますが？」
答「あの手紙は提示されませんでした」
問「提示するのが目的で書かれた手紙というのにですか？」
答「そういうことじゃない、私の言い方が不正確ですな。私の言う意味は、あの手紙が私には示されなかった、ということです」
問「ああ、私が申し上げているのは、それらの手紙が、あなたの面前でサポージュニコフ将軍へ示されたかどうか、ということですよ？」
答「あの会談中は、手紙を見ませんでしたね」
問「あなたは手紙を見たのか、見なかったのか――そういう黄色い用箋の手紙がです、示されるのを見ましたか？」
答「見ませんでした」
問「サポージュニコフ将軍とのこの会談で、将軍は大量に注文できるかどうか、といったことをあなたに何か話しましたか？」
答「彼が――原告が、将軍に何語か私のわからない言葉で話しかけてから、私に向かって、将軍は私が調達できると確信がもてれば乗り気なんだよと言ったのです」
問「それで、将軍は、もしあなたが大量調達できるなら、大量発注しようというふうなことを、何か言ったんですか？」
答「取引をしようと言ったのだったか、どうか、憶い出せません」
問「じゃあひとつ、裁判の前にお受けになった尋問を読んでみます。十六ページです、こんな質問をされて、こんなふうに答えておられる。「サポージュニコフ将軍——原告ではありませんよ——サポージュニコフ将軍は、その会談の折、ロシア政府がアルミを求めていることについて、あなたに何か言いましたか？」——これに何とお答えになったか、憶えておられますか？」
答「彼が私に言った——」
問「ご自分の答えを憶い出せますか？」
答「憶い出せます、ええ」
問「その答えは「ええ」でしたか、「いいえ」でしたか？」
答「ああ、それはわかりません。私にわかっているのは、将軍がそのことで私に何と言ったか、ですよ」
問「ここにありますお答えは「ええ」ですよ。これで間違いありませんか？」
答「ええ」
問「では、〝問「彼は何と言いましたか？」答「私の方にそれだけのアルミを調達する能力がある、と確信できれば大量発注しよう、そう言いました』〟どうです？」
答「ええ」
問「さて、これで彼がそう言ったという記憶がよみがえりましたね？」
答「彼は原告を通じてそう言ったのです」
問「ついさっき、彼が大量発注する意思を、直接か原告を通してか、表明したのかどうかとお訊きしました折、あなたのお答えは彼がそう言ったというものでしたか？」
答「憶い出せません」
問「ついさっきのお答えを憶い出せないのですか？」
答「あなたが、二人のうちのどちらを通じてと質問なさったのかが、憶い出せないのです」
問「さて、サポージュニコフ将軍とのこの会談で、あなたは、供給可能なアルミの量について何かおっしゃいましたか？」
答「ええ」
問「何とおっしゃいましたか？」
答「私はアルミを供給できると言ったわけですが、憶い出せるかぎりでは、私の申し出は覚え書きで取り交わしたわけです」
問「よろしいですか、私が今お尋ねしているのは、覚え書きに由ったとかではなくて、あなたが供給できるアルミの量について、何とおっしゃったのか、とお訊きしているのですよ？」

答「私はアルミを供給できると言ったわけです。きまった量についてはあまり話し合いませんでした」

問「あなたは、彼の望む量の半分、同じくらい、あるいは二倍、供給できるというふうにはおっしゃいましたか？」

答「いや、いや。私たちは、彼がどのくらい欲しいのかを言い出すところまではいかなかったのですよ。私にとっては、取引条件を知ることのほうがはるかに重要だったわけで、量は問題じゃなかったのです、私としては」

問「問題は取引の条件だったわけですか？」

答「まずそういうところです」

問「で、彼としては量の問題を持ち出すところまではいかなかったし、あなたもどれだけの量でいくらと価格を言うところまではいかなかったのですね？」

答「はっきり憶い出せるのではありませんが」

問「さあ、確かなのでしょうか？　どうなんです？」

答「ええ」

問「今度は、裁判前の尋問で次のような問答を憶えていらっしゃるかどうか、お訊きします。〝問「彼に何とおっしゃったか憶えておいでですか？」答「いや、あまりよくは憶えていません。私としては、アルミを供給できるということを、彼に納得させようと、ありったけの商才を発揮したわけです」〃このお答えは憶えていらっしゃいますか?」
答「ええ」
問「〃問「あなたは、契約する量のアルミを毎月ずっと供給できる、とおっしゃいませんでしたか?」答「言いました」〃この答えは憶い出せますか?」
答「その答えは憶い出せません。しかし、そこにそうなっているのだろうと思います」
問「そのときご自分がそうお答えになったことに、疑問はございませんか?」
答「全然ありません。それが私のした答えですよ」
問「そして、あなたの弁護人が照合したこの速記録を、私が正確に今読んでいることも?」
答「たしかに、疑問はありません」
問「それでは、この質問にこうお答えになったことは、憶えておいででしょうか。〃問「あなたが彼に申し出られたアルミの量は最高どのくらいでした?」答「全然思い当りませんね。彼が要求する量の倍は供給できると言ったろうと思いますね」〃こうお答えになったことを憶えておいでですか?」
答「ええ」
問「すると、あなたと彼は量の問題にまで話を進め、彼の要求する量の倍を供給できるとおっしゃった記憶が、よみがえったわけですね?」
答「私はできると彼に言った、そう申したわけです。おそらくそう言ったのでしょう」

問「その〝おそらく〟という言い方は、もうやめようじゃありませんか。あなたがたが量の問題にまで話を進め、あなたは彼の要求する量の倍を供給できるとおっしゃった記憶が、よみがえったのではありませんか？」

答「私は、彼にそう言ったろうと思う、と申したわけです。言った、とは申していませんよ」──

問「彼の要求量の倍を供給できると、彼に言ったんですか、言わなかったんですか？」──

答「倍の量を供給可能だとは言いませんでした。それはただの論理的帰結ですよ」

問「ところでXさん、この手紙、原告側第一号証のサポージュニコフ将軍の手紙ですが、これは裁判が始まるまで、一度もごらんになったことがなかった、と私は理解しておりますが、それは確かでしょうか？」

答「ええ、見たことがありませんでした」

問「この裁判が始まるまで、見せられたことはなかったのですね？」

答「ありませんでした」

問「原告は一度もあなたに見せなかったのですか？」

答「確かに彼は見せませんでした」

問「あなたは、原告が頭書と署名の部分を折り返した誰かの手紙をあなたに見せ、その一、二行を読ませた、とおっしゃったが、それは事実ですか？」

答「そのとおりです」

問「では、その一、二行がどんなものであったか、もう一度私におっしゃってくださいませんか?」

答「要するにこんなことです、〝あなたのお申し出に関心を持っております〟と。一字一句同じかどうかはわかりませんが」

問「それを彼が見せたのは、お二人でサポージュニコフ将軍の事務所へ行く途中だったのですね?」

答「ええ、五番街でした、二十三番街へ行く途中で」

問「それで、彼は、差出人が誰なのか、そのときあなたに言わなかったのですか?」

答「言いませんでした、確かに」

問「お二人でサポージュニコフ将軍の事務所へ向かう途中だったのですか?」

答「そんなことが私にわかったはずはないでしょう?」

問「ああ、あなたはご存知なかったのですか、原告のアパートをお出になったとき、これからロシア委員会へ向かうのだとは?」

答「ああ、それはちがう」

問「あなたは原告のアパートへ行ったとおっしゃっているでしょう、私の理解するところでは?」

答「彼のアパートへは行きませんでしたよ」

問「どこで彼とお会いになったのです、五月二十日の朝に?」

答「五番街の歩道です、二十九番街に近いあたりですよ」
問「アパートの玄関じゃなかったんですか？」
答「ええ、どこかの家の入口です、でなければ事務所のビルの入口ですね、そう思いました」
問「アパートか事務所のビルのどちらか、ということですね？」
答「それはよくわかりません」
問「そのとき彼はあなたを用向きで連れ出した。そしてあなたはこれからどこへ行こうとしているのか知らなかった、というわけですか？」
答「彼は得意先へ私を連れていくから会ってほしいと言ったのです」
問「で、彼はその得意先が何者であるかは言わなかったわけですね？」
答「言いませんでした」
問「そして、その得意先が何者であるのか、はじめてわかったのが、フラティロン・ビルディングの一八〇一号室に着いたときだった、というわけですね？」
答「その――フラティロン・ビルだったかどうか、ちょっと――」
問「結構です、そのフラティロン・ビルへ行く途中、あなたがたお二人の間で、手数料とか報酬とかについて、どんなかたちであれ、あるいは方法であれ、ですね、そういうことについて何らかの話し合いがあったのではありませんか？」
答「いや、実際の話、私たちは黙っていたのですよ」

問「彼は全く未知の得意先へあなたをただ引っぱっていっただけで、あなたと彼は、話もせずに通りを歩いていた、というのですか?」
答「ええ、彼は猛烈な足取りで歩いていくもんで、私は遅れまいとついていったわけですよ」
問「しかし、あなたは知ってらしたのでしょう、結局のところこれからアルミを売り込みに行くのだとは?」
答「ええ」
問「しかもあなたがた、あなたと彼がですね、その得意先とどういう話し合いになるか、プランを出し合わなかった、というのでしょうか?」
答「私は前日に自分の要求事項を彼に話してあったのです。彼もそれでいいだろうと言ってましたから、私に関するかぎりは、別にそれ以上話す必要もなかったわけです」
問「では、この質問にお答えいただけますね。抜け目のない実業家であるあなたが、得意先へうまくご自分を売りこむプランを何ひとつ話し合うこともせず、ただもう黙々とその通りを——どこへであれ——行く先も全くわからずに歩いていった、というのは本当なんですか?」
答「私たちはプランなどは話し合いませんでしたよ」
問「彼はあなたを怖気づかせてやめられてはこまるとばかり、ともかく、ただもうがむしゃらに歩いていくし、あなたは出来るだけ速足で追いかけていったと、それで間違いありませんか?」
答「そのとおりです、ええ」
問「例の手紙、折り返してあったとあなたのおっしゃる例の手紙は、前にもごらんになったことはありましたか?」
答「何の手紙です?」
問「上と下を折り返してあった手紙ですよ。別の機会にもごらんになったことはありますか?」
答「いいえ」
問「さて、あなたがたがフラティロン・ビルにお入りになって、あなたがたは今ロシア委員会を訪ねようとしているのだ、という光が射しこんでくれたのは、どこででした?」
答「何をおっしゃっているのか、私にはわかりませんよ。その〝光〟とはどういう意味です?」
問「光――私は情報という意味でつかったわけです。皆目わからなかった闇の中へですね、今ロシア委員会を訪ねようとしている、という夜明けの光が射しこんだのは、いつでした?」
答「私たちがロシア委員会の事務所に着いたとき、私はそのときはじめて、そこにいるのだとわかったわけです」
問「それで、あなたはすぐに将軍に会いに入っていかれた。それで間違いございませんか?」

答「そう、私たちは将軍の事務所へ連れていかれました、ええ」――(略)――

問「四月二十四日付と、五月十八日付と、五月十六日付の手紙ですが、あなたは、原告が得意先に見せて取引条件を固めようという意図で書かされたものだとは、お考えにならなかったのですか?」

答「そういった提示条件は、手紙を書いた時点では固まっていなかったのです。それに彼は、そういった取引条件をムーア氏からすでに受け取っていた、と言っていました。そんなことは私にとっては何のちがいもなかったのです、私には何の義務もないわけですから」

問「しかしあなたは、彼が得意先に見せる価格として、一ポンド当たり六十六セントという数字を提示なさっていたのでしょう?」

答「彼には、それを得意先へ見せるつもりはなかった、と思いますよ。これは私の解釈、ということになるでしょうが」

問「でも、彼がすでに得意先へ提示している、といっていた相場に合わせて、手紙の日付を遡らせることを思いついたのでしょう?」

答「彼の得意先にね」

問「彼の得意先にですね?」

答「ええ」

問「それなのに、彼はその手紙を、自分がそういう価格を提示された証拠として得意先へ見せようとはしなかった、というわけですか?」

答「それは私にはわかりません。ただ私としては、そういう取引の仕方はしないもので」

問「あなたがあの手紙をお書きになったのでしょう?」

答「彼に依頼されて書きました、ええ」

問「といってもあなたは、そういう取引の仕方をなさっているのでしょう、少なくとも次のような程度まではです。つまり、そんな価格提示はしたおぼえがないといいながら、四月二十四日現在の相場を書いた手紙に、進んで署名なさるという程度までは?」

答「私は言いませんでしたよ——だって、彼に価格提示などしなかったことをよく知っていたんですから」

問「その程度までは、そんな取引の仕方をなさっているわけですよ、そうでしょう?」

答「わかりましたよ」

第25章 ラッセル・セイジへの反対尋問

レイドロー対セイジ事件でジョゼフ・H・チョートが行なった反対尋問

反対尋問が、地裁一般法廷や、ニューヨーク上訴裁判所への上告理由になることは稀だが、ウィリアム・R・レイドローがラッセル・セイジを告訴した有名な裁判で、ジョゼフ・H・チョートが行なったセイジへの反対尋問は、まさにその稀な例となった。セイジの弁護人は故エドウィン・C・ジェイムズで、チョート氏は原告レイドロー氏の訴訟代理人として出廷したのである。

一八九一年十二月四日、ノークロスと名乗る、見たこともない一人の男が、ラッセル・セイジのニューヨーク事務所を訪れ、重要な仕事でセイジ氏にお会いしたいと意を通じた。彼はジョン・D・ロックフェラー氏の紹介状を持参している、というのだった。セイジ氏は私室を出てノークロスのところへ行き、開かれた手紙を受け取ると、それにはこう書いてあった。〝おれが今手に持っているこの旅行鞄《カーペット・バッグ》の中には、十ポンドのダイナマイトが入っている。もしおれが床に落とせば、このビルを吹っ飛ばし、なかにいる奴らを皆殺しにするだろう。百二十万ドル出せ。いやなら落とす。出すか？　イエスかノーか？〟

セイジ氏はこの手紙を読み、ノークロスの手へ戻して、今私室に客を一人待たせているが、二、三分もすれば用事が終わるから、それからこの件にかかろう、と提案したのである。

ノークロスは返答した、「じゃ、あんたはおれの申し出を蹴ろうってのかい？　金をくれるのか、どうなんだ？」セイジはもう一度、私室の客を追い払うまで金を渡すのを二、三分延ばしてもらわなくてはならぬ、と説明した。レイドローが事務所へ入ってきて、ノークロスとセイジを見たのはまさにこのときである。だが、何を話しているのかは聞いていない。そのまま控え室でセイジが用事を済ますまで待ったのである。レイドローがこうして待っている間に、セイジは彼の方へじりじりと寄ってき、その傍のテーブルに半ば腰をかけて、一言もいわずに、まるで握手でもするように彼の左手を取ったのである。だが両手で取ったのであって、そうやってレイドローを自分とノークロスの間に、いつのまにか引っ張りこんだわけだ。そうしながらセイジはノークロスに言ったのだ、「もしきみが私を信用できぬなら、自分を信用しろといったって無理な相談だとは思わぬかね？」

そのとき、おそろしい爆発が起こった。ノークロス自身が木端みじんに吹っ飛んだ。即死だった。レイドローは、気がついてみると、セイジに折り重なって床に倒れていた。彼は重傷だった。後日、損害賠償を求めてセイジを告訴した。その根拠は、セイジが予想される爆発にそなえて、レイドローの体を楯にしたというものだった。セイジは、レイドローを楯にしたこと、あるいはレイドローの手を取るか自分の位置を換えるかして自分と爆発の間にレイドローを持ってくるようにしたことを、否認したわけだ。

この事件は四度裁判されたのである。最初はアンドルーズ裁判長が却下したが、控訴に持ちこまれてこの判断は破棄された。二番目の事実審理はパタースンが裁判長となり、陪審はレイドローの勝訴として二万五千ドルの賠償金支払いを命じた。これもしかし控訴で破棄された。三番目の事実審理も、同じくパタースン判事が担当したが、陪審の意見が割れて評決は出なかった。四番目の事実審理はイングレアム判事が担当、陪審はレイドローの勝訴として四万ドルの賠償金支払いを評決、これは地裁の一般法廷でも支持されたが、つづく上訴裁判所では破棄されてしまったのである。

この上告で、異議申し立て理由の一つに、チョート氏によるセイジへの反対尋問のやり方があげられた。こうして、この反対尋問は、ニューヨーク上訴裁判所が反対尋問の乱用ときめつけるものの一例として、関心が集まっているわけだ。実際、いかに卓《すぐ》れた弁護士といえども、熱意のあまり踏み誤ることがあるもので、これは前の一章で述べたとおりだ。とくにこの事例は、チョート氏が証人の記憶力を調べるという口実のもとにどの程度まで尋問を許されたか、その限界を示すものでもある。

セイジ氏の訴訟代理人が上訴理由としたのは、〝本件においては、かかる奇っ怪な判決の破棄を要求するほどに反対尋問の権利が乱用されたのであって、これこそは乱用の産んだ澱《おり》というべきだ〟というものであった。そして上訴裁判所は満場一致でこの見解を採択したのだ（判例集 158 N.Y. 73, 103）。

セイジ氏が自分の供述を終えると、チョート氏は反対尋問に立ち上がり、弁護士テーブルの後ろのテーブルに腰かけて、両脚をだらしなくぶらぶらさせながら、証人をにこにこと眺め、さて異様に低い声で切り出したのである。
チョート氏「あなたはどちらにお住まいですか、セイジさん？」
セイジ氏「五番街五〇六番地です」
チョート氏（依然非常に低い声で）「お齢は？」
セイジ氏（即座に）「七十七歳です」
チョート氏（声を高く張りあげ）「お答えいただいた今の二つの質問と同じくらい、ふだんも耳が聞こえますか？」
セイジ氏（ちょっとびっくりした様子であり、それからほとんど聞きとれぬくらいの声で）「ええ、そうですよ」
チョート氏「あの爆発で声が出なくなりましたか？」
セイジ氏「いいえ」
チョート氏「議会に出ていらしたときは、もっと大声でお話しになったんでしょう？」
セイジ氏「そうだったかもしれません」
チョート氏は、ふつうの会話の調子に戻り、世間話でもするように意外な質問を始めたのである。「ふだんはどんな宝石を着けていらっしゃいます？」証人は、宝石類を身に着ける習慣がないと答えた。
チョート氏「時計は着けていらっしゃいますか?」
セイジ氏「ええ」
チョート氏「で、ふだん、持ち歩いていらっしゃるんですか、今そのチョッキの左ポケットに入れて持ち歩いてらっしゃるように?」
セイジ氏「ええ、そうしていると思いますが」
チョート氏「あなたの時計は、爆発で毀《こわ》れましたか?」
セイジ氏「毀れなかったと思います」
チョート氏「止まりさえしなかったのですか。あの爆発ではチョッキに穴があいたでしょう、破片が飛んで?」
セイジ氏「憶えていませんね」
証人はこういった質問をあまり喜ばず、少し落ち着けぬ様子で眼鏡を揺すった。チョート氏は黙ってしばらく彼を眺めていたが、次のように言ったのである、「あなたは眼鏡をかけておいでになるんですね」証人は眼鏡をたたんでチョッキのポケットへ入れた。そこでチョート氏はつづけたのだ、「で、眼鏡をかけぬときは、そうやってチョッキのポケットに入れて持ち歩かれるんですね」
チョート氏「あなたの胸に四十七カ所の傷を負わせたあの爆発で、眼鏡は傷つかなかったのでしょうか?」

セイジ氏「憶えていません」
チョート氏「もし新しいのを買う必要があれば確かに憶えがおありでしょう?」
もしこの質問に証人が答えていれば、その答えは笑い声にかき消され、そのため廷吏もとっさには制止できないところだ。
チョート氏「あなたが皆さんに見せようとここへ持参なさったこういう衣類は、たしかに当日着用なさっていたものでしょうか?」
セイジ氏「ええ」
チョート氏「どうしてそうおわかりなのでしょう?」
セイジ氏「そういった類いのことは、あなただっておわかりでしょう」
チョート氏「この衣類はふだん着なれていらしたものですか?」
セイジ氏「そうですよ」
チョート氏「どのくらいの間着ていらしたんです?」
セイジ氏「ああ、数カ月です」
チョート氏「三、四年着てらしたのでは?」
セイジ氏「いいえ」
チョート氏「で、日曜以外は毎日着てらしたんですか?」
セイジ氏「そうではなかったと思います。夏季には厚すぎましたからね」
チョート氏「あの朝、お起きになって、曇りかどうか窓の外をごらんになったことを憶えておいでですか、いつもの服を着ようかどうかと？」
セイジ氏「憶えていませんね」
チョート氏「では、先へ行きましょう。全体としてご健康状態はいかがです――七十七歳の男性としてはまずまずですか？」
セイジ氏「聴覚以外は良好ですよ」
チョート氏「で、その聴力減退は、今この反対尋問で実証されている程度なのでしょうか？」
証人はこの質問に返答しなかった。それからチョート氏は健康問題についてもう少し親切な質問をいくつかした後、セイジ氏の経歴についてもっと立ちいった質問を始めたのである。
彼はこの百万長者がオネイダ郡のヴェローナに生まれ、十一歳のときにトロイへ行き、そこで一八六三年まで商売をしてからこのニューヨーク市へやってきたことを聞き出したのだ。
チョート氏「トロイではどんな仕事をなさいました？」
セイジ氏「商人でしたよ」
チョート氏「どんな種類のご商売だったのでしょう？」
セイジ氏「食品雑貨商でした。その後、銀行と鉄道に手を出しました」
セイジ氏が鉄道をいくつか建設したことがあるという話が、チョート氏の関心を非常に生き生きと刺戟したのである。彼はそれに関してあらゆることを知りたがったのだ——建設した、あるいは建設を援助した鉄道の名や、その年月日や、共同事業者の名を。そういった質問をしながら、自分は別にぶしつけな質問をしたいわけではなく、ただ証人の記憶力を調べたいだけであると、さかんに弁解したものだ。この財界人は、ときとして、質問に答えるためには帳簿類に当たってみなくてはと言わされ、するとチョート氏は、自分の建設した鉄道の名前すら憶い出せぬのか、と大いに驚いたふりをしてみせたものだった。セイジ氏は言ったのである、「たぶんあなたと私とでは、鉄道を援助するということの意味がちがうのでしょう。あるものには取締役として援助し、またあるものには株主として援助したわけですよ」

「いや、ちがってはいませんね、ひとつ質問を分けてみようじゃありませんか」とチョート氏は言った、「まず、取締役として建設に援助なさった鉄道の名前、それから株主として建設に援助なさった鉄道の名前、というふうに」しかし証人は答えようとせず、また答えられもしなかったのだ。こんな類いの質問を百ほどもぶつけて証人を悩ませたあげく、チョート氏は最後に叫んだものだ、「では、その問題はもう放っときましょう。」

次いでこの反対尋問者は、証人の記憶力を試す許可を得ているというわけで、トロイを引き払ってニューヨークへ来てから手がけた鉄道建設を考えさせ、陪審にたいしてセイジ氏とジェイ・グールド氏との間に介在した親密な財政上の関係を説明させた後、しめくくりとして証人がグールド氏との関係で取締役または株主として建設を援助した鉄道の数をただ言ってみてほしいと尋ねたのである。証人はしばらく活発に言い返した後、ともかく三十ほどの鉄道に関係したと思うと返答した。「それらの名前を言ってください！」とチョート氏は叫んだ。証人は三つほど名前をあげたが、それで止まってしまった。

チョート氏（自分のリストを見ながら）「あと二十七ありますよ。急いでください――事務所ではもっとずっと手早く事業をなさっているのでしょう！」

セイジ氏は多数の合併された子会社や、吸収された会社や、めったに取締役連中と顔を合わすこともない小さな会社について何か言い、またしても帳簿類に当たってみなくては、というようなことを述べた。

チョート氏「あなたの帳簿は、私が今決定しようとしている問題とは何の関係もありませんよ。これはあなたの記憶力の問題なのですからね」

証人はなお喧嘩腰で言い返していたが、チョート氏はとうとう叫んだものだった、「じゃあ、あなたがここで名前もあげられない鉄道会社に、何百万ドルも投資なさっているというのは、真実ではないのですか？」

被告側の弁護団はいっせいに立ち上がって、この質問に異議を申し立て、チョート氏はそれを撤回してこうつけ加えた、「あなたは憶い出せないようですね、どうぞそうおっしゃってくださいませんか？」

証人はどうしてもそう言おうとせず、チョート氏は「では、それはあきらめることにしますが」と叫んでから訊いた、「あなたは銀行家だとおっしゃっていますが、どんな種類の銀行を経営なさってるんです?──預金銀行ですか?」証人は、そうではない、また流通手形のための銀行でもない、と答え「ときどき金を貸しているのです」と言った。

チョート氏「ああ、あなたは金貸しですか。解約特権付きの売りと買い《プット・アンド・コール》や、両建て《ストラッドル》をやっておいでなんですか?」証人はそうした商売をやっていると答えた。「どうかひとつ、その解約特権付きの売り買いとか両建てとかいうものを、陪審のみなさんに説明してください」とチョート氏は励ますように言った。証人は答えた、「いずれも大衆投資家の資金運用を援ける手段なのですよ。」

チョート氏「一種の慈善的な制度ということですか?」

セイジ氏「ある意味ではそうですね。大衆投資家に取引の方法を覚える機会を提供しますからね」

チョート氏「それは解約特権付きの売りのことをおっしゃってるんですか、それとも買いのことでしょうか?」

セイジ氏「両方ですよ」

チョート氏「私にはわかりませんな」

セイジ氏「そうだろうと思いましたよ」(くすりと笑う)

チョート氏は、わけがわからないというふりを装い、ゆっくりと尋ねた、「それはこんなふうなことでしょうか。彼らは買う《コール》し、あなたは売る《プット》と。そうして、もしそれが下落すれば、彼らは差益を得るが、もし上昇すれば、あなたが差益を得ると?」

セイジ氏「私はただ、そういう特権によって支払われるものを受け取るだけですよ」

チョート氏「では両建てとは何のことです？」

セイジ氏「両建てというのは、そういう特権付きの売り買い《プッティング・オア・コーリング》をする権利ですよ」

「ああ」とチョート氏は眉を上げて叫んだ、「それじゃ一か八かの博打《ゲーム》のようなもんじゃありませんか」

セイジ氏「市場変動のゲームですよ。」

「それは言い方《プッティング》の相違ですな」とチョート氏は、語呂合わせのつもりはないといった顔で注釈した。それから尋ねたのである、「その市場というやつが、あなたの方にひどく不利になったことがあるんですかねえ？」

「ええ、ありましたよ」と証人は答えた。

チョート氏「それはあなたのお客たちが買いにまわった場合で、売りにまわった場合ではなかったのでしょうね？」

セイジ氏は質問の意味がわからないという顔で、答えなかった。チョート氏はそこでつけ加えたのである、「で、そのときあなたの事務所に取り付け騒ぎが起こったのではありませんか？」証人は何か答えた。ほとんど聞きとれないくらいの声だったが、ボルティモアのならず者の一隊が、事務所へ入れてやらなかったもので、一時間ほど取り巻いて騒いだ、というふうなことだった。

この質問は、ぼんやりした状況のまま中断され、反対尋問者は新しいテーマへ移って、

〝ラッセル・セイジは語る〟という見出しの三段抜きの新聞切抜きを開いた。
チョート氏「記者たちはあの爆発直後にあなたを訪ねたんですか？」
セイジ氏「ええ」
チョート氏「一人がお宅を訪問したのですか？」
セイジ氏「ええ」
チョート氏「彼の書いた原稿に目を通されたのでしょうか？」
セイジ氏「いいえ」
チョート氏「印刷後にこの記事をお読みになったのですか？」
セイジ氏「読んだと思います」
チョート氏「記事は正確ですか？」
セイジ氏「記者たちはときに自分の想像にまかせて書くものですよ」
チョート氏が言及したこの記事は、じつは証人の甥の息子の書いたものであることが明らかにされた。この事実が確認されてから、チョート氏はふたたびその記事が正確かどうか証人に質問したのである。
ジェイムズ大佐（被告弁護人）が叫んだ、「その切抜き記事が正確であると証人に誓約させたがっているんですか？　そんなことは誰にもできないでしょう」
「いや」とチョート氏はすぐさま言い返した、「私は誤りを指摘していただこうと思っているのですよ。そんなことは誰にもできますよ。」

「これは」とジェイムズ大佐は言った、「間違いつづき《コメディ・オブ・エラーズ》ですよ。[*1]」

このささやかな緊張の弛みに乗って、証人も注釈を加えたものだ、「それを書いた記者が家にいたのは、たった五分でしたよ。」

「全くの話」とチョート氏は、その三段抜きの切抜きをひらひらさせて叫んだものだ、「彼はずいぶんあなたから材料を仕入れたもんですなあ。私が入手できたよりも多い。」

この切抜きから最初に読み上げたのは次のようなくだりだった。〝セイジ氏は、老人のわりには達者らしく――まだまだ老い先は長そうである。〟

チョート氏「これは本当ですか？」

セイジ氏「私たちはみな、出来るかぎり長生きしようと努力するものですよ」

チョート氏「私たちはみな、長生きするために、出来るだけのことをするものです、とおっしゃるのは、要するにご自分のことをおっしゃっているわけですな」

ここでジェイムズ氏はまたしてもぱっと立ち上がり、活発な論戦がもう一度交わされることとなった。それがすっかり収まってから、チョート氏は次の質問にかかった。記事中に、証人が〝戦闘を終えた戦士〟のように見える、とあるのは正確かどうか、というものだった。証人は誇張していると思う、と答えた。また、爆発から三日目のその朝、セイジ氏は自分で髭を剃ったとあるくだりを読んで、「そのときあなたには訪問者の目につくような傷がありましたか？」と尋ねた。

証人はそのとき両手に繃帯をしていたと答えた。

チョート氏「あなたはきっと、両足で髭をお剃りになったのでしょうよ」

＊

チョート氏「ノークロスに話しかけながら、あなたは、レイドローが事務所へ入ってくるのを見て、ほっとなさったでしょう？」

セイジ氏「いやいや、もしレイドロー氏が私の事務所へ入ってこずに、廊下《ロビー》で待っていらしたら、爆発が起こったときはノークロスの傍にいらしたでしょうからね」

チョート氏「じゃあなたは、レイドローが命を救ってくれたのではなく、あなたのほうが彼を救ってやったとお考えなのですか？」

セイジ氏（きっぱりと）「そうです」

チョート氏「ああ、それならこれはじつに簡単な事件になりますよ。あなたは、警察が爆発の跡始末をすませた後の事務所の状態を証言させるために、事務員をここへ来させましたね？」

セイジ氏「私が来させたわけではなく、私の弁護人がそうさせたのですよ」

チョート氏「なるほど。あなたは自分のために吠えてくれる犬がいるときは、自分で吠えたりなどはしない、というわけですね」

ディロンとジェイムズ両弁護士がぱっと立ち上がり、ジェイムズ氏のほうが威儀をただして問うた、「われわれのどっちを犬と言われるんですか？」

チョート氏（笑い声をあげて）「ああ、われわれみんなのことですよ」

チョート氏は証人にたいし答え方がどうのこうのと叱りつけるようなことはめったにしなかった。しかしジェイムズ氏のほうは、再主尋問でずいぶんと礼を失した取り扱い方をしたのである。答えは質問の範囲に留めろと証人にしょっちゅう要求し、それもかなり荒っぽい言い方だった。

チョート氏が次に質問したのは、事件現場の説明に用いられていた図面のことだった。それが正確なものであるかどうかを証人に尋ねたのである。

セイジ氏「完全に正確である、とはいえないでしょう、完全にとは。もし陪審の方々が現場へ行ってみようとお思いならば、私が喜んでお連れしましょう――何なりと喜んでいたしましょう。もし陪審の皆さんにその気がおありなら、旅費を私に出させてください。喜んで提供いたしますよ――もし行く気がおありなら」

チョート氏「あなたが旅費以外には何も提供なさらないのなら、皆さんは出向かれませんよ、きっと」

セイジ氏「それは実質的には正確な図解といえますよ。私は前から図面を作らせてありましたし、レイドロー氏の訴訟代理人へも、正確なものをお作りになる機会を提供いたしましたよ。私は誰にたいしても、どんなことでも、情報を押さえるなど、けっしてしたことがございません」

セイジ氏が作らせたというその図面が提出され、それを調べてみると、定規の引き間違いを示す線が何本かあったし、その他不正確な個所もいくつかあったものの、事実上は大した誤りとは思えなかった。しかしチョート氏は、これらの相違にひどく強い印象を受けた様子だった。

「ひとつお願いします」と彼は証人に言った、「あなたのご証言と、あなたのお作りになったこの図面との、つじつまを合わせていただけませんか。」

証人はしばらくその図面を見つめていた。するとチョート氏は、その彼を眺めながら言ったのである、「あなたはつじつまを合わせるために両建てをしなくてはならないのでしょう?」

セイジの図面には消した痕が何カ所かあり、それがチョート氏に質問の機会を与えたのである、だれがいじくって不正な変更を加えたのか、教えてくれる人はいないかと、センセーショナルな調子で。そんな人間は誰もいなかったから、図面の問題はそれで止め、ぼろぼろになった背広がもう一度取り上げられたのである。

チョート氏「爆発当時、あなたの仕立てさせていらした洋服屋をおうかがいします」

セイジ氏「数人ですね」

チョート氏「名前をあげてみてください。私はこの衣類を追究してみたいのです」

セイジ氏「上衣とチョッキはテーラー・ジェサップです」

チョート氏「その店の場所は?」

セイジ氏「ブロードウェイです」

チョート氏「彼は今もそこにいるわけですか？」
セイジ氏「ああ、いや、彼は天国へ召されましたよ」
チョート氏「よいテーラーはみんな召される天国へですか？　ズボンはだれの仕立てです？」
セイジ氏「どこで買ったものだったか、今はわからなくなっています」
チョート氏「お買いになった？　あなた既製品はお買いにならないのでしょう？」
セイジ氏「買うこともありますよ。そっちのほうがぴったり合う《ゲラ・ベラ・フィット》ので」
チョート氏「もうかる《ゲル・ベネフィット》？」
セイジ氏「いや、ぴったり合う、といったんです」
チョート氏「領収書はお持ちですか？」
セイジ氏「持っていません」
チョート氏「あなたは領収書を取らずに金を払うのですか？」
セイジ氏「ときには」
チョート氏「ほんとですか？」
セイジ氏「ええ、あなただって帽子に領収書を取らんでしょう」
それからチョッキが持ち出され、チョート氏はその表地に空いた二つの穴を示して、証人に、これは異物が体を貫通した場所かと訊いた。証人がそうだと言うと、次に、そのチョッキの裏地を替えたかと訊いた。セイジ氏は替えなかったと答えた。「じゃ、どうしてなんです」とチョート氏は、そのチョッキを陪審へ渡しながら、大満足のていで尋ねたのである、「この穴は裏地を突き抜けてはいませんよ？」証人は説明できないと言ったが、それがあのときのチョッキなのだし、そのチョッキそのものが自己証明するはずなんだと言い張った。チョート氏はもう一度そのチョッキを手に取って、反対側の生地に空いている穴を六つと算え、この数に間違いはないかと訊いた。セイジ氏は「あなたが算えたとおりでしょう」と言ったが、不意にチョッキへ手を伸ばして「もしご異存なければ、見てみたいのです」と言ったもので、笑い声が起こった。

チョート氏「この穴のうち三つは虫が食ったものではありませんか？」

セイジ氏「そうじゃないと思いますね」

チョート氏「あなたは虫が食ったかどうかの判定がおできになりますか？」

セイジ氏「いや」

チョート氏「着てらしたYシャツはどこにあります？」

セイジ氏「廃棄されました」

チョート氏「誰が廃棄したんです？」

セイジ氏「料理人です」

チョート氏「料理人？」

セイジ氏「それはつまり洗濯女のことです」

そのチョッキは陪審に渡され、検分した陪審員たちは、その穴のいくつかが虫食いかどうか、熱心にひそひそ話し合った。中に一人洋服屋がいたのだ。チョート氏はその話し合いの様子を眺めていたが、チョッキを取り戻すと、自分の一番愛想のいい態度で「私たちは、陪審の皆さんのご意見が割れないようにと願っております」と言った。次いで上衣を差しあげて見せ、前面よりも後ろ側のほうがはるかにひどく傷んでいることを示してから、証人にその説明を求めた。

セイジ氏「それは静電気のいたずらの一つですよ」

チョート氏「そんなものの一つとかおっしゃったって、誰ひとりわかりゃしませんよ」

証人は、その上衣や、あるいは他の衣類に、いくら払ったのだったか憶い出せなかった。またズボンのメーカーを、ボタンについている名前から割り出そうとしてみたが、それはボタンのメーカーの名だとわかって無駄に終わり、衣類の問題は一時中断することにした。それからチョート氏は、失神していた時間はどれくらいだったかと証人に尋ねた。返答は、二秒ほどだと思う、というものだった。

チョート氏「それが十分間ではなかったとどうしておわかりでした?」

セイジ氏「ウォーカー氏がそうおっしゃってるだけですけれども」

チョート氏「どこに住んでおられる人です?」

セイジ氏「同じ街ですよ」

チョート氏「チェンバーズ街ですか、この階下の?」

セイジ氏「いや、ウォール街ですよ」

チョート氏「ああ、忘れていました、あなたにとって同じ街とはウォール街のことですね。あの爆発後、あなたは毎日起きて服を着ていらっしゃいましたか？」
セイジ氏「憶い出せません」
チョート氏「ご商売は毎日なさってらしたんですか？」
セイジ氏「事業については、スローカム大佐と甥が、来てくれましたし、私の弁護士が、失くした書類とか証券類の面倒を見てくれましたから」
チョート氏「当時あなたはミズーリ・パシフィックの信託株をもってらっしゃいましたか？」
セイジ氏「ええ」
チョート氏「どれくらいです？」
セイジ氏「わかりませんね」
チョート氏「千株から一万株の範囲内だとはおわかりでしょうか？」
セイジ氏「いや、わかりません」
チョート氏「百株から二百株までの範囲とも？」
セイジ氏「ええ、わかりません」
チョート氏「それは、あなたの記憶力があまりに乏しすぎるためでしょうか、それともお持ちの株があまりにも多すぎるためでしょうか？　当時あなたは、いくらくらいの金を貸付けておられました？」

セイジ氏「わかりかねます」
チョート氏「あなたの一番大口の貸方から返済さるべき額は二十万以内だとはおわかりになりますか?」
セイジ氏「事業をしている人間というものはですね――」
チョート氏「ああ、世間にあなたのような人は他にいませんよ。一番大口の貸付金が二十万以内ということもわからないとおっしゃる。そのくせレイドローの記憶とは反対のご記憶を主張なさるんですからな」
セイジ氏「私は憶えているんです」
チョート氏「あのとき、あなたはそれほど昂奮してはいなかった、というわけでしょうか?」
セイジ氏「私は思慮が働きましたし、冷静だったんです。彼のダイナマイトがあれほどの被害を及ぼそうとは思いませんでしたし、彼が自爆しようとは思いもかけなかったわけで」
チョート氏「自殺する人間の話を耳にしたことは、一度[1]もなかったわけですか?」
セイジ氏「あんなふうなやり方は、ありませんでしたね」

第26章　ルイス・H・パールマンへの反対尋問

パールマン車輪枠《リム》会社対ファイアストーン・タイア・アンド・ゴム会社事件で、マーティン・W・リトルトンが行なった反対尋問

これは特許の確認を求める訴訟であり、もし勝訴すれば、その一般的な効果は、米国の自動車産業全体がルイス・H・パールマンまたは彼の会社にたいして、取り外し可能の車輪枠《リム》の製造・販売につき特許使用料を払わなければならなくなる、というものだった。争点は原告側の主要証人であり、かつまた自分がその発明者であると申し立てているパールマンの、信用性にあったのだ。パールマンは、一九〇三年にこの発明を考え出したことをうまく証明できるだろうか？　この主張を支える証拠は、必然的に、パールマン自身の証言、そしてそれを補強するものとして彼が提出可能な状況証拠であったが、とどのつまり、問題は〝パールマンという男は信用するに足りるか？〟だったのである。

被告側はマーティン・W・リトルトンを弁護人に立てたが、パールマンという男が証人としてずるがしこく、機略に富み、敏捷であることを、他の訴訟で証言したときの様子から、充分に承知していたのだ。また、パールマンが、かなり昔になるがインチキ医薬品の事業をしていたことがあり、ロンドンでインチキ医薬品会社を経営していた頃、ふ

つう〝文字当て懸賞〟と呼ばれるたくらみを仲間と考え出し、これは大勢の人間にパールマンと仲間宛てに金を送らせるように仕向けておいて、一切見返りをやらぬ、というものであったことを示す事実を握ってもいたのだ。さらに、パールマンがこのためにロンドン警視庁《スコットランド・ヤード》の警部に逮捕され、ロンドン中央警察裁判所でブリッジ判事の予審を受け、有名な弁護士を頼んだが、二カ月拘置所に勾留された後やっと保釈金を積んで釈放され、逃亡していた事実をもつかんでいた。

パールマンを反対尋問するにあたっては、未熟な弁護士なら、これらの事実をすべて彼に突きつけていたかもしれない。そして彼は簡単にすべてを認めたかもしれないのだ。しかもなお、彼は、そんなことが発明能力と関係のあるはずはないと言い張ったかもしれないのである。換言すれば、そんなことは二十年も昔に起こった不快な話として片づけられてしまったかもしれないのだ。

だから、リトルトン氏の狙いは、証人パールマンが裁判官の眼の前で偽証を犯すかどうかやってみることだった。もし犯してくれれば、裁判官は証人が信用できる男かどうか判断を下すべき人間であるから、もちろん、彼の証言全体をしりぞけるだろう。もしパールマンが、この反対尋問者はロンドン時代の出来事に関する事実と資料をすっかり押さえているなとわかれば、たぶんそれらを認めるだろうが、もし反対尋問者が資料を持っていないくせに闇雲に攻撃しているだけだとわかれば、安心して否認するか記憶にないふりをして逃げることが可能であって、したがってそうするだろう。

証人に自信を与えるために、また自分がこの場の主人であると思わせるために、弁護人はまず、ほとんど丸一日をつかってその発明に関する反対尋問をしたのである。車輪の構造のこと、車輪に関する特許のアイデアの具体化のこと、その構造のあらゆる技術的詳細について、パールマンが発明したのかどうかと。この反対尋問の間じゅう、証人のほうが弁護人に勝っていることが明白だった。だから裁判官は、弁護人に向かい、不必要に尋問を長びかせているのは我慢ができぬという気持ちをあらわにみせたほどだった。

夕方近く、弁護人は自分の反対尋問にうんざりしてきたし、明らかに裏をかき、戦術的に負かしてやったと思えたから、無造作な手つきでテーブルから自分の書類を取り上げ、証人が手がけてきたさまざまな企業について質問し始めた。これは、ロンドンで事件が起こった頃の彼の記憶をよび起こすためであり、また証人にそれと気づかせずに、これらの事件をはっきり記憶している事実を裁判官や陪審に示すためであった。この尋問で次の事実が明らかになったのである。すなわち、証人は出版事業、特許医薬品の販売・宣伝、丸薬の販売に従事したことがあり、ロンドンでもこの丸薬販売に類したことをやって、そのために刑事裁判にかけられたことがあったのだ。ついに反対尋問者は証人に訊いたのである。

問「ほかの土地で事業をなさろうと、ジャージー市を引き払われたのはいつでした？」

答「憶い出せません」

証人はきわめて傲岸不遜な態度で、あれもこれも憶えていないと答え始めていたのであり、この反対尋問者は全く無駄な、時間潰しの尋問をやっているのだ、という印象を法廷に与えようとしていた。

問「一八九五年にロンドンへ行かれたのではありませんか？」

答「行ったかもしれません」

問「どうです、行かれなかったのですか？　行ったかどうか憶えていらっしゃらないのですか？」

答「憶えていませんね」

問「ロンドンへエドウォード・エイムズ・ウェッバーと一緒に、あるいはそこで落ち合うために、行かれませんでしたか、一八九五年に？」

答「行ったかもしれません」

問「じゃ、一八九五年に、ヨーロッパへ行かれたかどうかは憶えていらっしゃるはずですが？」

答「憶えていませんね」

問「一八九五年以降は一度も行かれたことがないのですか？」

答「行ったと思いますよ」

問「ロンドンへですか？」

答「そうだと思います」

問「一八九五年にロンドンへ行かれて、そこでアメリカン・オクシゾーン・シンジケートという組織を、設立なさるか、あるいは、そこへ移されたのではありませんか？」

答「そんな記憶は全くありません」

問「まずお泊まりになったのは、ホルボーンのファースト・アヴェニュー・ホテルではありませんでしたか？　そう聞くとご記憶が新たになりませんか？」

答「ファースト・アヴェニュー・ホテルには泊まったかもしれませんね」

問「では、泊まったかどうかおわかりにならないのですか、パールマンさん？」

答「憶い出せませんね」

問「ホルボーンのファースト・アヴェニュー・ホテルへ行って、八〇〇号室に泊まり、エドウォード・エイムズ・ウェッバーも八〇五号室に泊まったことは、事実ではないのですか？」

答「憶い出せませんね」

この質問で、ことさら部屋に言及した理由は、この証人は法廷証言のヴェテランであるから、部屋の番号などを持ち出すのはただ自分を罠にかけようというでっちあげにすぎぬ、と考えるはずだ――そう反対尋問者が判断したためなのである。

問「で、それからあなたはアメリカン・オクシゾーン・シンジケートの組織を作り、そのチラシを発送なさいませんでしたか、一八九五年一月十六日前後、あるいは一八九四年の十二月か十一月に？」

答「そんな記憶は全くありません」

問「英国へ行かれて間もなく、あなたとウェッバーは、ロンドン各紙や地方紙に、文字当て懸賞の広告をお出しになり――こう言うとたぶんご記憶がよみがえるだろうと思いますが――そしてこの懸賞についての回状をお出しになったことを、ご存知ないのでしょうか？」

答「そんな記憶は全くありません」

証人は依然として、この反対尋問者が握っているのは、ただオクシゾーン・シンジケートの広告だけで、忘れたふりをしていればすむと、完全に信じ切っていたのだ。

問「その広告と回状には、文字当て懸賞の説明が書いてあり、伏せられた四語に正解を出した全員に四ポンドの賞金が与えられる、とあったのはご存知じゃありませんか？　こう言うとご記憶がよみがえりますか？」

答「よみがえりませんな」

問「その伏せられた四語は広告文中にあるということ、そして参加料は無料となっていますが、解答者が十シリング六ペンスを送ってくれれば、オクシゾーン一缶と、後に三ポンド十シリング六ペンスを贈り、広告の四ポンドの賞金と同じことになる、というのではありませんでしたか？　こう言うとご記憶の助けになりませんか？」

答「憶い出せませんな」

問「そういうことをなさいませんでしたか？」

答「そんな記憶は全くありませんな」

問「当時ロンドンでそういう計画を公になさいませんでしたか？」

答「そんな記憶は全くありませんね」

問「エドウォード・エイムズ・ウェッバーはご存知ですか？」

答「知っていたという記憶がありませんね」

問「エドウォード・エイムズ・ウェッバーという名の人間を知っていたことが、憶い出せない、という意味でしょうか？」

答「ガイ・ウェッバーなら知っていましたよ」

問「エドウォード・エイムズ・ウェッバーという名前の男は、あなたより若い人間ですが、ご存知でしたか？」

答「そういう人間を知っていたという記憶がありません」

問「ヘンリー・マーシャルという名の人間はご存知ですか？」

答「知りません」

エドウォード・エイムズ・ウェッバーに触れた質問にたいして、証人は明らかに、ロンドンでの逮捕・拘留の原因となったこの詐欺計画については全く記憶がないふりで通そうという方針どおりに答えたわけだ。

問「あなたは宛先をロンドン、ハイ・ホルボーン十番地、スミス商会ギブズ気付、J・B・クィントとし、回状では会計係G・ウェッバーとなさいませんでしたか？」

答「そんな記憶は全くありません」

問「それを憶い出していただくためにお訊きします。ファースト・アヴェニュー・ホテルのあなたの部屋に、ヘンリー・マーシャルが訪ねてきたことはご存知ありませんか。これは警部で、あなたをロンドン中央警察裁判所へ連行した人ですが？」

答「そんな記憶は全くありません」

ここで弁護人は、証人が〝全く記憶がない〟という答えを繰り返して逃げ切ろうときめていることを見てとり、たくさんの質問を一括することにして、次のように訊いたのである。

問「その後、尋問された後でですね、あなたとウェッバーは、窃盗罪と詐欺罪で起訴され、拘置所に入れられ、結局保釈金を積んで、保釈保証人から逃れ去り、現在あなたの身柄は逃亡犯であることを、ご存知ありませんか？」

答「そんな事件など全く記憶がありません」

これが、この反対尋問者の計画の山場なのだった。証人は起訴されたことを憶えておらず、保釈金を積んだことを憶えておらず、逃亡犯であることも拘置所に入っていたことも、この一問で一切憶えていないと答えていた。なぜこんな質問のしかたをとったかといえば、そうでなければ尋問のしかたに異議を申し立てられるおそれがあったからで、反対尋問者としては、相手側訴訟代理人から、証人が拘置所に入っていたかとか、起訴されたかとかを、ただ訊いているだけだと異議を申し立てられるのが恐かったわけであり、また、証人が保釈保証人から逃げなかったかどうか、現在も逃亡犯ではないかどうか、といった質問をそれと対にして組み合わせられれば、少なくともその程度までは充分通用する質問に仕立てられそうだ、と感じたためである。しかし、相手側訴訟代理人は、たいへん人格の高い紳士であって、自分の依頼人がそんな経歴の持ち主であろうとは夢にも思っていなかったもので、こういった暴露はまさに雷の直撃となり、異議を申し立てようにも足が立たず舌も廻らずという有り様だった。時を移さず、反対尋問者は証人を怒鳴りつけたのである。「あなたはそれを否認なさるのですか？」証人は答えようとしなかった。この時点までには、裁判官も、この反対尋問者が何を引き出そうとしているかを見てとっていた——この証人は自分の眼の前で偽証している最中なのだ——だから証人に言った。

問「その事件をあなたは全く憶えていないのですか？」

答「憶えておりません」

問「そこにお坐りになっていて——否認なさるのですな？」

答「そんな記憶は全くないのです、裁判官」

問「その席にいらしてですな、そういうことが起こったかもしれぬが、憶い出せない、とおっしゃるんですか？」

答「その質問には、私に出来ますかぎり、お答えしてまいりました」

問「その質問へのお答えを、私になすってください。さあ、その証人席にお坐りになっているんですから、私に答えてください。さっきからあなたへ言われているようなことは、あなたの身に起こったかもしれないが、今憶い出せない、とおっしゃるんですか？」
答「そんなことがはたしてあったものか、私にはわからないのですよ。私にはそんな記憶が全くありません」
問「しかし、否定はなさらんのですな？」
答「憶い出せないのですよ」
問「否認なさるんですか？」
答「否認はしません。憶い出せないのです」
ここで弁護人が尋問を取り返して、ロンドンの中央警察裁判所でその際に起こったいろいろなことを証人に問い詰めはじめた。憶えていないと言い張っても忘れたはずがありえないのであり、真っ赤な嘘であることを暴露する狙いだった。
問「パールマンさん、あなたはその法廷でウェットナーという弁護士を頼んだことは憶えておいでですか？」
答「憶えていません」
問「ロンドンで二カ月拘置所にいたことは憶えておいでですか？」
答「そんなことがあったなど憶い出せませんね」
問「ロンドンで二カ月拘置所にいらしたことを否認なさる、というわけでしょうか？」
答「いたという憶えがないんですよ」
問「私の今申し上げていることが、何かの間違いであり、私がこういった書類をあなたにお見せして質問するのは、全く不当にあなたを咎めているのだ、といった立場をお取りになるのですか？」

答「私は、あなたが概要ご説明なすったことを、全く憶えていないのですよ」

問「あなたは、ロンドンで二カ月拘置所にいたかもしれないが、忘れたのだ、とお考えなのでしょうか？」

答「私には憶い出せません」

弁護人は、証人パールマンに向かって、ロンドン中央警察裁判所で彼に呈示された容疑事実を、その書類どおり正確に逐一読んでやったのである。

問「これは一八九五年一月十七日に、裁判官があなたと、そしてエドウォード・エイムズ・ウェッバーにたいして、読みあげたものではなかったのですか？」

答「そのようなものを耳にした憶えは全くありません」

そこで弁護人は、ヘンリー・マーシャル警部がロンドン中央警察裁判所で彼の面前で行なった証言を読み聞かせてやったのである。これは警部が被告パールマンと交わした会話と容疑事実を詳しく述べたものだった。

問「どうです、ご記憶が新たになったでしょうか？」

答「なりませんね」

問「こういうことがありましたか？」

答「そんな記憶は全くありません」

問「私の読みあげたものが、ロンドンの中央警察裁判所であなたの面前で述べられたものであることを、否認なさいますか?」
答「そんな記憶は全くないのですよ」
裁判官がそのとき尋ねた。
問「あなたはこの質問に答えられますよ、否認するのかどうか、ですよ?」
すると証人パールマンは答えた、「否認はしません、そんなことを憶い出せないのですから」
問「否認しない、とおっしゃるんですな?」(これにたいしては答えず)
裁判官は言った、「彼は否認しないようです。」
それから反対尋問者は、ロンドンでの商人や銀行や金融業者相手の活躍ぶりをパールマンに問い質していった。それら一切にたいして彼は、「そんな記憶は全くありません」で押し通したのである。
問「サー・エドウォード・カースンのような有名人は、きっと憶えておいででしょうね? 彼は今、閣僚の一人ですよ」
答「聞いたことがありますね」
問「じゃ、サー・エドウォード・クラーク勅選弁護士は? 何年もロンドン法曹界の指導者でしたが」
答「サー・エドウォード・クラークのことは耳にしました」

問「この人たちはあなたとウェッバーの弁護人になったのではありませんか?」
答「そういう人たちが私の弁護人になったなどという記憶は全くありません」
問「この人たちが弁護したことを否認なさるんですか?」
答「そういう人たちに会った憶えは全くありません」
問「あなたが二カ月拘置所で過ごされたその最後のとき、サー・エドワード・カーソンとサー・エドウォード・クラークがやってきて、あなたの証人——会計係ということだった重要な証人を呼ぶ必要があると言ったので、あなたは保釈され、公判を延期してもらって、それから逃亡し、保釈金を没収されたことを、ご存知ないのでしょうか?」
答「そのような出来事は全く記憶にありません」
裁判官の質問
問「弁護人があなたに言ったことを、一部分でも、全然記憶がないというのですか?」
答「ありません」
問「そのくせ全面的にも部分的にも否認はしない、というのですか? 私にはそれがわかりませんよ」
答「起こったことを憶えていないのに否認できるわけがありません」
問「では、今までの証言については、私はこんなふうに理解することにしますよ、そういうことが起こったかもしれないが、あなたには憶い出せないのだ、と?」
答「そういったようなことは何ひとつ記憶が全くないのです」

問「どうか私の質問に答えてください。あなたの身にそういうことが起こったのかもしれないが、あなたには憶い出せない。憶い出せないのですね？」

答「私に記憶がないのですから、そんなことが起こったなどと認められるわけがありません」

問「あなたがそれを認めるかどうか訊いているのではありません。私が言ったのは、あなたのおとりになっている立場は、そのようなことがあなたの身に起こったかもしれぬが、今は憶い出せないということ、そうではないかと？」

答「いや、ちがいます」

問「それがあなたの立場ではないのですか？」

答「それが私の立場ではありませんよ」

問「じゃあなたの立場は、そんなことは起こらなかった、起こったはずがない、ということでしょうか？」

答「そんな出来事が起こったなどという記憶が全くないのです」

問「あなたは、それが私の求めている答えではなく、私の質問の意図でもないと、今完全に知り抜いていながら、そういう言い方を隠れ蓑になさっていますよ。もう一度是非お訊きします。こんなことがあなたの身に起こったかもしれないが、あなたには憶い出せない、というのがあなたの立場ですか？」

答「もし起こったのだとすれば、私は憶い出したろうと思いますが」

問「もし起こったのだとすれば、あなたは憶い出したろうと？」
答「私は憶い出したろうと思いますね」
問「ということは、起こったことを否認なさるのですな？」
答「起こったとは申し上げられませんよ、そんな記憶が全くないのですから」
問「結構です。そんなことがあなたの身に起こったはずがない、とおっしゃっているのですな？」
答「憶えてもいないのに、起こったはずはありませんよ」
問「憶えていないのに起こったはずがない、それがあなたの立場ですね？」
答「私には起こったなどとは思えないわけですよ」
問「あなたにどう思えるのかは、私はわかりません。さて私が考えていただきたいと思うのは、ご宣誓にかけてですな、それがあなたの身に起こったかもしれないが、忘れてしまいになったかどうかです。なぜといって、私はそれを否認と同じものと解釈するからですよ。そこでお尋ねします。それがあなたの身に起こったはずはない、したがってあなたの身には起こらなかった、というのがあなたの立場ですか？」
答「でも裁判官、私にはそんなことが起こったという記憶が全くないのです」
問「いいですか、もしまだ私をばかにしつづけるなら、私は何らかの措置を講じますよ。私のこの質問に答えるまであなたを監置しなくてはならぬでしょうな。私は充分機会をあげることにしましょう。いいですか、このようなこと、つまり逮捕やその他リトルトン氏があなたに言った状況は、あなたの身に起こるはずがなく、また起こらなかった、というのがあなたの立場ですか？」
答「起こらなかったとは申せません」
問「あなたの身に起こったかもしれないが、忘れてしまったのですか？ ゆっくり時間をかけて答えてください」
答「起こっていることだとしても、私には憶えがないのです」
問「起こったかもしれないが、忘れてしまったのですか？ 私は二度機会をあげますから、もしお答えにならなければ、監置処分にします」
答「たぶん起こったのかもしれませんが、私は憶えていません」
問「さっき詳しく述べられたような状況の下で、英国で逮捕されたかもしれないが、そのことを忘れてしまった、それに関する一切を忘れてしまった、というのがあなたの立場ですか？」
答「たぶんそうかもしれません」
証人はさらに、抗えぬ事実や事情を次々と微に入り細を穿って問い詰められていったが、その一切について彼はただ記憶がないの一点ばりだった。
反対尋問者が尋問を終えたとき、原告側訴訟代理人は起立して言った、「もしよろしければ、私の所見を述べたいと思います。私としましては、裁判官に信じていただければ、と願っておりますが、原告側主要証人に加えられたこの攻撃は、裁判官にとっても同様でございましょうが、私にとりましても、予想外のものでした。」

裁判官「確かに」

原告側訴訟代理人「で、私としましては、即刻調査することが私の依頼人パールマン車輪枠《リム》会社にたいする義務であり、かつまた当法廷にたいする義務であると思いますので、そのためにこの審理を明日まで延期してくださいますようお願いいたします」

翌日、この原告側訴訟代理人は、訴えの取り下げを求めたのである。裁判官も、証人の苦境については原告側訴訟代理人に全く何の責任もないことを認めたのであり、その誠実さや高邁な精神には万幅の信頼を置いていると述べた。裁判官は訴えの取り下げを承認し、あらゆる証拠物件、書類その他を差し押さえた。そしてこの件は大陪審へ送られたのである。

原注

第2章

（1）G・J・クラーク著『大弁護士略伝』。
（2）ニールスン著『ルーファス・チョートの思い出』。
（3）前出書。
（4）オブライエン著『ラッセル卿の生涯』。
（5）パーカー著『ルーファス・チョートの思い出』。

第3章

（1）これは故人の女優アンナ・ヘルドが当時舞台で歌って流行った「私と遊びに来てよ」から起こったことである。
（2）『法律・法律家珍談集』より。
（3）バリ著『裁判官の心』。

第4章

（1）フレデリック・トレヴァー・ヒル著『弁護士リンカーン』。
（2）ハリス著『弁護の心得』。

第5章

(1) 実際のところ、この父娘の筆蹟は酷似しており、またエリスン氏のものともおどろくほど似ていたのである。だからこそ反対尋問にこの三通の手紙が使われることになったのだ。

(2) エドワーズ著『法廷笑話集』。

第6章

(1) 第13章に、この証人ピゴットにたいするサー・チャールズ・ラッセルの反対尋問を、詳述しておいた。これは、決め手になる手紙を最大限に活用しためざましい実例である。

第8章

(1) サリー著『幻覚』。

(2) G・H・ルイス著『生命と心の諸問題』一〇七ページ。

(3) カーペンター著『精神哲学』。

(4) キャンベル著『精神生理学』。

(5) 前出『幻覚』二六四ページ。

(6) 第二巻、一六五ページ。

(7) 第一〇三号、二九二ページ。

第9章

（1）オースティン・アボットの『ザ・デイリー・レジスター』一八八六年十二月号所載論文。
（2）ホーア著『七十年のわが生涯』。
（3）前出書。

第10章

（1）H・L・クリントン著『異常な事件』。
（2）『アイリッシュ・ロー・タイムズ』一八七四年。
（3）サー・ジェイムズ・スティーヴンの『証拠法』。

第13章

（1）バリー・オブライエン著『ラッセル卿の生涯』。
（2）悪ずれした今日のニューヨークの陪審を前に、完全な成功を収めるためには、ラッセルのやり方を少し取り入れる必要があるかもしれない。
（3）パーカー著『ルーファス・チョートの思い出』。
（4）ギルバート・J・クラーク著『大弁護士略伝』。
（5）『法律と弁護士の珍しい話』。
（6）クラーク著『大弁護士略伝』。
（7）E・A・パリー著『裁判官の思ったこと』。
（8）パーカー著『ルーファス・チョートの思い出』。

(9) ドノヴァン著『今日の陪審裁判』中に報告されている、この三十日裁判の一日を報じた日刊新聞記事からの抜粋である。

(10) ヘンリー・ローラン・クリントン著『異常な裁判』。

(11) クラーク著『大弁護士略伝』。

第14章

(1) この文書は、記載内容が事実であることを証明する証拠として認められたわけではない。この父親は証人ではなかったからである。しかし、裁判官は、これをヴァンダービルト夫人の主尋問での主張——すなわち、自分の父は外国での暮らしぶりも子供への心配りもよく知っており十分に認めてくれていた、という供述の信憑性を争うために用いることを許したのである。

第18章

(1) チョート氏が実務から引退したとき、その裁判記録は膨大な量となっていたから、多くが破棄され、その中にこの裁判の全記録も含まれていたのである。この裁判を記録した二人の速記者はいずれも死んでしまった。ビーチ氏の記憶も彼とともに死んでしまったし、彼のノートもすべて同様に破棄されてしまっていた。この裁判の速記録の写しがそっくり、被告の友人で法律上の代理人だった人物の手もとから見つかったのは、全くの偶然である。

(2) これは、初めのほうの章で推奨しておいた手法の一例である。つまり、証人が否認するだろうことはわかっているのだが、陪審にたいして自分の弁護の狙いを理解させ、彼らの関心をその尋問にひきつけておくのに役立つような質問をする、という反対尋問の手法である。

(3) チョート氏は、総括弁論で、〝世界の大都市で別名を使う女性〟を一つのテーマにした。

(4) 陪審員たちは別室に二十六時間こもりきったが評決がまとまらなかった。なかには多額の損害賠償額を主張する者も数名いたのである。

(5) チョート氏はこの申し立てについて長々と原告を反対尋問し、総括弁論の中で次のように叫んだのである。「なるほど異国から来住された方々は、いろいろなやり方をなさるものです。また人によって同じ物事でも見方はさまざまなものです。しかし、この問題点ばかりは、けっして二つの見方などありえないと私は考えます。美しく純情な処女と一人の男の間に婚約関係が取り決められ、その婚約期間中に、男がその女性を自宅に同居させ、女性のほうは月百ドルの給料で家政の面倒を見ることに同意するなど、人間だれしもの本性に反することであり、また女性本来の天性にたいする侮辱であります。」

(6) チョート氏は、陪審への弁論で次のように言ったのである。「彼らは二度彼女の部屋へ行ったのですが、二度ともドアに鍵をかけて彼女がハモンド氏と一緒にいたところを見ております。ハモンド氏はベッドに坐っていたというのです。これは、もし彼女がすでに反対尋問のときにハモンド氏など知らないと言っていなければ、説明をつけられたかもしれません。さて、どうやってこれに抗弁するのでしょうか?」

(7) チョート氏は、最終弁論で、原告の証言を論究しつつ、次のように陪審へ叫びつづけた。「これはまた婚約した若いご婦人というのに、何ということですか!」

(8) チョート氏は、これを尋ねるさい、原告の妹アデルが書いた手紙を手に持っていたのである。この妹はポキプシーを訪ねて帰宅したばかりであり、その手紙には、姉が〝女王様のようにしあわせ〟だと書いてあった。この手紙は後で証拠として提出された。

(9) この手紙は、原告がすでに証言していたポキプシーでの生活の話と完全に矛盾するものだった。これを反対尋問できわめて巧妙に使ったやり方は、大いに学ぶべきである。

(10) この面についてチョート氏は次のように陪審へ論じてみせた。「私はこう申しましょう。すなわち、婚約している場合、その当人たちは、遅かれ早かれ、その兆候を何か見せるものであると。彼らがそうするのを妨げることはできないはずで、彼らが婚約者どうしのようにふるまっているところを誰かが見た、という証拠は何もないのであります。」

第21章

(1) 起訴側は、裁判が始まるまでに、六千例のモルヒネ中毒の報告を調べた。テイラー教授のその報告も入っていたのだ。

第23章

(1) 当時、地方検事は、新聞各紙ならびに特別に選定された裁判官と手を結んで、有罪判決の獲得に異常な努力をしている、と広く伝わっていたのである。

第25章

(1) 『ニューヨーク・サン』紙一八九四年三月から引用。

訳注

序言

＊1　本書の原題は The Art of Cross-Examination（反対尋問の技術）である。

第2章

＊1　タームズには「専門用語」の意味がある。
＊2　ロバ（ass）には「馬鹿」の意味がある。

第3章

＊1　なお、この裁判の発端となった〝黒と金色のノクターン〟は、現在ではアメリカ・デトロイト美術研究所に所蔵されている。

第5章

＊1　ポットは英国の外科医（一七一三―八八）で、その名が冠せられた外科症状の一つ。

第8章

＊1　「みにくいアヒルの子」の寓話から出た言い回しである。

第9章

＊1　旧約聖書箴言、第二十七章十九節。

第12章

＊1　ディケンズの小説『デイヴィッド・カッパーフィールド』中の人物で、英米では空想的楽天家の代名詞となっている。

＊2　演壇上に備え、注意を促すために叩くもの。

第13章

＊1　この比喩は野球ではなく、クリケットである。投手が投球し、三本の柱を立てたところにキーパーがいる。

＊2　アイルランド英語では、カウンセラーはもともと弁護士の意。

＊3　ルイス・キャロルの『鏡の国のアリス』に出てくる。名前は二つだが本当は同じ人物。

＊4　露台などにめぐらされた欄干。

第16章

＊1　親愛なる——より、ごく親しい間柄でしか使われない結びの文句。

第18章

＊1　新約聖書ルカ伝第十章から、比喩的に情け深い人をさす言葉となっている。

＊2　レストラン。

＊3　レストラン。

第20章

＊1　アイルランドのケルト人団体であろう。

＊2　アイルランドのいちばん北の地方。

第21章

＊1　一グレインは、〇・〇六四グラム。

第22章

＊1　弱点のある者は、他人を批評したり非難したりしないほうがいい、の意。「ひとを呪わば穴二つ」に当たる。

第25章

＊1　シェークスピアの喜劇『まちがいつづき』をもじったわけである。

訳者あとがき

リンカーンが法廷弁護士として反対尋問の名人だったことを、何人かの読者はもう知っておられたろう。しかし、私の周囲には一人もいなかった。もちろん私も、この本を読むまでは夢にも知らなかったのである。

航空機汚職で私たちの間にも流布した、あの「記憶にありません」という手に負えぬ発言も、どんなに古い法廷セリフであることか。

それをみごとに突き崩して行く反対尋問の実例は、論理というものの生々しい息吹きであって、スリルを感じない者はいないだろう。じっさいこれは、ある意味では大変恐ろしい技術なのである。

法律といえば固くるしいものときめていた私のような人間が、はじめてしんから面白いと思ったのがこの本である。畑違いのくせに訳す勇気が湧いたのも、ただただそのゆえだった。多くの人に、読んでほしい本である。

解説

平野龍一

フランシス・L・ウェルマンは、一八五四年に、マサチューセッツ州に生まれ、一九四二年に八十七歳でなくなった。アメリカ独立宣言の第三番目の署名者であるフランシス・ルーイスの末裔という名門の出である。彼がニューヨークの裁判所ではじめは検察官として、後には弁護士として活躍し、名反対尋問家としての盛名をはせたのは、一八八〇年代から一八九〇年代にかけてである。その経験を中心にして、本書の初版が刊行されたのは、一九〇三年のことである。「その後六十年間、本書は、この領域における最高のものとして支配的な地位を保ってきた。本書は、数世代にわたって少壮の弁護士の教科書であり、ベテラン弁護士の参考資料となってきただけでなく、面接者、ソウシアル・ワーカー、心理学者など、日常人に質問をする職業にたずさわる人たちの技術をみがく助けとなってきた。それだけでなく、法廷でのドラマに魅せられた多くの一般読者をもひきつけてきたのである。」一九〇四年には、さっそく再版が出され、一九二三年には、他の有名な反対尋問家の経験をさらにつけ加えて第三版が出され、一九三六年には、改訂増補版が、コリアー・ブックスの一つとして出版されたのも、本書の読者層の広さと厚さを示すものといえよう。

アメリカの裁判、とくに刑事裁判は、陪審裁判が中核になっている。陪審は、十二人の素人による裁判であるが、事前に事件のことを知っている人は排除され（といっても、マスコミの犯罪についての報道から免れるのは困難であるためむずかしい問題がおこる）、ほとんど事件については白紙の状態で公判廷に臨む。公判は一日ですまないときでも連日続けられ、終わるとすぐ評議にはいり、まとまるまで議論を続けて評決を下す。事実についての判断の材料は、公判廷での証人の証言や公判廷で示された証拠物件だけである。陪審員は、証人の証言についてメモをとってはいけないとするところが多い。法廷での印象だけで判断すべきで、メモはかえってこれをゆがめるので危険だとするのである。両訴訟当事者の弁護人は、この短い時間の間に陪審員を説得しなければならない。相手方の証人の証言についても、その場で反対尋問をしなければならない。あとになって、ああすればよかった、こういう言えばよかったと思ってもまにあわない。しかも陪審が一度評決を下すと、その認定した事実については、上訴は許されないのである。だから、弁護人としては事前に十分に準備をした上、法廷では速戦即決とゆくほかはない。このような陪審制度が英米とくにアメリカの法律および法制度の中核になっており、これをめぐって法律や法制度ができているといってもよいのである。

このようなもとでは、法廷は、尋問がうまいか下手かで有罪か無罪かがきまってしまうという、かなり「闘争的」あるいは「ゲーム」的な色彩を帯びてくる。目撃証人が「私が現場で見たのはこの被告人だ」と証言し、反対尋問でこれがくずせなければ、有罪になってしまう。ジェローム・フランクという人が、誤判の例を集めた本を出しているが（『無罪――36の誤判』日評選書）、このような証人のみまちがいにもとづく誤判は、その大部分を占めており、一般的に言ってもかならずしも少なくないと思われる。

それだけでなく、陪審員は印象的であり感情的でさえある。陪審員を選ぶときから、この点が考慮される。わたくしがかつて傍聴した強姦事件では、合意の上であったかどうかが焦点だったが、検察官は、次々に現れる陪審員候補者から、女性とくにインテリ夫人を忌避して除いていった。あとで女性の方が女性に同情があって有罪評決にかたむくのではないか、と聞いたところ、女性は性的なことについては感情的で、とくにインテリ夫人は、自分の夫は外ではふしだらな女に誘惑されているという妄想があり、強姦を認めない方に傾くのだと言っていた。公判の場でも、女性の被告人には、短いスカートをはかせて、脚をくませた方がいい、というようなことも、冗談半分ながら、広く言われている。検察官や弁護人も、証人尋問とくに最終弁論（総括弁論）のときは、あるいは激しく迫りあるいは沈着に訴え、身ぶり手ぶりを加えて「演技」する。法廷はまさにドラマティックである。

このように、陪審はかなり非合理的な面を持つものであり、実験室での事実の探究のような科学的・合理的なものではない。だから裁判も真実を発見しようとするものであるとすれば、陪審がこれに適しているかどうかは、疑問のあるところである。英米でも陪審制度批判、陪審廃止論は後をたたない。それにもかかわらず、英米では少なくとも刑事に関するかぎり、長い間かかって、あちらに手直しし、こちらを改めながら、陪審は維持されてきている。たとえば、陪審員の選び方にも、階層的な、あるいは人種的な偏見がはいりこむのを排除するためには、いろいろと苦心がつみ重ねられてきた。また、本人の自白や共犯者の自白だけでは有罪にしてはいけないという証拠法則をつくったり、あるいはこれをやめて、裁判官が自白は十分警戒して評価するようにと注意をする制度にしてみたり、いろいろとやってみている。その一つが、反対尋問をうけていない供述は証拠にしてはいけないという原則であり、また公判廷における反対尋問の技術の訓練である。アメリカの大学の法学部では、法律についてだけでなく、尋問のやり方、とくに反対尋問のやり方について、法廷と同じ場面を設定した実地教育が行われるし、弁護士になったあとでも、継続教育という形で、いろいろな施設や団体が、弁護士を集めて、尋問のやり方の講習を行うのである。反対尋問の技術も、右のような官僚による裁判を嫌い民衆による裁判である陪審制度を維持するための、いわば血のにじむような努力の一端なのである。そしてウェルマンその他の人達が、反対尋問学としての名声を博したのも、法廷でのトリックや演技ではなく、事前における十二分の準備が反対尋問においては決定的なものであることを示し、十二分に準備し、論理的に尋問すれば陪審も正しく事実を認定するものであることを示したからなのである。

このような陪審および交互尋問制の根底には、民衆に対する信頼と「ことばと論理」に対する信頼とが、いわばデンとして横たわっていることを見逃してはならない。ことばと論理によって説得すれば、民衆は正しい判断に到達するものであるという、動かすことのできない信念が、磐石のように制度の基盤として横たわっているのである。わが国ではアメリカのいろいろな制度についてはとくに最近では批判が多い。しかし、陪審にせよ反対尋問の制度にせよ、右のような磐のような信念の上にたった上でプラグマティックにそだてあげられているのである。そこに、何といってもイギリスやアメリカの国民の偉大さがある。

わが国の戦前の刑事訴訟では、主として裁判官が被告人や証人を尋問した。しかし、戦後に英米のように、検察官と弁護人が交互に尋問するという制度に決められた。検察官が申請した証人については、まず検察官が主尋問を行い、ついで弁護人が反対尋問を行い、再主尋問、再反対尋問と続く。弁護人が申請した証人については、弁護人が主尋問をし、検察官が反対尋問をする。

わが国には陪審はないから、このような交互尋問制をとる必要はないのではないか、戦前のように裁判官が尋問した方が、公正であり真実の発見にも適当なのではないか、という疑問は当然に出てくるであろう。しかし、裁判官が、壺を心得た尋問をすることができるためには、前もって事実についてかなりくわしく知っていなければならない。この知識は警察官、検察官の捜査の結果から得るほかないだろう。このような事実を知っていると、裁判官がいかに公正であるとしてもどうしても、そちらに傾いてしまう。それだけでなく、公正であろうとすると、あまり突っ込んだ尋問はやりにくい。証人を追及して有罪の事実を証言させようとすること自体が、公正さを疑わせることになりかねないからである。検察官、弁護人だとむしろ多かれ少なかれ偏っていてもしかたのない者であるだけに、かえって徹底的な尋問も可能になる。このように、公正だと予定されている者が自分でやるよりも、偏見を持った者が遠慮なくその偏見をぶっつけあった方がかえって事実があきらかになるのではないか。これが交互尋問制の持つ知恵であり、それは陪審とは直接むすびついたものではないのである。

わが国ではこういうふうに制度は変えてみたものの、実際上、尋問とくに反対尋問をどういうふうにやったらいいかわからない。尋問のやり方は本来経験のつみ重ねによってはじめて体得できるものなのであろうが、その経験がほとんど全くなかったのである。そこでいわば「体験的教科書」としていちはやくわが国に紹介されたのが、このウェルマンの著書である。すでに一九五〇年には三宅正太郎・伊能幹一両氏の共訳によって出版され、一九七三年には林勝郎氏の訳も出た。わが国の法曹は、これを読んでなるほど反対尋問とはこういうものなのかと、目をみはる思いをしたものである。その後もわが国でもひきつづき法曹の間では読者をひきつけつづけている。

しかし、わが国には、陪審はなく、いぜんとして裁判官が裁判をするだけでなく、裁判というものに対する考え方も、若干の違いがある、わが国では、裁判がゲーム化することを嫌い、速戦即決を嫌い、裁判はゆっくりと真実を発見すべきものであるという期待が強い。また訴訟制度にもちがいがある。警察官や検察官は捜査の段階で被告人や証人を取調べて、多くの「調書」をつくる。公判は連日開かれるのではなく、月に一回か二回、とびとびに行われる。だから公判廷での証人の言うことがおかしいと思うときは、調書を出してこれをくつがえすこともできるし、次の期日までに証拠をあつめてきて、それで証言の誤りを正すこともできる。裁判官も、調書を家に持って帰って、そこで読んで判断することが多い。さらに、裁判所の事実認定に対しては、控訴し上告して、一審での証拠の十分でなかったところを補うこともできる。したがって、わが国の公判ではアメリカのように速戦即決である必要はなく、したがってドラマティックではない。反対尋問の技術を発揮する場面も必要も、アメリカほど大きくはない。弁護人が反対尋問の技術を発揮して、検察官の主尋問に答えた証人の証言をくつがえすと、検察官がその証人を捜査のときに取調べてつくった調書が出されて、かえって警官の主張どおりの事実にかたまってしまうこともなくはない。それで、わが国では反対尋問は調書を引き出すための機能を持つにすぎないのではないかという、皮肉な見方も出てくるのである。争うならむしろ他の証拠を出して争った方がいい。こういうわけで、ウェルマンの体験的教科書も、わが国でそのまま使えるものではない。

それにもかかわらず、交互尋問制度、さらにはこのウェルマンの反対尋問の技術の基本的な部分ないしスピリットには、わが国でももっと学ぶべきものがあるように思われる。調書が裁判における証拠の決定的な部分を占めるというのは、公開の場所でのことばと論理の対決よりも、密室での情報提供の方が信頼できるということである。これはわが国では悲しいことにある程度事実である。しかしこれでいいのだろうか。これではよくないというのであれば、ただこのような制度を非難するのではなく、反対尋問の技術をみがかなければならない。さらに広く言えば、ことばと論理に対する信頼を深めてゆかなければならない。

尋問の技術というものの重要さをはしなくも、多くの人々の目の前に示したのは、ロッキード事件やグラマン事件の国会での証人尋問だった。尋問者は、威丈高にこうではなかったか、ああだったのだろうという「直接法」的な尋問を行う、しかし証人はこれを巧みにかわして真実は少しも明らかにならない。テレビでこれを見ている人はただいらいらするだけである。十分の資料なしに反対尋問をしても効果はない、という反対尋問の基本原則に反していたのが、その最も大きな理由であろうが、それにしても、もう少し論理的なことばの技術はありえたであろう。日頃は人々の目にふれることの少ない裁判の法廷でも、程度の差こそあれ、同じようなことが繰り返されていると言ってもよい。反対尋問の効果をあげないと、戦前の裁判官による尋問が検察官による尋問にかわっただけで、戦前よりむしろ悪くなってしまう。おそらく「日本のウェルマン」が現れて、日本人のものの考え方と日本の法廷の実情にあった、しかもこれをさらに一歩も二歩も前進させるような「体験的教科書」が書かれることを期待すべきであろう。

反対尋問の技術と精神とが有意義なのは、法廷の場面だけではない。一般の人々の日常生活においてもそうである。われわれは日常、おびただしい情報と意見とにとりかこまれている。かつてわれわれは、戦果についての「大本営発表」でさえ、そのまま信じがちであった。現在でも、新聞などの報道について、なにかはっきりしない感じを持った場合でも、結局はいつのまにかこれを信じてしまう。また、いわゆる識者と称される人の意見は、どうかすると識者の意見だというだけで信じがちである。新聞が、事件がおこったときしばしば識者のコメントをのせるのも、このような効果をねらったものであろう。しかし反対尋問の精神は、誠実とみえる報道も権威があるかのような意見も、多かれ少なかれ偏見を伴ったものなのであり、また利害がからむと、この人がと思うような人でも、嘘を言いがちだということである。誰か、「りっぱな人」の報道や意見にたよるよりも、偏見や利害を持った多くの人が、ことばと論理によってその偏見をぶっつけあい、利害を明らかにしあった方が、正しい事実、妥当な意見に到達できる、というのが、反対尋問のあるいは交互尋問制度の根底にある考え方である。それはまさにデモクラシーの思想にほかならない。もちろん、日常生活で接する報道や意見に対して、われわれは直接に反対尋問をする機会は、ほとんど与えられていないことが多い。しかし、反対尋問の精神でこれらの報告や意見に対処することは、現在のような、いわゆる「情報社会」においては、われわれが生きぬくためにも必要なことだと思われる。

本書は、高級な推理小説を読むような意味でも法曹だけでなく一般の人々にとってもきわめて興味深いものであるが、それ以上に、本書は、右に述べたような意味でも法曹以外の人々の読むに価するものであるように思われる。

平野龍一（ひらの・りゅういち）一九二〇—二〇〇四年。熊本県出身。東京帝国大学法学部法律学科卒業。東京大学法学部教授、同大学法学部長および総長などを歴任。おもな著書に、『刑事訴訟法』『刑法総論Ⅰ・Ⅱ』『刑法概説』などがある。

ちくま学芸文庫版解説

高野　隆

アメリカでは刑事被告人には陪審裁判を受ける憲法上の権利がある（合衆国憲法第六修正）。民事裁判でも「コモンロー上の訴訟」については、当事者に陪審裁判を受ける権利が保障されている（同第七修正）。コモンロー上の訴訟の典型は不法行為や契約違反に基づく損害賠償請求事件である。こうして、殺人、レイプ、強盗から詐欺、証券詐欺などあらゆる類型の犯罪、そして、医療過誤や交通事故、名誉棄損などの民事紛争が、六人ないし一二人の一般市民（陪審員）によって公開の法廷で審理されることになる。もう一つ重要なのは、公判廷に提出できる（陪審に見聞させることができる）証拠を規制するルールすなわち「証拠法」は民事でも刑事でも同じであるという点である。民事でも刑事でも、法廷の外で作成された書類は「伝聞証拠」であり、証拠とすることは原則としてできない。民事でも刑事でも、事実は公開の法廷で陪審の前で、宣誓した証人の生の言葉で語られなければならない。そして、相手方の弁護人には証人とその証言の信頼性を吟味するための尋問すなわち反対尋問を行う権利が与えられなければならない。民事でも刑事でも、裁判というものは、公開の法廷で陪審を前に口頭で事件を語り、証人を尋問する専門家すなわち法廷弁護士を抜きにしては成り立たないのである。

アメリカの法廷弁護士が活躍する場は、誰でも傍聴できる公開の法廷であり、依頼人のために彼らがその技術を駆使して説得する対象は一般市民たる陪審である。したがって、彼らは、難しい法律用語や法律家言葉ではなく、普通の市民に理解できる普通の言葉で語りかける。常識的な方法で自分の依頼人が勝訴しなければならない理由を説明する。わかりやすく自分の証人にこちら側の物語を語ってもらうための尋問をする。相手方証人の証言がいかに信頼できないのかを誰でも理解できるように尋問をしようとする。このような目的を達成するためには、人間の心理や行動に対する深い洞察に裏付けられた職人的な技術というものが不可欠である。こうして、法律や判例に関する専門的・学術的知見とは別に、とても人間臭い技術すなわち法廷弁護の技術（trial advocacy）というものが法律家の間で着目されるようになったのである。

本書は、一〇〇年ほど前に法律家向けに出版された法廷弁護技術の教科書の一つである。そのころに出版された教科書の多くはもはや専門家の間でも読まれることはない。ましてや一般の読者に読まれるということは最初からなかった。本書は、一〇〇年たったいまでもペーパーバックとして販売され、専門家とともに一般読者にも読み継がれている。現代のロースクールで教えられている法廷弁護技術のコースで参考図書として指定されることも珍しくない。これはいわゆる「法律実務書」としては極めて異例のことである。その理由は引用されている実例の豊富さにあるだろう。また、実例の内容が一般読者の好奇心を誘うようなものである点にあるだろう。電車の衝突事故で腕が肩までしか上がらなくなってしまったという原告に「事故に遭う前はどこまで上がったのか陪審に見せてくださいませんか」と尋問したら、原告がその腕をまっすぐ頭上まで伸ばした、などという反対尋問の実例は、もはや一つのコント作品である。

本書の初版は一九〇三年に出版され、その時からすでに多数の読者を獲得した。ニューヨーク・タイムズはこう評した。「ウェルマン氏の本書は、そのタイトルから多くの人が想像するような、法律家にだけ向けられたものではない。本書は、弁護士の事務所の書棚を埋め尽している陰気でもったいぶった羊皮紙の本と並ぶようなものではない。文章はくだけた表現の談話調であり、その法廷での活躍ぶりが現代人にとても親しみのある偉大な人物たちの逸話に満ちている。そして、それは法律について何も知らない人をも楽しませてくれる」(*The New York Times*, December 19, 1903)。アメリカでラジオの商業放送が始まったのは一九二〇年である。二〇世紀初頭のアメリカ東海岸における大衆娯楽と言えば、芝居か無声映画かコンサートであろうか。そうした中にあって、民事であれ刑事であれ、世間の耳目を集めるような著名な事件の公判は大衆を引き付け、当事者を弁護する弁護士たちの活躍は大衆に親しみをもって迎えられてもいた。本書にたびたび登場する、ルーファス・チョート(一七九九―一八五九)、ジェレマイア・メイソン(一七六八―一八四八)、エリフ・ルート(一八四五―一九三七。セオドア・ローズベルト大統領時代の国務長官。一九一二年にノーベル平和賞受賞）、マックス・ストゥーア（一八七一—一九四〇）といった面々は、おもに一九世紀後半から二〇世紀初頭にかけて、ニューヨークなどの法廷で活躍した個性豊かな法廷弁護士たちであり、彼らの残した「法廷逸話」が本書の中心である。著者フランシス・ウェルマン（一八五四—一九四二）自身も、検察官あるいは鉄道会社の代理人として多数の陪審裁判で活躍した法廷弁護士である。彼自身の逸話も本書にふんだんに盛り込まれている。

本書の第四版（著者が言うところの「決定版」）が出版されたのは一九三二年である。その頃からアメリカの法曹界をリーガル・リアリズムが席巻する。法律の解釈とその適用は三段論法的な、概念のあてはめではなく、裁判官の個性の産物である、法は目的ではなく、一定の政策を実現するための手段である、等々、それまでの法学の基本に疑問を投げかける様々な提言が生まれた。法学はドグマの世界から実証の世界へと変貌していく。それに伴って裁判という現象についても科学のメスが入るようになる。本書の第8章で紹介されているエドガー・ジェイムズ・スウィフトの『心理学と日常活動』（Edgar James Swift, *Psychology and the Day's Work: A Study in the Application of Psychology to Daily Life* (Taylor & Francis, 1918)）は、目撃証言の信頼性を心理学的に検討した古典的な文献の一つである。第二次世界大戦後になると、陪審裁判それ自体が心理学や社会学の研究対象となる。

初版の序文のなかで著者はこう言っている。「実地の経験から拾い集められるかぎりを収録しただけのことである。また、この主題を何らかの科学的な、精密な、あるいは徹底した方法で論じようとしたわけでもない」と。また、こうも言っている。「弁護の技術には、熟練への早道も王道もない。経験である。ただ経験だけといってよかろう」と。本書の立場は、効果的な反対尋問というものは経験によって身につけるしかないのであり、科学的に分析したり、理論化したり、それらに基づいて他人に教えることはできない、というものである。本書の原題（*The Art of Cross-Examination*）が示すようにここで語られているのは、「アート」（art）であって、偉大な反対尋問家は「アーティスト」（artist）なのである。本書は、著名な法廷弁護士の逸話を多数収録して、そこから反対尋問の技術として明記すべき教訓を読み取ろうとするものである。

しかし、現代の法廷技術はこうした「経験主義」にとどまっていることはできない。一九六〇年代以降、供述心理学や陪審裁判の社会学的研究はますます盛んになった。その研究の成果は法廷技術のあり方にも影響を与えた。現代の教科書は反対尋問を「アート」とは呼ばない。現代の教科書は反対尋問を〝科学に裏打ちされたテクニック〟と捉えている。現代アメリカの法廷弁護士の間で幅広い支持を集めている教科書の著者はこう宣言している。「反対尋問は科学（science）である。そこには確立した規則、ガイドライン、識別できるテクニック、そして固有の方法論があるのであり、それらはすべて反対尋問者が勝利を得る能力を向上させるのである。成功した反対尋問の要素は、記述し、実践し、そして学ぶことができる」（Larry S. Pozner and Roger J. Dodd, *Cross-Examination: Science and Techniques*, 2nd ed.,（LexisNexis, 2004）, at 1-4）。

それでもなお一〇〇年前に出版された本書が現代人に読み継がれている理由は何だろうか。それを知りたくて私は三〇年ぶりにこの本を読みなおしてみた。意外なことにいくつかの発見があった。現代の法廷技術は「理論」と「テクニック」に溢れている。その意味で若い弁護士にはわかりやすい。しかし、法廷技術は論文の作法とは全く異質である。理論とテクニックを理解すればそれで終わりということにはならない。法廷という一回限りの空間で、一回限りの事実認定者、一回限りの証人との出会いのなかで、依頼人の運命を決める一言を弁護士は発しなければならないのである。訂正、改訂、補足というような機会はない。この一回性の空間をどう生き延びるかを考えたとき、一世紀以上前の先人たちの「ウォー・ストーリー」に接することはとても貴重であり、勇気づけられる。経験にしか頼るものがない時代に、彼らが試行錯誤の末にたどり着いた結論は、現代の法廷弁護士に対しても気付きを与え、一般市民に人の営みの奥深さを教えてくれるのである。

さて、日本では永らく「法廷弁護技術」の不毛時代が続いた。いまでもそれは続いている。第二次世界大戦後のこの国の裁判は、民事も刑事も「書面主義」が横行した。公開の法廷で生の証人に尋問し口頭の弁論で裁判所を説得するという実務は民事裁判ではほぼ完全に死滅してしまった。民事裁判では書面がすべてであり、口頭で説得するということは紙に書かれた法律の上だけの話である。現実の法廷では「口頭弁論」など全く存在しない。証人の記憶は「陳述書」という書類にまとめられるだけである。公開の法廷で証人尋問を行うことも一切なしに、反対尋問の機会など全くないままに、書類を読んだだけの裁判官によって判決――わが依頼人の運命――が言い渡されるなんてことも、決して珍しいことではない。刑事裁判も、民事ほどではないにしても、書面主義にどっぷりとつかっていた。裁判官は証人の生の声を聴くこともなく、弁護人の口頭弁論を聞くこともなく、訴訟記録を自分の部屋で読んで判決を書くのである。こうしたところでは、書類作成の技術は重宝されるかもしれないが、法廷弁護技術には出る幕がないのである。

刑事裁判についてこの状況を一変させた歴史的事件があった。一〇年前にはじまった裁判員裁判である。裁判員法の施行によって、絶滅の危機にあった、刑事裁判の「一回性」は復活した。それに伴って刑事弁護士は、口頭弁論の技術そして証人尋問の技術を求められるようになった。もはや書類を書いて提出するだけでは刑事裁判における弁護士の役割を果たすことが不可能であることは明白となった。二〇〇四年に裁判員法が成立するやいなや、日本の弁護士は依頼人のための最善の防御を実現するために、法廷技術というものを再発見したのである。アメリカの法廷弁護士たちに教えを乞うた。アメリカの最新の法廷技術書を学び始めた。現在では法廷弁護士を養成するための研修が全国各地で行われ、法廷技術の教科書まで続々と発刊されるまでになった。こうしたタイミングでウェルマンの『反対尋問』が再刊されるというのは、時宜にかなったことかもしれない。

最後に日本の刑事弁護士に言っておきたい。本書を読んでそこに描かれた反対尋問の真似をいきなりしてはいけない。真似をする前に一晩考えて欲しい。なぜ一世紀前にその尋問が成功したのかを考えて欲しい。手許にある現代の法廷技術書をひもといたうえで「行けるかどうか」再考してほしい。そして「行ける」と思ったら、実行したらよい。三〇年以上法廷活動をしてきて改めて思うのは、法廷技術には科学や理論で説明しきれない部分があるということである。公判廷にいて偶然の賜物としか言えないような瞬間がある。検察側の証人の表情を見ていて、反対尋問のアイデアが閃光のように閃くときがある。「メモなんか取る暇があったら、証人を観察せよ」というマックス・ストゥーアの言葉の真実を実感するときがある。科学と理論では描き切れない、泥臭いまでに人間的な要素が公判廷にはある。この本はそうした閃きをわれわれに与えてくれる源泉にほかならない。

二〇一九年二月

（たかの・たかし　弁護士）

本書は、一九七九年一〇月、旺文社より「旺文社文庫」の一冊として刊行された。

議論入門　香西秀信
議論で相手を納得させるには5つの「型」さえ押さえればいい。豊富な実例と確かな修辞学的知見をもとに、論証や反論に説得力を持たせる論法を伝授！

どうして英語が使えない？　酒井邦秀
『でる単』と『700選』で大学には合格した。でも、少しも英語ができるようにならなかった「あなた」へ。学校英語の害毒を洗い流すための処方箋。

快読100万語！ペーパーバックへの道　酒井邦秀
辞書はひかない！　わからない語はとばす！　すぐ読めるやさしい本をたくさん読めば、ホンモノの英語が自然に身につく。奇跡をよぶ実践講座。

さよなら英文法！多読が育てる英語力　酒井邦秀
「努力」も「根性」もいりません。愉しく読むうちに豊かな実りがあなたにも。人工的な「日本英語」を棄て真の英語力を身につけるためのすべてがここに！

古文読解のための文法　佐伯梅友
複雑な古文の世界へ分け入るには、文の組み立てや語句相互の関係を理解することが肝要だ。「佐伯文法」の到達点を示す、古典文法の名著。（小田勝）

チョムスキー言語学講義　チョムスキー／バーウィック　渡会圭子訳
言語は、ヒトのみに進化した生物学的な能力である。その能力とはいかなるものか。なぜ言語が核心なのか。言語と思考の本質に迫る格好の入門書。

文章心得帖　鶴見俊輔
「余計なことはいわない」「紋切型を突き崩す」等、実践的に展開される本質的文章論。70年代に開かれた一般人向け文章教室の再現。（加藤典洋）

ことわざの論理　外山滋比古
「隣の花は赤い」「急がばまわれ」……お馴染のことわざの語句や表現を味わい、あるいは英語の言い回しと比較し、日本語の心性を浮き彫りにする。

知的創造のヒント　外山滋比古
あきらめていたユニークな発想が、あなたにもできます。著者の実践する知的習慣、個性的なアイデアを生み出す思考トレーニングを紹介！

漢文入門　前野直彬
漢文読解のポイントは「訓読」にあり！　その方法はいかにして確立されたか、歴史も踏まえつつ漢文を読むための基礎知識を伝授。（齋藤希史）

精講漢文　前野直彬
往年の名参考書が文庫に！　文法の基礎だけでなく、中国の歴史・思想や日本の漢文学をも解説。漢字文化の多様な知識が身につく名著。（堀川貴司）

わたしの外国語学習法　ロンブ・カトー　米原万里訳
16ヵ国語を独学で身につけた著者が明かす語学学習の秘訣。特殊な才能がなくても外国語は必ず習得できる！という楽天主義に感染させてくれる。

英語類義語活用辞典　最所フミ編著
類義語・同意語・反意語の正しい使い分けが、豊富な例文から理解できる定評ある辞典。学生や教師・英語表現の実務家の必携書。（加島祥造）

日英語表現辞典　最所フミ編著
日本人が誤解しやすいもの、英語理解のカギになるもの、まぎらわしい同義語、日本語の伝統的な表現・慣用句・俗語を挙げ、詳細に解説。（加島祥造）

言海　大槻文彦
統率された精確な語釈、味わい深い用例、明治の刊行以来昭和まで最もポピュラーで多くの作家に愛された辞書『言海』が文庫で。（武藤康史）

名指導書で読む 筑摩書房　なつかしの高校国語　筑摩書房編集部編
名だたる文学者による編纂・解説で長らく学校現場で愛された幻の国語教材。教室で親しんだ名作と、珠玉の論考からなる傑作選が遂に復活！

異人論序説　赤坂憲雄
内と外とが交わるあわい、境界に生ずる〈異人〉という豊饒なる物語を、さまざまなテクストを横断しつつ明快に解き明かす危険で爽やかな論考。

排除の現象学　赤坂憲雄
いじめ、浮浪者殺害、イエスの方舟事件などのまさに現代を象徴する事件に潜む、〈排除〉のメカニズムを解明する力作評論。（佐々木幹郎）

ちくま学芸文庫

反対尋問《はんたいじんもん》

二〇一九年三月十日　第一刷発行

著　者　フランシス・ウェルマン

訳　者　梅田昌志郎（うめだ・よしろう）

発行者　喜入冬子

発行所　株式会社　筑摩書房
東京都台東区蔵前二―五―三　〒一一一―八七五五
電話番号　〇三―五六八七―二六〇一（代表）

装幀者　安野光雅

印刷所　三松堂印刷株式会社

製本所　三松堂印刷株式会社

ISBN978-4-480-09912-9　C0132